新工科×新商科·大数据与商务智能系列

商务智能理论与实践

吴 江　胡忠义　万 欣　编著

电子工业出版社
Publishing House of Electronics Industry
北京·BEIJING

内 容 简 介

本书从商务智能的产生背景、发展历程入手，阐述了商务智能数据管理、商务智能数据分析、商务智能应用模式、商务智能管理变革、商务智能系统构建及商务智能未来趋势；介绍了商务智能的数据准备技术、数据存储技术、数据分析技术等；论述了商务智能系统的解决方案、行业应用、行业影响，以及在工业 4.0 背景下新的发展方向。本书在参考相关书籍的基础上，将案例、理论、方法、工具和实践相结合，将技术和管理相融合，覆盖多个学科，立足于当前大数据技术的发展和大数据政策的支持，探讨大数据环境下商务智能的发展，内容具有传承性、新颖性和启发性。

本书适合作为高等院校电子商务、大数据管理与应用、信息管理与信息系统等专业相关课程的教材，也可以供社会相关从业者阅读参考。

未经许可，不得以任何方式复制或抄袭本书之部分或全部内容。
版权所有，侵权必究。

图书在版编目（CIP）数据

商务智能理论与实践 / 吴江，胡忠义，万欣编著. — 北京：电子工业出版社，2022.8
ISBN 978-7-121-43959-9

Ⅰ. ①商… Ⅱ. ①吴… ②胡… ③万… Ⅲ. ①电子商务—研究 Ⅳ. ①F713.36

中国版本图书馆 CIP 数据核字(2022)第 119225 号

责任编辑：王二华
特约编辑：角志磐
印　　刷：三河市良远印务有限公司
装　　订：三河市良远印务有限公司
出版发行：电子工业出版社
　　　　　北京市海淀区万寿路 173 信箱　　邮编：100036
开　　本：787×1092　1/16　印张：20　字数：512 千字
版　　次：2022 年 8 月第 1 版
印　　次：2022 年 8 月第 1 次印刷
定　　价：59.90 元

凡所购买电子工业出版社图书有缺损问题，请向购买书店调换。若书店售缺，请与本社发行部联系，联系及邮购电话：(010)88254888，88258888。

质量投诉请发邮件至 zlts@phei.com.cn，盗版侵权举报请发邮件至 dbqq@phei.com.cn。
本书咨询联系方式：(010)88254532。

前　　言

信息技术与经济社会的交汇融合引发了数据的迅猛增长,人类正在从IT时代走向DT(Data Technology)时代,大数据将成为推动经济转型发展的新动力,国务院文件《促进大数据发展行动纲要》中明确了将推动大数据在电子商务等新兴产业的应用列为国家需求。在DT时代,企业的决策也将从以经验为主的人工决策和以模型为主的模型决策,向以大数据驱动的智能决策快速发展。国务院文件《新一代人工智能发展规划》中明确指出,国家亟须推广基于人工智能的新型商务服务与决策系统,并鼓励围绕企业管理提供定制化商务智能决策服务。在DT时代,虽然数据作为企业核心资产受到前所未有的重视,但一方面企业觉得可以坐拥数据"金山","数据为王";另一方面,企业对发挥数据价值力不从心,觉得数据无用,IT时代的生产率悖论正在演变为DT时代的大数据悖论。商务智能(Business Intelligence,BI)诞生于20世纪90年代末的IT时代,是一种基于数据的商务决策技术,企业利用商务智能进行业务监控、业务分析、工作协作和知识发现。在DT时代,大数据悖论正在成为企业使用商务智能的最大痛点之一,企业如何才能充分利用商务智能挖掘大数据价值,从而在战略上获得竞争优势,是企业面临的巨大挑战。

商务智能目前正面临的挑战,一方面来自技术本身,以人工智能、区块链、大数据等为主的新兴技术正在以颠覆性的潜力,为商务智能带来方法和思路上的变革,数据孤岛依旧存在,并且大数据所具有的数据体量大、数据类型多、处理速度快、价值密度低的4V特征,使商务智能所面临的数据分析的挑战更加复杂;另一方面来自人类社会,被复杂性和不确定性围绕着的现代社会,出现了信息管理部门割裂和管理流程落后的问题,如企业的大数据思维与管理实际脱节,大数据使能得不到充分发挥。从复杂社会技术系统视角来看,商务智能的发展离不开数据,它需要以数据为桥梁连接技术和社会两大交错关联的子系统,这两个子系统通过数据、信息和知识在三个层面交互,从而涌现出商务智能的新思维、新方法和新模式。其中,数据就好比商务智能系统的"血液",企业在商务智能中对数据的应用需要经历数据采集、数据整合、数据融合、数据智能等不同阶段。图1给出了复杂社会技术系统视角下的商务智能系统构建与本书对应的篇章设计框架。

商务智能系统可以看作复杂社会技术系统,它的成败不仅取决于技术因素,环境、人员、组织等社会因素也起着重要的作用。商务智能系统的复杂性体现在商务智能系统处于快速变化和突发性频出的复杂大数据环境中、各种因素的互动中,以及局部和整体之间存在的非线性关系中;并且整体问题往往很难用还原论思维来通过解释局部因素再组合叠加去进行解释。因此,需要以复杂的社会技术系统视角来全面看待商务智能系统的构建。整个商务智能系统应该由技术子系统和社会子系统两个子系统构成,要以用户为中心,技术子系统最终要实现数据智能,社会子系统最终要实现网络协同;在企业、用户、市场等多源异构大数据融合的环境中,要消除物理和逻辑数据孤岛,实现大数据的价值创造。

大数据环境下的商务智能正在向基于大数据融合的数据智能方向发展,这需要数据驱动与模型驱动相结合，需要同时关注因果和相关。大数据融合驱动的商务智能，需要在分析方法上进行外部嵌入和技术增强，需要在价值创造上进行使能创新。与传统商务智能的最大区别在于，基于大数据融合的新型商务智能要建立数据互联网，以实现大数据的"联接""互动""结网"（如图1所示），即实现大数据联接从而增强商务智能用户分析，实现大数据相关主体互动从而促使商务智能新业务模式涌现，实现大数据技术和社会方面诸多元素的结网从而推动大数据使能创新，最终实现商务智能与企业管理浑然一体的新型商务智能系统。

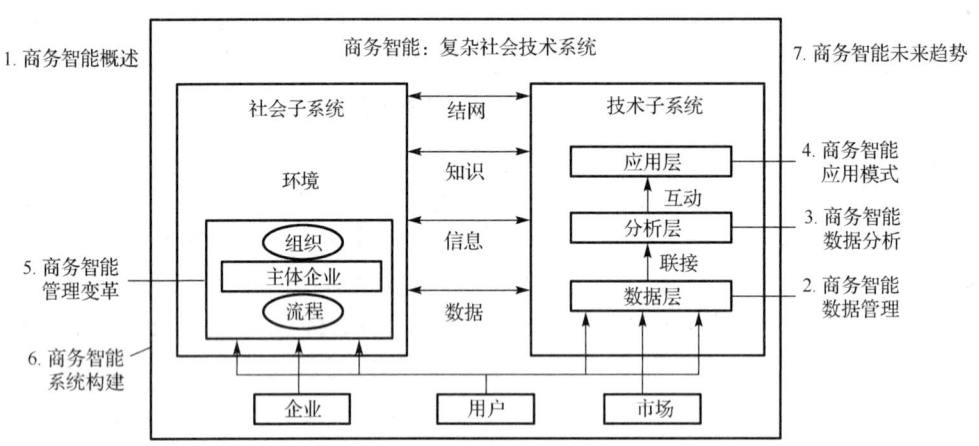

图1　复杂社会技术系统视角下的商务智能系统构建与本书对应的篇章设计框架

因此，本书将在复杂社会技术系统视角下，分别从技术子系统的数据层、分析层、应用层，以及社会子系统和技术子系统整体，系统性地讨论商务智能系统构建的五方面内容，分别对应本书的第2篇～第6篇：商务智能数据管理、商务智能数据分析、商务智能应用模式、商务智能管理变革、商务智能系统构建。第1篇和第7篇分别设计成商务智能概述和商务智能未来趋势。

其中，第1篇商务智能概述总括了商务智能的基本概念和发展历程；第2篇商务智能数据管理涵盖了数据管理与知识管理、数据整合与数据融合、数据预处理和数据仓库的理论总结；第3篇商务智能数据分析，首先梳理了描述性统计分析、数据挖掘等商务智能数据处理的一般流程与特点，随后有针对性地阐述了社会网络分析、文本挖掘、知识图谱和深度学习四个热门数据分析工具；第4篇商务智能应用模式，首先介绍了决策支持和精准营销，随后结合案例对智能客服、智能物流和智慧医疗三个领域进行了剖析；第5篇商务智能管理变革则重点从使能创新、业务流程重组和组织变革三个视角解释了商务智能对企业管理的具体影响，并分析了商务智能对经济社会的影响与自身发展；第6篇商务智能系统构建从宏观角度阐述了企业构建商务智能数据规划的定位，介绍了架构设计的方法与商务智能的主流工具，还讨论了数据隐私、伦理和道德相关问题；第7篇商务智能未来趋势从新兴技术和发展理念上描绘了商务智能未来的发展趋势。

本书可作为3学分或2学分的本科教学阶段课程的教材使用，可以帮助电子商务、信息管理与信息系统、大数据管理与应用等本科专业的学生系统地掌握商务智能的基本原理、相关技术、应用模式及其带来的管理变革，从而使其建立起商务智能理论与实践的基本框架，为后续学习机器学习、大数据分析、数据挖掘等技术课程奠定基础。无论课程是3学分的还是 2 学分的，也无论专业是偏重管理的还是偏重技术的，本书都适用，但是建议讲授内容覆盖全书七篇内容，授课时可根据实际需要和相关专业对是否学习每篇中的章节进行适当调整。此外，书中还选编了一批习题可供练习，希望有助于学习者更系统地理解商务智能系统的理论与实践。

本书的写作得益于与学生的讨论和合作。在写作过程中，左任衔发挥了组织和协调作用，易梦馨、张梦溪、唐振华、夏梦晨、刘涛、杨亚璇、孙朴、李秋贝、刘一媛、黄茜、李欣儒在素材收集、资料整理、文字校对等方面提供了许多帮助，在此深表感谢。

特别感谢电子工业出版社的王二华老师对商务智能和大数据领域的持续关注，以及对本书出版的大力支持。2019 年，我们一起组织了第一届全国高校大数据和商务智能人才培养论坛，2020 年因为新冠肺炎疫情耽搁了，直到 2021 年 7 月，我们又一起组织了第二届全国高校大数据和商务智能人才培养论坛。该论坛坚持产教融合的思路，邀请了学术界和产业界共同研讨，以期实现人才培养的有效衔接，两届论坛共吸引了来自全国 100 多所院校的 300 多名老师参与研讨。希望本书出版后，可以成功地应用于教学中，并在教学中持续改进书稿质量，通过再版形成良性的教研质量提升循环，为践行产教融合提供一个有效路径。

最后，期望读者可以提出宝贵的建议和意见，如有不妥之处可随时反馈给我们，我们会及时进行更正和改进，以进一步提高本书质量。除每年继续组织全国高校大数据和商务智能人才培养论坛外，我们也会不定期地组织相关教学研讨会，期望能够与大家一起推动商务智能人才的培养进程，为数字经济的发展贡献力量。

吴 江

目 录

第1篇 商务智能概述

第1章 商务智能基础……………………2
1.1 商务智能的基本概念……………2
1.1.1 数据、信息、知识和智能……2
1.1.2 商务智能的定义……………3
1.2 商务智能的发展历程……………5
1.2.1 事务处理系统………………5
1.2.2 高级管理人员信息系统………6
1.2.3 管理信息系统…………………6
1.2.4 决策支持系统…………………6
1.2.5 商务智能系统…………………7
1.3 大数据环境下的商务智能研究……7

第2篇 商务智能数据管理

第2章 数据管理与知识管理……………13
2.1 主数据管理………………………14
2.1.1 主数据的概念…………………14
2.1.2 主数据管理的概念……………15
2.1.3 主数据管理的优点……………15
2.2 元数据管理………………………17
2.2.1 元数据的定义…………………17
2.2.2 元数据管理的定义……………17
2.2.3 元数据管理平台的功能………17
2.2.4 元数据管理的意义……………18
2.3 知识管理…………………………21
2.3.1 知识管理的定义………………21
2.3.2 知识管理的特点………………21

第3章 数据整合与数据融合……………23
3.1 数据整合…………………………23
3.1.1 数据整合的概念………………23
3.1.2 数据整合的挑战………………24
3.1.3 数据整合的优势………………25
3.1.4 数据整合的方式………………26
3.2 数据融合…………………………28
3.2.1 数据融合的目的………………29
3.2.2 数据融合的特征………………29

第4章 数据预处理………………………32
4.1 基本概念…………………………32
4.2 数据清洗…………………………33
4.2.1 缺失值…………………………33
4.2.2 噪声数据………………………33
4.3 数据集成…………………………34
4.3.1 实体识别问题…………………35
4.3.2 冗余和相关分析………………35
4.4 数据归约…………………………37
4.4.1 维度归约方法…………………37
4.4.2 维度变换方法…………………38
4.4.3 数据抽样方法…………………38
4.5 数据变换…………………………39
4.5.1 规范化处理……………………40
4.5.2 离散化处理……………………40
4.5.3 稀疏化处理……………………41

第5章 数据仓库…………………………45
5.1 数据仓库的定义及产生的背景……46
5.1.1 数据仓库的定义………………46
5.1.2 数据仓库产生的背景…………47
5.2 数据仓库的特点…………………47
5.2.1 面向主题………………………47

5.2.2	集成性 ……………………… 47	5.4.3	可操作数据存储 ……………… 52
5.2.3	集合性 ……………………… 47	5.4.4	个人数据存储 ………………… 52
5.2.4	稳定性 ……………………… 47	5.5 ETL ………………………………… 53
5.2.5	时变性 ……………………… 48	5.5.1	ETL 的概念 …………………… 53
5.2.6	决策支持 …………………… 48	5.5.2	ETL 过程 ……………………… 53
5.3 数据仓库的数据模型与应用 ……… 48	5.5.3	典型 ETL 工具 ………………… 54
5.3.1	数据仓库中常见的数据模型 …… 48	5.6 联机分析处理 ……………………… 55
5.3.2	数据仓库的应用 ……………… 49	5.6.1	联机分析处理的定义 …………… 55
5.4 数据存储 …………………………… 51	5.6.2	联机分析处理的特点 …………… 55
5.4.1	数据集市 …………………… 51	5.6.3	联机分析处理的分类 …………… 56
5.4.2	数据中转区 ………………… 51	5.6.4	多维联机分析处理 ……………… 56

第 3 篇　商务智能数据分析

第 6 章　描述性统计分析 …………………… 61
6.1 描述性统计分析概述 ……………… 61
6.2 常用的指标和统计图形 …………… 62
　6.2.1 常用的指标 …………………… 62
　6.2.2 常用的统计图形 ……………… 63
6.3 描述性统计分析实践 ……………… 66

第 7 章　数据挖掘 …………………………… 72
7.1 数据挖掘简介 ……………………… 73
　7.1.1 数据挖掘的定义 ……………… 73
　7.1.2 数据挖掘的任务 ……………… 73
7.2 关联规则 …………………………… 73
　7.2.1 关联规则的相关概念 ………… 74
　7.2.2 关联规则的挖掘方法 ………… 75
　7.2.3 关联规则的模型评估 ………… 80
7.3 分类分析 …………………………… 81
　7.3.1 分类分析的基本概念 ………… 81
　7.3.2 分类方法 ……………………… 82
　7.3.3 分类分析的模型评估 ………… 86
7.4 聚类分析 …………………………… 88
　7.4.1 聚类分析的基本概念 ………… 88
　7.4.2 聚类方法 ……………………… 88
　7.4.3 聚类分析的模型评估 ………… 92
7.5 预测分析 …………………………… 93
　7.5.1 预测的基本概念 ……………… 94
　7.5.2 回归分析预测法 ……………… 95

第 8 章　社会网络分析 ……………………… 101
8.1 社会网络分析的基础概念 ………… 101
　8.1.1 社会网络 ……………………… 101
　8.1.2 三元闭包 ……………………… 102
　8.1.3 桥和捷径 ……………………… 102
8.2 社会网络分析的工具 ……………… 102
　8.2.1 社会网络分析工具简介 ……… 102
　8.2.2 Networkx 简介 ………………… 104
8.3 社会网络分析的理论发展 ………… 106
　8.3.1 七桥问题 ……………………… 107
　8.3.2 "弱连接优势" 理论 ………… 107
　8.3.3 结构洞理论 …………………… 108
　8.3.4 小世界现象 …………………… 108
　8.3.5 长尾理论 ……………………… 109
8.4 社会网络分析的计算方法 ………… 111
　8.4.1 社会网络在计算机中的表示 … 111
　8.4.2 社会网络测量指标 …………… 111
8.5 社会网络分析在商务智能中的
　　应用 ………………………………… 116
　8.5.1 协同过滤推荐 ………………… 116
　8.5.2 长尾营销 ……………………… 117

第 9 章　文本挖掘 …………………………… 119
9.1 文本挖掘的概念和步骤 …………… 119
　9.1.1 文本挖掘的基本概念 ………… 119
　9.1.2 文本挖掘的具体步骤 ………… 120

目 录

9.2 文本挖掘的发展和前景·················121
 9.2.1 文本挖掘的发展·················121
 9.2.2 文本挖掘的前景·················123
9.3 文本挖掘的关键技术·················123
 9.3.1 文本分类·················123
 9.3.2 文本聚类·················125
 9.3.3 文本摘要·················126
 9.3.4 主题模型·················127
 9.3.5 序列标注·················128

第10章 知识图谱·················130
10.1 知识图谱的基本概念和构建步骤·················130
 10.1.1 知识图谱的基本概念·················130
 10.1.2 知识图谱的构建步骤·················132
10.2 知识图谱的由来和发展·················136
 10.2.1 知识图谱的由来·················136
 10.2.2 知识图谱在相关领域的发展·················136
10.3 知识图谱的关键技术·················137
 10.3.1 知识图谱的技术流程·················137
 10.3.2 知识图谱的技术要素·················138
10.4 知识图谱的行业应用与难点问题·················141
 10.4.1 知识图谱的行业应用·················141
 10.4.2 知识图谱的难点问题·················143

第11章 深度学习·················145
11.1 深度学习概述·················145
 11.1.1 深度学习的起源和发展·················145
 11.1.2 深度学习的基本概念·················146
11.2 神经网络·················146
 11.2.1 神经网络的基本概念·················146
 11.2.2 神经网络的工作原理·················147
 11.2.3 神经网络的训练循环·················147
11.3 深度学习的经典模型及其应用·················148
 11.3.1 卷积神经网络·················148
 11.3.2 循环神经网络·················151
 11.3.3 生成对抗网络·················153
 11.3.4 强化学习·················153
11.4 深度学习的发展前景·················154

第4篇 商务智能应用模式

第12章 决策支持·················156
12.1 决策支持的基本理论·················157
 12.1.1 决策的定义与过程·················157
 12.1.2 基于决策支持系统的决策支持·················158
12.2 商务智能决策支持系统·················161
 12.2.1 商务智能决策支持系统的功能和特点·················161
 12.2.2 商务智能决策支持系统体系结构的发展·················162
 12.2.3 商务智能决策支持系统的应用·················163
12.3 企业商务智能决策支持系统的架构与实现·················164
 12.3.1 企业商务智能决策支持系统的架构·················164
 12.3.2 企业商务智能决策支持系统的实现·················166

第13章 精准营销·················169
13.1 精准营销概述·················170
 13.1.1 精准营销的概念·················170
 13.1.2 精准营销的特征·················171
 13.1.3 精准营销的实现方法·················171
13.2 推荐系统概述·················172
 13.2.1 推荐系统的发展背景·················172
 13.2.2 推荐系统的模块与分类·················172
13.3 几种常见的推荐方法·················174
 13.3.1 基于用户的协同推荐·················174
 13.3.2 基于物品的协同推荐·················175
 13.3.3 隐语义模型方法·················177
 13.3.4 基于关联规则推荐·················178

13.3.5 组合推荐……179
13.4 使用基于用户的推荐方法推荐电影……180
13.5 推荐系统评测指标……183
　13.5.1 用户满意度……183
　13.5.2 预测准确率……183
　13.5.3 覆盖率……184
　13.5.4 多样性……185
　13.5.5 新颖性和惊喜度……185

第14章 智能客服……188
14.1 客户关系管理……188
　14.1.1 客户关系管理的定义……188
　14.1.2 客户关系管理的应用层次……189
　14.1.3 商务智能对客户关系管理的支持……190
　14.1.4 基于商务智能的客户关系管理系统的结构……191
14.2 基于商务智能的客户关系管理的应用设计……192
　14.2.1 数据仓库的设计……192
　14.2.2 客户关系管理的客户数据挖掘设计……192
14.3 智能客服概述……195
　14.3.1 智能客服的发展现状……195
　14.3.2 智能客服的概念……196
　14.3.3 智能客服系统的原理……196
　14.3.4 智能客服系统的关键技术……196
　14.3.5 智能客服的应用……198
14.4 铁路12306线上智能客服系统……199
　14.4.1 背景……199

14.4.2 系统功能……199
14.4.3 系统架构……200

第15章 智能物流……202
15.1 传统物流与智能物流……202
　15.1.1 传统物流的定义……202
　15.1.2 智能物流的定义……203
15.2 智能物流的作用与特点……204
　15.2.1 智能物流的作用……204
　15.2.2 智能物流发展的特点……205
　15.2.3 智能物流系统的特点……205
　15.2.4 智能物流的技术特点……205
15.3 智能物流的关键技术——RFID……206
　15.3.1 RFID系统的基本结构……206
　15.3.2 RFID标签……206
　15.3.3 RFID技术与智能物流……207
　15.3.4 RFID技术存在的问题……207

第16章 智慧医疗……209
16.1 智慧医疗概述……209
　16.1.1 智慧医疗的起源……209
　16.1.2 智慧医疗的概念……209
　16.1.3 智慧医疗的作用……210
16.2 智慧医疗的服务模式……211
　16.2.1 商务智能与智慧医疗……211
　16.2.2 服务模式……212
16.3 智慧医疗存在的问题与未来发展……214
　16.3.1 当前智慧医疗存在的问题……214
　16.3.2 智慧医疗的未来发展……215

第5篇 商务智能管理变革

第17章 商务智能使能创新……218
17.1 大数据技术背景及政策……218
　17.1.1 大数据技术背景……218
　17.1.2 大数据技术政策……219

17.2 大数据背景下的商务智能……219
　17.2.1 大数据商务智能变革……219
　17.2.2 大数据商务智能变革带来的挑战……220

17.3 商务智能使能重组 221
　　17.3.1 使能的概念 221
　　17.3.2 大数据商务使能重组 222
17.4 重组后的价值创造 222
　　17.4.1 商务智能价值具体表现 222
　　17.4.2 商务智能企业应用的价值
　　　　　体现 223
　　17.4.3 用户行为演化识别 224
　　17.4.4 风险评估与监测 224
　　17.4.5 商业（服务）模式创新 225

第 18 章　商务智能业务流程重组 227
18.1 大数据商务智能背景下的决策
　　范式重组 227
　　18.1.1 大数据背景下决策问题的
　　　　　转变 227
　　18.1.2 大数据商务智能决策范式
　　　　　重组 228
18.2 业务流程智能 229
　　18.2.1 业务流程智能概述 229
　　18.2.2 业务流程智能重组的优势 ...230
　　18.2.3 产品流转实时监控智能化 ...231
　　18.2.4 招聘流程智能化 232
　　18.2.5 人工智能代替人力 233

第 19 章　商务智能组织变革 235
19.1 通信技术与组织变革 235
　　19.1.1 通信技术对现有组织架构的
　　　　　冲击 235
　　19.1.2 通信技术给现有组织架构
　　　　　发展带来的机遇 236

19.2 组织转型与组织价值创造 236
　　19.2.1 通信技术推动组织转型 236
　　19.2.2 通信技术对 IT 管理的
　　　　　挑战 237
19.3 大数据技术平台的出现 237
　　19.3.1 企业引入大数据技术
　　　　　平台 237
　　19.3.2 大数据技术平台的收益与
　　　　　挑战 237
19.4 组织协作方式改变 238
　　19.4.1 传统组织协作方式的
　　　　　问题 238
　　19.4.2 组织协作数字化转型 238

第 20 章　商务智能对经济社会的影响与
　　　　　自身发展 240
20.1 商务智能对高校和政府管理的
　　影响 240
　　20.1.1 高校信息化治理方案 240
　　20.1.2 现代政府的电子政务 241
20.2 商务智能的引入带来伦理问题
　　和法律问题 244
　　20.2.1 数据伦理和法律问题 244
　　20.2.2 个人设备的隐私侵入 245
　　20.2.3 商务智能的应用准则 247
20.3 商务智能分析生态系统的
　　构成 248
　　20.3.1 基础服务提供者 248
　　20.3.2 分析软件和分析算法提
　　　　　供者 249

第 6 篇　商务智能系统构建

第 21 章　商务智能数据规划 252
21.1 战略定位 252
　　21.1.1 宏观愿景 252
　　21.1.2 微观操作 253
21.2 实施规划 255

　　21.2.1 原则 255
　　21.2.2 目标 256
　　21.2.3 组织结构设计 256
　　21.2.4 技术方案 257
　　21.2.5 人才规划 257

21.2.6 数据投入与数据产出的管理……258
21.2.7 数据风险管理……258

第22章 商务智能系统架构……260
22.1 架构设计方法论……260
22.1.1 逻辑架构设计……260
22.1.2 数据架构设计……261
22.1.3 开发架构设计……262
22.1.4 运行架构设计……263
22.1.5 物理架构设计……263
22.2 分布式架构设计……264
22.2.1 分布式架构设计简介……264
22.2.2 微服务架构设计……264
22.2.3 基于云端的分布式部署……266
22.3 大数据架构设计……268
22.3.1 大数据架构设计简介……268
22.3.2 主流大数据架构框架……268
22.3.3 大数据分析与挖掘……269

第23章 商务智能主流工具……271
23.1 FineReport……272
23.1.1 FineReport 简介……272
23.1.2 FineReport 的使用……272
23.1.3 FineReport 的二次开发……275
23.2 Tableau……275
23.2.1 Tableau 简介……275
23.2.2 Tableau 的基本概念与操作……275

23.2.3 Tableau 的操作举例……276
23.2.4 Tableau 的其他介绍……276
23.3 Quick BI……277
23.3.1 Quick BI 简介……277
23.3.2 Quick BI 的特点……278
23.3.3 Quick BI 的使用……278
23.4 Qlik Sense……280
23.4.1 Qlik Sense 的安装……280
23.4.2 Qlik Sense 的使用……280
23.5 其他商务智能工具……281
23.5.1 Power BI……281
23.5.2 SAP BO……281
23.5.3 IBM Cognos……281
23.5.4 亿信 ABI……282

第24章 商务智能引发的问题和应用准则……283
24.1 商务智能引发的伦理、隐私问题……283
24.1.1 数据采集的伦理问题……283
24.1.2 数据使用的隐私问题……283
24.1.3 数据取舍的伦理问题……284
24.2 商务智能应用准则……284
24.2.1 提高数据收集、使用、存储过程中的透明度……284
24.2.2 调整个人的隐私观……285
24.2.3 搭建共同价值平台……285
24.2.4 寻求合理的伦理决策点……285

第7篇 商务智能未来趋势

第25章 新兴技术应用……287
25.1 商务智能与 5G 技术……287
25.1.1 5G 技术简介……287
25.1.2 5G 技术在商务智能中的应用……289
25.2 商务智能与物联网技术……290
25.2.1 物联网技术简介……290
25.2.2 物联网技术在商务智能中的应用……290

25.3 商务智能与区块链技术……292
25.3.1 区块链技术简介……292
25.3.2 区块链技术在商务智能中的应用……293

第26章 未来发展趋势……297
26.1 自助式商务智能……297
26.1.1 自助式商务智能的概念……297
26.1.2 自助式商务智能和其他商务智能方式的比较……298

26.1.3 自助式商务智能平台的选择 ……299
26.1.4 自助式商务智能给企业带来的优势 ……300
26.2 可解释商务智能 ……301
26.2.1 可解释商务智能的重要性 ……301
26.2.2 可解释商务智能的关键技术——可解释人工智能 ……302
26.3 基于大数据融合的新型商务智能 ……303
26.3.1 大数据融合的基本概念 ……303
26.3.2 大数据融合驱动的商务智能 ……304

第1篇　商务智能概述

本篇包括第 1 章，介绍商务智能的基本概念、发展历程及大数据环境下的商务智能研究。第 1 章首先介绍了商务智能语境下的数据、信息、知识和智能等基本概念，其次回顾了商务智能的发展历程，最后探讨了大数据环境下的商务智能研究。

第1篇 商务智能概述 { 第1章 商务智能基础 { 1.1 商务智能的基本概念
1.2 商务智能的发展历程
1.3 大数据环境下的商务智能研究

第1章 商务智能基础

本章提要

1. 掌握商务智能的基本概念；
2. 了解商务智能的发展历程；
3. 了解大数据环境下的商务智能研究。

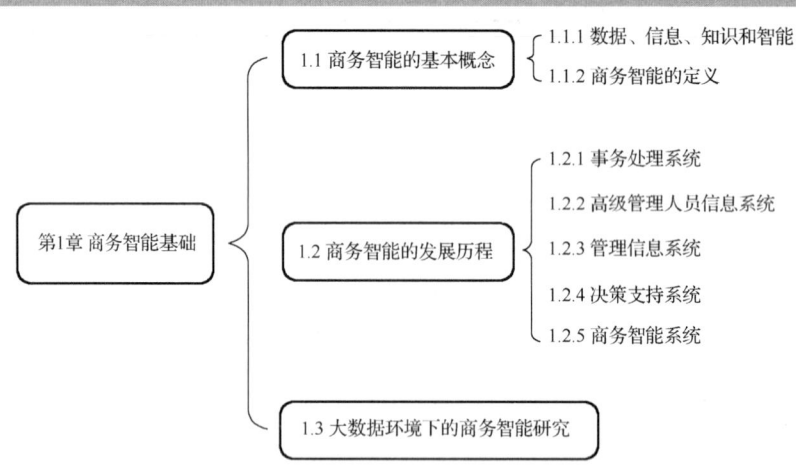

本章 1.1 节介绍了商务智能语境下的数据、信息、知识和智能等基本概念，然后从不同角度给出商务智能的定义；1.2 节回顾了商务智能的发展历程；1.3 节结合时代背景，探讨了当前大数据环境下的商务智能研究。

1.1 商务智能的基本概念

1.1.1 数据、信息、知识和智能

在信息时代，数据是宝贵的财富，只有充分利用这种财富来识别信息、获取知识、辅助商务决策，企业才能从中获得价值。商务智能的实质就是从数据中有效地提取信息，从信息中及时发现知识，为人类的思维决策和战略发展服务。

1. 数据

数据是记录、描述和识别事物的符号，它通过有意义的组合来表达现实世界中某种实体的特征[①]。数据是相对于信息与知识而言的，与信息和知识相比，数据更强调客观性、具体性、未加工性和粗糙性；数据是指一系列事实的集合，通常是通过实验、观察事物、经验获

[①] 马刚. 商务智能[M]. 大连：东北财经大学出版社，2010.

取的由数字、字母、单词、图像、声音记录等组成的，可以作为一组变量(想要的特性)的度量；数据经常被视作抽象的最低层次，从中可以提取信息和知识。

2．信息

信息是人们通过对数据进行系统的采集、组织、整理和分析的结果，目的是使数据结构化、有序化。信息是数据所标示的含义，也是知识的表现形式，因此可以将信息看作对数据的解释。从信息论的角度而言，信息伴随着不确定性。信息的定量表征联系着不确定性的度量，有效的信息能减少不确定性。因此，信息可以帮助人们进行决策[①]。

数据与信息是两个密切相关的概念。数据是记录信息的符号，是信息的载体和表示。信息是对数据的解释，是数据在特定环境下的具体含义。只有把两者密切地结合起来，才能实现对现实世界中某一具体事物的描述。

另外，数据和信息又是两个不同的概念，相同的数据在不同的环境下可以表示不同的含义，蕴含不同的信息。比如，"100"是一个数据，它可能表示"100元钱"，也可能表示"100个人"，若对于学生的考试成绩来说，则可能表示"100分"。同样，相同的信息也可以用不同的数据表示出来。比如，地下工作者为了传达情报信息，可以用一首诗词的每一句的第一个字组成的一句话，或者用诗的斜对角线上的字组成的一句话来传达信息，也可能会用一个代码或数字来表示同一信息。

3．知识

关于知识的定义，人们有不同的理解和看法，至今尚未有统一的结论。例如，Fischler认为："知识是称为模型的存储信息，被人们用于解释、预测，并对外部世界做出适当的响应。"Pasay和Chignel把知识定义为："允许人们进行决策的有关外部世界的信息。"可以认为，知识是人们对日常生活的认识和从中总结出来的规律、经验。知识作为一种资源，其重要性越来越受到重视。知识可以用来指导行动，知识是理解自然规律并根据自然规律预测实际系统行为的能力。知识可以反映同类事物的共同性质，是对数据的概括、提炼和抽象，是以多种方式把一个和多个信息关联在一起的信息结构。

信息可以转换为知识。信息虽然给出了数据中一些有一定意义的东西，但它的价值往往会在时间效用失效后开始衰减，只有人们参与，并以归纳、演绎、比较等手段对信息进行挖掘，使其有价值的部分沉淀下来，并与已存在的人类知识体系相结合，这部分有价值的信息才能转变成知识。

4．智能

现如今，"智能"一词在人们的日常生活中频频出现。究竟什么是智能？智能是指个体对客观事物进行合理的分析、判断及有目的地采取行动和有效地处理各项事务的综合能力。智能是智慧和能力的结合，既包含认知层面的智慧，也强调行动层面的能力[②]。

1.1.2　商务智能的定义

1989年，Gartner Group的分析师Howard Dressner创造了"商业智能"这一术语。随着

---

① 谭学清，陆泉，谭永丽，等．商务智能[M]．武汉：武汉大学出版社，2006．
② 拉姆什·沙尔达，杜尔森·德伦，埃弗瑞姆·特班．商务智能数据分析的管理视角[M]．赵卫东，译．北京：机械工业出版社，2018．

现代信息技术的迅猛发展、管理理念的不断更新，商业智能以全新的姿态出现在公众视野，即商务智能。它运用先进的数据仓库、联机分析处理、数据挖掘等技术手段，对企业内部历史运营数据、外部环境数据等海量数据进行深度分析，从中提炼出有价值的信息，为管理者制定合理的战略提供数据支撑，提高管理决策的针对性与可行性，促进企业的稳健发展。

商务智能(Business Intelligence，BI)是一个结合架构、数据库、分析工具、应用和方法的概括性术语，是一个无特定内容的表达。商务智能的主要目标就是实现数据的交互(有时候是实时的)，实现对数据的操作，使管理者和分析员能够实施合理的分析。通过对历史和现有数据、位置、性能进行分析，决策者可以得到有价值的信息，这些信息使决策者可以做出更好的决策。商务智能以数据转换成的信息为基础，然后做出决策，最终开始行动。不同的人或组织对于商务智能有不同的定义。

(1)IBM 公司认为，商务智能是指企业利用现代信息技术收集、管理和分析结构化和非结构化的商务数据和信息，创造和累积商务知识和见解，改善商务决策水平，采取有效的商务行动，完善各种商务流程，提升各方面商务绩效，增强综合竞争力的智慧和能力。

(2)Olszak 认为商务智能是一系列概念、方法和流程的集合，其目标不仅仅是辅助决策，还包括支持企业的战略实施。商务智能的主要任务是面向不同信息源进行智能浏览、综合及多维分析。

(3)Salvatore March 按照时间顺序对商务智能的研究进行了总结。他指出，传统的商务智能被当作一种智能处理后台数据的方式，用以支持管理人员的商务决策。而今天的商务智能可以帮助企业管理者做出决策，预测未来发展趋势，提高企业战略和流程的效率，从而使企业获得竞争优势。

(4)Business Objects 公司对商务智能的定义：商务智能是在大量信息基础之上进行提炼和重新整合的过程，这个过程与知识共享和知识创造紧密结合，完成从信息到知识的转变，最终为商家提供网络时代的竞争优势和实实在在的利润。

一般认为，商务智能实际上是帮助企业提高决策水平和运营能力的概念、方法过程及软件的集合，其主要目标是将企业所掌握的信息转换成竞争优势，从而提高企业决策能力、决策效率、决策准确性。它是一套完整的解决方案，用来对企业中现有的数据进行有效整合，快速准确地提供报表并提出决策依据，帮助企业做出明智的业务经营决策。在了解了有关商务智能的各种定义后，本书从以下几个角度对商务智能进行了阐述。

(1)从技术角度来看，商务智能的运行过程是指企业的决策人员以企业中的数据库为基础，经由联机分析处理工具、数据挖掘工具及规划人员的专业知识，从数据中获得有用的信息和知识，帮助企业获取利润。

(2)从应用角度来看，商务智能可以帮助用户对商业数据进行联机分析处理和数据挖掘，以实现特定目的，如预测发展趋势、辅助决策、对客户进行分类、挖掘潜在客户等。

(3)从数据角度来看，商务智能使得很多事务性的数据经过抽取、转换之后存入数据库，再经过聚集、切片或分类等操作之后形成有用的信息、规则，来帮助企业的决策者做出正确的决策。

为了更好地理解商务智能的内涵，应该明确商务智能的以下几个主要特点。

(1)商务智能服务于企业决策。商务智能可以对企业的内外部数据进行分析，支持企业战略管理，为决策者提供信息，以提高决策效率、准确率。哈佛商学院迈克尔·波特博士在《哈佛商业评论》上发表的一篇文章中把战略分为三个方面：定位、取舍和关联（各项运营活动之间如何关联），而商务智能可以通过数据分析帮助企业对这些方面进行规划。

(2) 商务智能提升企业绩效。商务智能有时被认为是一个纯技术项目，然而商务智能更多的是解决管理问题。可以通过商务智能，从企业积累的大量业务数据中挖掘有效的模式来辅助决策，为决策者提供决策所需信息。随着商务智能应用的发展，商务智能离业务越来越近，逐渐由技术驱动向业务驱动转变。商务智能在企业绩效管理中扮演着重要的角色，而商务智能相关的产品在管理角色和方法、管理职能和过程等方面烙印渐深，并且融合了越来越多的企业管理的理念。

(3) 商务智能具有强大的数据分析功能。商务智能是多项技术的综合应用，集合了数据仓库、联机分析处理和数据挖掘等多项数据分析工具。商务智能可以根据业务需要收集数据，并进行提炼和加工，发现数据背后隐藏的商机或威胁，获得洞察力，了解企业和市场的现状，把握趋势，在正确的时间做出正确的决策。

(4) 商务智能的用户具有多样性。商务智能服务于企业的各级决策者。传统上，商务智能主要支持中、高级管理人员进行决策，为他们提供信息。目前，商务智能平台的用户包括一线的业务人员、各级管理者，甚至包括顾客和商业伙伴，这是因为业务经营决策包括操作层、战术层和战略层在内的决策。

1.2　商务智能的发展历程

商务智能的发展既依赖于相关技术的发展，又依赖于企业对商务智能深入的认识。商务智能在一个先关注数据收集、储存、转换，后关注分析处理和利用的长期过程中逐渐发展了起来，成为辅助企业决策的一个重要手段。它经历了事务处理系统(Transaction Processing Systems，TPS)、高级管理人员信息系统(Executive Information System，EIS)、管理信息系统(Management Information System，MIS)和决策支持系统(Decision Support System，DSS)等阶段，最终演变成如今的商务智能系统。

1.2.1　事务处理系统

事务处理系统(TPS)是一个对发生在组织内部的基本事务活动进行记录、文档化、修改、归纳和处理的信息系统。事务处理系统的功能包括基础数据编码、事务活动记录、对录入数据进行合法性校验、事务数据处理、提供报表输出和查询等。

事务处理系统的优点为：可以帮助组织降低业务成本，提高信息准确度，提升业务服务水平。事务处理系统在企业中主要应用于四种业务系统：市场营销、生产制造、财务会计、人力资源。事务处理系统的特点是完全就事论事，针对某个具体事件进行数据的输入和输出，当事件处理结束后，有关该事件的数据就会湮没在以前积累的浩繁数据中，不大可能被再次利用，从而造成信息资源的浪费。随着技术的发展，事务处理系统越来越难以满足商务需求，于是高级管理人员信息系统应运而生。

1.2.2 高级管理人员信息系统

高级管理人员信息系统(EIS)可以根据预先定义的查询以报表或图表的形式向使用者提供商业活动情况的相关资料。高级管理人员信息系统是出于帮助高级管理人员制定决策的目的而设计的，是高级管理人员观察公司运营的窗口。高级管理人员信息系统可以总揽全局并且厘清与商业运作相关的信息。高级管理人员信息系统的积极意义在于使决策者在一定程度上掌握企业的业务状况，通过高级管理人员信息系统，高级管理人员可以精确地指出问题并发现对于管理至关重要的趋势。高级管理人员信息系统的缺陷在于其应用面太窄，仅局限于高层，中层管理人员的管理活动依然得不到有力的信息支持；并且程序的用途和所使用的数据格式都是由软件开发人员在编制时事先设定的，若有新的需求，则需要重新开发软件。

1.2.3 管理信息系统

高级管理人员信息系统通过进一步发展，成为面向所有管理人员的管理信息系统(MIS)，其应用范围比高级管理人员信息系统更为广泛。管理信息系统是一个以人为主导，利用计算机硬件、软件、网络通信设备及其他办公设备，进行信息的收集、传输、加工、储存、更新和维护，以获得企业战略性竞争优势、提高效益和效率为目的，支持企业的高层决策、中层控制、基层运作的集成化的人机系统。管理信息系统面向所有管理人员，可以覆盖企业所有业务内容，能够帮助管理人员了解日常业务，并进行高效的控制、组织和计划。虽然管理信息系统相较于高级管理人员信息系统已经有了很大的进步，但是依然不能满足需求。管理信息系统处理的都是日常事务，可以说对中层管理人员的效用是最大的，但对高层决策者而言，却无法从全局的、战略的高度给予很大的支持，这也造成了决策者的不解——明明企业中有决策所需的大量数据，却得不到决策所需的信息。

1.2.4 决策支持系统

决策支持系统(DSS)是以管理学、运筹学、控制和行为科学为基础，以计算机和仿真技术为手段，辅助决策者解决半结构化或非结构化决策问题的人机交互信息系统[1]。决策支持系统是20世纪70年代在管理信息系统的基础上发展起来的新型管理信息技术，是管理信息系统的高层部分，也可以作为独立的系统开发和使用。决策支持系统以提高决策效率为目标，对决策者起着支持和辅助的作用。决策支持系统的目的在于辅助决策者提高决策能力和决策水平，而非代替也不可能代替决策者做出最终决策。

决策支持系统是以计算机系统为基础，以决策为主体，为决策者提供良好的决策环境的人机交互信息系统。这样的系统包含人、数据和模型三大要素。决策者通过系统对问题进行调查和分析，并对系统给出的信息加以判断和评价，还可以根据需要与决策支持系统进行交互，多次进行决策方案的求解，直到结果令人满意为止。这样，决策支持系统既能保证充分发挥决策者的经验、智慧和判断力，又能充分利用系统提供的大量信息，并通过数学模型对信息进行仿真计算。

总的来说，决策支持系统具有一定的智能化功能，通过人机对话的方式，运用数学模型

---

[1] 李一军. 商务智能[M]. 北京：高等教育出版社，2009.

与数据库技术较好地辅助企业管理者和决策者做出科学、合理的决策。虽然经过长期探索，决策支持系统形成了以数据库、模型库和知识库"三库"为核心的理论体系结构和系统建设方法，但是总体而言，决策支持系统仍然处在设计方案与系统规划阶段，可实施性较差，未能迈入大规模的工业工程实践阶段；并且对于用户提出的决策支持要求来说，建立决策支持系统一般和建立其他系统一样要进行系统分析、数据结构设计和程序设计，所建立的系统仅仅恰如其分地实现了原定的决策支持需求，当用户需求发生变化时又必须从头设计，灵活性较差。

1.2.5 商务智能系统

随着基于因特网的各种应用系统开始在企业中应用，企业将收集到越来越多关于客户、产品及销售情况的各种信息，这些信息能帮助企业更好地预测和把握未来。企业迫切需要一种可以从大量信息中挖掘有价值信息的技术，许多成熟技术的出现，如并行处理技术、软件上的挖掘工具等，为商务智能系统的产生准备了有利条件。因此，在决策支持系统基础上发展商务智能系统已经成为必然。

商务智能系统是指运用数据仓库、在线分析和数据挖掘等技术处理和分析商业数据，并提供针对不同行业特点或特定应用领域的解决方案来协助用户解决在商务活动中所遇到的复杂问题，从而帮助企业决策者面对商业环境的快速变化做出敏捷的反应和更好、更合理的商业决策的系统。

商务智能系统能从来自不同数据源的数据中提取有用的数据，并对这些数据进行清洗与整理，以确保数据的正确性，然后对数据进行转换、重构等操作，并将其存入数据仓库或数据集市中；同时能运用合适的查询工具、分析工具、数据挖掘工具、联机分析处理（On-Line Analytical Processing，OLAP）工具等管理分析工具对信息进行处理，使信息变为辅助决策的知识，并将知识以适当的方式展示在决策者面前，供决策者使用。商务智能系统有助于提高企业的运作效率，建立有利的客户关系，增加产品的销售量，帮助企业创造更大的价值。

早在1988年，在罗马举行的多路数据分析大会结束后不久，商业智能开始作为一个技术概念出现。这场大会上得出的结论促使人们开始简化 BI 分析，并使之对用户更加友好。BI 企业大量涌现，每家新企业都提供新的 BI 工具。在那个时期，BI 有两项基本功能：产生数据和提供报告，并以适当的方式组织和呈现数据。在 20 世纪末、21 世纪初，BI 服务开始提供简化的工具，降低决策者对工具的依赖度。这些工具更易于使用，而且提供所需的功能，非常有效。商业人士可以通过直接与数据打交道的方式，收集数据，获取洞见。

1.3 大数据环境下的商务智能研究

商务智能最初被定义为基于数据支持的、帮助企业进行商务决策制定的工具和技术。20 世纪 90 年代末，这个定义被广泛传播。随着数据挖掘等技术在商务智能上的运用，一部分学者认为商务智能会成为一种全新的高级信息系统，而不再是决策支持系统中的一部分。随后，作为一种战略信息系统，商务智能通过集中的数据存储机制，可以最大限度地对信息加以利用。

在大数据环境下，数据驱动的商务智能被认为是大数据的重要应用，在不同企业规模与行业背景下，数据驱动的决策正在发挥着越来越重要的作用。区别于以往的商务智能，大数据环境下的商务智能数据来源的维度与广度有了质的飞跃，更加实时、细颗粒度的数据及来源于不同传感器的数据被收集起来并用于分析。此时，商务智能被赋予了新的含义。从技术角度来看：①实时的活数据与精准匹配的不同来源的数据被用于商务智能分析，此时分析也更加敏捷；②商务智能分析不断纳入新的技术与管理学方法模型，预测与分析的可解释性尤为重要，新的商务智能分析能够帮助企业完善知识表达。从社会角度来看：①大数据环境下的商务智能应用将带来业务流程的快速变化，同时带来深层次的组织管理变革；②随着互联网规模的不断扩大，更多传统产品和行业将被"数字化"，使新型商务智能应用领域变得更加宽广。

图1-1展示了2010—2019年大数据环境下商务智能相关研究的主题演化，其数据来源于Web of Science。选择在这段时间内主题词同时包括"big data"和"business intelligence"的文献，图1-1中主题演化线条的粗细代表了当前时间该主题相关研究数量的多少。如图1-1所示，主题词为"big data"的曲线在2010—2012年呈现明显的上升趋势，这与大数据的发展特征一致：大数据相关研究数量也是在这段时间内呈现明显上升趋势，而后趋于平稳的。在2012—2018年，除"big data"与"business intelligence"外，其他主题词更多是与大数据处理方法、分析方法相关的研究词，大数据环境下商务智能的应用几乎没有，这表明这个阶段的研究重点在于攻克大数据处理与分析方法的相关问题。而商务数据分析与应用的研究才是未来研究的重难点，首当其冲的就是数据融合。所以，新型商务智能分析能够将企业外部数据及非结构化的数据与其结构化的数据进行融合，并通过快速反应的系统、精准的分析方法产生反馈，这其中最基础也是最难的是不同来源、不同类型数据的融合，其次是基于大数据融合商务智能系统的构建。

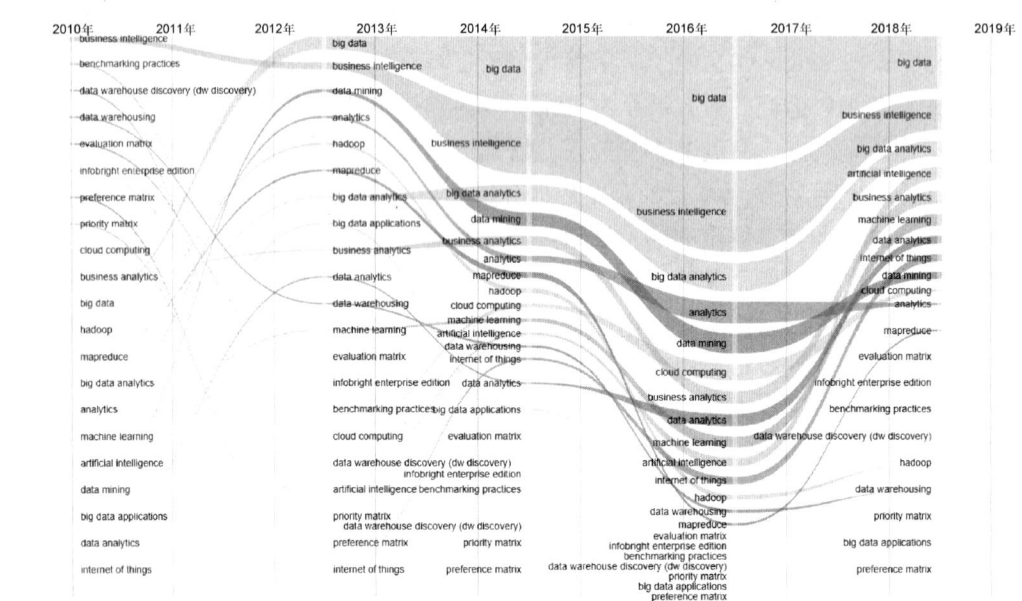

图1-1 2010—2019年大数据环境下商务智能相关研究的主题演化

在大数据环境下，如果不同来源的异构大数据无法融合，那么基于大数据融合商务智能系统的构建只能是空中楼阁。随着大数据处理技术的发展，数据的有效提取、整合、融合、转换、流通、分析、应用已经成为大数据环境下商务智能系统构建所面临的严峻挑战。

总体来看，商务智能目前正面临的挑战，一方面来自技术本身，以人工智能、区块链等为主的新兴技术正在以颠覆性的潜力为商务智能带来方法和思路上的变革，数据孤岛依旧存在，并且大数据所具有的数据体量大、数据类型多、处理速度快、价值密度低的4V特征，使得商务智能数据分析的挑战更加复杂；另一方面来自人类社会，被复杂性和不确定性围绕着的现代社会，出现了信息管理部门割裂和管理流程落后的问题，企业的大数据思维与实际管理脱节，大数据使能得不到充分发挥。从复杂社会技术系统视角来看，商务智能的发展离不开数据，它需要以数据为桥梁连接技术和社会两大交错关联的子系统，两个子系统通过数据、信息和知识在三个层面交互，将涌现出商务智能的新思维、新方法和新模式。

社会技术系统(Socio-Technical System，STS)是Trist在煤矿中采煤时发现技术系统与社会系统相结合可以提高效率而提出的概念。社会技术系统由社会系统及技术系统两个子系统所组成，社会系统包括人、价值观、信念等因素，技术系统包括工具、技术、操作系统、专业知识等因素。社会技术系统是由组织、技术系统、成员素质、社会环境等各方面因素组成的复杂系统，强调社会系统与技术系统应相互作用于组织，而组织应与人、市场环境及管理过程相结合。现有研究主要包括以下几个方面：①基于社会可持续发展构建评估指标，如绿色建筑等；②基于社会技术系统优化组织设计；③基于系统信息质量建模分析系统性能；④基于社会技术系统探索因素间的依赖关系。

实际中的企业组织是具有复杂性的，工作流程和绩效是会相互作用的，关键取决于整个组织中个体的存在及个体间的动态协调和沟通。而复杂系统是指一类组成关系复杂且具有自组织性、不确定性、涌现性的系统。因此，社会技术与社会环境中的个体或组织会相互影响，从而形成复杂社会技术系统。复杂社会技术系统由政府层面、监管和协调层面、公司层面、管理层面、员工水平和工作水平层面组成层级结构，其中自上而下的决策流程(如法律和政策等)和自下而上的信息反馈(如外部环境变化)是相互影响的。因此，复杂社会技术系统应用在众多领域以解决复杂性问题。在交通领域，通过仿真模拟机场安全检查，分析不同区域的安全检查点性能曲线，并关注安全操作员的准确性；在健康医疗领域，从生态系统的层面考虑参与者的存在可以完善医疗健康系统；在建筑领域，塔式起重机的安全隐患问题需要从利益相关者、设备、员工、工作流程和环境五个方面来解决。在消费者行为方面，政策会影响消费者对使用可再生能源技术的态度，也间接影响消费者的积极参与使用行为；患者在信息通信技术设计方面的价值观和敏感度会影响其自我管理活动的能力。

复杂社会技术系统在宏观层面主要应用于安全管理和技术优化等可持续性发展问题上，在微观层面主要应用于观察人类的表现、行为和决策。然而，在互联网和大数据环境下，商务智能可以从复杂社会技术系统的角度进行技术创新和管理优化，从而成为企业获得竞争优势的必备条件。在大数据驱动中，厘清、融合复杂社会技术系统的外部环境和社会技术的内在机制，了解系统元素间的相互关系及掌握系统层级间的过渡和互动演化是未来研究需要突破的重要方面。

商务智能系统可以看作一个复杂社会技术系统，它的成败不仅取决于技术因素，环境、人员、组织等社会因素也起着重要的作用。商务智能系统的复杂性体现在其处于快速变化和突发事件频出的复杂大数据环境中、各种因素的互动中，以及局部和整体之间存在的非线性关系中；并且面对复杂的决策问题，整体问题往往很难用还原论思维来通过解释局部因素再组合叠加去进行解释。因此，需要以复杂社会技术系统视角系统地、全面地思考商务智能系统的构建。如图 1-2 所示，整个商务智能系统应该由技术系统和社会系统两个子系统构成，以用户为中心，技术系统最终要实现数据智能，社会系统最终要实现网络协同；在企业、用户、市场等多源异构大数据融合的环境中，消除物理和逻辑数据孤岛，实现大数据的价值创造。

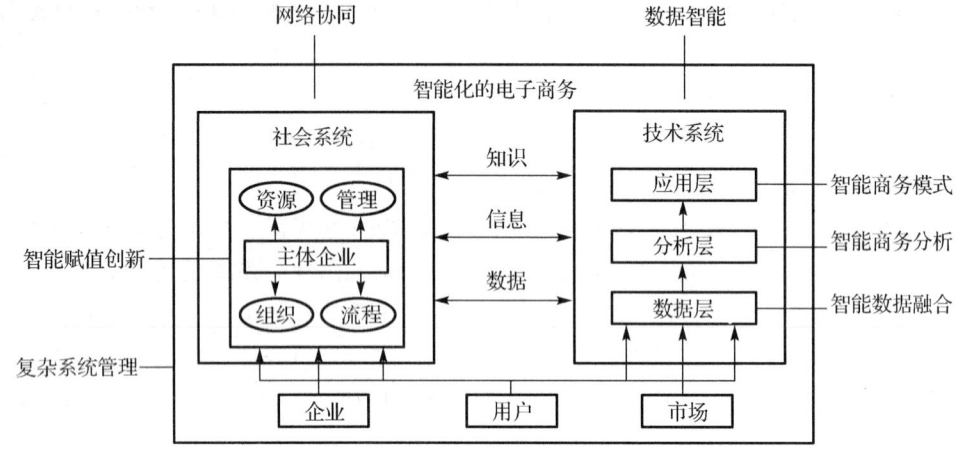

图 1-2　复杂社会技术系统视角下的商务智能系统构建

案例 1-1[①]

Sabre 是旅游行业的世界领先企业之一，提供企业对消费者的服务及企业对企业的服务。它主要通过以下四个公司为游客、旅游公司、旅行社和旅游供应商提供服务：Travelocity、Sabre Travel Network、Sabre Airline Solutions 和 Sabre Hospitality Solutions。当前动荡的全球经济环境给航空业带来了重大的竞争挑战。为了保持竞争优势，Sabre Airline Solutions 认识到，航空公司高管需要更强的工具来管理业务决策，消除传统的、人工的、耗时的过程，汇总行动计划所需的财务和其他信息。这使得世界各地的航空公司能够获得实时决策支持，通过从不断增长的数据中获得洞察、可操作的智能和客户价值，从而最大化它们（以及 Sabre 的）的信息回报。

Sabre 开发了使用 Teradata 的企业旅行数据仓库（Enterprise Travel Data Warehouse，ETDW），以保留其主要的预订数据。ETDW 接近于实时更新，每 15 分钟运行一次，收集 Sabre 所有的业务数据。Sabre 使用 ETDW 创建了 Sabre Executive Dashboards，通过使用 Cognos BI 平台与 Oracle Data Integrator 和 Oracle Goldengate 技术基础设施，提供近乎实时的高层洞察。Sabre Executive Dashboards 为客户航空公司的顶级管理人员和决策者提供及时、自动化、用户友好的解决方案，以简洁的方式聚合关键绩效指标，并一目了然地展现关于航空公司状况的 360 度全景视图。在一家航空公司，Sabre Executive Dashboards 在单个应用中为高级管理人员提供了关键绩效指标的每日和日内快照，代替了每周 8 小时从各种数据源生成相同报表的过程。仪表板的使用不限于外部客户，Sabre 还使用仪表板评估内部运营绩效。

[①] 拉姆什·沙尔达，杜尔森·德伦，埃弗瑞姆·特班. 商务智能数据分析的管理视角[M]. 赵卫东，译. 北京：机械工业出版社，2018.

仪表板帮助 Sabre 的客户通过交互式下钻功能的可视化显示,清楚地了解数据。它取代了平面的演示文稿,并允许以更少的精力和时间对数据进行更集中的审查。这有助于团队沟通,可以把有关销售业绩的数据和指标提供给许多利益相关方,包括售票、出售的座位与运营绩效,运营绩效包括航班飞行和跟踪的数据、客户预留、库存和跨越航空公司多个分销渠道的收入。仪表板系统提供可扩展的基础设施、图形用户界面支持、数据集成和聚合,使航空公司高管能够更积极地采取行动,对航空公司的整体状况产生积极的影响。凭借 ETDW,Sabre 还可以开发其他基于 Web 的分析和报表解决方案,通过分析客户资料及其销售资料交互计算客户价值,从而获得对客户的洞察。这有助于进行更好的客户细分和获得对增值服务的洞察。

 案例 1-2

西门子(Siemens)是德国公司,总部设在德国柏林。它是全球最大的电动汽车公司之一,专注于电气化、自动化和数字化领域,年收入达到 760 亿欧元。

西门子可视化分析小组负责为所有西门子内部的商务智能需求提供端到端的报表解决方案和咨询。该小组正面临着跨越不同部门为整个西门子组织提供报表解决方案的挑战,同时要保持治理与自助服务能力之间的平衡。西门子需要一个分析客户满意度调查、物流过程和财务报表的平台。该平台应易于员工使用,以便他们可以将从该平台获得的数据用于分析和决策。此外,该平台应易于与现有西门子系统集成,并为员工提供无缝的用户体验。

他们开始与全球领先的 BI 和数据可视化解决方案提供商 Dundas BI 合作。Dundas BI 帮助西门子创建了高度交互的仪表板,使西门子能够及早发现问题,从而节省大量资金。Dundas BI 开发的仪表板帮助西门子全球物流组织解决了各类问题,如不同位置的不同供应率如何影响运营的问题,从而帮助西门子把周期时间缩短了 12%,并降低了 25% 的成本。

思考题

1. 数据、信息、知识和智能四者之间的关系是怎样的?
2. 简述商务智能的发展历程,并说明发展的驱动力是什么。
3. 商务智能系统运用了哪些技术?
4. 大数据环境下的商务智能有哪些特点?
5. 研讨题:阅读下列文献,思考 AI 是如何在商务智能中应用的。

"JAIN A, SHAH D, CHURI P. A review on business intelligence systems using artificial intelligence[C]. International Conference On Computational Vision and Bio Inspired Computing, 2019: 1023-1030."

第 2 篇　商务智能数据管理

本篇通过四个章节介绍商务智能数据管理，首先在第 2 章数据管理与知识管理中介绍了主数据管理、元数据管理和知识管理的相关概念，明确数据管理的意义；随后的第 3 章数据整合与数据融合、第 4 章数据预处理则是关键数据操纵实践章节；最后的第 5 章介绍的数据仓库则是容器，用于存储清洗好的数据。本篇通过四个章节从理论到实践，系统地介绍了商务智能数据管理的流程。

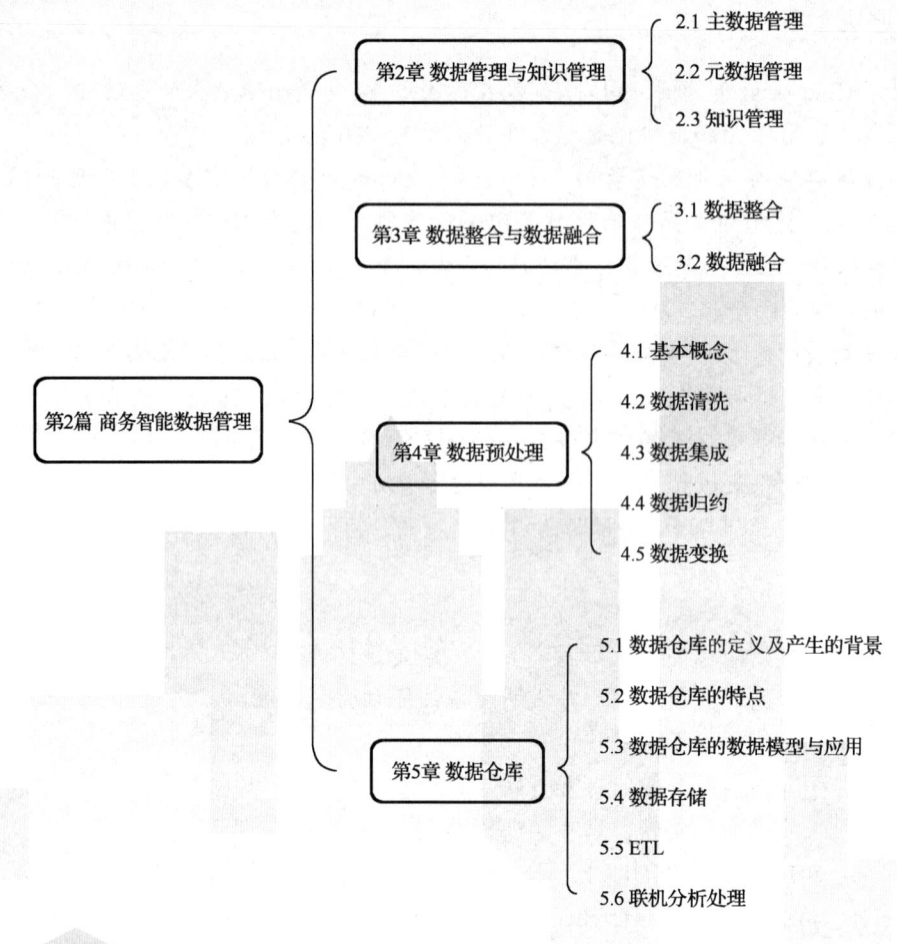

第 2 章　数据管理与知识管理

> **本章提要**
> 1. 了解主数据、主数据管理、元数据、元数据管理和知识管理的概念；
> 2. 掌握主数据管理、元数据管理和知识管理的特点。

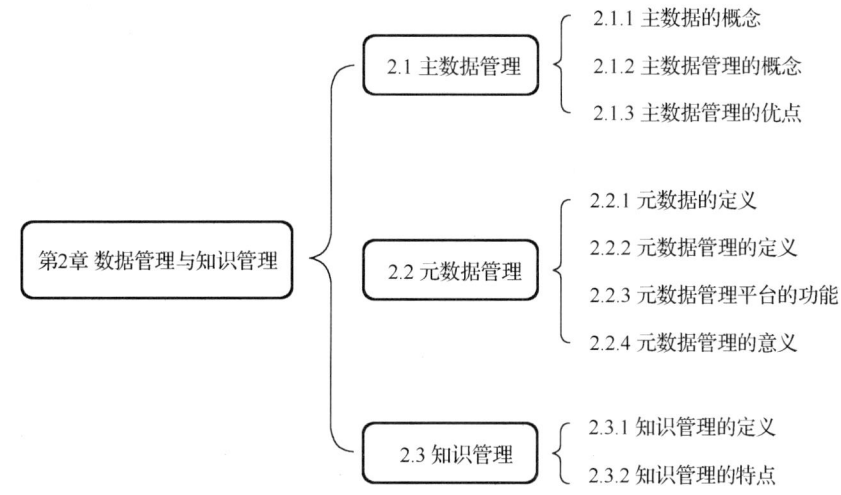

本章首先在 2.1 节和 2.2 节对主数据管理和元数据管理进行了相应地介绍，随后在 2.3 节介绍了知识管理的定义与特点。

 **案例 2-1**

2014 年是阿里巴巴集团移动商务业务快速发展的一年。例如，在 2014 年 11 月 11 日的大促销中，移动终端上的商品交易总额占总商品交易总额的 42.6%。与 PC 时代相比，移动终端可以随时随地接入网络。此外，移动终端还拥有更丰富的背景数据，如用户的位置信息、用户访问时间的规律等。本次竞赛基于阿里巴巴移动商务平台的真实用户-商品行为数据，同时提供移动时代的典型位置信息。竞赛参与者需要构建面向移动商务的商品推荐模型，希望能深入数据背后的深层含义，在正确的时间和地点为移动用户推荐合适的商品。

在许多情况下，企业需要为所有条目的子集开发一个个性化的推荐系统。在完成这一任务时，除利用这类条目子集中的用户行为数据外，还需要利用更全面的用户行为数据。

符号说明：

U——用户集；

I——所有的项目(item)；

P——item 的子集，P 属于 I 的子集；

D——用户行为数据集在所有项目中的集合。

数据包含两部分：第一部分是数据集 D，即所有条目集合中的用户在移动客户端的行为数据，对应表 tianchi_mobile_recommendations_train_user，用户移动端行为数据说明如表2-1所示。

表 2-1 用户移动端行为数据(tianchi_mobile_recommendations _train_user)说明表

列	简 介	描 述
user_id	用户身份标识	随机且脱敏
item_id	类目标识	脱敏
behavior_type	用户行为类型	点击、收藏、加入购物车、支付
user_geohash	经纬度(行为发生地)	模糊处理过
item_category	类目的大类别	被脱敏处理
time	行为发生时间	最近的时间

第二部分是数据集 P，即被购买商品项目集合中的商品数据，对应表 tianchi_mobile_recommend_train_item，用户购买商品数据简介如表2-2所示。

表 2-2 用户购买商品数据(tianchi_mobile_recommend_train_item)简介表

列	简介	描述
item_id	类目标识	脱敏
item_geohash	经纬度(行为发生地)	通过一定的隐私保护算法生成
Item_category	类目的大类别	被脱敏处理

训练数据包含一定数量抽样用户(D)的移动行为数据。评估数据是同一用户在 P 中一个月后购买商品的数据。参与者应该开发一个模型来预测用户在第二天的购买行为。

参与者应该以指定的格式(分区表除外)将预测结果提交到名为 tianchi_mobile_authoration_predict 的表中，该表包含一个 user_id 列和一个 item_id 列(都是字符串类型)，应该删除重复项。

2.1 主数据管理

2.1.1 主数据的概念

主数据(Master Data)代表着核心商业对象，商业事务会围绕着这些对象开展。常见的例子有客户、员工、供应商、产品、地址和合同。哪些种类的信息会被视为主数据，不同行业和不同机构间会存在诸多差异。

一般来说，主数据是指在整个企业范围内各个系统(操作/事务型应用系统及分析型应用系统)间要共享的数据，如与客户、供应商、产品相关的数据。更广泛意义的主数据是指同一系统或不同系统需要重复利用、共享、互相关联的基础数据,是企业内能够跨业务重复使用的高价值的数据,存在于多个异构或同构的系统中[①]。PAlex Berson 和 Larry Dubov 在 2007 年将主数据定义为已清洗的、合理化的并参与企业各系统核心业务活动的数据[②]。

提出主数据概念的目的是通过主数据管理实现更有效率的数据质量管理。那么什么是主数据管理呢?

2.1.2 主数据管理的概念

在理想世界中,一个机构仅有一个空间用来存储和管理主数据。在那里,主数据是精确和一致的,被安全且有条理地维护着,所有更新都与主数据对应,所有使用主数据的用户只和这个权威的信息源交互。主数据管理(Master Data Management,MDM)就是实现这个理想世界的过程和技术框架,它创建和维护了一个权威的、可靠的、可持续的、精确的、安全的数据环境,形成了一个一致的主数据视图。

数据集成、数据共享、数据质量、数据治理是主数据管理的四大要素。主数据管理实现的是从企业的多个业务系统中整合核心的、最需要共享的数据,集中进行数据的清洗和丰富,并且以服务的方式把统一的、完整的、准确的、具有权威性的主数据分发给全企业范围内需要使用这些数据的操作型应用系统和分析型应用系统,包括各个业务系统、业务流程和决策支持系统等。

主数据管理的关键就是"管理"。主数据管理不会创建新的数据或新的数据纵向结构。相反,它提供了一种方法,使企业能够有效地管理存储在分布式系统中的数据。主数据管理能够使用现有的系统,从这些系统中获取最新信息,并提供先进的技术和流程,用于自动、准确、及时地分发和分析整个企业中的数据,并对数据进行验证。

主数据管理主要包含三方面功能:"匹配与合并"逻辑,用于从一个或多个源系统识别并整合重复记录;宽泛的单元格级别关联和历史记录,为数据内容提供了详细的审计跟踪;适用于跨所有数据源和应用程序的所有关系数据的中央资料库。所以,主数据管理需要应用大量的数据整合和数据融合操作,第 3 章"数据整合与数据融合"会结合案例详细地讲解实际的 Python 代码操作。

2.1.3 主数据管理的优点

主数据管理提高了企业管理数据的水平,进而降低了相关成本,提高了数据支撑的竞争力,对企业经营管理进行了全方位的优化。主数据管理的优点如图 2-1 所示。

1. 全面的客户知识

内部开发的各种应用经常会采用不同的方式支持相同类型的客户数据功能。例如,某银行可能有多种客户接触界面,如支行、ATM、MAIL、Internet、电话和短信。其中的任意一个应用均可以创建、更新和停用客户信息。但是在一个相互不协作的环境下,应用就

---

① 罗莉. 主数据管理在信息化建设中的应用[J]. 电子世界,2012(7): 105-109.
② BERSON A, DUBOV L. Master data management and customer data integration for a global enterprise[M]. McGraw-Hill.Inc, 2007.

无法知道准确、全面的客户信息,包括唯一客户的数量、客户与银行交互的喜好、客户是如何尝试不同的途径来完成交易的。单一的主数据存储为所有客户的活动数据提供了单一的来源,并采用统一的方式支持各种运营和分析应用。如果一个企业拥有了完整、一致的客户视图,就可以提供更加丰富的个性化服务和恰当的处置。这样便能产生更好的客户体验,降低客户流失率。

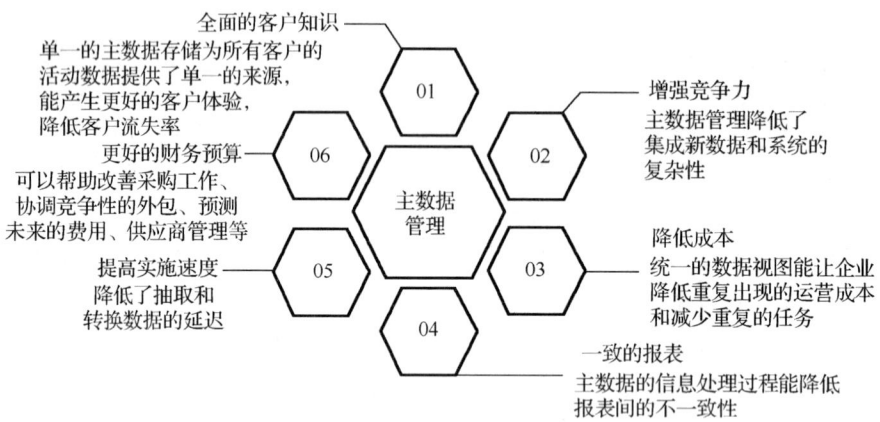

图 2-1 主数据管理的优点

2. 增强竞争力

在资源有限的情况下,企业需要快速产生新的业务能力,迅速抓住新的商业机会。主数据管理降低了集成新数据和系统的复杂性,有利于提高企业的敏捷性和竞争力。

3. 降低成本

复制相同的数据经常带动复制相关的管理数据的活动,包括典型的日常数据管理工作中的备份和维护、特定的应用工具和服务。统一的数据视图能让企业降低重复出现的运营成本和减少重复的任务,进而提高运营效率。

4. 一致的报表

报表间的不一致源自信息处理流程的治理缺乏和各环节上有差异的复制和复杂转换。使用主数据的信息处理方法能降低报表间的不一致性。

5. 提高实施速度

主数据管理提供了信息资产的标准化视图,这降低了抽取和转换数据的延迟,加速了各种项目的实施进度,包括应用迁移、系统升级、数据仓库和数据集市。

6. 更好的财务预算

与产品和供应商等相关的主数据能够帮助企业改善以下工作:采购工作、协调竞争性的外包、预测未来的费用、供应商管理等。

2.2 元数据管理

2.2.1 元数据的定义

元数据的一般定义是"关于数据的数据",元数据与数据的关系就像数据与真实世界的关系一样,数据反映了真实世界的交易、事件、对象和关系等,而元数据则反映了数据的交易、事件、对象和关系等。简单来说,只要能够用来描述某个数据的,都可以认为是元数据。北京大学数字图书馆研究所在 2001 年是这样定义元数据的:描述一个具体的资源对象,并能对这个对象进行定位、管理,且有助于它的发现与获取的数据[①]。

一个元数据由许多完成不同功能的具体数据描述项构成,具体的数据描述项又称元数据项、元素项或元素。对于企业而言,元数据是与企业所使用的物理数据、业务流程、数据结构等有关的信息,描述了数据(如数据库、数据模型)、概念(如业务流程、应用系统、技术架构),以及它们之间的关系。

元数据的功能主要包括描述、检索、筛选、定位、管理、评估和交互。描述功能即对信息对象的内容、属性等的描述能力,是元数据最基本的功能,应当能够比较完整地反映信息对象的全貌。检索功能指用户利用元数据可以更方便、快捷地发现真正需要的资源。筛选功能指在特定情境下,对被检出的信息进行取舍,以获得对用户有价值的资源。定位功能可以通过 DOI、URL 等实现对信息位置的准确获取。管理功能包括保存信息资源的加工存档、结构、使用管理等方面的相关信息,以及权限管理(版权、所有权、使用权)、防伪措施(电子水印、电子签名)等。评估功能是为了确定该信息资源在同类资源中的重要性。交互功能是指允许用户对某些数据项的内容进行反馈,有利于建立更为准确的元数据和提供更为良好的服务功能。

2.2.2 元数据管理的定义

元数据管理是指对数据采集、存储、加工和展现等数据全生命周期的描述信息进行管理,以帮助用户理解数据关系和相关属性。元数据管理可以了解数据资产分布及产生过程。

元数据管理策略主要有两种思路:一是建立一个元数据访问和整个元数据生命周期管理的系统——元数据仓储(Meta Data Repository,MDR),它是元数据访问和聚集的平台,企业内的所有元数据均存放在此元数据仓储中,从而实现元数据的集成;二是建立一种元数据交换的途径,不同系统中的元数据均可以通过这个途径来互访,从而把分布、异构的系统集成在一起,以实现元数据管理的功能[②]。

2.2.3 元数据管理平台的功能

元数据管理平台的功能主要有以下四种。

1. 元数据采集服务

元数据采集服务能够适应异构环境,支持从传统关系数据库和大数据平台中采集数据产

---

① 肖珑,陈凌,冯项云,等.中文元数据标准框架及其应用[J].大学图书馆学报,2001(5):29-35,91.
② 曹蓟光,王申康.元数据管理策略的比较研究[J].计算机应用,2001(2):3-5.

生系统、数据加工处理系统、数据应用报表系统的全量元数据,包括过程中的数据实体(系统、库、表、字段的描述)及数据实体加工处理过程中的逻辑。

一些元数据管理平台内置多种采集适配器,支持多种存储格式的元数据自动获取,如数据库、报表工具、ETL工具、文件系统等。对于无法完成自动获取的元数据,元数据管理平台提供了可自定义的元数据采集模板,以完成元数据的批量导入。

2．元数据访问服务

元数据访问服务是元数据管理软件提供的元数据访问的接口服务,一般支持 REST 或 Webservice 等接口协议。通过元数据访问服务支持企业元数据的共享,是企业数据治理的基础。

3．元数据管理服务

元数据管理服务能实现元数据的模型定义并存储元数据,在功能层将之包装成各类元数据功能,最终对外提供应用及展现;提供元数据分类和建模、血缘分析和影响分析,方便数据的跟踪和回溯。元数据管理服务管理的各类元数据具体包括:业务元数据、技术元数据和管理元数据,支持元数据的基本信息、属性、依赖关系、组合关系的增、删、改、查、操作。最新元数据和定版元数据是隔离的,最新元数据中的改动不影响定版元数据的正常使用,同时元数据的每次发布都有版本留痕,支持各版本的对比分析。

4．元数据分析服务

元数据分析服务一般包括血缘分析、影响分析、冷热度分析、关联度分析、数据资产地图等。这些元数据分析服务可以分析出元数据的来龙去脉,快速识别元数据的价值,掌握元数据变更可能造成的影响,以便更有效地评估变化带来的风险,从而帮助用户高效准确地对数据资产进行清理、维护与使用。

血缘分析:告诉你数据来自哪里,经过了哪些加工。血缘分析是一种技术手段,用于对数据处理过程进行全面追踪,从而找到以某个数据对象为起点的所有相关元数据对象及这些元数据对象之间的关系。元数据对象之间的关系特指这些元数据对象的数据流输入输出关系。

影响分析:告诉你数据去了哪里,经过了哪些加工。影响分析采用图形方式展示了以某个元数据为起始节点,其后与其有关系的所有元数据,反映了数据的流向与加工过程。影响分析可以分析数据流向和数据转换中错误的定位。

冷热度分析:告诉你哪些数据属于企业常用数据,哪些数据属于僵死数据。

关联度分析:告诉你元数据和其他数据的关系,以及它们的关系是怎样建立的。

数据资产地图:告诉你有哪些数据,在哪里可以找到这些数据,能用这些数据干什么。

2.2.4 元数据管理的意义

元数据管理到底有哪些应用?图书馆的目录卡片只是一个很简单的元数据管理的应用。在企业中,元数据管理会更为全面,难度更高,同时也将带来更多的收益。

元数据管理平台为用户提供高质量、准确、易于管理的数据,它贯穿数据中心构建、运行和维护的整个生命周期。同时,在数据中心构建的整个过程中,数据源分析、ETL 过程、数据库结构、数据模型、业务应用主题的组织和前端展示等环节,均需要相应的元数据进行支撑。

通过元数据管理，可以形成整个系统信息数据资源的准确视图；通过元数据的统一视图，可以缩短数据清理周期、提高数据质量，以便能够系统地管理数据中心项目中来自各业务系统的海量数据，梳理业务元数据之间的关系，建立信息数据标准，完善对这些数据的解释、定义，形成企业范围内、统一的数据定义，并可以对这些数据的来源、运作情况、变迁等进行跟踪分析。

元数据是企业数据资源的应用字典和操作指南。元数据管理有利于统一数据口径、标明数据方位、分析数据关系、管理数据变更，为企业级的数据治理提供支持，是企业实现数据自服务、推动企业数据化运营的可行路径。当然，这一切都离不开元数据管理工具的推动。

 拓展阅读

接下来通过两个例子展示什么是元数据。

(1) 查看 pdf 文件的元数据。

这里以 *Electronic Commerce Research* 2020 年引用率较高的一篇文献 Smartphone use and income growth in rural China: empirical results and policy implications 的 pdf 格式文件为例，将其存储在本地，并命名为 Smartphone2020.pdf。

在 Python 中，通过调用如下代码，可以获取 pdf 文件的元数据。

```
from PyPDF2 import PdfFileReader
pdf_toread = PdfFileReader(open("Smartphone2020.pdf", "rb"))
pdf_info = pdf_toread.getDocumentInfo()
pdf_info
```

上述代码的部分输出如下所示。其中，Author、CreationDate、Creator 等都为此 pdf 文件的元数据。

```
{'/Author': 'Wanglin Ma ',
 '/CreationDate': "D:20181023105120+05'30'",
 '/Creator': 'Springer',
 '/CrossMarkDomains#5B1#5D': 'springer.com',
 '/CrossMarkDomains#5B2#5D': 'springerlink.com',
 '/CrossmarkDomainExclusive': 'true',
 '/CrossmarkMajorVersionDate': '2010-04-23',
 '/Keywords': 'Mobile ICTs, Smartphone use, Rural incomes, Gender divide, Endogenous switching regression',
 '/ModDate': "D:20201022214002+05'30'",
 '/Producer': 'Acrobat Distiller 10.1.8(Windows)',
 '/Subject'     :     'Electronic     Commerce     Research     , https://doi.org/10.1007/s10660-018-9323-x',
 '/Title': 'Smartphone use and income growth in rural China: empirical results and policy implications',
 '/doi': '10.1007/s10660-018-9323-x',
 '/robots': 'noindex'}
```

(2) 查看图片元数据。

图片元数据 (Meta Data) 是嵌入图片文件中的一些标签，比较像文件属性，但是种类繁多，常见的标准有如下几种。

EXIF：通常在数码相机拍摄照片时自动添加，如相机型号、镜头、曝光、图片尺寸等信息。

IPTC：如图片标题、关键字、说明、作者、版权等信息。

XMP：由 Adobe 公司制定标准，以 XML 格式保存。用 PhotoShop 等 Adobe 公司的软件制作的图片通常会携带这种信息。

武大樱花(sakura)图如图 2-2 所示，以 jpg 格式将其保存在本地，并命名为 sakura.jpg。

图 2-2　武大樱花图

在 Python 中，通过调用如下函数，可以查看图片的元数据。

```
from pyexiv2 import Image
i = Image("sakura.jpg")
i.read_exif()
#i.read_iptc()
#i.read_xmp()
```

由于结果太多，上述代码的部分输出如下所示。

```
{'Exif.Image.ImageWidth': '4000',
 'Exif.Image.ImageLength': '3000',
 'Exif.Image.BitsPerSample': '8 8 8',
 'Exif.Photo.0x010d': '',
 'Exif.Photo.ExposureTime': '505000/1000000000',
 'Exif.Photo.FNumber': '180/100',
 'Exif.Photo.ExposureProgram': '2',
 'Exif.Iop.InteroperabilityIndex': 'R98',
 'Exif.Iop.InteroperabilityVersion': '48 49 48 48',
 'Exif.Photo.SensingMethod': '2',
 'Exif.Photo.FileSource': '3',
 'Exif.Photo.SceneType': '1',
 'Exif.Image.GPSTag': '922',
 'Exif.GPSInfo.GPSVersionID': '2 2 0 0',
 'Exif.GPSInfo.GPSLatitudeRef': 'N',
 'Exif.GPSInfo.GPSLatitude': '30/1 32/1 24408416/1000000',
 'Exif.Thumbnail.ImageWidth': '320',
 'Exif.Thumbnail.JPEGInterchangeFormatLength': '10212'}
```

其中，"Exif.Image.ImageWidth" 和 "Exif.Image.ImageLength" 记录了图片的长宽，"Exif.Photo.ExposureTime" 记录了曝光时间等。

2.3 知识管理

2.3.1 知识管理的定义

知识管理是一项在20世纪90年代中期开始在全球崛起的学术与商业应用主题,它针对个人及社群所拥有的显性知识和隐性知识的确认、创造、掌握、使用、分享、传播进行积极、有效的管理。其主要涵盖的固有理论及应用层面包括学习型组织、企业文化、资讯科技应用,以及人事管理等。知识管理在非商业上的应用很广泛,其中维基百科经常被指为互联网上最成功的知识管理系统之一。知识管理在商业上的应用也越来越受到社会重视,比较成功的如中国大学MOOC、得到、樊登读书会等App,其价值核心都是知识管理。这些商业应用的成功反映了知识付费理念在社会中越来越普遍,所以知识管理也非常具有商业价值潜力。

维基百科中知识管理的定义为,在组织中建构一个量化与质化的知识系统,让组织中的资讯与知识,能透过获得、创造、分享、整合、记录、存取、更新、创新等过程,不断地回馈到知识系统内,形成永不间歇地累积个人与组织的知识,再将其转换为组织智慧的循环,在企业组织中成为管理与应用的智慧资本,有助于企业做出正确的决策,以适应市场的变迁。国内著名学者乌家培教授认为,信息管理是知识管理的基础,知识管理是信息管理的延伸与发展[1]。左美云认为,知识管理就是对一个企业集体的知识与技能进行捕获,然后将这些知识与技能分布到能够帮助企业实现最大产出的任何地方的过程。知识管理的目标就是力图将最恰当的知识在最恰当的时间传递给最恰当的人,以便他们做出最好的决策。

2.3.2 知识管理的特点

考虑到知识管理的特殊性,在进行知识管理时,应注意其以下特点。知识产生并存在于人脑中,其运作是以人为主导的,人的价值观、情绪、意志等都会对其产生影响。技术工具可以增强知识管理活动,但工具的正确、有效使用还是取决于人的。显性知识与隐性知识相互补充,非对立存在,现实中应当注意隐性知识的获取与转化。知识共享是创新的基础,应该创造条件推进知识的传播、扩散。知识管理必须受到高层领导的重视,并列入组织的战略规划当中。知识管理是在一定的文化背景基础上进行的,所以民族文化、企业文化的多样性常成为决定因素。

知识管理有利于提升企业竞争力。因为市场竞争越来越激烈,创新的速度越来越快,所以企业必须不断获得新知识,并利用知识为企业和社会创造价值;知识管理有利于降低环境的不确定性。环境的不确定性表现为由于竞争而导致的不确定性和由于模糊性而导致的不确定性。在动态的不确定环境下,技术更新速度加快,学习已成为企业得以生存的根本保证,组织成员获取知识和使用知识的能力已成为组织的核心技能,知识已成为企业获取竞争优势的基础,成为企业重要的稀缺资产。全球化经营要求企业具有交流沟通能力及知识获取、知识

---

[1] 乌家培. 正确认识信息与知识及其相关问题的关系[J]. 情报理论与实践, 1999(1): 2-5.
[2] 左美云. 国内外企业知识管理研究综述[J]. 科学决策, 2000(3): 31-37.

创造与知识转换的能力。知识创造、知识获取和知识转换依赖于企业的学习能力，学习是企业加强竞争优势和核心竞争力的关键。

? 思考题

1. 从案例 2-1 中可以获取哪些数据？可以分析出哪些信息？可能获取哪些知识？
2. 在案例 2-1 中，哪些变量可能是主数据呢？

提示：表 2-1 中的 user_id 是唯一标识符，item_id 在表 2-2 中也被用到。类似这种会被超过一个以上的事务性应用(Transactional Application)所使用，需要定期维护更新，以方便其他应用全面准确地获取的商务数据，都可以作为主数据。

3. 如何在 Python 中提取一张 png 格式图片的元数据呢？
4. 请阅读文献："谢蔓, 方远平. 如何做好主数据管理[J]. 企业管理, 2016(8):112-115."，并用思维导图总结该论文的核心观点。

第 3 章 数据整合与数据融合

本章提要

1. 了解数据整合与数据融合的概念；
2. 掌握数据整合与数据融合的优缺点；
3. 熟悉数据整合的处理方式。

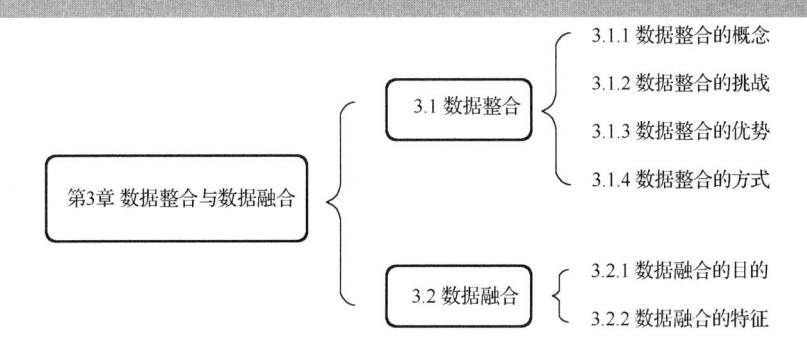

```
第3章 数据整合与数据融合 ┬ 3.1 数据整合 ┬ 3.1.1 数据整合的概念
                                      ├ 3.1.2 数据整合的挑战
                                      ├ 3.1.3 数据整合的优势
                                      └ 3.1.4 数据整合的方式
                      └ 3.2 数据融合 ┬ 3.2.1 数据融合的目的
                                      └ 3.2.2 数据融合的特征
```

数据整合与数据融合是数据处理的重要内容，本章介绍了相应的理论概念，希望大家能厘清二者的区别。

3.1 数 据 整 合

3.1.1 数据整合的概念

多源数据一般呈现出不同的数据格式。其中，数据来源可以包括本地文件、各种数据库、网页链接等；常用的数据格式包括 csv、xls、xlsx 等；不同软件使用的数据格式不同，如以"sav"为扩展名的是 SPSS 的数据文件，R 语言有自己专用的数据存储方式（以".RData"后缀结尾）；不同数据类型的存储方式也不一样，如网络数据的扩展名是"net"，文本数据一般存储在记事本".txt"文件中；其他的包括 json 格式、pickle 格式也是科研工作中比较常用的数据格式。将纷繁复杂的格式转化为熟悉的统一格式是清洗的重要步骤，是数据工程师必备的基础技能。

数据整合（Data Consolidation）是指在数据存储到数据仓库之前，将所有数据组合在一起，消除任何冗余，并清除所有错误的过程。数据集成（Data Integration）是数据仓库领域的一个重要概念，目的是把不同数据库中的数据整合到一起，对外提供统一的数据视图[1]。数据整

---

[1] LENZERINI M. Data integration: A theoretical perspective[C]. Proceedings of the twenty-first ACM SIGMOD-SIGACT-SIGART symposium on Principles of database systems, 2002.

合和数据集成的区别在于：数据整合是单纯的数据整合，而数据集成涵盖的范围要比数据整合更广。数据集成需要将互相关联的分布式异构数据源集成到一起，使用户能够以透明的方式访问这些数据源。其中，集成是指维护数据源整体上的数据一致性、提高信息共享利用的效率；透明的方式是指用户无须关心如何实现对异构数据源数据的访问，只关心以何种方式访问何种数据即可。

数据整合的过程在不同领域下都非常重要，其中既包括商业领域（如当两个相似的公司需要合并它们的数据库时）也包括科学领域（如合并来自不同生物信息学知识库的研究结果）。随着大数据和数据共享需求的激增，数据整合出现的频率越来越高[1]。数据整合鼓励内部和外部用户之间进行协作，传统的商业应用有很强的面向对象性——它们依靠持续的数据结构为商业实体和过程建模。当这种情况发生时，一般处理的逻辑是通过数据共享或合并进行整合，而在其他情况下，来自一个应用的数据可能需要重新构造才能和另一个应用的数据结构相匹配，然后被直接写进另一个数据库。被整合的数据必须先从异构数据库系统中导出，并转换为单个一致的数据存储，然后才能通过网络为客户提供同步数据。数据整合的一个常见用途是在数据挖掘过程中分析和提取现有数据库中对业务有用的信息[2]。例如，在整合存货数据和订单数据时，要把各个部门的客户关系管理系统中的客户信息整合到公司客户关系管理系统中。

3.1.2 数据整合的挑战

数据整合面临的挑战有如下几种。

1. 数据存储管理分散

我国信息化经过多年发展，已经开发出了众多计算机信息系统和数据库系统，并积累了大量的基础数据。然而，丰富的数据资源由于建设时期不同、开发部门不同、使用设备不同、技术发展阶段不同和能力水平不同等，导致数据的存储管理极为分散，造成了过量的数据冗余和数据的不一致性，使得数据资源难于查询、访问。

2. 缺乏数据统一管理标准

随着计算机业务数量的增加，管理人员的操作也越来越多、越来越复杂，许多日趋复杂的中间业务处理环节标准不统一。一些信息系统集成度低、互联性差、信息管理分散，在数据的完整性、准确性、及时性等方面存在较大差距。有些单位已经建立了内部网和互联网，但多年来分散开发或引进的外部信息系统，对于大量的数据不能提供一个统一的数据接口，不能采用一种通用的标准和规范，无法获得共享的、通用的数据源，于是不同的应用系统之间必然会形成彼此隔离的信息孤岛，导致缺乏共享的、网络化的、可用度高的信息资源体系。

3. 决策支持能力低

信息加工分析手段差，无法直接从各级各类业务信息系统中采集数据并加以综合利用，无法对外部信息进行及时、准确的收集反馈，业务系统产生的大量数据无法提炼升华为有用

---

[1] LANE F. IDC: World created 161 billion gigs of data in 2006[J]. Retrieved December, 2006.
[2] CHUNG P T, CHUNG S H. On data integration and data mining for developing business intelligence[C]//2013 IEEE Long Island Systems, Applications and Technology Conference（LISAT）. IEEE, 2013.

的信息，并及时提供给管理决策部门，使管理层无法获得有效的决策数据支持，导致当管理人员要了解所管辖不同部门的信息时，需要进入众多不同的系统，而且数据不能直接进行比较、分析。

4．工具兼容性差

已有的业务信息系统平台及开发工具互不兼容，无法大范围应用。数据的共享度达不到单位对信息资源的整体开发利用的要求：简单的应用多，交叉重复也多，能支持管理和决策的应用少，能利用网络开展经营活动的应用更少。数据中蕴藏着大量的信息资源，但是没有通过有效工具充分挖掘和利用，信息资源的增值作用就无法在管理决策过程中充分发挥。

5．地点分散

许多企业使用远程或分支位置进行运营，这意味着数据不能在单个物理位置上使用，而是必须在多个位置进行安全保护和管理。当需要检索这些外围数据并将其与本地数据源相结合时，可能需要花费更多的时间(及更多的带宽)，不能快速提供有效的信息就会直接影响管理层的决策效率。

6．安全问题

每一个存储数据的地方都有可能被黑客入侵，在数据整合过程中将数据移动到另一个地方只会增加这种可能性。此外，大多数企业必须遵守一定程度的监管标准。但是，使用经过修补的设备及只有一个系统管理员负责整个企业的数据管理的现状，使得维护必要程度的安全性和法规遵从性变得更加困难。

3.1.3　数据整合的优势

数据整合的优势有如下几点。

(1)底层数据结构透明：为数据访问(消费应用)提供了统一的接口，消费应用时无须知道数据在哪里保存、源数据库支持哪种方式的访问(XQuery、SQL)、数据的物理结构、网络协议等。

(2)性能和扩展性：数据整合分为数据集成和数据访问两个过程，因此当用户访问时，数据已经处于准备好的状态。

(3)提供真正的单一数据视图：数据视图(Data View)是使消费者很容易理解数据的呈现方式，包含数据校验和数据清理的数据整合过程，可以使可视化的数据更加真实、准确、可靠。

(4)重复利用性好：由于有了实际的物理存储，数据可以为各种应用提供可重复利用的数据视图，而不用担心底层实际的数据源的可用性。

(5)数据管控能力加强：数据整合中的数据规则可以在数据加载、数据转换中实施，保证了数据管控的质量。

在信息以指数级速度创建的今天，数据整合为那些正在努力应对当今业务挑战的组织提供了极大的助力。数据整合有助于确保更高的数据质量，提高数据准确性，使数据处于准备就绪状态，更易于访问、操作和分析。通过消除在以任何方式操作数据之前必须首先解决的不一致性，可以节省大量时间，提高效率，并为整个组织的数据操作增加价值。

3.1.4 数据整合的方式

数据整合可以通过以下几种不同的方式实现。

(1) 手工编码。手工编码即由数据科学家自定义构建脚本，组合和整合来自预定范围的数据源。

(2) 开源工具。开源软件等开源工具可以帮助组织以相对较低的成本和更大的灵活性来组合和整合数据，但需要更高程度的编码专业知识和更多的人力。

(3) 基于云的工具。作为一种现代的数据整合方式，基于云的工具以其速度快、可扩展性强和安全性高的特性自动化了许多数据整合任务。

下面通过具体的 Python 代码操作给大家展示对不同源的数据进行整合处理。

1. 几种格式的数据导入

1) csv 格式

csv（逗号分隔值）是在电子表格和数据库中经常使用的导入和导出数据格式。csv 文件中的每一行都是一个数据记录。每个数据记录由一个或多个字段组成，用逗号分隔。csv 是一种非常简单的数据格式，但也有很多差异，如不同的定界符、换行或引号字符。

```
import pandas as pd
df = pd.read_csv('sample.csv')#相对路径;
print(df[0:5])
```

这里的 sample.csv 文件只提供一个代码参考，下面的 sample 文件亦是如此，请大家根据实际文件名进行更改。

2) xlsx 格式

excel 是微软的经典之作，在日常工作中的数据整理、数据分析和数据可视化方面，有其独到的优势，尤其在熟练应用了函数和数据透视等高级功能之后，excel 可以大幅度提高工作效率，所以在数据处理中会经常用到 excel 中常用的 xlsx 格式数据。

```
import pandas as pd
df = pd.read_excel('C:/Users/lenovo/desktop/sample.xlsx', sheet_name = 1, header = [0, 1])#绝对路径
```

sheet_name 是要读取的工作表名称，可以是整型数字、列表名或 SheetN，也可以是上述三种组成的列表。其中，整型数字是指目标 sheet 所在的位置，以 0 为起始，如 sheet_name = 1 代表第二个工作表；列表名是指目标 sheet 的名称，中英文皆可；SheetN 代表第 N 个 sheet，"S" 要大写，还要注意与整型数字的区别。sheet_name 默认为 0，表示读取 excel 第一个工作表。如果读取多个工作表，则显示表格的字典。对于初学者而言，建议每次读取一个工作表，然后进行二次整合。header 参数是指用哪一行作为列名，默认为 0，如果设置为[0, 1]，则表示将前两行作为多重索引。

3) pickle 格式

Python 中有个序列化过程叫作 pickle，它能够实现任意对象与文本之间的相互转化，也可以实现任意对象与二进制之间的相互转化。也就是说，pickle 可以实现 Python 对象的存储及恢复。

```
import pickle
with open('./vote/sample.pickle', 'rb')as f:
    datalist = pickle.load(f)
```

4) json 格式

json 是一种轻量级的数据交换格式，易于阅读和编写。

```
import json
with open('sample.json')as f:
    data = json.load(f)
    type(data)
```

2. 数据的拼接

数据的拼接是数据整合的常用操作，pandas 库中的 concat 函数可以实现这一功能。所以，本小节主要讲解 concat 函数的操作。其相当于数据库中的全连接(UNION ALL)，可以指定按某个轴进行连接，也可以指定连接的方式 join(outer 或 inner，只有这两种)。与数据库不同的是，concat 不会去重，要达到去重的效果可以使用 drop_duplicates 方法。

```
pd.concat(objs, axis=0, join='outer', join_axes=None, ignore_index=False,
keys=None, levels=None, names=None, verify_integrity=False)
```

参数说明：

objs——series、dataframe、panel 构成的序列 lsit；

axis——需要合并连接的轴，0 是行，1 是列；

join——连接的方式有 inner、outer。

```
from pandas import Series, DataFrame, concat
df1=DataFrame({'city': ['Beijing', 'Shanghai', 'Shenzhen'], 'rank': range(1, 4)})
df2 = DataFrame({'city': ['Beijing', 'Wuhan', 'Changsha'], 'rank': [1, 4, 5]})
print(df1)
```

```
      city  rank
0  Beijing     1
1 Shanghai     2
2 Shenzhen     3
```

```
print(df2)
```

```
      city  rank
0  Beijing     1
1    Wuhan     4
2 Changsha     5
```

```
#按轴进行内连接
df3 = concat([df1, df2], join='inner', axis=1)
print(df3)
```

```
      city  rank      city  rank
0  Beijing     1   Beijing     1
1 Shanghai     2     Wuhan     4
2 Shenzhen     3  Changsha     5
```

```
#进行外连接并指定 keys(行索引)
df4=concat([df1, df2], keys=['a', 'b'])#这里有重复的数据
```

```
print(df4)
         city     rank
a 0    Beijing      1
  1    Shanghai     2
  2    Shenzhen     3
b 0    Beijing      1
  1    Wuhan        4
  2    Changsha     5

#去重后
df5 = concat([df1, df2], ignore_index=True).drop_duplicates()
print(df5)
       city      rank
0    Beijing      1
1    Shanghai     2
2    Shenzhen     3
4    Wuhan        4
5    Changsha     5
```

3.2 数据融合

数据融合是整合多个数据源以产生比任何单个数据源提供的信息更一致、更准确和更有用的信息的过程[1]。数据融合过程通常分为低级、中级和高级三种，具体取决于进行融合的处理阶段。低级数据融合结合了多个原始数据源，以产生新的原始数据。人们期望融合后的数据能够比原始数据更具信息性和综合性。数据融合的概念起源于人类和动物的进化能力，它能够整合来自多种感官的信息，以提高它们的生存能力。例如，视觉、触觉、嗅觉和味觉的组合可能表明一种物质是否可食用[2]。

20世纪80年代中期，世界上一些重要实验室的联合主任组成了数据融合小组。随着万维网的出现，数据融合包括数据、传感器和信息融合。数据融合小组引入了一个数据融合信息组模型，该模型划分了数据融合的各个过程。

目前，数据融合信息组模型的七个级别如表3-1所示。

表3-1 数据融合信息组模型

级别	内容
级别0	源预处理(或数据评估)
级别1	目标评估
级别2	态势评估
级别3	影响评估(或威胁细化)
级别4	过程细化(或资源管理)
级别5	用户细化(或认知细化)
级别6	任务优化(或任务管理)

数据融合信息组模型探讨了态势评估、用户细化和任务优化等含义[3]。该模型对于可视

---

[1] KLEIN L A. Sensor and data fusion: a tool for information assessment and decision making[M]. SPIE press, 2004.
[2] HALL D L, LLINAS J. An introduction to multisensor data fusion[J]. Proceedings of the IEEE, 1997, 85(1): 6-23.
[3] BLASCH E, LAMBERT D A. High-level information fusion management and systems design[M]. Artech House, 2012.

化数据融合过程、促进讨论和共识非常有用[1]，对于系统级信息融合设计非常重要[2]。

数据融合(Data Fusion)最早被应用于军事领域。现在数据融合的主要应用领域有多源影像复合、机器人和智能仪器系统、战场和无人驾驶飞机、图像分析与理解、目标检测与跟踪、自动目标识别等。在遥感中，数据融合属于一种属性融合，它可以将同一地区的多源遥感影像数据加以智能化合成，产生比单一信息源更精确、更完全、更可靠的估计和判断。

3.2.1 数据融合的目的

数据融合的最重要原因是用户数据具有割裂性，无法全面勾勒出用户全貌。比如，一个消费者的购物数据在京东或天猫、通话数据在移动或电信、交易数据在银行或其他金融机构、社交数据在微信、搜索数据在百度等。

数据的割裂性导致使用单一数据源的商务智能分析对用户的认识比较片面，可能做出错误的决策。比如，现在京东与头条的"京条计划"就是数据融合的一个案例，即消费者在京东搜索的物品而言的，会不定时地在今日头条中呈现，以提高购买率。这里有个缺陷是对于已经在淘宝购买的物品，由于淘宝数据和京东数据是割裂的，但该物品还是会出现在今日头条的页面上，导致今日头条的用户体验感下降。

数据融合的另一个价值就是新规律、新价值的发现。比如，以前用户的信用主要基于是否有历史借贷违约，但很多人没有借贷关系数据，又该如何评定呢？芝麻信用就创新地融合了上网数据、身份特征、行为偏好、社交关系等生活属性数据，来侧面刻画用户的信用。这就是数据融合的价值。

将不同行业的数据进行融合，可以使融合后的数据具有互补性和完整性，将有效提升数据内涵价值。

3.2.2 数据融合的特征

数据融合技术，包括对各种信息源给出的有用信息进行采集、传输、综合、过滤及合成，以便辅助人们进行态势/环境判定、规划、探测、验证、诊断。这对战场上及时准确地获取各种有用的信息，对战场情况和威胁及其重要程度进行适时的完整评价，对实施战术、战略辅助决策及对作战部队的指挥控制，都是极其重要的。未来战场瞬息万变，且影响决策的因素更多、更复杂，要求指挥员能够在最短的时间内对战场态势做出最准确的判断，对作战部队实施最有效的指挥控制。而这一系列"最"的实现，必须有最先进的数据处理技术作为基础。否则，再高明的军事领导人和指挥官也会被浩如烟海的数据所湮没，或导致判断失误，或延误决策丧失战机而造成灾难性的后果。

1. 数据层融合

数据层融合是直接在采集到的原始数据层上进行的融合，在各种传感器的原始测报未经预处理之前就进行数据的综合与分析。数据层融合一般采用集中式融合体系进行融合处理过

---

[1] JULIER S J, UHLMANN J K. Handbook of Multisensor Data Fusion: Theory and Practice[J]. 2009.
[2] BLASCH E, STEINBERA A, DAS S et, al. Revisiting the JDL model for information Exploitation[C]//Proceedings of the 16th International Conference on Information Fusion. IEEE, 2013: 129-136.

程。这是低层次的融合，如成像传感器中通过对包含像素的模糊图像进行图像处理来确认目标属性的过程就属于数据层融合。

2. 特征层融合

特征层融合属于中间层次的融合，它先对来自传感器的原始信息进行特征提取（特征可以是目标的边缘、方向、速度等），然后对特征信息进行综合分析和处理。特征层融合的优点在于实现了可观的信息压缩，有利于实时处理，并且由于所提取的特征直接与决策分析有关，因而融合结果能最大限度地给出决策分析所需要的特征信息。特征层融合一般采用分布式或集中式的融合体系。特征层融合可分为两大类：一类是目标状态融合；另一类是目标特性融合。

3. 决策层融合

决策层融合通过不同类型的传感器来观测同一个目标，每个传感器在本地完成基本的处理，其中包括预处理、特征提取、识别或判决，以建立对所观察目标的初步结论，然后通过关联处理进行决策层融合判决，最终获得联合推断结果。

数据融合概念来源于军事领域，目前传感器数据融合应用最多。在电商领域，数据的融合也很常见，消费者的基本信息、消费行为特征数据与商品的购买数据常常是分离的，所以也需要进行融合清洗。例如，消费者的基本信息表（如表 3-2 所示）收集了关于消费者的用户编号、姓名、性别、年龄、所在城市等基本信息，在现实中部分变量经常会被做脱敏处理。

表 3-2 消费者基本信息表

用户编号	姓名	性别	年龄	所在城市	受教育程度
000001	小贺	男	33	大连	研究生
000002	老黄	男	45	武汉	大专
000003	小陈	女	26	深圳	本科
000004	老左	男	55	黄冈	小学
000005	小欧	女	27	福州	本科

消费者可能会在不同的平台进行消费，表 3-3 收集了消费者在京东的消费行为特征数据，其中包括用户编号、消费频率、平均月消费额和主要消费类目等数据，其中缺失值记为 NA（Not Available）。

表 3-3 消费行为特征数据表（京东）

用户编号	消费频率	平均月消费额	消费类目1	消费类目2	消费类目3
000001	一个月 3~5 次	100 元以内	零食	电子产品	NA
000002	一个月 3~5 次	200~500 元	化妆品	水果	NA
000003	一个月 6~10 次	500~1000 元	生活用品	化妆品	水果
000004	一个月 10 次以上	2000 元以上	零食	蔬菜水果	化妆品
000005	一个月 1~2 次	100 元以内	生活用品	零食	水果
000006	一个月 6~10 次	500~1000 元	电子产品	零食	NA

表 3-4 收集了消费者在淘宝上的消费行为特征数据。这里只用两个平台作为示范，现实中还会涉及很多其他平台，如天猫、拼多多、唯品会等。将所有的数据融合在一起，更有利于勾勒用户的行为画像，为智能推荐提供有效的数据支撑。

表 3-4　消费行为特征数据表(淘宝)

用户编号	消费频率	平均月消费额	消费类目 1	消费类目 2	消费类目 3
000001	一个月 3~5 次	200~500 元	电子产品	生活用品	零食
000002	一个月 3~5 次	200~500 元	化妆品	水果	零食
000003	一个月 1~2 次	100 元以内	生活用品	NA	NA
000004	一个月 6~10 次	1000~2000 元	服装	电子产品	零食
000005	一个月 3~5 次	200~500 元	水果	零食	NA
000006	一个月 1~2 次	500~1000 元	服装	NA	NA

数据整合的典型例子是对表 3-2 和表 3-3(或表 3-4)的整合，整合后的数据可以反映用户的基本信息和消费特征。数据融合的典型例子是表 3-3 和表 3-4 的融合，融合后的数据更加全面。

思考题

1. 通过 Python 如何读取 RData 格式数据呢？
2. 用 Python 对表 3-3 和表 3-4 进行融合操作。
3. 用代码统计表 3-4 中缺失值的数量是多少。
4. 用代码计算表 3-4 中消费频率的平均值是多少。
5. 数据整合与数据融合的差异在哪里？

第 4 章 数据预处理

本章提要
1. 了解数据预处理的基本概念；
2. 熟悉数据清洗、数据集成、数据归约和数据变换的相关方法。

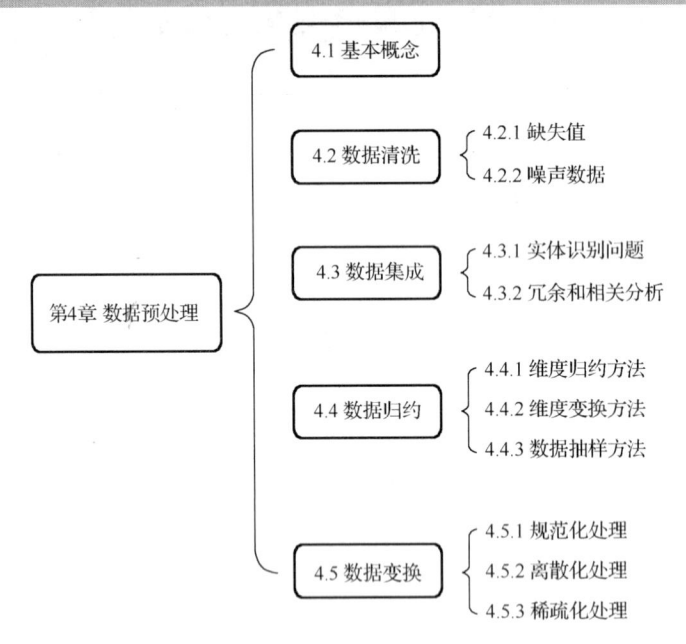

第4章 数据预处理
- 4.1 基本概念
- 4.2 数据清洗
  - 4.2.1 缺失值
  - 4.2.2 噪声数据
- 4.3 数据集成
  - 4.3.1 实体识别问题
  - 4.3.2 冗余和相关分析
- 4.4 数据归约
  - 4.4.1 维度归约方法
  - 4.4.2 维度变换方法
  - 4.4.3 数据抽样方法
- 4.5 数据变换
  - 4.5.1 规范化处理
  - 4.5.2 离散化处理
  - 4.5.3 稀疏化处理

数据预处理通常会占据数据分析所用时间的大部分，所以熟练掌握本章的方法与技巧很重要。

4.1 基 本 概 念

在进行数据挖掘时，数据的质量直接决定分析结果的质量。数据质量涉及许多因素，包括准确性、完整性、一致性、时效性、可信性和可解释性。准确性、完整性、一致性对应的数据质量问题是数据集包含不正确的或含噪声的(包含错误或存在偏离期望的值)、不完整的(缺少属性值或某些感兴趣的属性，或者仅包含聚集数据)及不一致的(如不同部门关于同一个商品的编码是不一样的)数据；时效性反映数据是否被及时更新；可信性反映有多少数据是用户信赖的，如在某一时刻数据库存在一些错误，这些错误被更正，但是用户可能不愿意再相信这些数据；可解释性反映数据是否容易理解。

真实数据往往会包含大量的噪声与缺失值，也可能会因人工录入错误导致异常点的存在等，因此在进行分析前，需要对原始数据进行数据预处理。数据预处理主要包括四类：数据清洗、数据集成、数据归约和数据变换。数据清洗通过填补缺失值、平滑噪声数据，识别或删除离群点，并通过纠正数据的不一致性来清理数据。数据集成是指集成多个数据库、数据立方体或文件。在进行数据集成时，通常需要解决的数据问题包括属性的不一致和冗余。数据归约包括维归约和数值归约，它的必要性在于采用一种方法使需要分析的数据变少从而提高分析的速度，并且不会影响分析的结果。数据变换包括规范化处理、离散化处理和稀疏化处理等，数据变换是引导数据挖掘过程得以成功的附加的预处理过程。

4.2 数据清洗

本节将介绍数据清洗的基本思路，具体包括缺失值和噪声数据的处理。

4.2.1 缺失值

从现实世界获得的数据会存在各类原因导致的数据丢失和空缺。基于变量的分布特性和变量的重要性(信息量和预测能力)，缺失值的处理方法主要有以下几种。

(1)删除变量：当变量的缺失率较高(大于80%)且覆盖率及重要性均较低时，可直接将变量删除。

(2)人工填补缺失值：一般来说，该方法可能很费时，并且当数据集很大、缺失值很多时，该方法可能行不通。

(3)使用属性的中心度量(如均值和中位数)填补：当变量的缺失率较低(小于95%)且重要性较低时，可根据数据分布的情况进行填补。当数据服从均匀分布时，可采用该变量的均值填补缺失；当数据服从倾斜分布时，可采用中位数进行填补。

(4)插值法填补：包括随机插值、牛顿插值、热平台插补、多重插补及拉格朗日插值等。

(5)模型填补：使用随机森林、贝叶斯、回归及决策树等模型对缺失数据进行预测填补，该方法的思想是使用最有可能的值来填补缺失值。

一般而言，方法(3)至方法(5)会使数据有偏，填入的值可能不正确。然而，方法(5)是最流行的策略。与其他方法相比，方法(5)使用已有数据的大部分信息来预测缺失值。

需要注意的是，在一些情况下，数据有缺失值不一定就有需要清理的错误。比如，在申请信用卡时，可能需要申请人提供驾照号码，但是有些申请人是没有驾照的，自然也就无法填写。这个时候，数据的缺失不是错误，这样就不需要清理。

4.2.2 噪声数据

噪声数据是指数据中存在错误或异常(偏离期望值)的数据，这些噪声数据对数据分析造成了干扰。接下来将介绍如何"平滑"数据、去掉噪声。

1. 分箱

分箱方法是一种简单常用的预处理方法，通过考查相邻数据来确定最终值。所谓"分箱"，实际上就是按照属性值划分子区间，如果一个属性值处于某个子区间范围内，就把该属性值放进这个子区间所代表的"箱子"内。把待处理的数据(某列属性值)按照一定的规则放进一些箱子中，考查每一个箱子中的数据，采用某种方法分别对各个箱子中的数据进行处理。在采用分箱方法时，需要确定的两个主要问题就是：如何分箱及如何对每个箱子中的数据进行平滑处理。

(1) 分箱方法：等深分箱法将数据集按记录行数分箱，每箱具有相同的记录数，每箱记录数称为箱子的深度，这是最简单的一种分箱方法；等宽分箱法使数据集在整个属性值的区间上平均分布，即每个箱子的区间范围是一个常量，称为箱子宽度；除此之外，用户还可以根据需要自定义区间，当用户明确希望观察某些区间范围内的数据分布时，使用这种方法可以方便地帮助用户达到目的。

(2) 数据平滑方法：按平均值平滑，对同一箱子中的数据求平均值，用平均值替代该箱子中的所有数据；按边界值平滑，用距离较小的边界值替代箱子中的所有数据；按中值平滑，用中值来替代箱子中的所有数据。

2. 回归

根据包含噪声数据的变量和预测变量之间的回归系数，反解出自变量的近似值。

3. 离群点分析

常见的离群点分析方法包括以下几种。

(1) 简单统计分析：根据箱线图、各分位点判断数据中是否存在异常值(pandas 的 describe 函数可以快速发现异常值)。

(2) 3σ 原则：当数据服从正态分布时，偏离均值 3σ 之外的点通常为离群点。

(3) 基于绝对离差中位数(MAD)：这是一种稳健对抗离群数据的距离值方法，采用计算各观测值与平均值的距离总和的方法，放大离群值的影响从而找到离群值。

(4) 基于距离：通过定义对象之间的邻近性度量，从而可以依据距离判断离群点是否远离其他对象，但该方法存在计算复杂度较高、不适用于大数据集和存在不同密度区域的数据集等缺陷。

(5) 基于密度：离群点的局部密度一般会显著低于大部分近邻点，该方法适用于非均匀的数据集。

(6) 基于聚类：利用聚类算法得到不同的簇进而舍弃远离其他簇的小簇。

处理离群点的具体方法主要包括以下几种。

(1) 根据异常点的数量和影响，考虑是否将该条记录删除，但该方法可能会导致损失较多信息。

(2) 将数据做对数变换后检测是否消除了异常值，该方法能够接近保留原始信息。

(3) 使用平均值或中位数替代异常点，该方式简单高效且损失信息较少。

4.3 数据集成

数据集成是数据预处理过程中常见的一个步骤。数据集成是指将多个数据源中的数据结合并存放在一个一致的数据存储中(如数据仓库)。接下来将介绍数据集成中需要解决的问题。

4.3.1 实体识别问题

实体识别问题主要是指如何识别不同数据源中的字段是否为统一实体。比如，如何判断 A 数据库中的 id 和 B 数据库中的 identity 是同一实体。通常而言，数据库和数据仓库会利用元数据——关于数据的数据来避免模式集成中的错误。

在集成期间，当一个数据库的属性与另一个数据库的属性匹配时，必须特别注意数据的结构，确保源系统中的变量与目标系统中的相匹配。比如，在一个系统中，discount 字段用于订单，而在另一个系统中，discount 字段用于订单中的商品。如果集成之前没有发现，可能会不正确地打折。

4.3.2 冗余和相关分析

属性或命名的不一致可能会导致数据集中的冗余，如 A 表中的 A 字段可能由 B 表中的 B 字段"导出"。有些冗余可以被相关分析检测到。假设给定两个属性，相关分析可以根据已知的数据分析一个属性能在多大程度上蕴含另一个。对于标称数据，可以使用卡方检验。对于数值型数据，可以使用相关系数和协方差，它们都可以评估一个属性的值如何随另一个变化。

1. 标称数据的卡方检验

对于标称数据，两个属性之间的相关关系可以通过卡方检验来发现。假设 A 有 c 个不同的值，分别为 $a_1, a_2, \cdots, a_c$，B 有 r 个不同的值，分别为 $b_1, b_2, \cdots, b_r$。用 A 和 B 描述的数据元组可以用一个相依表表示。其中，A 的 c 个值构成列，B 的 r 个值构成行。卡方值的计算公式如下所示：

$$\chi^2 = \sum_{i=1}^{c}\sum_{j=1}^{r}\frac{(o_{ij}-e_{ij})^2}{e_{ij}}$$

其中，o_{ij} 是联合事件 (A_i, B_j) 的观测频率；e_{ij} 是联合事件 (A_i, B_j) 的期望频率，用下式计算：

$$e_{ij} = \frac{\text{count}(A=a_i) \times \text{count}(B=b_j)}{n}$$

其中，n 为元组的数量。

卡方值越大，两个变量可能越相关。卡方检验的原假设是如果 A 和 B 是独立的，检验基于显著水平，具有自由度 $(r-1)(c-1)$。值得注意的是，相关性不代表因果关系，如一个城市的医院的数量和汽车偷窃的数量是相关的，但是它们不具有因果关系，它们都和第三个变量——人口具有因果关系。

接下来将通过案例 4-1 介绍如何进行卡方检验。

> **案例 4-1**
>
> 假设调查了 1500 个人，每个人都对他们是否喜欢科幻小说和是否下象棋进行投票，这样就有了两个属性。每种可能的联合事件的观测频率（或计数）汇总如表 4-1 所示。

表 4-1 调查事件联合统计表

偏爱类型	下 象 棋	不下象棋	合 计
喜欢科幻小说	250(90)	200(360)	450
不喜欢科幻小说	50(210)	1000(840)	1050
合计	300	1200	1500

其中，括号中的数是期望频率。期望频率根据上面介绍的公式进行计算。

比如，单元(下象棋，喜欢科幻小说)的期望频率为：

$$e_{11} = \frac{\text{count}(下象棋) \times \text{count}(喜欢科幻小说)}{n} = \frac{300 \times 450}{1500} = 90$$

其他单元期望频率的计算按照以上方式，得到的结果在单元格的括号内。所以，卡方值为：

$$\chi^2 = \frac{(250-90)^2}{90} + \frac{(50-210)^2}{210} + \frac{(200-360)^2}{360} + \frac{(1000-840)^2}{840} = 507.93$$

对于 2×2 的表格，其自由度为 $(2-1) \times (2-1) = 1$。对于自由度为 1，在 0.001 的置信水平下拒绝原假设的卡方值为 10.828(查询卡方分布表可得)。由于最终的计算结果大于这个值，因此拒绝两个变量独立的假设，并且可以得到结论：对于特定人群，这两个属性是相关的。

2. 数值型数据的相关系数

相关系数也叫皮尔逊积矩系数，其计算公式如下：

$$\left\{ r_{A,B} = \frac{\sum_{i=1}^{n}(a_i - \overline{A})(b_i - \overline{B})}{(n-1)\sigma_A \sigma_B} = \frac{\sum_{i=1}^{n}(a_i b_i) - n\overline{A}\overline{B}}{(n-1)\sigma_A \sigma_B} \right\}$$

其中，n 为数据的个数；a_i 和 b_i 分别为第 i 行数据在 A 和 B 上的取值；$\overline{A}$ 和 $\overline{B}$ 分别为 A 和 B 的均值；σ_A 和 σ_B 分别为 A 和 B 的标准差。注意，$-1 \leq r_{A,B} \leq 1$。当 $r_{A,B} > 0$ 时，A 和 B 是正相关的，这意味着 A 值随着 B 值的增加而增加，并且该值越大，两者的相关性越强。一个较高的 $r_{A,B}$ 值意味着 A 或 B 可以作为冗余属性而删除。当 $r_{A,B}=0$ 时，A 和 B 是独立的；当 $r_{A,B} < 0$ 时，A 和 B 是负相关的。也可以用图 4-1 所示的散点图来表明相关性，其展示了 A 和 B 的相关系数从 -1 到 1 的散点图变化。

3. 数值型数据的协方差

两个属性 A 和 B 的协方差和相关系数是相似的，其计算公式如下：

$$\text{Cov}(A,B) = E((A-\overline{A})(B-\overline{B})) = \frac{\sum_{i=1}^{n}(a_i - \overline{A})(b_i - \overline{B})}{n}$$

可以看出：$r_{A,B} = \dfrac{\text{Cov}(A,B)}{\sigma_A \sigma_B}$。

如果 $\text{Cov}(A,B) > 0$，则 A 和 B 趋向于一起改变；如果 $\text{Cov}(A,B) < 0$，则 A 和 B 趋向于向相反的方向改变；如果 A 和 B 是独立的，则 $\text{Cov}(A,B)=0$。但需要注意的是，$\text{Cov}(A,B)=0$ 不能说明 A 和 B 的独立性。

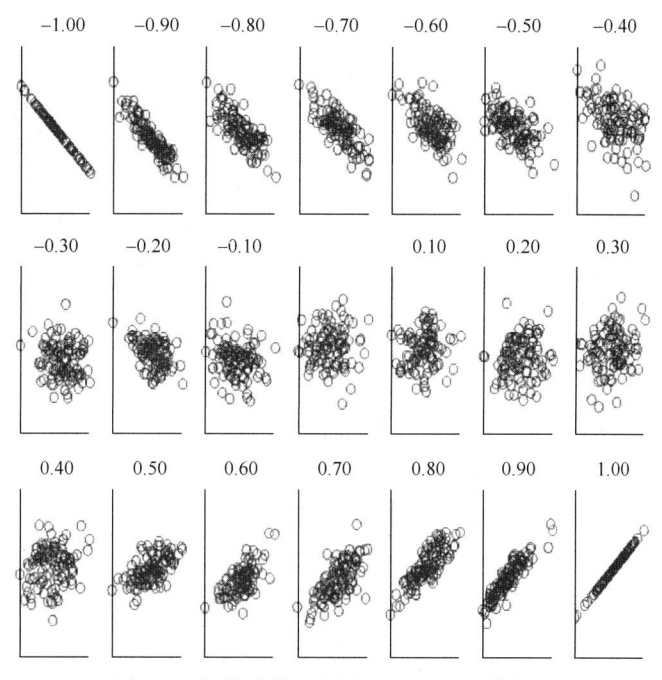

图 4-1 相关系数不同时两个属性的散点图

4.4 数据归约

在海量数据上进行复杂的数据分析和挖掘需要很长时间。数据归约技术可以用来得到数据集的归约表示，归约化后的数据集变小但仍几乎保持原数据的完整性。因此，归约后的数据挖掘将更有效，并产生相同(或几乎相同)的分析结果。接下来主要介绍维度归约方法、维度变换方法及数据抽样方法。

4.4.1 维度归约方法

用于数据分析的数据可能包含数以百计的属性，但其中大部分的属性可能与数据挖掘任务并不相关。维度归约通过删除不相关的属性从而减少数据量，并保证信息损失最小化。维度归约主要包括属性子集的选择与单变量的选择。

(1)属性子集的选择：目标是找出最小属性集，使得最小属性集的数据概率分布尽可能地接近所有属性数据的原分布。属性子集的选择方式主要包括逐步向前选择、逐步向后删除及逐步向前选择和逐步向后删除结合三种方式。①逐步向前选择：该过程由空属性集开始，选择原属性集中最好的属性，并将它添加到空属性集里，在每一次迭代过程中将原属性集剩下的属性中最好的属性逐步添加到该集合中。②逐步向后删除：该过程由整个属性集开始，删除尚在属性集中的最坏属性。③逐步向前选择和逐步向后删除结合：逐步向前选择和逐步向后删除可以结合在一起，即每一步选择一个最好的属性添加到空属性集中，并在剩余属性中删除一个最坏的属性。

(2)单变量的选择：目标是分析单变量和目标变量的相关性，删除预测能力较低的变量。

这种方法不同于属性子集的选择，通常是从统计学和信息论的角度去分析。分析单变量和目标变量相关性的方法主要包括通过 Pearson 相关系数和卡方检验分析目标变量及单变量的相关性、训练线性回归模型或逻辑回归后对每个变量的拟合系数进行重要性排序、训练决策树模型提取每个变量的重要度并通过 Gini 指数进行排序、Lasso 正则化、IV 指标等。限于篇幅，这里不对以上提到的方法进行详细讲解分析，感兴趣的读者可以自行查阅有关文献。

4.4.2 维度变换方法

维度变换主要是指降维，即将现有数据降低到更小的维度，但需要尽量保证数据信息的完整性。常用的降维方法包括聚类、奇异值分解、线性组合及主成分分析。

聚类方法是指将某一类具有相似性的特征聚到单个变量，从而大大降低维度。奇异值分解的降维可解释性较低，且计算量比主成分分析(Principal Component Analysis，PCA)大，一般用于稀疏矩阵的降维，如图片压缩、推荐系统等。线性组合是指将多个变量做线性回归，根据每个变量的表决系数赋予变量权重，从而将该类变量根据权重组合成一个变量。本书将重点介绍利用 PCA 方法进行维度变换。

假设待变换的数据由 n 个属性的元组组成，通过 PCA 搜索 k 个最能代表数据的 n 维正交向量，其中 $k \leq n$。与属性子集的选择通过保留原属性集的一个子集来减少属性集的大小不同，PCA 通过创建一个可替换的、较小的变量集"组合"属性的基本要素，使得原始数据被投影到一个小得多的空间，导致维数降低。其基本步骤如下。

(1) 对输入数据进行规范化，使得每个属性都落入相同的区间。此步有助于确保具有较大定义域的属性不会支配具有较小定义域的属性。

(2) 通过 PCA 计算 k 个标准正交向量，作为规范化输入数据的基。这些是单位向量，每一个都垂直于其他向量。这些向量被称为主成分。输入数据是主成分的线性组合。

(3) 对主成分按"重要性"或强度降序排列，使得第一个坐标轴显示数据的最大方差，第二个坐标轴显示数据的次大方差，如此类推。例如，图 4-2 显示原来映射到 x_1 和 x_2 的给定数据集的前两个主成分 y_1 和 y_2，可以看出坐标轴 y_1 显示了数据的最大方差。

(4) 主成分根据"重要性"降序排序，因此可以通过去掉较弱的成分来归约数据。

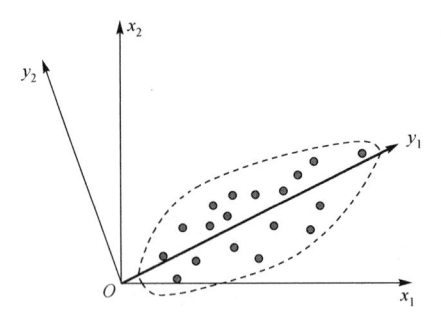

图 4-2 主成分分析，y_1 和 y_2 是给定数据集的前两个主成分

4.4.3 数据抽样方法

除维度归约外，有时候还需要对多数据集的元组数量进行归约。最常使用的方法是数据

抽样方法。数据抽样方法允许用户用比数据小得多的随机样本来表示大型数据集。该方法的一个关键准则是选择的数据集需要是一个具有代表性的子集。通常情况下，简单随机抽样在数据倾斜的情况下表现很差，所以可以使用一些更为合适的抽样方法，如分层抽样。接下来将介绍四种类型的抽样方法。简单随机抽样选择任何特定对象的概率都是相同的。无放回简单随机抽样在抽样时，一旦对象被选中，它将从抽样总体中被移除。有放回简单随机抽样在每次抽样后，不从抽样总体中删除该次抽中的对象。分层抽样对数据集进行分区，并从每个分区中抽取样本。这种抽样方法对于倾斜数据比较有效。

图 4-3 展示了上述抽样方法。

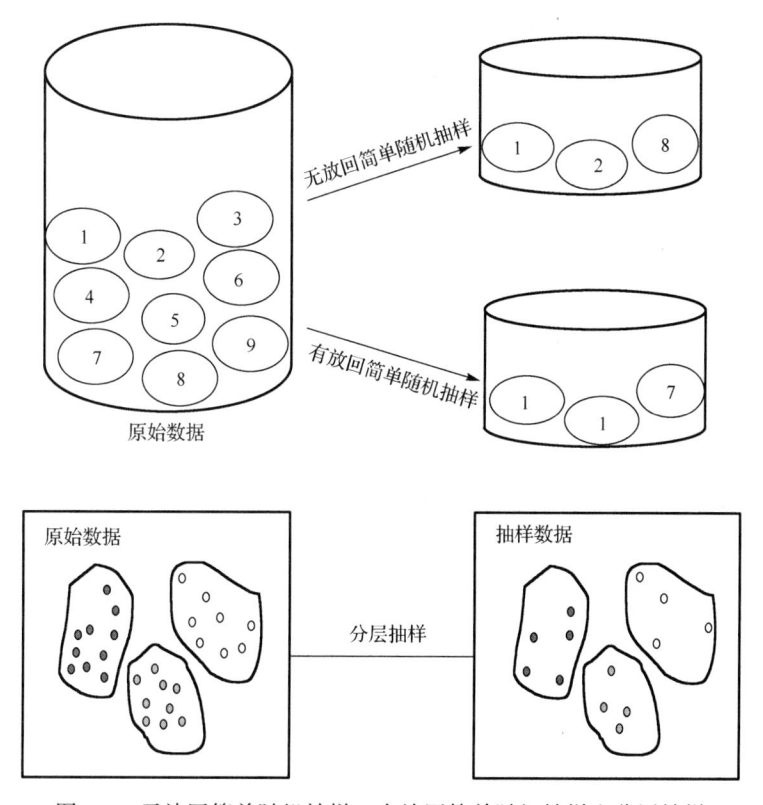

图 4-3 无放回简单随机抽样、有放回简单随机抽样和分层抽样

4.5 数据变换

数据变换主要包括对数据进行规范化、离散化、稀疏化处理，从而达到使挖掘过程更有效、挖掘的模式更容易理解的目的。

数据变换的策略主要包括如下几种。

(1) 平滑：去掉数据中的噪声，包括分箱、回归和聚类等。

(2) 特征构造：由已知的属性构造新的属性。

(3) 聚集：对数据进行汇总和聚集。这一策略主要用来为多个抽象层的数据分析构造数据立方体。

(4) 规范化：把数据按比例缩放，使之落入一个特定的小区间。

(5) 离散化：将数值属性的原始值用区间标签或概念标签替换。比如，对于年龄属性，可以考虑的区间标签是{0~20，20~40，40~60，60以上}，可以考虑的概念标签是{青年，中年，老年}。

值得注意的是，数据预处理的主要策略之间存在许多重合。上述策略的前三个在本章的前面小节中已经讨论过。因此，本节集中考虑数据的规范化处理和离散化处理。

4.5.1 规范化处理

数据中不同特征的量纲不一致可能会导致数值间的差别较大，从而影响数据分析的结果。因此，需要对数据按照特定比例进行缩放，使其落在一个特定的区域以便进行综合分析。规范化处理试图赋予所有属性相等的权重，对于涉及神经网络的分类算法或基于距离度量的分类和聚类，规范化处理特别有用。下面介绍几种常见的规范化处理方法。在本节的讨论中，A是数值属性，具有n个观测值$v_1,v_2,\cdots,v_n$。

(1) 最小-最大规范化：将数据进行线性变换，映射到一个新的区间。假设$\min_A$和$\max_A$分别为属性A的最小值和最大值，最小-最大规范化通过计算

$$v' = \frac{v - \min_A}{\max_A - \min_A}(\text{new\_max}_A - \text{new\_min}_A) + \text{new\_min}_A$$

把A的值v_i映射到区间$[\text{new\_min}_A, \text{new\_max}_A]$中的$v_i'$。

(2) Z-分数(Z-Score)规范化：基于属性A的均值和标准差进行规范化。

$$v' = \frac{v - \overline{A}}{\sigma_A}$$

其中，$\overline{A}$和σ_A分别为属性A的均值和标准差。当属性A的实际最大值和最小值未知，或者离群点左右了最小-最大规范化时，该方法是有用的。

(3) 小数定标规范化：通过移动属性A的值的小数点的位置来进行规范化。

$$v' = \frac{v - \overline{A}}{10^j}$$

其中，j是使得$\max|v_i'|<1$的最小整数。

4.5.2 离散化处理

某些模型，如决策树、朴素贝叶斯等模型(算法)，需要基于离散型的数据展开，因此需要对数据进行离散化处理。数据离散化是指将连续的数据进行分段，使其变为离散化的区间。有效的离散化后的特征相对于连续型的特征更易理解，且可以有效地克服数据中隐藏的缺陷，使模型结果更加稳定；同时数据离散化后能有效降低算法的时间和空间开销，提高系统对样本的分类聚类能力和抗噪声能力。接下来介绍几种离散化技术，每种都可以用来产生数值属性的概念分层。这些技术包括分箱、直方图分析，以及聚类分析、决策树分析和相关分析等。

1. 通过分箱离散化

分箱是一种基于指定的箱子个数的自顶向下的分裂技术。在之前的章节中已经讨论了数据平滑的分箱方法，这些方法也可以用作概念分层产生的离散化方法。通过等频分箱，可以使得每个箱子中的样本数量相等。例如，总样本为 500，分成 5 个箱子，则分箱原则是保证落入每个箱子的样本量为 100，然后用均值或中位数替换箱子中的每个值，从而将数据离散化。分箱是一种非监督的离散化技术，它对用户指定的箱子个数很敏感，也容易受离群点影响。

2. 通过直方图分析离散化

像分箱一样，直方图分析也是一种非监督的离散化技术。直方图把属性 A 的值划分成不相交的区间。直方图分析法可以递归地用于每个分区，自动产生多级概念分层，直到达到一个预先设定的概念层数，过程终止。

3. 通过聚类分析、决策树分析和相关分析离散化

聚类分析可以采用自顶向下的划分策略或自底向上的合并策略，聚类结果可以产生属性 A 的概念分层，其中每个簇形成概念分层的一个节点。在前一种策略中，每一个初始簇或分区可以进一步分成若干子簇，形成较低的概念层。在后一种策略中，通过反复地对临近簇进行分组，形成较高的概念层。

决策树分析也可用于数据离散化。它采用自顶向下的划分策略。它和已经提到过的离散化技术的一个主要不同在于它是一种有监督的离散化技术。为了离散化数据属性 A，该技术选择最小化熵的 A 的值作为划分点，并递归地划分结果区间，得到离散化分层。这种离散化形成了属性 A 的概念分层。

相关分析也可以用于数据离散化，它的基本思想是，如果两个临近的区间具有相似的类分布，则这两个区间可以合并，否则它们应该保持分开。这种技术和上述技术的一个很大的不同在于其采用的是自底向上的合并策略。

4.5.3 稀疏化处理

针对离散型的类别变量，当无法进行有序的标签编码时，可将变量做 0、1 哑变量的稀疏化处理，如前文缺失值处理中提及的性别。当变量的值较多时，可根据频数，将出现次数较少的值归类为"其他"。稀疏化处理既有利于模型的快速收敛，又能够提升模型的抗噪声能力。

拓展阅读

本部分简单介绍如何用 Python 实现本章所述的数据预处理过程。注意，本小节所给的代码不包含具体的数据，读者可以参考代码用自己的数据进行实操。

1. 数据预览

```
import pandas as pd
import numpy as np
data=pd.read_csv('path', sep=',', header=0, encoding='gbk', usecols=['col1',
```

```
'col2', 'col3'])#导入数据，把 path 改成文件路径；数据中有中文的话，就用 encoding='gbk'，
没有中文的话就用 encoding='utf-8'；usecols 是可以让我们选择哪几列
    data.head()#查看前五行
    data.info()#查看各字段的信息，其中包含行数、是否为空、字符类型
    data.shape()#查看数据集行列分布，几行几列
    data.describe()#查看数据的描述性统计，其中包括总数、均值、标准差、最小最大、第一四分位
数、中位数
```

预览完数据后要检查是否有重复值。

```
d=0
for i in train.duplicated():
    if i !=False:
        d+=1
print("d:", d)
```

2. 数据清洗

1) 缺失值处理

```
    data.isnull()#元素级别的判断，把对应的所有元素的位置都列出来，元素为空或 NA 就显示 True，
否则显示 False
    data.isnull().any(axis=0)#查看各列是否存在空值，True 表示有空值，axis=0 代表查看列，
axis=1 代表查看行是否存在空值
    data.isnull().any(axis=0).sum()#计算含有空值的列数，若把 axis=0 改成 axis=1，则代表
计算含有空值的行数
    data['column_name'].isnull().sum()#将某一列中为空或 NA 的个数统计出来，把 column_
name 改成字段名
```

删除法可以通过删除观测样本或删除变量来实现。删除法适用于变量有较大缺失且对研究目标影响不大的情况。如果删除了之后影响很大，就不建议用删除法。在 kaggle 中有人这样处理缺失数据：如果数据的缺失达到15%，且并没有发现该变量有多大作用，就删除该变量。

```
    del data['column_name'] #删除某一列
    data['column_name'].dropna()#删除某一行为空值或 NA 的元素
    data.drop(data.columns[[0,1]],axis=1,inplace=True)#删除第1、2列,inplace=True
表示直接就在内存中替换了，不用二次赋值生效
    data.dropna(axis=0)#删除带有空值的行
    data.dropna(axis=1)#删除带有空值的列
```

如果缺失值所在变量为数值型，一般用均值来替换；如果缺失值所在变量为非数值型，则用中位数或众数来替换。

```
    data['column_name']=data['column_name'].fillna(num)#将该列中的空值或 NA 填充为
num.其中 num 是某位数字，这个代码用于用数字进行替换
    data['column_name'][data['column_name'].isnull()]=data['column_name'].drop
na().mode().values#如果该列是字符串，就将该列中出现次数最多的字符串赋予空值，mode()函数就
是取出现次数最多的元素
    data['column_name'].fillna(method='pad')#使用前一个数值替代空值或 NA
    data['column_name'].fillna(method='bfill',limit=1)#使用后一个数值替代空值或 NA，
limit=1 就是限制如果有几个连续的空值，只有最近的一个空值可以被填充
```

```
data['column_name'].fillna(data['column_name'].mean())#使用平均值进行填充
data= data.fillna(data.mean())#将缺失值全部用该列的平均值代替,这个时候一般已经提前
```
将字符串特征转换成了数值

2)异常值处理

在异常值处理之前需要对异常值进行识别,一般采用单变量散点图或箱线图来达到目的,利用图形来判断数据异常值是否处理成了正常值。

```
import matplotlib.pyplot as plt
plt.boxplot(data['column_name'], vert = False)#箱线图
plt.show()
plt.plot(data['column_name'], data['column_name'], 'o', color='black')#散点图
data['column_name'].describe()#描述性统计
def count_box(Q_3, Q_1):#Q_3 为 75%分位数(第三四分位数),Q_1 为 25%分位数(第一四分位数)
    IQR=Q_3-Q_1
    down_line=Q_1-1.5*IQR
    up_line=Q_3+1.5*IQR
    print("异常值上限:", up_line, " 异常值下限: ", down_line)
```

上面代码中的 count_box 函数是用来计算箱线图的异常值上限和下限的,从箱线图的上限和下限可以判断出异常值,当大于上限时,就判断为异常值;当小于下限时,也判断为异常值。

由于单变量的散点图比较难画,本例选择两个同样的变量作为 x 轴、y 轴,这样其实也可以看出哪些是异常的。同时也可以通过统计来找出异常值。

3. 数据变换

数据变换主要包括数据的规范化处理、连续变量的离散化处理及变量属性的构造,将数据转换成"适当的"形式,以满足挖掘任务及算法的需要。

1)数据转换

这一步就是把一些属性特征转换为数据的一个过程,如性别这个字段,有男和女这两个元素,可以设置 0 代表男,1 代表女。

```
def tran_fea(da):#da 为要转换的字段
    name_all = list(da.unique())
    for i in range(len(list(da.unique()))):
        da = da.replace(name_all[i], str(i))
    return da
da.unique()#可以查看 0、1 的顺序
```

2)规范化

(1)最小-最大规范化。

```
(data-data.min())/(data.max()- data.min())
def scale01(da):#da 为要进行规范化的字段
    new_da = []
    for i in range(len(da)):
        a=(float(da[i])-float(min(da)))/(float(max(da))- float(min(da)))
        new_da.append(a)
    return new_da
```

(2)小数定标规范化。

```
data / 10**np.ceil(np.log10(data.abs().max()))
```

3)连续属性离散化

(1)等宽法。

```
d1=pd.cut(data, k, labels=range(k))#k 为区间个数
```

(2)等频法。

```
w=[ 1.0*i/k for i in range(k+1)]#k 是区间个数
w=data.describe(percentiles=w )[4：4+k+1]#使用 describe 函数自动计算分位数
w[0]=w[0]*(1-1e-10)
d2=pd.cut(data, w, labels=range(k))
```

思考题

1. 用 Python 如何查看多列变量中每列缺失值总数情况？

2. 在数据预处理过程中，0 值经常会导致一些 Bug，如 log 处理，所以经常会将 0 值转化为 0.0001 等值。在最小-最大规范化方法中，如何将规范化后的最小值设置为 0.01，而不是 0？如何用 Python 操作实现呢？

3. 在进行最小-最大规范化处理时，如何避免最小值为 0？请用 Python 写一个自定义函数。

4. 如何使用 Python 调用有关模块实现主成分分析？

5. 研讨题，阅读下列文献："ZHU Q，R ZUO，LIU S，et al. Online dynamic group-buying community analysis based on high frequency time series simulation[J]. Electronic Commerce Research，2020，20(1):81-118."，试列举其数据处理的步骤。

第 5 章 数 据 仓 库

本章提要

1. 了解数据仓库的背景、定义与特点；
2. 熟悉数据仓库的模型与应用；
3. 熟悉数据存储、ETL 和联机分析处理过程中的相关概念。

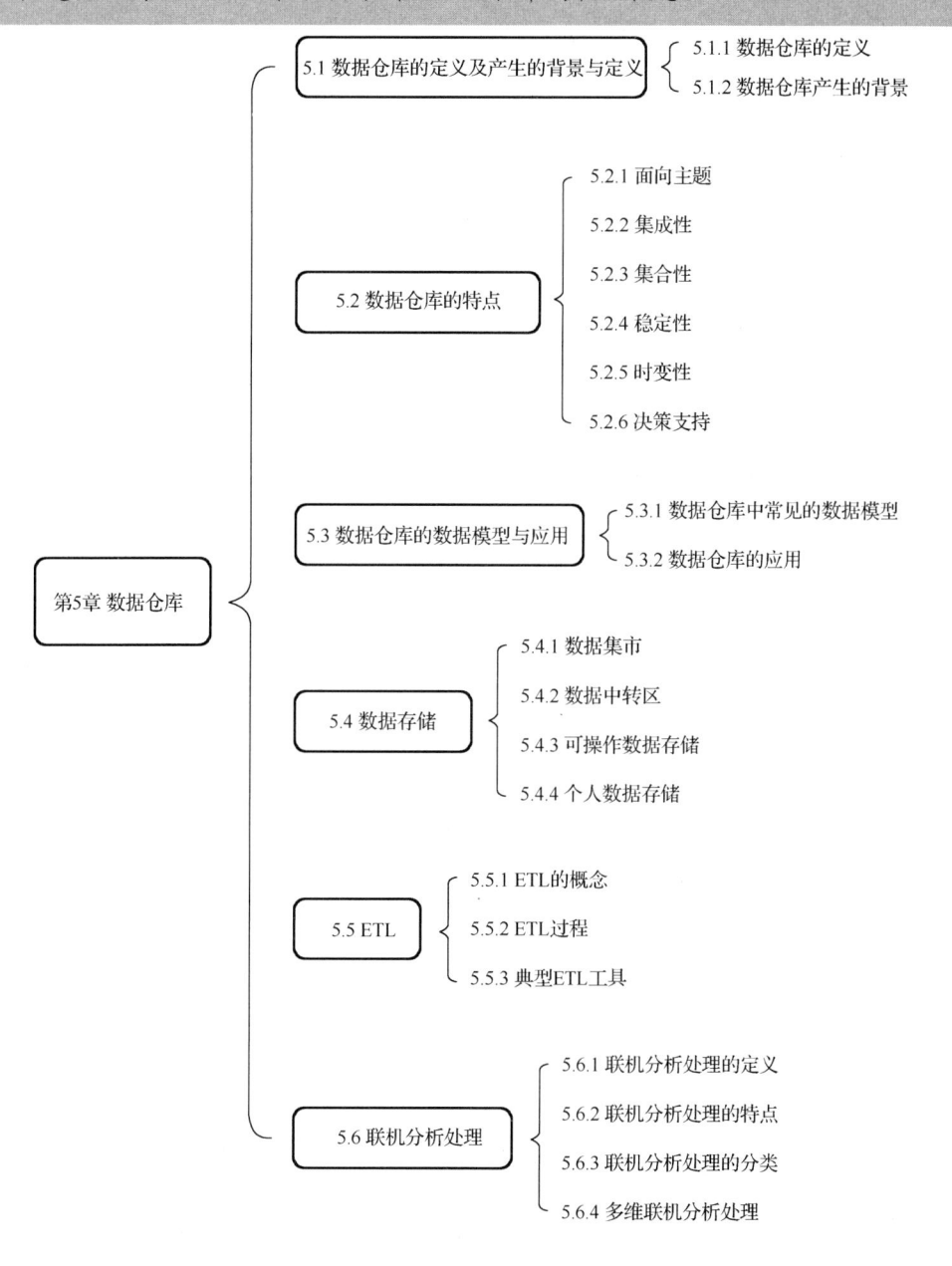

第5章 数据仓库
- 5.1 数据仓库的定义及产生的背景与定义
  - 5.1.1 数据仓库的定义
  - 5.1.2 数据仓库产生的背景
- 5.2 数据仓库的特点
  - 5.2.1 面向主题
  - 5.2.2 集成性
  - 5.2.3 集合性
  - 5.2.4 稳定性
  - 5.2.5 时变性
  - 5.2.6 决策支持
- 5.3 数据仓库的数据模型与应用
  - 5.3.1 数据仓库中常见的数据模型
  - 5.3.2 数据仓库的应用
- 5.4 数据存储
  - 5.4.1 数据集市
  - 5.4.2 数据中转区
  - 5.4.3 可操作数据存储
  - 5.4.4 个人数据存储
- 5.5 ETL
  - 5.5.1 ETL的概念
  - 5.5.2 ETL过程
  - 5.5.3 典型ETL工具
- 5.6 联机分析处理
  - 5.6.1 联机分析处理的定义
  - 5.6.2 联机分析处理的特点
  - 5.6.3 联机分析处理的分类
  - 5.6.4 多维联机分析处理

本章分为六个部分，第一部分讲述数据仓库的定义及产生的背景，便于读者了解数据仓库所面向的对象和所解决的问题；第二部分讲述数据仓库的六个特点及其含义；第三部分简述数据仓库的构建方式、主要的应用及数据仓库中常见的三个数据模型；本章的第四、第五部分主要介绍数据存储与 ETL（Extract-Transform-Load，抽取、转换和加载），其中数据是商务智能系统的基础，商务智能系统的报表及分析工具等也是建立在数据的基础上的；本章最后一部分介绍联机分析处理。

5.1 数据仓库的定义及产生的背景

5.1.1 数据仓库的定义

数据仓库是指以一种一致的存储方式保存从多个数据源收集的数据的集合。数据仓库之父 W.H.Inmon 博士将数据仓库定义为："数据仓库是面向主题的、集成的、稳定的、随时间变化的数据集合，它用以支持经营管理中的决策制定过程。"[1]这个定义也得到了大多数学者和工程人员的认可。数据仓库中的数据往往来自多个结构相异的数据源，如对于医疗数据仓库而言，电子医疗病例系统、用户信息管理系统、资源优化配置系统等应用系统都是其基础数据的重要来源。因此，在建立完善的数据仓库前，首先要对结构相异的数据源进行数据清洗、转换与合并[2]。值得注意的是，数据仓库并不是数据的最终目的地，而是为数据清洗、转换、分类、重组、合并、拆分、统计等操作做准备工作的场所，通过对数据仓库中的数据进行分析，可以帮助企业改进业务流程、控制成本、提高产品质量等。

数据仓库的诞生是信息技术飞速发展、海量数据不断产生的必然结果。与传统的面向操作的数据库相比，数据仓库在结构上有较大的不同：数据仓库包含数据源、数据准备区、数据仓库数据库、数据集市/知识挖掘库、管理工具和应用工具等部分。

数据源——数据仓库的数据来源，往往为传统的数据库中的数据。

数据准备区——存储对数据源中的数据进行抽取、转换后所形成的数据仓库所需要的数据。

数据仓库数据库——负责存储用于分析、决策的数据，包含对元数据的管理。

数据集市/知识挖掘库——局部数据仓库或部门数据仓库，为指定的应用提供数据。

管理工具和应用工具——包括各种数据访问工具与数据分析挖掘工具，如利用联机分析处理进行数据分析的工具、数据仓库应用程序等。

实际上，当前数据仓库的核心仍是关系数据库管理系统（Relational Database Management System，RDBMS）下的一个数据库系统。由于数据仓库往往存储着巨大的数据量，因此为了

---

[1] MELDON S W, MIONLC PALMER R M, et al. A Brief Risk-stratification Tool to Predict Repeat Emergency Department Visits and Hospitalizationsin Older Patients Discharged from the Emergency Department[J]. Academic Emergency Medicine, 2003, 10(3)：224-232.

[2] 蔡佳慧，张涛，宗文红. 医疗大数据面临的挑战及思考[J]. 中国卫生信息管理杂志, 2013, 10(4)：292-295.

提高性能，数据仓库一般也采取一些提高效率的措施，如采用并行处理结构，新的数据组织、查询策略、索引技术等。

5.1.2 数据仓库产生的背景

数据仓库的概念诞生于 20 世纪 80 年代中期。20 世纪 90 年代，数据仓库逐渐由探索阶段走向实用阶段。随着实际应用的发展，从海量的数据中提取有用的信息是企业管理人员及业务人员不得不面对的重要难题。在数据仓库诞生之前，企业往往采用数据库系统——联机事务处理(On-Line Transaction Processing，OLTP)系统作为管理用于事务处理的数据的手段。为更好地应用 OLTP，人们尝试对数据库中的数据进行再加工，以形成一个能够面向分析及对决策制定支持度更好的决策支持系统(Decision Support System，DSS)。但由于企业进行决策所需要的决策数据库和实际运行操作的数据库在数据模式、访问方式、服务对象、数据内容、数据来源、事务管理等方面有着不同的要求和特点，所以不适合直接在企业实际运行操作的数据库上建立 DSS，数据仓库的概念应运而生。

5.2 数据仓库的特点

数据仓库具有面向主题、集成性、集合性、稳定性、时变性、决策支持六个重要的特点。

5.2.1 面向主题

面向主题是数据仓库中数据组织的基本原则，数据仓库中的所有数据都应是围绕着某一主题组织和展开的，如依据公司的业务，分为供应商主题、客户主题、商品主题等，每个主题的数据仓库都应对应一个客观分析的领域。

5.2.2 集成性

数据仓库的集成性是指根据实际业务决策分析的具体要求，需要对分散在各数据库中的源数据进行统一的抽取、筛选、清理、综合等操作，使得数据仓库中的数据具有集成性，从而满足具体的业务要求。

5.2.3 集合性

数据仓库的集合性是指数据仓库中的数据必须以某种特定的数据集合的模式存储起来。数据仓库采用的数据集合模式主要有以下几种：以多维数据库方式存储的多维模式、以关系数据库方式存储的关系模式，以及多维模式和关系模式混合的模式。

5.2.4 稳定性

稳定性是数据仓库区别于数据库的重要特点，业务处理系统中的数据库往往需要进行日常的添加、修改、删除等操作，而存储在数据仓库中的数据则很少发生更新处理，具有相当程度的稳定性。

5.2.5 时变性

时变性即数据仓库中的数据应该随着时间的推移进行及时的更新。数据仓库应当能够根据业务系统中的数据变化，定期将变化的数据追加到数据仓库中，并将达到一定年限或超出规定时间的历史数据删除。

5.2.6 决策支持

决策支持是数据仓库一个核心的特点与应用。数据仓库建立的目的便是将企业业务进行过程中收集的数据按照统一的规则组织、存储，并通过对海量的数据进行数据挖掘和分析进而为企业相关人员提供决策支持，帮助企业及时、准确地掌握市场环境的变化并做出正确的决策，以在激烈的市场竞争中做到利益最大化。

5.3 数据仓库的数据模型与应用

5.3.1 数据仓库中常见的数据模型

数据仓库中常见的数据模型有星型模型、雪花模型、星座模型等。

星型模型由"事实表"与多个"维表"组成，前者用于存放企业的事实数据，是一个包含大量数据但没有冗余的中心表；后者则用于存放具体的描述性数据，是围绕前者建立的较小的表。星型模型是非规范化的，这意味着应用于事务性关系数据库的常规规范化规则在星型模型的设计和实现过程中被放宽。星型模型如图 5-1 所示。

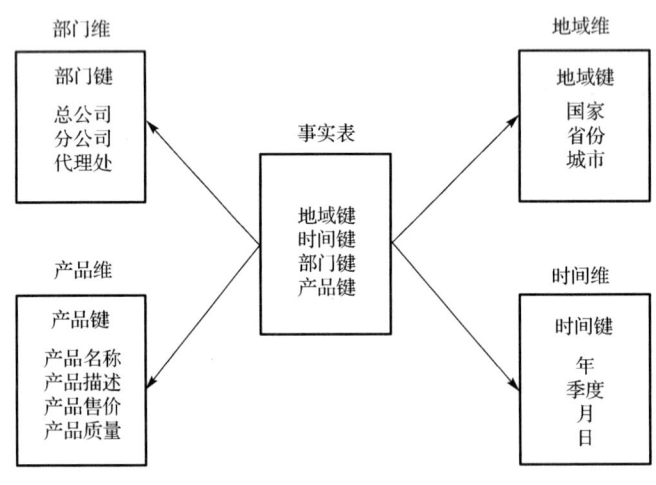

图 5-1 星型模型

雪花模型是对星型模型的维表进行进一步的层次化而形成的模型。在星型模型中，为使原有的维表减少冗余，将其进一步分解形成局部的"层次"区域，进而形成了雪花模型，如图 5-2 所示。

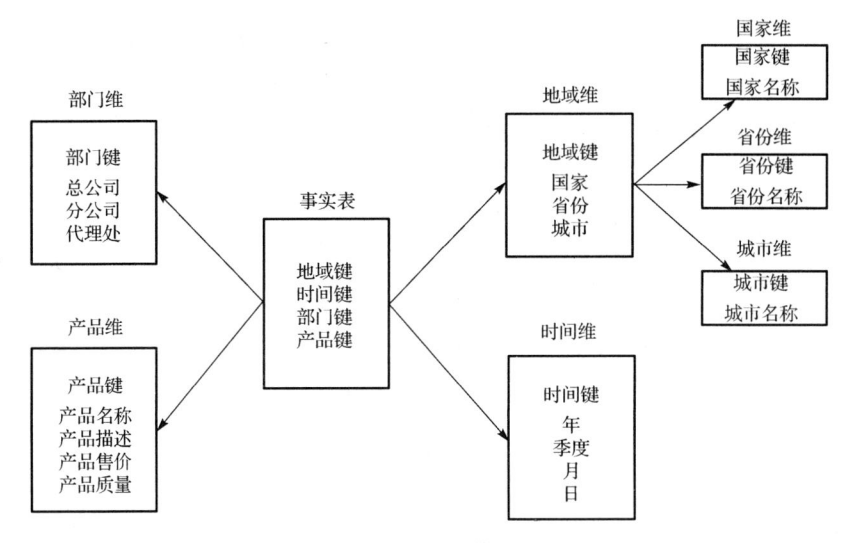

图 5-2　雪花模型

星座模型也被称为星网模型,是多个星型模型连接而成的网状结构,即多个星型模型通过相同的维度连接多个事实表,如图 5-3 所示。

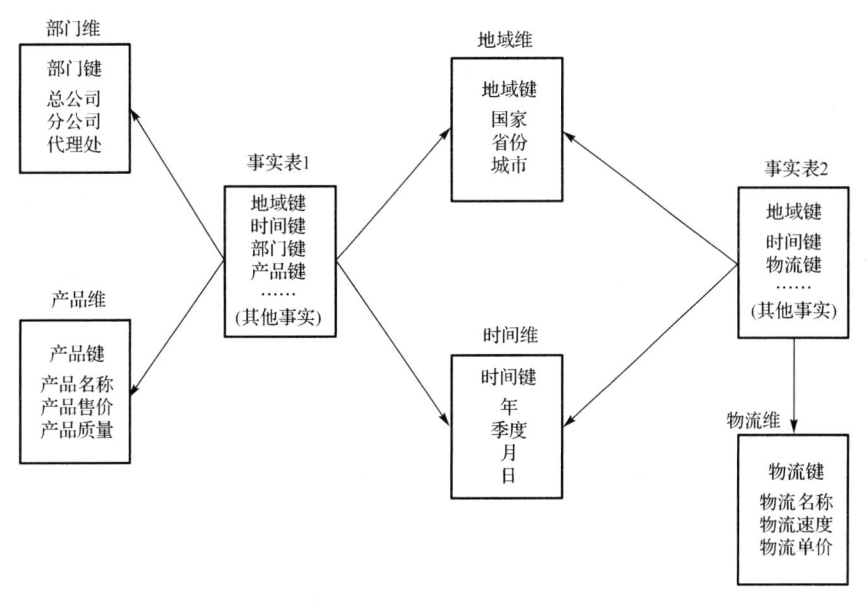

图 5-3　星座模型

5.3.2　数据仓库的应用

数据仓库的应用主要以相关的报表为主,面向的用户主要为业务人员和管理层,为其中长期的策略型决策提供支持。表 5-1 展示了不同时期的数据仓库的数据源和存储方式,并对应了其主要数据应用类型。随着数据源种类的不断丰富、业务逻辑的复杂度不断提升及对市场等外部环境的快速反应和决策的要求不断提高,数据仓库的构建与应用也在发生新的变化,具体表现为:在数据仓库的构建上,非结构化数据的出现(如网站 Log、IoT 设备数据,App

埋点数据等)带来数据量级的提升,进一步对 ETL 过程、存储提出更高的要求;在数据仓库的应用上,根据当前客户行为实时调整策略成为常态(如促销过程中的库存管理、运营管理等),业务在线化导致同时服务的客户数量剧增,需要机器自动决策辅助人工处理(如欺诈检测和用户审核等)。

表 5-1　不同时期数据仓库的数据源和存储方式及其对应的数据应用

发展脉络	数据源	数据存储	数据应用
原始状态	ERP、CRM、SCM	数据库:SQLserver、Oracle 等	报表、OLAP
计算&存储大量异构数据 构建:大量离线计算 存储:NoSQL 存储	ERP、CRM、SCM Log、IoT 设备、数据埋点	数据库:SQLserver、Oracle 等 NoSQL:Hadoop、Hive、Hbase、Redis 等 OLAP:Presto、Impala、Kylin 等 搜索引擎:ES	报表、OLAP
实时产生结构 构建:数据事件化、实时 ETL 存储:OLAP 引擎 应用:OLAP、自动决策	ERP、CRM、SCM Log、IoT 设备、埋点数据事件化等	数据库:SQLserver、Oracle 等 NoSQL:Hadoop、Hive、Hbase、Redis 等 OLAP:Presto、Impala、Kylin 等 搜索引擎:ES	报表、OLAP、自动决策

案例 5-1

本案例来源于菜鸟仓配团队的分享,涉及全局设计、数据模型、数据保障等方面。

1. **全局设计**

基于业务系统的数据,数据模型采用中间层的设计理念,建设仓配实时数据仓库;选择更易用、性能表现更佳的实时计算作为主要的计算引擎;选择天工数据服务中间件,避免直连数据库,且基于天工数据可以做到主、备链路灵活配置秒级切换;围绕大促全链路,从活动计划、活动备货、活动直播、活动售后、活动复盘五个维度,建设仓配大促数据体系。

2. **数据模型**

出于计算成本、易用性、复用性及一致性的考虑,采用中间层的方式建设仓配实时数据仓库。与离线中间层基本一致,将实时中间层分为以下两层。

第一层:DWD 公共实时明细层。

实时计算订阅业务数据消息队列,然后通过数据清洗、多数据源 Join、流式数据与离线维度信息等的组合,将一些相同粒度的业务系统、维表中的维度属性全部关联到一起,增加数据易用性和复用性,得到最终的实时明细数据。这部分数据有两个分支,一部分直接落地到 ADS,供实时明细查询使用;另一部分发送到消息队列中,供下层计算使用。

第二层:DWS 公共实时汇总层。

以数据域+业务域的理念建设公共实时汇总层,与离线数据仓库不同的是,这个汇总层分为轻度汇总层和高度汇总层。轻度汇总层写入 ADS,用于前端产品复杂的 OLAP 查询场景,满足自助分析和产出报表的需求;高度汇总层写入 Hbase,用于前端比较简单的 kv 查询场景,提升查询性能,如实时大屏等。

3. 数据保障

为应对双十一等活动期间流量与数据量的暴增，实时系统要保证实时性，相对离线系统对数据量要更敏感，对稳定性要求要更高。所以为了应对这种场景，还需要做两种准备：大促前的系统压测；大促中的主、备链路保障。

5.4 数据存储

一般而言，除数据仓库外，在商务智能系统中还可以找到数据集市、数据中转区、可操作数据存储及个人数据存储四个主要的数据存储形式。下面将对它们进行依次介绍。

5.4.1 数据集市

在实际的管理决策制定的过程中需要涉及大量的数据分析工具，当这些数据分析工具频繁访问数据仓库时，将会给管理数据仓库的数据库服务器带来巨大的查询工作量。数据集市(Data Market)是解决以上问题的一个重要途径，目前许多组织已经开发了数据集市来减轻查询的工作量。开发数据集市的另一个重要原因是数据集市允许使用面向报告和报告工具的存储技术和存储体系(如对于某些报告，如果将数据以 n 维数组形式存储在一个多维数据库服务器中，那么查询性能会更好)。

可以将数据集市理解为针对一组特定用户开发的数据仓库的子集(数据仓库包含所有的数据，而数据集市仅仅包含一部分数据)，也可将数据集市与数据仓库的关系理解为：一个数据仓库包含所有最基础的数据，而一个数据集市则为相关数据的轻量聚集体。一方面，数据集市的存在使得大多数数据分析可以不直接运行在数据仓库中，因此减轻了数据仓库查询的工作量；另一方面，数据集市的出现意味着不再是所有的数据都集中在一个数据仓库中，而是所有的数据分布在一系列数据集市中，而一个组织所需要的也不再是整个数据仓库，而仅仅是一个数据集市。

数据集市的主要优点是可以提高运行的速度，同时数据集市开发所需要的时间成本也要比数据仓库开发所需要的时间成本少。但数据集市也有一些缺陷：首先，数据仓库中存在的问题也存在于数据集市中，如数据集成、缺陷数据和数据一致性；其次，很难保证更新数据集市的 ETL 脚本能以相同的方式把相同的数据转换展示出来；最后，如果用户需要收集分布于多个数据集市中的数据的报告，则报告工具本身需要集成这些数据集市。

5.4.2 数据中转区

由于技术等原因的限制，在某些环境下直接将数据从生产系统复制到数据仓库会过于复杂。因此，实际应用于各类组织的商务智能系统往往会构建一个数据中转区(Buffer)，数据在到达数据仓库之前首先被复制到数据中转区(数据中转区在这个过程中的作用相当于一个数据着陆区)。在生产系统中进行了插入、更改或删除操作的数据会尽可能快地被复制到数据中转区，而在复制过程中，也会保证数据的内容和结构尽可能不被更改。在理想的环境下，数据中转区的表格结构和生产系统的表格结构相同。当完成数据从生产系统到数据中转区的复制后，第二步将进行转换和清洗操作：从数据中转区到数据仓库。当完成将数据复制到数据仓库的操作后，数据将会从数据中转区中删除。因此，数据中转区的大小通常比生产系统数据库和数据仓库小，它只包含被提取的但没有被数据仓库处理的数据。另外，来自生产系统的数据在以一个合适的方式存储到数据仓库之前通常需要经过很多处理，如错误值的修正、遗漏值的处理等。若数据未经处理而直接从生产系统复制到数据仓库，则可能会导致所有相关的进程受到严重干扰。基于以上过程，可以将数据中转区定义为一个存储来自生产系统的数据的暂时中间存储器。

数据中转区不仅仅作为数据复制处理过程中的中转站，同时也起到保证数据完整性的作用。在某些情况下，如果数据仓库中的某些表格仅仅一周或一个月更新一次，则可能会导致数据遗失。比如，当生产系统的一些数据在两次更新期间改变了，或者在两次更新中数据已经被插入或删除，此时更新数据仓库，第一次输入数据的旧值和删除的数据就会遗失。为了确保插入、删除和更新的数据不会丢失，所有对数据的改变都应该"记录"到数据中转区。数据中转区也能用来追踪那些不被数据仓库使用的数据，即当数据的使用用途尚不明确，但仍需对数据进行存储时，通过把数据复制到数据中转区，来确保数据不会丢失。

值得一提的是，当数据中转区中的数据已经转换并复制到数据仓库后，这部分数据便可以被删除，但当对其进行长久保留时，此种类型的数据中转区则为持久中转区。数据中转区通过保存所有的数据，使得数据在需要重新输入数据仓库时可以被直接使用。另外，数据中转区中的数据可转换复制到数据集市，在这种情况下，数据集市会被来自数据中转区的新数据填补。

5.4.3 可操作数据存储

可操作数据存储(Operational Data Store)是一种常被用作数据仓库临时区域的数据库。如前所述，无论是来自生产系统还是来自数据中转区的数据，在它们被复制到数据仓库(或者数据集市)之前都需要进行数据预处理操作，如集成、转换及清洗等。可操作数据存储可用于整合、处理多种来源的数据。可操作数据存储是专为相对简单的少量数据的查询设计的(如查找客户订单状态)，而不是为数据仓库中的大量复杂数据的查询设计的。因此，可操作数据存储具有面向特定主题、数据集成度高等特点。可操作数据存储类似于人的短期记忆，因为它只能存储最近的信息，相反数据仓库则更像人的长期记忆，它能存储相对长久的信息。

在一些系统中，数据中转区和可操作数据存储是合并的。在大多数情况下，可操作数据存储扮演着数据中转区的角色。

5.4.4 个人数据存储

以上所有被描述的数据存储都是针对一群用户而进行改进的。在某些商务智能系统中，数据存储会针对个人的使用需求进行改进，即个人数据存储是为了个别用户的需求而特别设计的(如某些报告和分析工具会在用户的机器上创建一个小型数据库)。除此之外，因为性能问题而出现用户连接不上系统中其他数据等状况也是促使创建个人数据存储的重要原因，如当个人数据存储被存储在用户的计算机中时，即使用户与系统其他部分数据断开连接，个人数据存储也能让报告工具正常工作。个人数据存储具有多种形式，它可以是一个电子表格，由特定的用户进行设计，存储一些在其他表格中用到的代码，或者存储一些从数据仓库中不可获得的销售数据等；它也可以是一个包含外部组织数据的简单文件等。目前，个人数据存储尚无统一的定义，该部分不做详细介绍。

拓展阅读

数据虚拟化是虚拟化的一种形式。正如这一术语所表明的那样，它封装的资源是数据。简而言之，当应用数据虚拟化时，它提供了一个中间层，这个中间层对应用程序隐藏了大多数关于数据是怎样存储、存在哪里等方面的技术部分。因为有这一层，应用程序不需要知道所有数据在物理上的存储位置、数据库服务器的运行位置、需要的 API 是什么、使用哪种数据库语言等。对于每个使用数据虚拟化的应用程序来说，它感觉像是在访问一个大数据库。通过数据虚拟化方法封装数据资源使得所有的技术细节被隐藏起来，并且应用程序可以使用一个更简单的接口进行工作。

5.5 ETL

5.5.1 ETL 的概念

ETL 是英文 Extract-Transform-Load 的缩写，用来描述将数据从来源端经过抽取(Extract)、转换(Transform)、加载(Load)至目的端的过程，主要用于数据仓库开发过程中的将数据由业务系统归集到数据仓库或数据集市的过程。ETL 主要负责将分布的、异构数据源中的数据(如关系数据、平面数据等)抽取到临时中间层(数据中转站)，并对其进行清洗、转换、集成，最后将经过处理的数据加载到数据仓库或数据集市中，成为联机分析处理、数据挖掘的基础。

5.5.2 ETL 过程

按照抽取时间的不同，ETL 过程可以分为两种类型：全量 ETL 过程和增量 ETL 过程。全量 ETL 过程一般用于数据仓库的初始化，而增量 ETL 过程则用于数据仓库的增量维护。全量 ETL 过程包括数据抽取、数据转换、数据清洗和数据装载四个部分。增量 ETL 过程除包含全量 ETL 过程中的四个部分外，还存在其特有的问题和方法。

1. 全量 ETL 过程

(1)数据抽取。数据抽取是从不同的网络、不同的操作系统、不同的数据库、不同的应用中抽取数据的过程。此处的数据不仅指关系数据库系统中的数据，还涉及半结构化的数据(如网页包含的数据等)和非结构化(如文本文件等)的数据。

(2)数据转换。数据转换就是处理抽取上来的数据中存在的不一致的过程。从定义上来说，数据转换是对数据进行转化(合并、汇总、过滤、转换等)、重新格式化和计算、定位，对关键数据进行重新构建和数据汇总的过程。

数据转换一般包括两类，一类是数据名称及格式的统一，如数据粒度转换、商务规则计算，以及统一名称、数据格式、计量单位等；另一类是对数据仓库中存在但源数据库中可能不存在的数据进行字段的组合、分割或计算。

(3) 数据清洗。对于创建数据仓库及其后续工作来说，如 OLAP、数据挖掘等，都要求数据具有良好的正确性和可用性，而现存操作型系统中的数据尚存在很多问题，容易造成"脏数据"。因此，有必要对即将进入数据仓库的数据进行全面检查及改正，使它们尽可能无差错，这一过程就称为数据清洗。

(4) 数据装载。数据装载的主要任务是将经过清洗的、干净的数据集按照物理数据模型定义的表结构装入目标数据仓库的数据表中(允许人工干预)，以及提供强大的错误报告、系统日志、数据备份与恢复功能。整个操作过程往往要跨网络、跨操作平台。

2. 增量 ETL 过程

增量 ETL 过程用于维护数据仓库，主要是对数据仓库中的数据进行插入、更新和删除。相对全量 ETL 过程而言，增量 ETL 过程的设计更加复杂，但从效率和性能方面来说，增量 ETL 过程比全量 ETL 过程更适合于数据仓库的日常维护。

增量 ETL 过程首先要获取增量数据，主要有三种方式：①基于数据库的日志；②基于数据库中的时间戳；③使用快照技术。许多现成的商业工具(如 Oracle)提供了 CDC(Changed Data Capture)机制，首先通过比较时间戳来获取增量数据，然后通过 CDA(Capture Data Application)来将处理后的增量数据装载到数据仓库中。

5.5.3　典型 ETL 工具

典型 ETL 工具主要有以下几种。

1. 商业 ETL 工具

随着 20 世纪末商业智能的广泛应用及 ETL 软件市场的持续稳定发展，很多厂商致力于商业 ETL 工具的开发。当前国内外商业 ETL 工具主要有：Oracle 公司的 Oracle Warehouse Builder(OWB)、微软公司的 Data Transformation Services(DTS)、Informatica 公司的 Informatica 系列工具、SAS 公司的 Enterprise ETL Server、IBM 公司的 Datastage、iWay Software 的 DataMigrator、DataMirror 的 Transformation Server 等。

2. 开源 ETL 工具

目前，较常用的开源 ETL 工具有 Kettle、Talend、CloverETL、Octopus 等。Kettle 是当前最热门的开源 ETL 工具，它是 Pentaho 组织通过元数据驱动的方法设计和开发而成的。Talend 基于 Eclipse 平台，提供全功能的 Data Integration 解决方案，可以实现商业流程建模、数据流程建模等功能。CloverETL 提供了一组 API，用 XML 来定义 ETL 过程，但它同时提供了一个不开源的 CloverGUI 来进行图形化的 ETL 开发(需要购买商业许可证)。Octopus 是 Enhydra 组织的 ETL 工具，它支持任何 JDBC 数据源，用 XML 定义，也支持 JDBC-ODBC、XML、Excel 等。

3. 学术 ETL 工具

学术 ETL 工具中比较著名的有法国 INRIA 开发的 AJAX 系统、Berkeley 开发的 Potter's wheel 系统，以及 Vassiliadis P 等人开发的 Arktos 原型系统。AJAX 系统主要面向数据清洗，用来处理典型的数据质量问题，如对象同一性问题、拼写错误，以及记录之间数据矛盾的问题。

Potter's wheel 系统可以向用户提供交互式的数据清洗过程。Arktos 原型系统提供了一个用于 ETL 流程的标准模型，并支持以客户化的、可扩展的方式对 ETL 过程进行建模。

5.6 联机分析处理

5.6.1 联机分析处理的定义

联机分析处理，英文名称为 On-Line Analytical Processing，简称 OLAP。1993 年，关系数据库之父 E.F.Codd 提出联机分析处理的概念[①]，他认为传统数据库中的联机事务处理（On-Line Transaction Processing，OLTP）已无法满足终端用户对数据库查询的需求，而利用 SQL 对数据库的简单查询也无法应对用户对数据进行复杂分析的需求。在实际业务中，用户决策分析需要对关系数据库中的数据进行大量计算才能得到结果，但很多时候得到的结果也无法满足决策者的需求。因此，E.F. Codd 提出了多维数据库和多维分析的概念。OLAP 委员会对联机分析处理的定义为："使分析人员、管理人员或执行人员能够从多种角度对从原始数据中转化出来的、能够真正为用户所理解的、真实反映企业多维特性的信息进行快速、一致、交互地存取，从而获得对数据的更深入了解的一类软件技术。"

联机分析处理是数据仓库的重要应用之一，主要支持企业中的专业分析人员及管理决策人员进行复杂的分析操作与决策，并且为其提供直观易懂的查询结果。在实际的商业分析中，OLAP 更多地是指针对数据分析的一种解决方案。作为数据仓库的重要应用之一，联机分析处理与其他诸多的应用推动了数据仓库的出现和发展，而数据仓库反过来又促进了联机分析处理的发展。

5.6.2 联机分析处理的特点

由于联机分析处理面向的用户主要是企业中的专业分析人员与管理决策人员，他们在分析业务经营的数据时往往会从不同的角度来审视业务的衡量指标，如销售人员在分析销售数据时，可能会综合产品类别、时间周期、分销渠道、客户群类、地理分布等多种因素进行考量。这些分析角度虽然可以通过报表来反映，但每一个分析角度都可以生成一张报表，各个分析角度的不同组合又可以生成不同的报表，使得 IT 人员的工作量相当大，而且往往难以跟上管理决策人员的思考步伐。

针对分析工具与管理决策人员思考的脱钩，联机分析处理采取直接仿照用户的多角度思考的模式，预先为用户组建多维数据模型。维是指用户的分析角度，如对销售数据的分析，产品类别是一个维度，分销渠道、时间周期、地理分布及客户群类也分别是一个维度。多维数据模型建立完成后，用户可以快速地从各个分析角度获取数据，也能动态地在各个角度之间进行切换或多角度综合分析，用户获得了极大的分析灵活性。这也正是联机分析处理在近年来被广泛关注的重要原因，它在设计理念和真正实现上都与传统的管理信息系统有着本质的区别。

[①] ABELLO A, ROMERO O. On-Line Analytical Processing[J]. Encyclopedia of Database Systems, 2009, 20: 2731-2735.

5.6.3 联机分析处理的分类

联机分析处理按照其存储器的数据存储格式可以分为关系 OLAP（Relational OLAP，ROLAP）、多维 OLAP（Multidimensional OLAP，MOLAP）和混合型 OLAP（Hybrid OLAP，HOLAP）三种类型。

ROLAP 以关系数据库为核心，以关系型结构进行多维数据的存储与表示。其数据库表主要分为两类：一类是事实表，用以存储数据和维关键字（包含其他表的外键）；另一类是维表，即对每个维至少使用一个表来存放维的层次、成员类别等维的描述信息。维表和事实表通过主关键字和外关键字联系在一起，该种结构即"星型模型"。对于层次复杂的维，为避免冗余数据占用过大的存储空间，可以使用多个表来描述，将这种星型模型扩展称为"雪花模型"。在 ROLAP 中，无须将每一个 SQL 查询都作为实视图保存，只需要将那些应用频率比较高、计算工作量比较大的查询作为实视图保存。对于每个针对 OLAP 服务器的查询，优先利用已经计算好的实视图来生成查询结果，以提高查询效率。同时，用作 ROLAP 存储器的 RDBMS 也针对 OLAP 做了相应的优化，如并行存储、并行查询、并行数据管理、基于成本的查询优化、位图索引、SQL 的 OLAP 扩展等。

MOLAP 将分析所用到的多维数据在物理上存储为多维数组的形式，形成"立方体"的结构。维的属性值被映射成多维数组的下标值或下标的范围，而汇总数据作为多维数组的值存储在数组的单元中。在 MOLAP 中，"立方体"的"旋转""切块""切片"是产生多维数据报表的主要技术。由于 MOLAP 采用了新的存储结构，以物理层实现为基础，因此又称为物理 OLAP（Physical OLAP）；而 ROLAP 主要通过一些软件工具或中间软件实现，物理层仍采用关系数据库的存储结构，因此也称为虚拟 OLAP（Virtual OLAP）。

由于 MOLAP 和 ROLAP 的结构迥然不同，且有着各自的优缺点，分析人员为此提出一个新的 OLAP 结构——混合型 OLAP（HOLAP），它能把 MOLAP 和 ROLAP 两种结构的优点结合起来，如低层是关系型的，高层是多维矩阵型的。这种新的 OLAP 结构具有更好的灵活性，能满足用户各种复杂的分析需求。

下节将以 MOLAP 为例介绍其逻辑概念与典型操作。

5.6.4 多维联机分析处理

联机分析处理的目标是满足决策支持或多维环境特定的查询和报表需求，它的技术核心是"维"这个概念，也可将联机分析处理看作多维数据分析工具的集合[①]。因此，联机分析处理首先把数据预处理成数据方(Cube)，将所有可能的汇总数据预先算出来（即预聚合处理），进而能够在用户选择多维度汇总时，在预先计算出来的汇总数据基础上快速地计算出用户想要的结果，以更好、更快地支持极大数据量的及时分析。

联机分析处理最基本的工作就是对数据方的操作。因此，在了解联机分析处理前应当首先掌握数据方的维度层次划分及其基本操作。在此基础上，进一步掌握应当从何种角度分析数据并构建出业务模型。本部分所有的举例分析都是以图 5-4 所示的数据方为基础进行的。

---

① MISHIDEMUDONG. 联机分析处理 OLAP[EB/OL]. https://blog.csdn.net/u010159842/article/details/46765745.

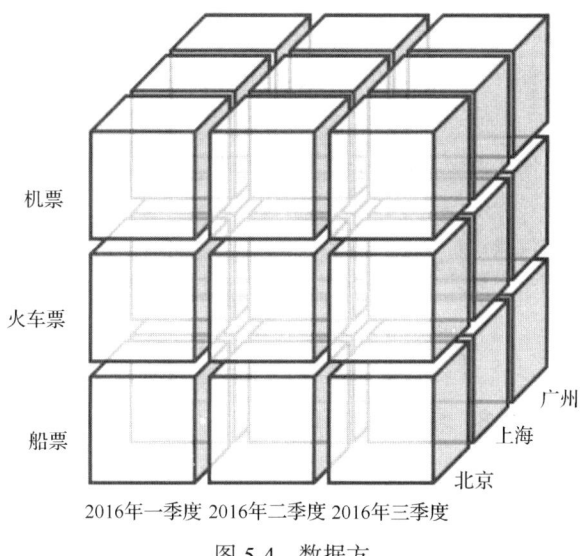

图 5-4　数据方

联机分析处理是从多维信息、多层次信息的角度，针对特定问题进行数据的汇总分析的。因此，从数据"面"的角度考虑，可以将数据方划分为以下层次。

维度(Dimension)：即用户观察数据的特定角度，它是问题的一类属性，属性的集合构成一个维度(时间维度、地理维度等)，如图 5-4 所示的数据方中的季度维度和城市维度。

维度的层次(Level)：用户观察数据的某个特定角度(即某个维度)还可能存在细节粒度不同的各个描述方面(以地理维度为例,其可从省份、地级市、县级市等方面进行描述)，如图 5-4 所示的数据方中的季度维度还可以进一步划分为月份维度，月份维度则可以在日期的细节粒度上进行描述。

维度的成员(Member)：即维度的一个取值，是数据方在某个维度中某个位置的具体描述，如"某年某月某日"是在时间维度上的位置描述，如 2016 年一季度是一个维度的成员。

度量(Measure)：即多维数组的取值在数据方具体位置上对应的值，如 2016 年一季度上海的机票出票量。

联机分析处理是在数据方的基础上进行操作的。因此，站在分析的角度上，数据方需要支持钻取(Drill-up 和 Drill-down)、切片(Slice)、切块(Dice)及旋转(Pivot)等操作。下面将对这些操作进行依次介绍。

钻取：改变维度的层次，即变换分析的粒度。钻取分为向上钻取(Drill-up)和向下钻取(Drill-down)两大类。向上钻取是将某一维度上的低层次的细节数据概括到高层次的汇总数据，或者减少维度，如通过将北京、上海、广州等三个省市的火车票出票量进行汇总来查看北上广一线城市的出票情况；向下钻取则相反，其是将汇总数据深入到细节数据并进行观察或增加新的维度，如对 2016 年二季度的火车票出票量进行向下钻取，以查看具体 1 月、2 月、3 月三个月每月的出票量。

切片和切块：切片与切块均表示在一部分维度上选定值后，数据在其他维度上的具体分布。如果其他维度只有两个，则是切片，如果有三个或以上，则是切块。切片是指选定特定的值进行分析，可将其看作在数据方上选定一个维度后进行平面切分，如只选择火车票这个票种的销售数据或 2016 年二季度的销售数据；切块是指选择维度中特定区间的数据或某批特定值进行分析，可将其看作在数据方上选择特定的一部分，如 2016 年一季度到 2016 年三季度的销售数据。

旋转：变换维度的方向，即在表格中重新安排维度的放置（如行列互换），如在数据方中季度维度和城市维度的旋转互换。

由于业务灵活多变，导致构建的业务模型经常发生变化，而业务维度和度量一旦发生变化，则需要对整个数据方进行重新定义和生成。为了避免这一情况，在构建数据方之前就需要理解数据，并且构建出符合业务需求的多维数据模型，如源数据如何拆分到不同字段中（如将日期格式变量拆分成年、月、日等独立字段）、哪些字段用于维度（如季度、城市、票种等是否都可以作为维度字段）、哪些字段用于统计指标（如出票量、销售额这些是否都可以作为指标进行分析统计）、使用什么样的规则来对数据进行聚合（如是进行简单的汇总，还是进行一般的加减乘除，又或者使用其他更复杂的规则进行聚合）、用户经常使用的组合查询是什么（如用户是否经常把季度和城市进行组合查询汇总）、具体的排序规则又是怎样的（如是否会经常按照出票量和时间进行排序等）。

思考题

1. 数据仓库为何具有面向主题的特点？
2. 联机事务处理与联机分析处理的区别是什么？
3. 请详细阐述 ETL 的作用。
4. 研讨题：阅读下列文献 "LIU Q，FENG G，TAYI G K，et al. Managing Data Quality of the Data Warehouse: A Chance-Constrained Programming Approach[J]. Information Systems Frontiers，2021:23."，回答文献中提及的数据仓库中的数据质量问题包含哪几个方面？

拓展阅读

联机分析处理的 12 条准则

关系数据库之父 E.F.Codd 于 1993 年提出联机分析处理（OLAP）的概念，同时也提出了关于 OLAP 的 12 条准则。

E. F. Codd 提出 OLAP 的 12 条准则来描述 OLAP 系统。

准则 1：OLAP 模型必须提供多维概念视图。
准则 2：透明性准则。
准则 3：存取能力准则。
准则 4：稳定的报表能力准则。
准则 5：客户/服务器体系结构准则。
准则 6：维度的等同性准则。
准则 7：动态的稀疏矩阵处理准则。
准则 8：多用户支持能力准则。

准则 9：非受限的跨维操作准则。
准则 10：直观的数据操纵准则。
准则 11：灵活的报表生成准则。
准则 12：不受限的维与聚集层次准则。

拓展阅读

OLAP 与 OLTP 的区别

联机事务处理(On-Line Transaction Processing，OLTP)与联机分析处理(On-Line Analytical Processing，OLAP)是当今数据处理主要的两类方式。OLTP 是传统的关系数据库的主要应用，主要用于进行基本的、日常性的事务处理，如银行交易等。OLAP 则是数据仓库的主要应用，用于为决策者、业务人员提供复杂的分析操作与决策支持，并以一种直观易懂的方式展现出来。表 5-2 列出了 OLTP 与 OLAP 的主要区别。

表 5-2 OLTP 与 OLAP 的主要区别

	联机事务处理	联机分析处理
用户	操作人员，低层管理人员	决策人员，高级管理人员
数据库设计	面向特定应用	面向特定主体
数据特点	当前的、最新的、包含具体细节的、二维的、分立的	历史的、聚集的、多维的、集成的、统一的
存取	读/写数十条记录	读上百万条记录
工作单位	简单的事务	复杂的查询
用户数	上千个	上百个
数据库规模	100MB~100GB	100GB~100TB

第 3 篇　商务智能数据分析

　　本篇前两章从不同的分析层级介绍了商务智能数据分析。首先，第 6 章介绍了描述性统计分析，随后第 7 章从关联规则、分类分析、聚类分析、预测分析四个维度介绍了数据挖掘的一般思路。后面四个章节主要介绍了几种热门的数据分析方法。第 8 章介绍了社会网络分析的基础概念、工具、理论发展、计算方法和应用，第 9 章介绍了文本挖掘的概念、步骤、发展前景和关键技术，第 10 章介绍了知识图谱的概念、发展历程、关键技术及行业应用，第 11 章介绍了深度学习的一些经典模型和应用。

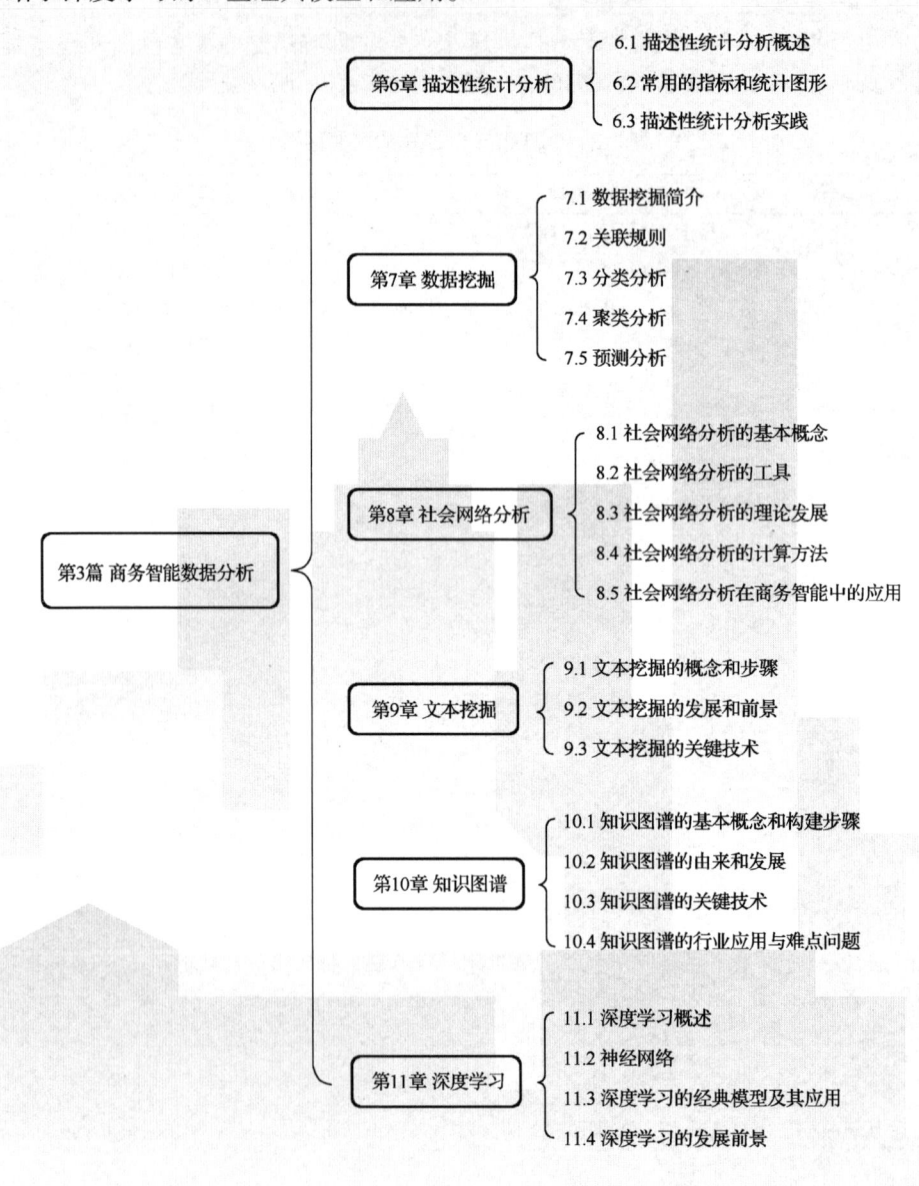

```
第3篇 商务智能数据分析
├── 第6章 描述性统计分析
│   ├── 6.1 描述性统计分析概述
│   ├── 6.2 常用的指标和统计图形
│   └── 6.3 描述性统计分析实践
├── 第7章 数据挖掘
│   ├── 7.1 数据挖掘简介
│   ├── 7.2 关联规则
│   ├── 7.3 分类分析
│   ├── 7.4 聚类分析
│   └── 7.5 预测分析
├── 第8章 社会网络分析
│   ├── 8.1 社会网络分析的基本概念
│   ├── 8.2 社会网络分析的工具
│   ├── 8.3 社会网络分析的理论发展
│   ├── 8.4 社会网络分析的计算方法
│   └── 8.5 社会网络分析在商务智能中的应用
├── 第9章 文本挖掘
│   ├── 9.1 文本挖掘的概念和步骤
│   ├── 9.2 文本挖掘的发展和前景
│   └── 9.3 文本挖掘的关键技术
├── 第10章 知识图谱
│   ├── 10.1 知识图谱的基本概念和构建步骤
│   ├── 10.2 知识图谱的由来和发展
│   ├── 10.3 知识图谱的关键技术
│   └── 10.4 知识图谱的行业应用与难点问题
└── 第11章 深度学习
    ├── 11.1 深度学习概述
    ├── 11.2 神经网络
    ├── 11.3 深度学习的经典模型及其应用
    └── 11.4 深度学习的发展前景
```

第 6 章 描述性统计分析

本章提要

1. 掌握描述性统计分析常用的指标和图表；
2. 熟练进行描述性统计分析实践。

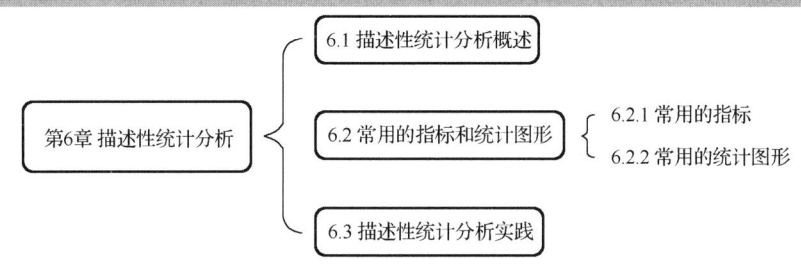

```
                          ┌─ 6.1 描述性统计分析概述
                          │                        ┌─ 6.2.1 常用的指标
第6章 描述性统计分析 ─────┼─ 6.2 常用的指标和统计图形 ┤
                          │                        └─ 6.2.2 常用的统计图形
                          └─ 6.3 描述性统计分析实践
```

本章从描述性统计分析常用的指标和统计图形出发，加以通过 Python 语言实现的实操案例，帮助读者掌握数据的描述性统计分析。

6.1 描述性统计分析概述

描述性统计分析是指使用几个关键数据指标来描述数据的整体情况。描述性统计分析属于比较初级的数据分析，常见的分析方法包括对比分析法、平均分析法、交叉分析法等。

描述性统计分析要对调查总体所有变量的有关数据做统计性描述，主要包括数据的频数分析、数据的集中趋势分析、数据的离散程度分析、数据的分布，以及一些常用的统计图表。描述性统计分析所使用的指标和图表如图 6-1 所示。

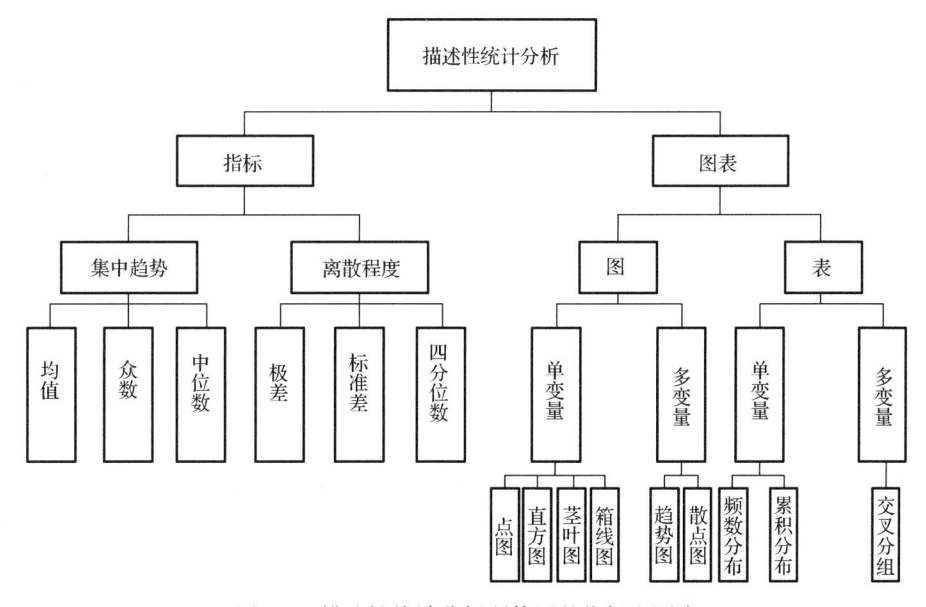

图 6-1 描述性统计分析所使用的指标和图表

6.2 常用的指标和统计图形

6.2.1 常用的指标

本小节对描述性统计分析常用的指标进行解释和定义。其中，均值、中位数、众数体现了数据的集中趋势；极差、四分位数、方差、标准差、标准分体现了数据的离散程度；偏度、峰度体现了数据的分布状态。

1．均值

均值为数据的平均得分，用于评价数据的集中趋势。均值容易受极值的影响，当数据集中出现极值时，所得到的均值结果将会出现较大的偏差。

2．中位数

当数据按照从小到大的顺序排列时，最中间的数即中位数。当数据个数为奇数时，中位数即最中间的数，如果有 n 个数，则最中间的数的位置为 $(n+1)/2$；当数据个数为偶数时，中位数为中间两个数的均值，中间两个数的位置分别为 $n/2$ 和 $(n/2)+1$。中位数对极值缺乏敏感性，因此它不受极值影响。

3．众数

众数为数据集中出现次数最多的数值，即频数最大的数值。众数可能不止一个，众数不仅可用于数值型数据，还可用于非数值型数据，它不受极值影响。

4．极差

极差=最大值-最小值，它是描述数据离散程度的指标。极差描述了数据的范围，但无法描述其分布状态。极差对异常值敏感，异常值的出现使得数据集的极差有很强的误导性。

5．四分位数

将数据从小到大排列并分成四等份，处于三个分割点位置的数值，即四分位数。四分位数分为上四分位数(即最大的四分位数)、下四分位数(即最小的四分位数)、中间的四分位数(即中位数)。通过四分位数可以很容易地识别异常值。箱线图就是根据四分位数绘制的图。

四分位数的计算方法如下。

下四分位数的位置：计算 $n/4$。

如果结果为整数，则下四分位数位于 $n/4$ 这个位置和下一个位置的中间，取这两个位置上数值的均值；如果结果不为整数，则向上取整，所得结果为下四分位数的位置。

上四分位数的位置：计算 $3n/4$。

如果结果为整数，则上四分位数位于 $3n/4$ 这个位置和下一个位置的中间，取这两个位置上数值的均值；如果结果不为整数，则向上取整，所得结果为上四分位数的位置。

6．方差和标准差

方差是每个数据值与全体数据的均值之差的平方的均值。标准差是方差开方。方差与标准差可以表示数据集波动性的大小，方差小表示数据集比较集中、波动性小，方差大表示数据集比较分散、波动性大。由于标准差只能用于同一体系内的数据比较，如果要对不同体系的数据进行比较，就要引入标准分的概念。

7. 标准分

对数据进行标准化处理，也叫 Z 标准化(Z-score 标准化处理)，经过标准化处理后的数据服从正态分布(即均值为 0，标准差为 1)。Z-score 是以标准差为单位来表现的一组观察值。它是通过将观察值减去该组观察值的均值，再除以标准差得到的。它的计算公式为 $z=(x-\mu)/\sigma$，其中 x 为原始分值(观察值)，z 为经过转换后的 Z-score，μ 为总体样本空间(该组观察值)的分值均值，σ 为总体样本空间(该组观察值)的标准差。

8. 峰度

峰度是描述正态分布中曲线峰顶尖哨程度的指标。如果峰度系数>0，则两侧极端数据较少，数据的分布形态比正态分布的形态更高更瘦，呈尖峰状态分布；如果峰度系数<0，则两侧极端数据较多，数据的分布形态比正态分布的形态更矮更胖，呈扁平状态分布。

9. 偏度

偏度是以正态分布为标准描述数据对称性的指标。如果偏度系数=0，则分布对称；如果偏度系数>0，则频数分布的高峰向左偏移，长尾向右延伸，呈正偏态分布；如果偏度系数<0，则频数分布的高峰向右偏移，长尾向左延伸，呈负偏态分布。

还有一些其他的统计指标，不仅在描述性统计分析中常见，在数据报告中也很常见，如表 6-1 所示。

表 6-1 其他常见统计指标

序号	指标名称	含义
1	百分比	某个数值占总数值或其他数值的百分比指标
2	频数	一组数据中个别数据重复出现的次数
3	频率	相对数，次数与总次数的比
4	比例	相对数，总体中各部分占全部的比
5	比率	相对数，不同类别的比
6	倍数	相对数，一个数除以另一个数所得的商，如 A/B=C，那么 A 是 B 的 C 倍
7	同比	相对数，指历史同时期进行比较，如去年 12 月与今年 12 月相比是同比
8	环比	相对数，指与前一个统计期进行比较，如今年 5 月与今年 4 月相比是环比

6.2.2 常用的统计图形

描述性统计分析常用的统计图形有如下几种。

1. 直方图

直方图是展示分组数据分布的图形。通过直方图可以看出数据的分布形状、分布的中心位置及数据分散的程度，由此可以判断数据是否服从正态分布。直方图示例如图 6-2 所示。

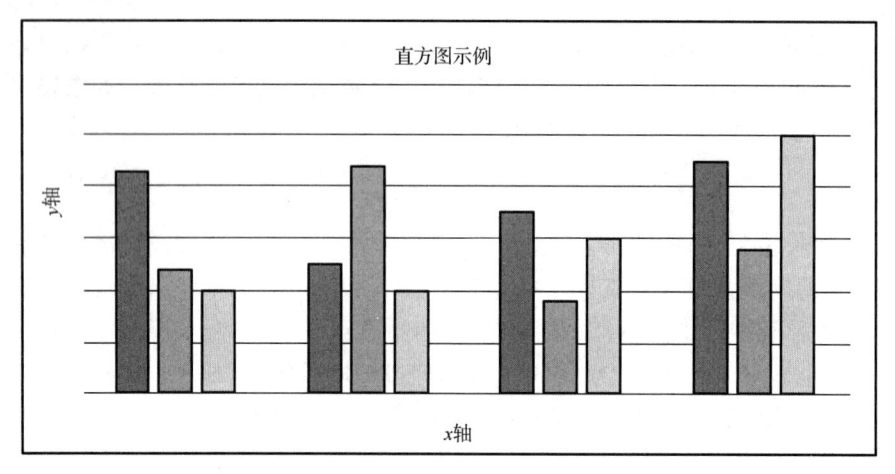

图 6-2　直方图

2. 箱线图

箱线图就是根据四分位数绘制的图，可以用来比较不同组别的数据。箱线图相关概念如表 6-2 所示，箱线图示例如图 6-3 所示。

表 6-2　箱线图相关概念

概　　念	说　　明
上四分位数(QU)	数据从小到大排列，处在 75%位置上的数字
下四分位数(QL)	数据从小到大排列，处在 25%位置上的数字
四分位数间距(IQR)	上四分位数 QU 与下四分位数 QL 之差
异常值(也称离群点)	小于 QL −1.5IQR 或大于 QU +1.5IQR 的值
上边缘	除异常值以外的最大值
下边缘	除异常值以外的最小值

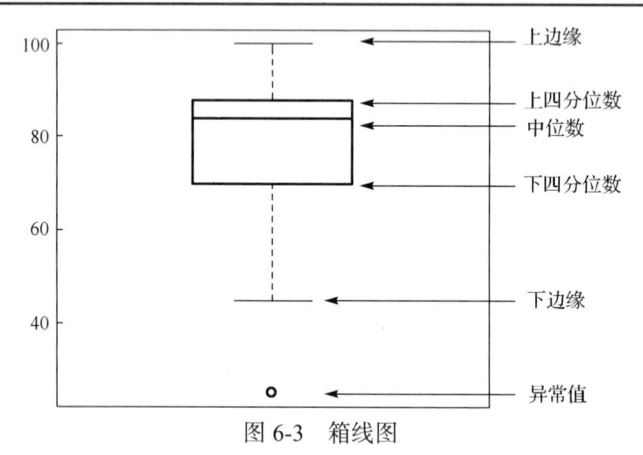

图 6-3　箱线图

3. 茎叶图

茎叶图的思路是将数组中的数按位数进行比较，将数的大小基本不变或变化不大的数位上的数作为一个主干(茎)，将变化大的数位的数作为分枝(叶)，列在主干的后面，这样就可以清楚地看到每个主干后面有几个数，以及每个数具体是多少。茎叶图有三列数：左边的一列数为统计数，它是从上(或下)向中心累积的值，中心的数(带括号)表示最多数组的个数；中间的一列数表示茎，也就是变化不大的数；右边的一列数是数组中的变化位，按照一定的间隔将数组中的每个变化的数一一列出，像一条枝上抽出的叶子一样，所以人们形象地叫它茎叶图。茎叶图示例如图6-4所示。

4．折线图

折线图可以显示随时间(根据常用比例设置)变化的连续数据，因此非常适用于显示相等时间间隔下数据的趋势。折线图示例如图6-5所示。

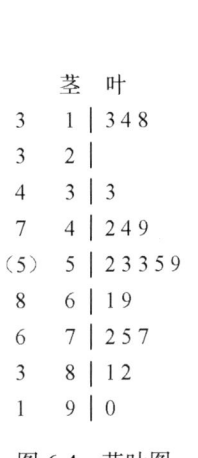

```
     茎  叶
 3   1 | 3 4 8
 3   2 |
 4   3 | 3
 7   4 | 2 4 9
(5)  5 | 2 3 3 5 9
 8   6 | 1 9
 6   7 | 2 5 7
 3   8 | 1 2
 1   9 | 0
```

图6-4　茎叶图

图6-5　折线图

5．散点图

散点图是指在回归分析中，数据点在直角坐标系平面上的分布图。散点图表示因变量随自变量变化的大致趋势，据此可以选择合适的函数对数据点进行拟合。散点图示例如图6-6所示。

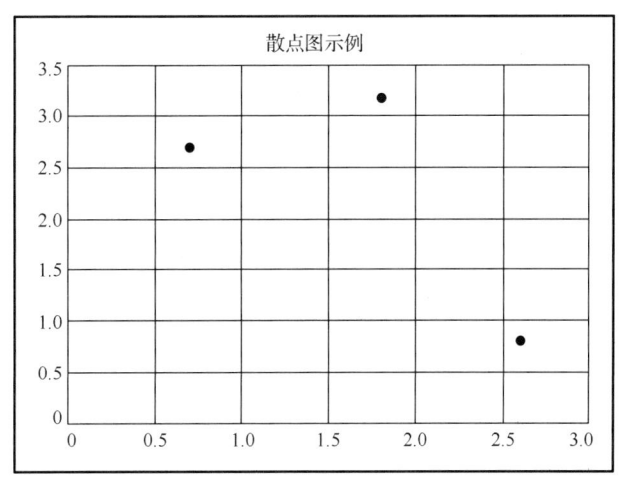

图6-6　散点图

6. 饼图

饼图可以描绘一个数据系列中各项的大小与各项总和的比例。饼图示例如图 6-7 所示。

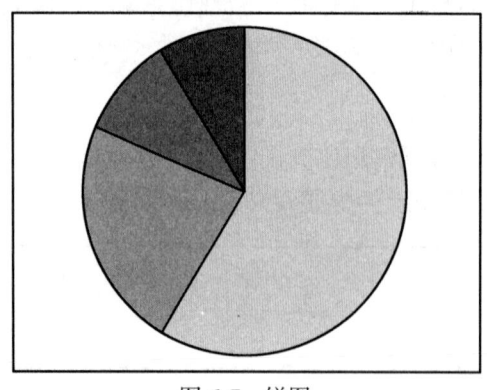

图 6-7　饼图

6.3　描述性统计分析实践

利用 Python 进行描述性统计分析，需要用到 Numpy 库和 Scipy 库。

（1）使用 List、Array、Normal、Randint 库创造实验数据，并对数据的各项指标进行计算。

```
from numpy import array
from numpy.random import normal, randint
#使用 List 来创造一组数据
data = [1, 2, 3]
#使用 Array 来创造一组数据
data = array([1, 2, 3])
#创造一组服从正态分布的定量数据
data = normal(0, 10, size=10)
#创造一组服从均匀分布的定性数据
data = randint(0, 10, size=10)
from numpy import mean, median
#计算均值
a1 = mean(data)
#计算中位数
a2 = median(data)
#对于定性数据而言，众数是出现次数最多的值，使用 Scipy 中的 mode 来计算众数
from scipy.stats import mode
#计算众数
a3 = mode(data)
from numpy import mean, ptp, var, std
#极差
ptp(data)
#方差
var(data)
#标准差
std(data)
```

(2) 使用统计图形可以更加直观地展示数据的分布(频数分析)和关系(关系分析)。柱状图和饼图是对定性数据进行频数分析的常用工具，使用前需要将每一类的频数计算出来。直方图和累积曲线是对定量数据进行频数分析的常用工具，直方图对应密度函数，而累积曲线对应分布函数。散点图可用来对两组数据的关系进行描述。在没有分析目标时，需要对数据进行探索性分析，箱线图可以帮助完成这一任务。在此，使用一组容量为10 000的男学生身高、体重、成绩数据来讲解如何使用Matplotlib绘制以上图形，创建数据及绘图代码如下。

```python
from numpy import array
from numpy.random import normal
def genData():
    heights = []
    weights = []
    grades = []
    N = 10000
    for i in range(N):
        while True:
            #身高服从均值为172,标准差为6的正态分布
            height = normal(172, 6)
            if 0 < height: break
        while True:
            #体重由以身高作为自变量的线性回归模型产生,误差服从标准正态分布
            weight =(height - 80)* 0.7 + normal(0, 1)
            if 0 < weight: break
        while True:
            #成绩服从均值为70,标准差为15的正态分布
            score = normal(70, 15)
            if 0 <= score and score <= 100:
                grade = 'E' if score < 60 else('D' if score < 70
                    else('C' if score < 80 else('B' if score < 90
                    else 'A')))
                break
        heights.append(height)
        weights.append(weight)
        grades.append(grade)
    return array(heights), array(weights), array(grades)
heights, weights, grades = genData()
from matplotlib import pyplot
#绘制成绩柱状图
def drawBar(grades):
    xticks = ['A', 'B', 'C', 'D', 'E']
    gradeGroup = {}
    #对每一类成绩进行频数统计
    for grade in grades:
        gradeGroup[grade] = gradeGroup.get(grade, 0)+ 1
    #创建柱状图
    #第一个参数为柱的横坐标
    #第二个参数为柱的高度
    #参数align为柱的对齐方式,以第一个参数为参考标准
```

```python
    pyplot.bar(range(5), [gradeGroup.get(xtick, 0)for xtick in xticks],
            align='center')
    #设置柱的文字说明
    #第一个参数为文字说明的横坐标
    #第二个参数为文字说明的内容
    pyplot.xticks(range(5), xticks)
    #设置横坐标的文字说明
    pyplot.xlabel('Grade')
    #设置纵坐标的文字说明
    pyplot.ylabel('Frequency')
    #设置标题
    pyplot.title('Grades Of Male Students')
    #绘图
    pyplot.show()
drawBar(grades)
```

```python
#绘制饼图
def drawPie(grades):
    labels = ['A', 'B', 'C', 'D', 'E']
    gradeGroup = {}
    for grade in grades:
        gradeGroup[grade] = gradeGroup.get(grade, 0)+ 1
    #创建饼图
    #第一个参数为扇形的面积
    #labels 参数为扇形的说明文字
    #autopct 参数为扇形占比的显示格式
    pyplot.pie([gradeGroup.get(label, 0)for label in labels], labels=labels,
            autopct='%1.1f%%')
    pyplot.title('Grades Of Male Students')
    pyplot.show()
drawPie(grades)
```

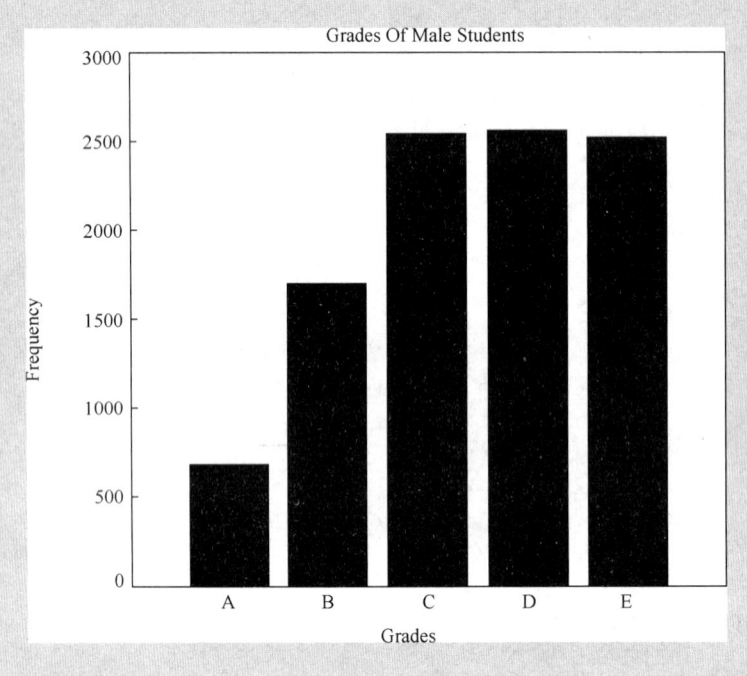

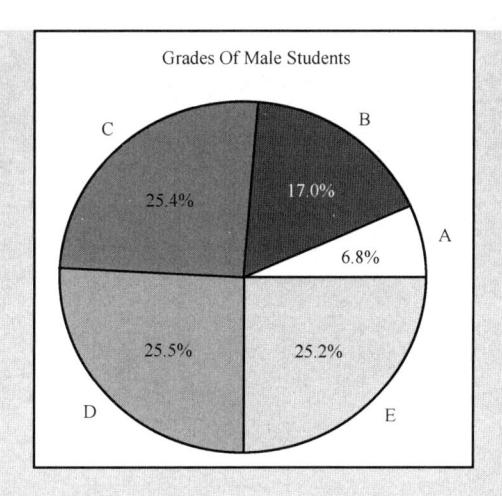

```
#绘制直方图
def drawHist(heights):
    #创建直方图
    #第一个参数为待绘制的定量数据,不同于定性数据,这里并没有事先进行频数统计
    #第二个参数为划分的区间个数
    pyplot.hist(heights, 100)
    pyplot.xlabel('Heights')
    pyplot.ylabel('Frequency')
    pyplot.title('Heights Of Male Students')
    pyplot.show()
drawHist(heights)
```

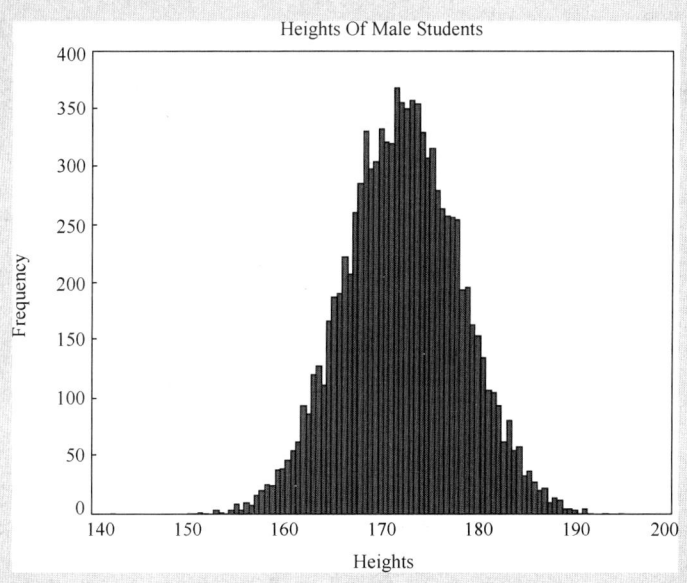

```
#绘制累积曲线
def drawCumulativeHist(heights):
    #创建累积曲线
    #normed 参数为是否无量纲化
    #histtype 参数为'step',绘制阶梯状的曲线
    #cumulative 参数为是否累积
    pyplot.hist(heights, 20, normed=True, histtype='step', cumulative=True)
    pyplot.xlabel('Heights')
```

```
    pyplot.ylabel('Frequency')
    pyplot.title('Heights Of Male Students')
    pyplot.show()
drawCumulativeHist(heights)
```

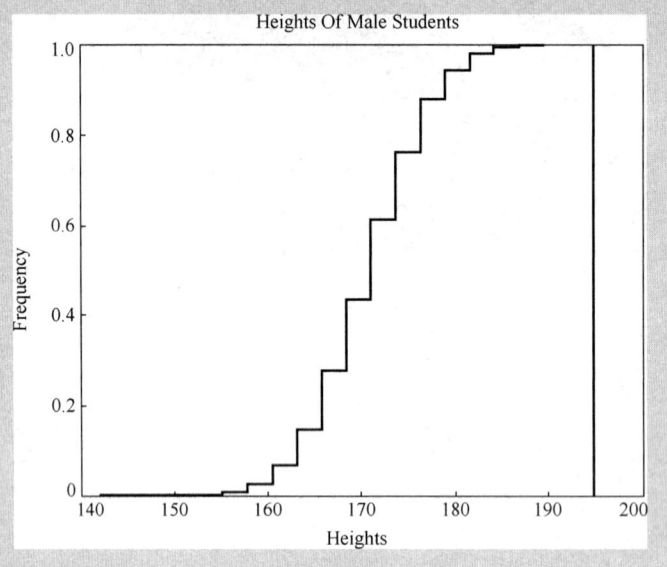

#绘制箱线图
```
def drawBox(heights):
    #创建箱线图
    #第一个参数为待绘制的定量数据
    #第二个参数为数据的文字说明
    pyplot.boxplot([heights], labels=['Heights'])
    pyplot.title('Heights Of Male Students')
    pyplot.show()
drawBox(heights)
```

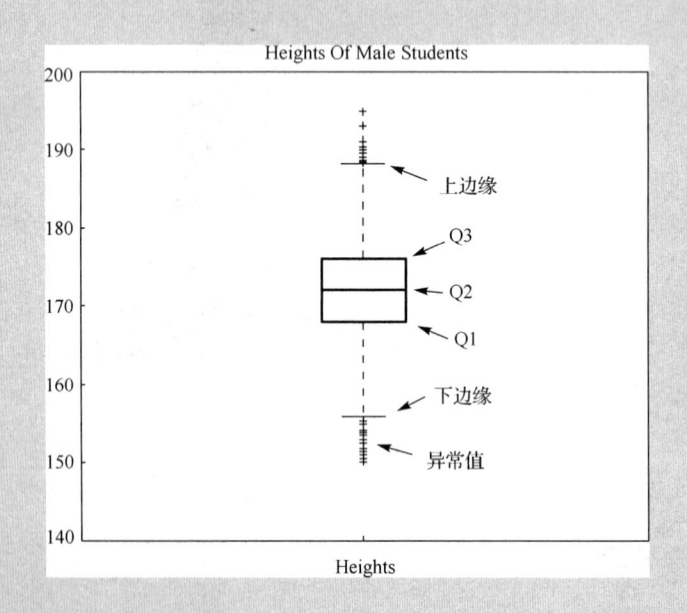

#绘制散点图
```
def drawScatter(heights, weights):
    #第一个参数为点的横坐标
    #第二个参数为点的纵坐标
```

```
    pyplot.scatter(heights, weights)
    pyplot.xlabel('Heights')
    pyplot.ylabel('Weights')
    pyplot.title('Heights & Weights Of Male Students')
    pyplot.show()
drawScatter(heights, weights)
```

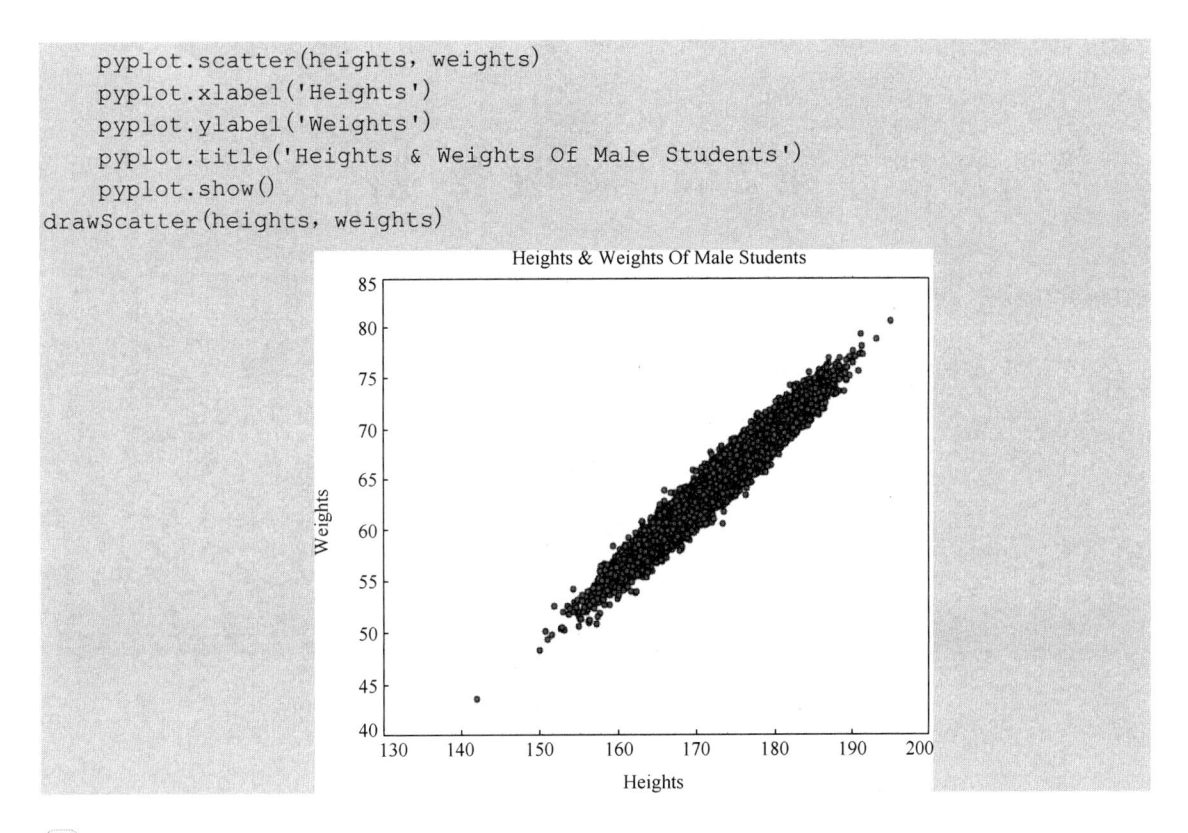

思考题

1. 描述性统计分析常用的指标和统计图形有哪些?
2. 什么是数据的集中趋势? 反映数据集中趋势的指标有哪些?
3. 什么是数据的离散程度? 常用的测度离散程度的指标有哪些?
4. 思考众数、中位数和均值的特点和应用场合。
5. 请阅读以下文献,对文献中的描述性统计分析的角度及结论进行讨论。

"BHATNAGAR V, POONIA R C, NAGAR P, et al. Descriptive analysis of COVID-19 patients in the context of India[J]. Journal of Interdisciplinary Mathematics, 2021, 24(3): 489-504."

第 7 章 数 据 挖 掘

本章提要

1. 了解数据挖掘的基本概念;
2. 熟悉频繁模式、关联和相关性的基本概念,熟悉挖掘方法及结果评估;
3. 熟悉分类思想,包括决策树分类器、贝叶斯分类器和基于规则的分类器在内的基本分类技术,以及评估方法;
4. 熟悉聚类分析的基本概念和方法,包括划分聚类、层次聚类、基于密度的聚类、基于网格的聚类和基本模型的聚类等聚类方法,以及如何评估聚类方法;
5. 熟悉预测的基本概念和回归分析预测法。

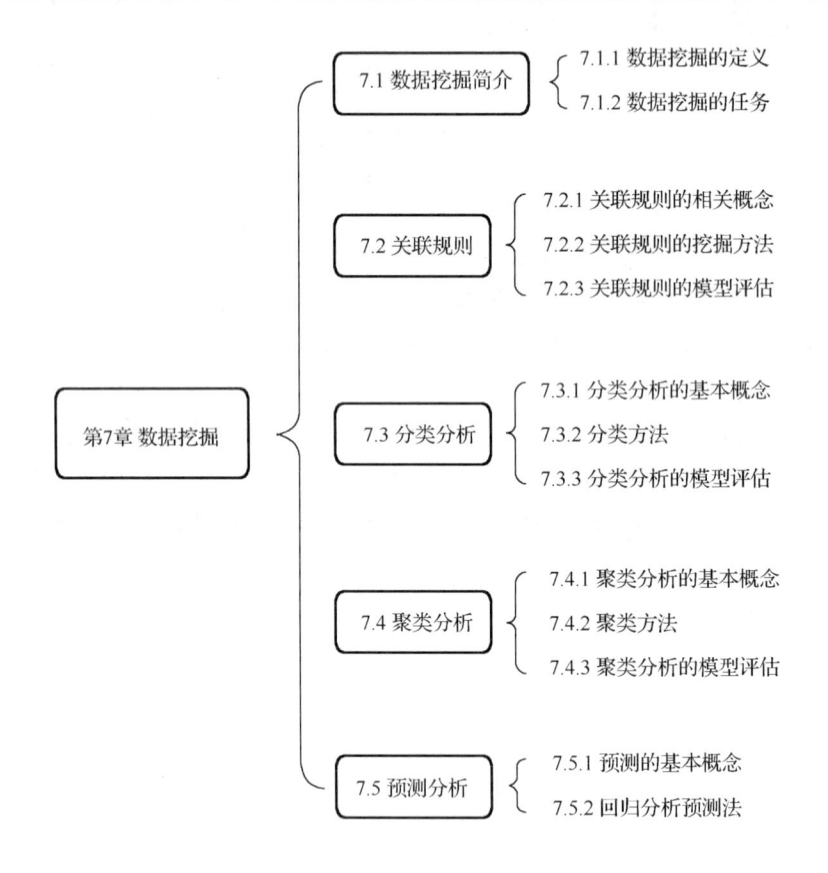

第7章 数据挖掘
- 7.1 数据挖掘简介
  - 7.1.1 数据挖掘的定义
  - 7.1.2 数据挖掘的任务
- 7.2 关联规则
  - 7.2.1 关联规则的相关概念
  - 7.2.2 关联规则的挖掘方法
  - 7.2.3 关联规则的模型评估
- 7.3 分类分析
  - 7.3.1 分类分析的基本概念
  - 7.3.2 分类方法
  - 7.3.3 分类分析的模型评估
- 7.4 聚类分析
  - 7.4.1 聚类分析的基本概念
  - 7.4.2 聚类方法
  - 7.4.3 聚类分析的模型评估
- 7.5 预测分析
  - 7.5.1 预测的基本概念
  - 7.5.2 回归分析预测法

数据挖掘的内容体量很大,本章结合公式与伪代码对相关算法进行了概述。通过学习本章内容,希望大家可以对数据挖掘的内容有初步了解,并运用在商务智能数据挖掘当中。

7.1 数据挖掘简介

7.1.1 数据挖掘的定义

数据挖掘又被称为数据库中的知识发现(Knowledge Discovery in Database，KDD)，它是目前人工智能和数据库领域研究的热点问题。MBA 智库将数据挖掘定义为"从数据库的大量数据中揭示出隐含的、先前未知的、有潜在价值的信息的过程。"与联机分析处理相同，数据挖掘也是一种决策支持过程，它主要基于人工智能、模式识别、机器学习、数据库、统计学及可视化技术等，高度自动化地分析企业的数据，做出归纳性的推理，从中挖掘出潜在的模式，帮助决策者调整市场策略，以达到降低风险并做出正确决策的目的。

与联机分析处理不同的是，数据挖掘是按照既定的规则对大量的、不完全的、有噪声的、模糊的、随机的实际应用数据进行深层次的挖掘分析，并从中识别潜在知识与隐藏模式，提取隐含在其中的、人们事先不知道的、潜在有用的信息和知识的过程，从而为用户提供决策支持。值得一提的是，数据挖掘获得的知识并不要求其放之四海皆准，仅需要支持特定的问题即可。

7.1.2 数据挖掘的任务

按目标功能可将数据挖掘的任务分为两类：描述性任务和预测性任务。描述性任务用来刻画目标数据中数据的一般性质。预测性任务用来在当前数据基础上进行归纳，以便做出预测。数据挖掘的任务具体包括关联规则(分析)、分类分析、聚类分析、预测分析等，涉及聚类检测、神经网络、决策树方法、遗传算法、关联规则挖掘、随机森林等算法。

关联规则(分析)挖掘一个事务与其他事务之间的相互依存性和关联性；分类分析从数据中选出已经分好类的训练集，在该训练集上建立分类模型，从而对未分类的数据进行分类；和分类分析不同，聚类分析不依赖于预先定义好的类，不需要训练集，可以直接根据数据相似度进行样本分组；预测分析用科学的判断和计量方法，对未来事件的可能变化做出预测。这些都是数据挖掘的重要任务，接下来将展开进行详细介绍。

7.2 关联规则

关联规则最初是针对购物篮分析(Market Basket Analysis)问题提出的。购物篮分析的过程为通过对用户放入其"购物篮"中商品的数据进行挖掘，发现"购物篮"中商品的关联性，从而分析用户的购买习惯。购物篮分析可以帮助零售商为用户提供他们想要的搭配和套餐，带来客单价的提升。

本节将会介绍如何从数据库中关联分析出形如"由于某些事件的发生而引起另外一些事件的发生"之类的规则。

7.2.1 关联规则的相关概念

Agrawal、Imielinski and Swami[①]于1993年第一次提出了挖掘顾客交易数据库中项集间的关联规则问题。下面将介绍关联规则的相关概念。

1．项与项集

数据库中不可分割的最小单位信息，称为项(项目)，用符号i表示。项的集合称为项集。设项集$I=\{i_1,i_2,\cdots,i_k\}$，I中项的个数为k，则项集I称为k项集。

2．事务

设任务相关的数据集D是数据库中事务的集合，其中每个事务T是一个非空项集。每一个事务都有一个标识符，称为TID。项集的出现频度是项集包含的事务数，简称为项集的频度、支持度计数或计数。

比如，如果数据集D是顾客事务零售数据，一个事务T对应用户的一次购物活动，它有唯一标识符用以表示这些商品是同一顾客同一次购买的。

3．关联规则

关联规则是形如$A\Rightarrow B$的蕴含式。其中，$A\subset I, B\subset I, A\neq\varnothing, B\neq\varnothing$，并且$A\cap B=\varnothing$。关联规则反映当$A$中的项目出现时，$B$中的项目也跟着出现的规律。

4．关联规则的支持度

关联规则$A\Rightarrow B$在事务中成立，具有置信度s。s是D中事务包含$A\cup B$的百分比，即$support(A\Rightarrow B)=P(A\cup B)$。

5．关联规则的置信度

关联规则$A\Rightarrow B$在事务中成立，具有支持度c。c是D中包含A的事务同时也包含B的事务的百分比，即$confidence(A\Rightarrow B)=P(B|A)$。

6．最小支持度和最小置信度

通常用户为了达到一定的要求，需要指定关联规则必须满足的支持度和置信度阈值。当$support(A\Rightarrow B)$、$confidence(A\Rightarrow B)$分别大于或等于最小支持度阈值min_sup和最小置信度阈值min_conf时，认为$A\Rightarrow B$是强关联规则。其中，min_sup描述了关联规则的最低重要程度，min_conf规定了关联规则必须满足的最低可靠性。

7．频繁项集

频繁模式指频繁出现在数据集中的模式(如项集、子序列或子结构)。如果项集I满足预定义的最小支持度阈值，则I是频繁项集(Frequent Itemset)。

[①] AGRAWAL R, IMIELINSKI T, SWAMI A. Mining association rules between sets of items in large databases[C]//Proceedings of the 1993 ACM SIGMOD international conference on Management of data, 1993: 207-216.

8. 强关联规则

若 support($A \Rightarrow B$) ≥ min_sup 且 confidence($A \Rightarrow B$) ≥ min_conf，则称关联规则 $A \Rightarrow B$ 为强关联规则，否则 $A \Rightarrow B$ 为弱关联规则。

案例 7-1

现在以简单的购物篮分析为例来说明上述定义。

表 7-1 是一个商店的顾客事务零售数据集，包含 5 个事务。项集 I = {Beer,Nuts, Diaper,Coffee,Eggs,Milk}。考虑关联规则：Beer $\Rightarrow$ Diaper 和 Diaper $\Rightarrow$ Beer。事务 10、20、30 中包含 Beer，事务 10、20、30 中同时包含 Beer 和 Diaper，事务 10、20、30、50 中包含 Diaper。所以：

$$\text{support}(\text{Beer} \Rightarrow \text{Diaper}) = \text{support}(\text{Diaper} \Rightarrow \text{Beer}) = \frac{3}{5} = 0.6$$

$$\text{confidence}(\text{Beer} \Rightarrow \text{Diaper}) = \frac{3}{3} = 1$$

$$\text{confidence}(\text{Diaper} \Rightarrow \text{Beer}) = \frac{3}{4} = 0.75$$

若给定最小支持度 $\alpha = 0.5$，最小置信度 $\beta = 0.5$，则关联规则 Beer $\Rightarrow$ Diaper 和 Diaper $\Rightarrow$ Beer 都是有趣的。

表 7-1 顾客事务零售数据集

Tid	Items bought
10	Beer，Nuts，Diaper
20	Beer，Coffee，Diaper
30	Beer，Diaper，Eggs
40	Nuts，Eggs，Milk
50	Nuts，Coffee，Diaper，Eggs，Milk

7.2.2 关联规则的挖掘方法

一般而言，关联规则的挖掘需要两个步骤：①找出所有的频繁项集；②由频繁项集产生强关联规则。本小节将介绍两个著名的关联规则挖掘方法——Apriori 算法和 FP-Growth 算法。

1. Apriori 算法

Apriori 算法是 Agrawal 和 R.Srikant 于 1994 年提出的[1]。算法的名字基于这样的事实：算法使用频繁项集的先验性质。Apriori 算法使用一种被称为逐层搜索的迭代方法，即 k 项集用于探索 ($k+1$) 项集。首先，通过扫描数据库，累积每个项的计数，并收集满足最小支持度的项，找出频繁 1 项集的集合，将该集合记作 L_1。然后，L_1 用于找频繁 2 项集的集合 L_2，L_2

---

[1] AGRAWAL R, SRIKANT R. Fast algorithms for mining association rules[C]//Proc. 20th int. conf. very large data bases, VLDB. 1994, 1215: 487-499.

用于找 L_3，如此类推，直到不能再找到频繁 k 项集。找每个 L_k 需要进行一次数据库全扫描。为了提高频繁项集逐层搜索的效率，使用先验性质(Apriori)压缩搜索空间。

先验性质是指频繁项集的所有非空子集也一定是频繁的。

Apriori 算法的核心思想由连接步和剪枝步组成，其中包含了对先验性质的使用。

(1)连接步：为找出 L_k，通过 L_{k-1} 与自身连接，产生候选 k 项集，该候选 k 项集记为 C_k；其中，L_{k-1} 的元素是可连接的。

(2)剪枝步：C_k 是 L_k 的超集，即它的成员可以是也可以不是频繁的。扫描数据库，确定 C_k 中每一个候选项的计数，从而确定 L_k(计数值不小于最小支持度阈值的所有候选项集都是频繁的)。然而，C_k 可能很大，为压缩 C_k，使用先验性质：任何非频繁的 $(k-1)$ 项集都不可能是频繁 k 项集的子集。因此，如果一个候选 k 项集的 $(k-1)$ 项集不在 L_{k-1} 中，则该候选 k 项集也不可能是频繁的，从而可以从 C_k 中删除。

Apriori 算法的伪代码如算法 7-1 所示。

算法 7-1　Apriori

```
输入:D:事务数据库;min_sup:最小支持度阈值。
输出:L,D 中的频繁项集。
方法:
L₁=find_frequent_1_itemsets(D);
for(k=2; L_{k-1}≠∅ ;k++){
    C_k=apriori_gen(L_{k-1});
    for each 事务 t∈D{          //扫描 D,进行计数
        C_t=subset(C_k,t);      //得到 t 的子集
        for each 候选 c ∈ Ct{
            c.count++;
        }
    }
    L_k ={c ∈ Ck | c.count>=min_sup};
}
Return L=所有的频繁项集;

Procedure apriori_gen(L_{k-1} :frequent(k-1)itemsets)
For each 项集 l₁∈L_{k-1}{
    For each 项集 l₂∈L_{k-1}{
        If((l₁[1]=l₂[1])&&( l₁[2]=l₂[2])&& …… &&(l₁[k-2]=l₂[k-2])&&(l₁[k-1]<l₂[k-1]))
            then{
                c = l₁ 连接 l₂;              //连接步：产生候选
                if has_infrequent_subset(c, L_{k-1})then
                    delete c;               //剪枝步：删除非频繁候选
                else
                    add c to C_k;
            }
    }
}
Return C_k

Procedure has_infrequent_sub(c:candidate k itemset; L_{k-1} :frequent(k-1)itemsets)
For each(k-1)-subset s of c{
```

```
    If s∉L_{k-1}
        Return true;
    else
        Return false;
}
```

首先，扫描全部数据库，产生候选 1 项集的集合 C_1，根据最小支持度，由候选 1 项集的集合 C_1 产生频繁 1 项集的集合 L_1。若 $k>1$，则重复执行如下步骤：①由 L_k 执行连接步和剪枝步操作，产生候选 $(k+1)$ 项集的集合 C_{k+1}；②根据最小支持度，由候选 $(k+1)$ 项集的集合 C_{k+1}，产生频繁 $(k+1)$ 项集的集合 L_{k+1}；若 $L\neq\varnothing$，则 $k=k+1$，跳到步骤①；否则，结束。

一旦从数据库中找出频繁项集，就可以直接由它们产生强关联规则。首先，对于每个频繁项集 L，产生其非空子集 S。然后，对于 L 的每个非空子集 S，如果 $\frac{\text{support\_count}(L-S)}{\text{support\_count}(S)} \geq \text{min\_conf}$，则输出关联规则 "$S \Rightarrow (L-S)$"，其中 min_conf 是最小置信度阈值。因为关联规则由频繁项集产生，所以每个关联规则都自动满足最小支持度。

在 Python 中，可以用 Mlxtend 库来进行上述 Apriori 关联分析，下列代码可供参考。

```
import pandas as pd
from mlxtend.preprocessing import TransactionEncoder
from mlxtend.frequent_patterns import apriori
#设置数据集
dataset = [['M', 'O', 'N', 'K', 'E', 'Y'],
        ['D', 'O', 'N', 'K', 'E', 'Y'],
        ['M', 'A', 'K', 'E'],
        ['M', 'U', 'C', 'K', 'Y'],
        ['C', 'O', 'O', 'K', 'I', 'E']]     #为演示方便，该数据集仅为简单例子
#进行 one-hot 编码
te=TransactionEncoder()
te_ary=te.fit(dataset).transform(dataset)
df = pd.DataFrame(te_ary, columns=te.columns_)
#利用 Apriori 找出频繁项集，设置最小支持度为 0.6
freq = apriori(df, min_support=0.6, use_colnames=True)
#寻找关联规则，设置最小置信度为 0.8
from mlxtend.frequent_patterns import association_rules
ass_rule = association_rules(freq, metric='confidence', min_threshold=0.8)
ass_rule.sort_values(by='leverage', ascending=False, inplace=True)
```

Apriori 算法的最大优点是算法思路比较简单，以递归统计为基础，生成频繁项集，易于实现。另外，通过上文的分析可以发现，Apriori 算法的候选产生-检查方法显著压缩了候选项集的规模，并具有很好的性能。Apriori 算法作为经典的关联规则挖掘方法，在数据挖掘技术中占据很重要的地位。然而，它也面临一些计算上的挑战：①对整个数据库需要进行多次重复扫描；②产生大量的候选项集；③通过检查数据库中的每个事务来确定候选项集的支持度的成本很高。据此，一些 Apriori 算法的变形被提出，旨在提高 Apriori 算法的效率。其中一些变形包括事务压缩[1]、抽样[2]等，感兴趣的读者可以参考本页脚注给出的参考文献。

---

[1] PARK J S, CHEN M S, YU P S. An effective hash-based algorithm for mining association rules[J]. Acm Sigmod Record, 1995, 24(2): 175-186.

[2] JIA C Y, GAO X P. Multi-Scaling Sampling: An Adaptive Sampling Method for Discovering Approximate Association Rules[J]. Journal of Computer Science and Technology, 2005, 20(3): 309-318.

2. FP-Growth 算法

正如上节所说的,Apriori 算法的瓶颈在于广度优先的搜索策略及大量候选项集的产生和测试。而频繁模式增长(Frequent-Pattern Growth,FP-Growth)算法可以在没有这种代价昂贵的候选项集产生过程的情况下挖掘频繁项集。FP-Growth 算法是韩家炜老师[1]在 2000 年提出的关联规则挖掘方法,它采用如下策略:首先,将提供频繁项集的数据库压缩成一棵频繁模式树(FP-树),但仍保留项集关联信息;其次,把这种压缩后的数据库(频繁模式树)分成若干条件数据库,每个条件数据库关联一个频繁项或"模式段",并分别挖掘每个条件数据库。对于每个"模式段",只需要考查与它相关联的数据集。因此,随着被考查"模式段"的"增长",这种方式可以显著压缩被搜索的数据集的大小。该算法与 Apriori 算法最大的不同有两点:①不产生候选项集;②只需要遍历两次数据库,大大提高了效率。

在介绍 FP-Growth 算法之前,首先介绍三个重要概念。

(1) FP-树:把事务数据库中的各个事务的数据项按照支持度排序后,把每个事务中的数据项按降序依次插入一个以 null 为根节点的树,同时在每个节点处记录该节点的支持度。

(2) 条件模式基:将频繁 1 项集按支持度降序排序得到的频繁 1 项表,是同一个频繁项在 FP-树中所有节点的祖先路径的集合。

(3) 条件树:基于每个频繁项的条件模式基构建,将条件模式基按照 FP-树的构造原则形成一个新的 FP-树。

FP-Growth 算法的主要步骤包括基于数据构建 FP-树及从 FP-树中挖掘频繁项集。其一般流程如下。

(1) 先扫描一遍数据库,得到 1-项集及其对应的支持度,定义最小支持度(项目出现的最少次数),删除那些出现次数小于最小支持度的项目,然后将 1-项集按照支持度递减的顺序排序。

(2) 第二次扫描,创建项头表及 FP-树。

(3) 对于每个项目(可以按照从下往上的顺序)找到其条件模式基,递归调用树结构,删除出现次数小于最小支持度的项目。如果最终呈现单一路径的树结构,则直接列举所有组合;如果呈现非单一路径的树结构,则继续调用树结构,直到形成单一路径即可。

FP-Growth 算法的伪代码如算法 7-2 所示。

算法 7-2 FP-Growth

输入:事务数据库 D;最小支持度阈值 min_sup。
输出:频繁模式的完全集。
1. 按以下步骤构造 FP-树:
    (1) 扫描事务数据库 D 一次。得到 1-项集及其对应的支持度,删除支持度小于 min_sup 的项目,得到频繁 1 项集 F,对 F 按支持度降序排列,结果记为 L;
    (2) 创建 FP-树的根节点 T,以 "null" 标记它。第二次扫描数据库,对于 D 中每个事务 Trans,执行:
选择 Trans 中的频繁项,并按 L 中的次序排序,得到事务对应的有序频繁项。设排序后的频繁项表为 [p |P],其中,p 是第一个元素,而 P 是剩余元素的表。调用 insert_tree([p|P],T):如果 T

---

[1] HAN J, PEI J, YIN Y. Mining frequent patterns without candidate generation[J]. ACM sigmod record, 2000, 29(2): 1-12.

有子女 N 使得 N.item-name = p.item-name，则 N 的计数增加 1；否则创建一个新节点 N，将其计数设置为 1，链接到它的父节点 T，并且通过节点链结构将其链接到具有相同 item-name 的节点(创建项头表的过程)。如果 P 非空，则递归调用 insert_tree(P,N)；

2. FP-树的挖掘通过调用 FP_growth(FP_tree,null)实现。该过程实现如下：
```
procedure FP_growth(Tree, α)
if Tree 含单个路径 P then
    for 路径 P 中节点的每个组合(记作β){
        产生模式β∪α，其支持度计数 support_count 等于β中节点的最小支持度计数；
    }
else
    for each a_i in Tree 的项头表{
        产生一个模式β = a_i∪α，其支持度 support = a_i.support；
        构造β的条件模式基，然后构造β的条件树Treeβ；
        if Treeβ ≠ ∅ then
            调用 FP_growth(Treeβ,β); }
```

在 Python 中，可以用 Mlxtend 库来进行 FP-Growth 关联分析，下列代码可供参考。

```
import pandas as pd
from mlxtend.frequent_patterns import fpgrowth
from mlxtend.frequent_patterns import association_rules
#设置数据集，仅为样例
dataset = [['M', 'O', 'N', 'K', 'E', 'Y'],
          ['D', 'O', 'N', 'K', 'E', 'Y'],
          ['M', 'A', 'K', 'E'],
          ['M', 'U', 'C', 'K', 'Y'],
          ['C', 'O', 'O', 'K', 'I', 'E']]
#进行 one-hot 编码
te_ary=te.fit(dataset).transform(dataset)
df = pd.DataFrame(te_ary, columns=te.columns_)
df = pd.DataFrame(te_ary, columns=te.columns_)
# 求频繁项集
frequent_itemsets = fpgrowth(df, min_support=0.6, use_colnames= True)use_colnames=True 表示使用元素名字，默认的 False 使用列名代表元素
frequent_itemsets.sort_values(by='support', ascending=False, inplace= True)# 频繁项集可以按支持度排序
print(frequent_itemsets[frequent_itemsets.itemsets.apply(lambda x: len(x))>= 2])# 选择长度 >=2 的频繁项集
# 求关联规则：
association_rule = association_rules(frequent_itemsets, metric='confidence', min_threshold=0.8)# metric 可以有很多的度量选项，返回的表列名都可以作为参数
association_rule.sort_values(by='leverage', ascending=False, inplace= True)# 关联规则可以按 leverage 排序
print(association_rule)
```

由以上的分析可知，FP-Growth 算法只需对事务数据库进行两次扫描，并且可以避免产

生大量候选项集。但是由于该算法要递归生成条件树,所以内存占用大,而且只能用于挖掘单维的布尔关联规则。

7.2.3 关联规则的模型评估

大部分关联规则挖掘方法都使用支持度-置信度框架。尽管这两个指标有助于排除大量无趣的关联规则,但是仍然会产生一些让人不感兴趣的关联规则。那么,如何识别哪些强关联规则是有趣的呢?让我们先来考查以下案例。

案例 7-2

如表 7-2 所示,对 5000 名学生的打篮球和吃谷物情况展开调查,得到相应条件下的人数统计。根据前面的介绍,可以得到支持度为 40%,置信度为 66.7% 的关联规则{打篮球 ⇒ 吃谷物}。但是这个关联规则是错误的。在所有的学生中,吃谷物的学生的比例为 75%,大于 66.7%。因此,支持度(20%)和置信度(33.3%)较低的关联规则{打篮球 ⇒ 不吃谷物}可能是更准确的。

表 7-2 汇总关于打篮球和吃谷物事务的 2×2 相依表

	打 篮 球	不 打 篮 球	总和(行)
吃谷物	2000	1750	3750
不吃谷物	1000	250	1250
总和(列)	3000	2000	5000

事实上,关联规则是否有趣可以主观或客观地评判。最终,只有用户能够评判一个给定的关联规则是否是有趣的,并且这种评判是主观的,可能因用户而异。当然,为了解决支持度和置信度不足以过滤无趣关联规则的问题,可以使用相关性度量来扩充关联规则的支持度-置信度框架。这导致如下形式的关联规则:

$$A \Rightarrow B[support, confidence, correlation]$$

接下来介绍一种相关性度量——提升度(lift)。

如果 $P(A \cup B) = P(A)P(B)$,则项集 A 独立于项集 B;否则,项集 A 和项集 B 是依赖的(Dependent)和相关的(Correlated)。项集 A 和项集 B 之间的提升度可以通过计算下式得到:

$$\text{lift}(A,B) = \frac{P(A \cup B)}{P(A)P(B)}$$

如果 $\text{lift}(A,B)$ 小于 1,则项集 A 与项集 B 是负相关的,意味着一个出现可能导致另一个不出现;如果 $\text{lift}(A,B)$ 大于 1,则项集 A 和项集 B 是正相关的,意味每一个的出现都蕴含另一个的出现;如果 $\text{lift}(A,B)$ 等于 1,则项集 A 和项集 B 是独立的,它们之间没有相关性。依据上式,可以得到:

$$\text{lift}(打篮球,吃谷物) = \frac{\frac{2000}{5000}}{\frac{3000}{5000} \times \frac{3750}{5000}} = 0.89$$

$$\text{lift}(打篮球,不吃谷物) = \frac{\frac{1000}{5000}}{\frac{3000}{5000} \times \frac{1250}{5000}} = 1.33$$

因此打篮球与吃谷物负相关,这种负相关在案例 7-2 中未能被支持度-置信度框架识别。

7.3 分类分析

思考如下任务:假如你是一名银行贷款员,你如何分辨哪些贷款申请者是"安全的",哪些贷款申请者是"危险的"?假如你是一名销售经理,你如何猜测具有某些特征的消费者是否会购买某种产品?假如你是一名医生,你如何根据病人的特征预测该病人会选择何种治疗方案?

上述任务具有的共同特点是:需要构造一个分类器(Classifier)来预测类编号,如贷款申请数据的"安全"和"危险",医疗数据的"治疗方案 A""治疗方案 B"或"治疗方案 C"。这些类别可以用离散值表示,其中值的顺序没有意义。本节将会介绍可以完成这类任务的分类分析。

7.3.1 分类分析的基本概念

数据挖掘中分类的目的是学习一个分类器,该分类器可以把数据库中的数据映射到给定类别中的某一个。一般分类任务可以被描述为一个过程,它包含以下两个阶段。

第一阶段,建立描述预先定义的数据类或概念集的分类器。假设每个样本属于一个预定义的类,这个预定义的类由类标签属性决定。用来构建分类器的样本是训练集。分类器可以用分类规则、决策树或数学模型来表示。

第二阶段,利用构建好的分类器去预测未来或未知的对象所属的类别。输入需要预测的对象的特征,分类器输出该对象所属的类别。在这一阶段,还需要对分类器的准确率做出评估,比较测试集的真实标签和分类器的分类结果。准确率(Accuracy Rate)是指被分类器正确分类的测试集的百分比。其中,测试集需要独立于训练集,否则会出现过拟合的问题。如果准确率是可以接受的,就可以使用该分类器去分类新的数据。

案例 7-3

以某公司的人力资源数据为例,long_term 列的 yes 和 no 是分类标签,用来说明该员工是否为长期工。其分类分析过程如图 7-1 所示(为了便于解释,数据已经被简化,在实际运用中可能需要考虑更多的属性)。

图 7-1 分类分析过程

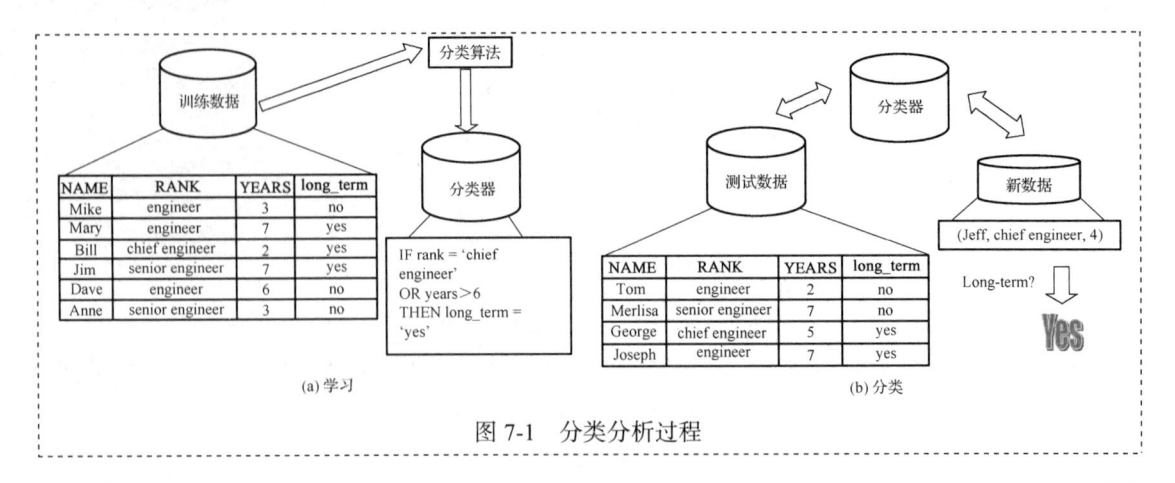

7.3.2 分类方法

分类的方法有多种，本节将讲解决策树分类和贝叶斯分类两种基本分类方法。

1. 决策树分类

决策树(Decision Tree)是一种类似于流程图的树结构，其中每个内部节点(非树叶节点)表示在一个属性上进行的测试，每个分枝代表该测试的一个输出，而每个树叶节点存放一个类标签。决策树是应用最广泛的归纳推理算法之一，可以处理类别型或连续型变量的分类预测问题，可以用图形和 if-then 的规则表示模型，可读性较高。决策树模型通过不断地划分数据，使依赖变量的差别最大化，最终目的是将数据分类到不同的组织或不同的分枝，在依赖变量的值上建立最强的归类。

决策树构建的主要步骤有三个：①选择适当的算法训练样本，从而构建决策树；②适当地修剪决策树；③从决策树中萃取知识规则。决策树通过递归分割(Recursive Partitioning)建立而成，递归分割是把数据分割成不同的较小部分的迭代过程。

在构建决策树时，需要按照原则多次选择最优的划分属性，常见的原则有信息增益、增益率和基尼指数等。本节重点介绍信息增益。信息增益用来衡量给定变量区分训练样本的能力，选择最高信息增益的变量，将其视为当前节点的分割变量。

设数据集 D 为标记类样本的训练集。假定类标签属性具有 m 个不同值，定义了 m 个不同的类 $C_i(i=1,2,\cdots,m)$。

对 D 中的样本进行分类所需要的期望信息如下式：

$$\text{Info}(D) = -\sum_{i=1}^{m} p_i \log_2(p_i)$$

其中，p_i 为 D 中任意样本属于类 C_i 的非零概率。

现在我们要按照属性 A 划分 D 中的样本，其中属性 A 根据训练数据的观测具有 v 个不同的值 $\{a_1,a_2,\cdots,a_v\}$。如果 A 是离散值，那么这些值直接对应于在 A 上进行测试的 v 个输出。可以用属性 A 将 D 划分为 v 个分区或子集 $\{D_1,D_2,\cdots,D_v\}$。在理想情况下，我们希望该划分可以产生元组的准确分类。然而，这些分区多半是不纯的。为了得到准确的分类，还需要多少信息？这个量由下式度量：

$$\text{Info}_A(D) = \sum_{j=1}^{v} \frac{|D_j|}{|D|} \times \text{Info}(D_j)$$

其中，$\frac{|D_j|}{|D|}$ 充当第 j 个分区的权重。$\text{Info}_A(D)$ 是基于属性 A 对 D 的元组进行分类所需要的期望信息。需要的期望信息越少，分区的纯度越高。

信息增益为原来的信息需求与新的信息需求之间的差：

$$\text{Gain}(A) = \text{Info}(D) - \text{Info}_A(D)$$

构建决策树的归纳算法如算法 7-3 所示。

算法 7-3 （Generate_decision_tree）构建决策树

输入：训练样本 samples，由离散值属性表示；候选属性的集合 attribute_list。
输出：一棵决策树。

方法：
```
Generate_decision_tree(samples, attribute_list)
创建节点 N；
if samples 中的样本都在同一个类 C 中 then
    return N 作为树叶节点，以类 C 标记；
if attribut_list 为空 then
    return N 作为树叶节点，标记为 D 中多数类；      //多数表决
else{
    选择 attribute_list 中具有最高信息增益的属性 best_attribute；
    标记节点 N 为 best_attribute；
    for each best_attribute 中的未知值 aᵢ{
        由节点 N 长出一个条件为 best_attribute = aᵢ 的分枝；
        设 sᵢ 是 samples 中 best_attribute = aᵢ 的样本的集合；
        if sᵢ 为空 then
            加上一个树叶，标记为 samples 中最普通的类    //从样本中找出类标签数量最多的，作为
此节点的标记；
        else
            加上一个由 Generate_decision_tree(sᵢ, attribute_list-best_attribute)返
回的节点；     //对数据子集 sᵢ 递归调用，此时候选属性已删除 best_attribute
    }
}
返回 N
```

将训练样本的原始数据放入决策树的树根；将原始数据分割成训练数据和测试数据；使用训练数据来建立决策树，在每个内部节点依据信息论来评估选择哪一个属性作为继续分割的依据；使用测试数据来进行决策树修剪，修剪到决策树的每个分类都只有一个节点，以提升预测能力和速度；不断递归上述四个步骤，直到所有的内部节点都是树叶节点为止。当决策树完成分类后，可从每个分枝的树叶节点萃取知识规则。如果有以下情况，决策树就停止分割。

（1）测试数据集的每一条数据都已经归类到同一类别。

(2)测试数据集已经没有办法再找到新的属性来进行节点分割。

(3)测试数据集已经没有任何尚未处理的数据。

决策树学习可能会遭遇模型过度拟合的问题。模型过度拟合,将导致模型的预测结果不准确,一旦将训练后的模型运用到新数据,将导致错误预测。因此,完整的决策树构造过程,除决策树的构建外,还应该包含树剪枝(Tree Pruning)。树剪枝的策略对决策树正确率的影响很大,主要有前置裁剪和后置裁剪两种裁剪策略。前置裁剪策略就是在构建决策树时提前停止。前置裁剪将分割节点的条件设置得很苛刻,导致决策树很短小,结果就是决策树无法达到最优。实践证明,前置裁剪策略无法得到较好的结果。后置裁剪策略,即若一组树叶节点回缩到其父节点之前的整体树的损失函数值比之后的损失函数值要大,则进行剪枝。这个过程一直进行,直到不能继续为止,最后得到损失函数值最小的子树。除此之外,随机森林(Random Forest)算法的思想是:用训练数据随机计算出许多决策树,形成一个森林,然后用这个森林对未知数据进行预测,选取投票最多的分类。实践证明,此算法的错误率得到了进一步的降低。这种算法背后的原理可以用"三个臭皮匠顶一个诸葛亮"这句谚语来概括。一颗决策树预测正确的概率可能不高,但是集体预测正确的概率却很高。

在 Python 中进行决策树分析,可以使用 Sklearn 库,参考代码如下。

```
import pandas as pd
#加载数据集,X 为待分割属性,Y 为目标类别
from sklearn import tree
model= tree.DecisionTreeRegressor(max_depth=2)#设置树的深度最大为2
model.fit(X, Y)
```

决策树算法的显著优点在于,利用它来解释一个受训模型是非常容易的,而且该算法将最为重要的判断因素都很好地安排在靠近树根部的位置。另外,决策树算法的效率较高,决策树只需要一次构建,就可以反复使用,每一次预测的最大计算次数不超过决策树的深度。但是决策树算法也存在一些缺点,如对连续型的字段难以进行预测;对有时间顺序的数据,需要进行很多预处理工作;当类别太多时,错误可能就会增加得比较快;在处理特征关联性比较强的数据时表现得不是太好。

2. 贝叶斯分类

贝叶斯分类是一类分类算法的总称,是一类利用概率统计知识进行分类的算法,它们以贝叶斯定理为基础,故称为贝叶斯分类。通常,事件 A 在事件 B 的条件下发生的概率,与事件 B 在事件 A 的条件下发生的概率是不同的,然而这两者有确定的关系。贝叶斯定理就是对这种关系的陈述,它允许我们用先验概率、条件概率及证据去表示后验概率。

实际上,一个简单的贝叶斯分类器——朴素贝叶斯分类器可以拥有和决策树及特定神经网络分类器相当的性能。朴素贝叶斯分类也是贝叶斯分类中最为常用的算法,接下来将介绍朴素贝叶斯分类的原理。

设 D 为包含样本及其对应类标签的训练集,每个样本可以用一个 n 维向量 $\boldsymbol{X}=(x_1,x_2,\cdots,x_n)$ 来表示。假设有 m 个类 $\{C_1,C_2,\cdots,C_m\}$,分类问题就是找到最大的后验概率 $P(C_i|\boldsymbol{X})$。该后验概率可以通过贝叶斯定理得到:

$$P(C_i|\boldsymbol{X}) = \frac{P(\boldsymbol{X}|C_i)P(C_i)}{P(\boldsymbol{X})}$$

因为 $P(\boldsymbol{X})$ 对于所有的类都是一样的，所以只需要对 $P(\boldsymbol{X}|C_i)P(C_i)$ 进行比较，选择概率最大的类。那么，如何计算 $P(\boldsymbol{X}|C_i)$ 呢？朴素贝叶斯定理假设所有属性都是条件独立的。因此：

$$P(\boldsymbol{X}|C_i) = \prod_{k=1}^{n} P(x_1|C_i) = P(x_1|C_i) \times P(x_2|C_i) \times \cdots \times P(x_n|C_i)$$

朴素贝叶斯分类需要每一个条件概率不为 0，否则预测出来的概率将为 0。如果遇到条件概率为 0 的情况，可以使用拉普拉斯修正。比如，现在有一个包含 1000 个样本的数据集，其中 income=low 的样本数量为 0，income=medium 的样本数量为 990，income=high 的样本数量为 10。修正方法是在每一个类别上加 1，即 income=low 的样本数量记为 1，income=medium 的样本数量记为 991，income=high 的样本数量记为 11，再带入上述公式进行计算。

朴素贝叶斯分类的优点在于易于实施，并且在大多数情况下都可以得到一个较好的结果。但是它也有一些需要注意的缺点，如对于属性条件独立的假设可能会导致准确度损失，因为在实际中，变量之间的依赖性是广泛存在的。那么如何处理这些依赖性呢？贝叶斯信念网络提供了思路，有兴趣的读者可以查阅相关内容。

案例 7-4

表 7-3 给出了一个员工数据库标记类的训练样本，其中的数据已经进行了一般化处理。比如，"age"属性中的"31…35"代表年龄在 31 岁到 35 岁之间。给定一个行输入，"count"属性代表具有该行中给定的状态、年龄和薪水值的数据元组的数量。类标签属性"status"有两个不同的值，即 Senior 和 Junior，因此有两个不同的类。设类 C_1 对应于 Senior，而类 C_2 对应于 Junior。类 C_1 有 52 个样本，类 C_2 有 113 个样本。

表 7-3 员工数据库标记类的训练样本

status	age	salary	count
Senior	31…35	46k…50k	30
Junior	26…30	26k…30k	40
Junior	31…35	31k…35k	40
Junior	21…25	46k…50k	20
Senior	31…35	66k…70k	5
Junior	26…30	46k…50k	3
Senior	41…45	66k…70k	3
Senior	36…40	46k…50k	10
Junior	31…35	41k…45k	4
Senior	46…50	36k…40k	4
Junior	26…30	26k…30k	6

给定一个数据样本，其中 age="26…30"，salary="46k…50k"，那么根据朴素贝叶斯分类，这个样本的 status 是什么呢？

令 C_1：status=Senior，C_2：status=Junior。希望进行分类的元组为 $\boldsymbol{X} = $ (age = 26…30, salary = 46k…50k)，为了完成分类任务，现在需要找出最大的 $P(C_i|\boldsymbol{X})$。具体计算过程如下：

$$P(C_1)=\frac{52}{165}; \quad P(C_2)=\frac{113}{165}$$

$$P(X|C_1) = P(age = 26...30|C_1)P(salary = 46k...50k|C_1) = \frac{1}{52+6} \times \frac{40}{52} = 0.013$$

$$P(X|C_2) = P(age = 26...30|C_2)P(salary = 46k...50k|C_2) = \frac{49}{113} \times \frac{23}{113} = 0.088$$

$$P(X|C_1)P(C_1) = 0.004$$

$$P(X|C_2)P(C_2) = 0.060$$

因此，根据朴素贝叶斯分类，最终 X 属于类"Junior"。

7.3.3 分类分析的模型评估

1. 混淆矩阵

以分类模型中最简单的二元分类为例，对于这种问题，模型最终需要判断样本的结果是正(Positive)还是负(Negative)，而样本本身也有真正的分类情况。由此，我们就能得到四个基础指标，汇总在表 7-4 中，称为混淆矩阵(Confusion Matrix)。

表 7-4 混淆矩阵

实际的类\预测的类	C_1	$\neg C_1$
C_1	True Positive(TP)	False Negative(FN)
$\neg C_1$	False Positive(FP)	True Negative(TN)

混淆矩阵中的术语解释如下。

真正例(True Positive，TP)：指被分类器正确分类的正样本。

真负例(True Negative，TN)：指被分类器正确分类的负样本。

假正例(False Positive，FP)：指被错误地标记为正元组的负样本。

假负例(False Negative，FN)：指被错误地标记为负元组的正样本。

基于上述四个基本术语，可以延伸出下列评价指标。

(1) Accuracy(准确率)，即模型总体的准确率，公式如下：

$$\frac{TP+TN}{TP+FP+FN+TN}$$

(2) Error Rate(错误率)，即模型总体的错误率，公式如下：

$$\frac{FP+FN}{TP+FP+FN+TN}$$

(3) Sensitivity，即灵敏性，又叫召回率或真正率(TPR)，指模型预测为正的对象占全部观察对象中实际为正的对象数量的比值，公式如下：

$$\frac{TP}{TP+FN}$$

(4) Specificity，即特效性，又叫真负率，指模型预测为负的对象占全部观察对象中实际为负的对象数量的比值，公式如下：

$$\frac{TN}{TN+FP}$$

（5）Precision，即精度，指模型正确地识别为正的对象占模型识别为正的观察对象数量的比值，公式如下：

$$\frac{TP}{TP+FP}$$

（6）False Positive Rate（FPR），即假正率，指模型错误地识别为正的对象占实际为负的对象数量的比值，公式如下：

$$\frac{FT}{FT+TN}$$

上述各种评价指标从各个角度对模型的表现进行了评估，在实际业务应用场景中可以有选择性地采用其中的某些指标，关键要看具体的项目背景和业务场景，针对其侧重点来选择。

2. ROC 曲线

ROC（Receiver Operating Characteristic，受试者工作特征）曲线是一种有效比较两个或两个以上二元分类模型的可视化工具，它显示了给定模型的真正率和假正率之间的比较评定。真正率的增加是以假正率的增加为代价的，ROC 曲线下的面积就是比较模型准确率的指标和依据。ROC 曲线下的面积较大的模型对应的模型准确率更高，也就是要择优应用的模型。ROC 曲线下的面积越接近 0.5，对应模型的准确率就越低。

为了绘制给定分类模型 M 的 ROC 曲线，模型必须能够返回每个检验样本的类预测概率。使用这些信息，对检验样本进行排序，使得最有可能属于正类的样本出现在表的顶部。ROC 曲线的垂直轴表示真正率，水平轴表示假正率。从左下角开始（这里，TPR=FPR=0），检查列表顶部样本的实际类标签。如果它是真正例样本，则 TPR 增加，在图中，向上移动并绘制一个点。如果模型把一个负样本分类为正，则有一个假正例，因而假正率增加，在图中，向右移动并绘制一个点。对参与排序的每个检验样本实施上述过程，最后可以得到如图 7-2 所示的 ROC 曲线，两条实线围成的面积越大模型准确率越高。

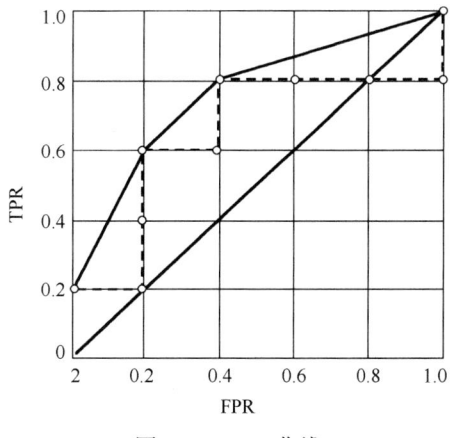

图 7-2　ROC 曲线

7.4 聚类分析

聚类分析用于将项目、事件或概念分类。该方法广泛应用于生物学、医学、遗传学、社会网络分析、人类学、考古学、天文学、字符识别，以及管理信息系统的开发。随着数据挖掘的普及，其底层技术已被应用于商业活动，特别是市场营销。在现代客户关系管理系统中，聚类分析被广泛应用于欺诈检测(包括信用欺诈和电子商务欺诈)和客户市场细分。聚类分析是一种探索性的数据分析方法，用于解决分类问题。其目的是将案例(如人、事)分类为组或集群，其中同一集群成员之间的关联程度强，而不同集群成员之间的关联程度弱。聚类分析的结果可以用于：①确定分类方案(如客户类型)；②指示将新案例分配给类的规则，以进行识别、定位和诊断；③找到典型案例来标记和表示类；④为其他数据挖掘方法减少问题空间的大小和复杂性；⑤识别特定领域中的异常值(如稀有事件检测)等。

7.4.1 聚类分析的基本概念

聚类分析是在没有给定划分类别的情况下，根据数据相似度进行样本分组的一种方法。与分类模型需要使用有类标签样本构成的训练数据不同，聚类模型可以建立在无类标签的数据上，是一种无监督的学习算法。聚类模型的输入是一组未被标记的样本，聚类模型根据数据自身的距离或相似度将它们划分为若干组，划分的原则是组内距离最小化，而组间距离最大化。

既然要研究聚类分析，就有必要了解不同类的度量方法。总的来说，常用的类的度量方法有两种，即距离和相似系数。距离用来衡量样本之间的相似性，如闵可夫斯基距离等；相似系数用来衡量变量之间的相似性，如夹角余弦等。

聚类分析主要包括如下 5 个步骤。

(1)相关业务和数据：客户行为表示为流程实例的横断面数据，解释变量为矩阵 X。

(2)分析目标：找到将数据分割成簇的方法，并且可以从领域的角度进行解释；确定集群的代表。

(3)建模任务：定义数据描述的模型，可以基于观测之间的距离，也可以通过分布的混合模型。

(4)分析任务：如有必要，将数据随机分割成两组，一组用于训练模型，另一组用于测试模型；估计集群解决方案；评估模型的质量与聚类的同质性，以及聚类之间的分离、效度和信度；通过指定集群的数量来选择模型。

(5)评估和报告任务：使用测试数据评估所选模型。

7.4.2 聚类方法

根据聚类原理，可将聚类方法分为以下几种：划分聚类、层次聚类、基于密度的聚类、基于网格的聚类和基于模型的聚类。本小节将重点介绍一些比较经典的聚类方法，包括层次聚类方法、划分聚类方法及基于密度的聚类方法。

1. 层次聚类方法

层次聚类方法从观测值之间的距离矩阵开始，可以度量观测值的两个簇之间的距离，其中每个簇一般是一个对象集,这种度量又称为连接度量(Linkage Measure)。经常使用的连接度量包括如下几种。

(1)最小距离:使用两个聚类中两个观测点之间距离的最小值作为簇间距离。
(2)最大距离:使用两个聚类中两个观测点之间距离的最大值作为簇间距离。
(3)均值距离:使用两个聚类的簇中心(均值)之间的距离作为簇间距离。
(4)平均距离:使用两个聚类中所有观测点之间距离的平均值作为簇间距离。

基于簇间距离的定义,可以使用凝聚的层次聚类方法或分裂的层次聚类方法建立聚类树。

凝聚的层次聚类方法(凝聚法)使用自底向上的策略。典型的情况是,凝聚法从令每个对象形成自己的簇开始,并且迭代地把簇合并成越来越大的簇,直到所有的对象都在一个簇中,或者满足某个终止条件,该单个簇成为层次结构的根。在合并步骤中,它找出两个最接近的簇(根据某种相似性度量),并且合并它们,形成一个簇。因为每次迭代合并两个簇,其中每个簇至少包含一个对象,所以凝聚法最多需要进行 n 次迭代。凝聚法的伪代码如算法7-4所示。

算法7-4 层次聚类方法——凝聚法

输入:样本集合 D,聚类数目或某个条件(一般是样本距离的阈值,这样就可以不设置聚类数目)。
输出:聚类结果。

方法:
将样本集中的所有的样本点都当作一个独立的类簇;
repeat:
　　计算两两类簇之间的距离(后边会做介绍),找到距离最小的两个类簇 c1 和 c2;
　　合并类簇 c1 和 c2 为一个类簇;
　　until: 达到聚类的数目或达到设定的条件;

分裂的层次聚类方法(分裂法)使用自顶向下的策略。典型的情况是,分裂法从把所有对象置于一个簇中开始,该簇是层次结构的根。然后,它把根上的簇划分成多个较小的簇,并且递归地把这些簇划分成更小的簇。划分过程继续,直到最底层的簇都足够凝聚——或者仅包含一个对象,或者簇内的对象彼此都充分相似。在凝聚法或分裂法中,用户都可以指定期望的簇的个数作为终止条件。分裂法的伪代码如算法7-5所示。

算法7-5 层次聚类方法——分裂法

输入:样本集合 D,聚类数目或某个条件(一般是样本距离的阈值,这样就可以不设置聚类数目)。
输出:聚类结果。

方法:
将样本集中的所有的样本归为一个类簇;
repeat:
　　在同一个类簇(计为 c)中计算两两样本之间的距离,找出距离最远的两个样本 a,b;
　　将样本 a,b 分配到不同的类簇 c1 和 c2 中;
　　计算原类簇(c)中剩余的其他样本点和 a,b 的距离,若 dis(a)<dis(b),则将样本点归到 c1 中,否则归到 c2 中;
　　until: 达到聚类的数目或达到设定的条件;

层次聚类方法的优点在于可以一次性地得到聚类树,后期再分类时无须重新计算,且相似度规则容易定义。它可以发现类别的层次关系,但是计算复杂度高,不适合数据量大的聚类任务。

2. 划分聚类方法

划分聚类方法把对象组织成多个互斥的组或簇,这些簇的形成旨在优化一个客观划分准则,如基于距离的相异性函数,使得根据数据集的属性,在同一簇中的对象是"相似的",而不同簇中的对象是"相异的"。接下来将介绍最常用的一种划分聚类方法——k-means 算法。

k-means 算法(k 代表预先确定的簇数)可以说是最常用的聚类算法。它起源于传统的统计分析。顾名思义,该算法将每个数据点(客户、事件、对象等)分配给离中心(也称为质心)最近的聚类。中心为聚类中所有点的平均值,也就是说,它的坐标是每个维度对聚类中所有点的算术平均值。该算法的伪代码如算法 7-6 所示。

算法 7-6 k-means

输入:k:簇的数目;D:包含 n 个对象的数据集。
输出:k 个簇的集合。
方法:
从 D 中任意选择 k 个对象作为初始簇中心;
Repeat:
　　根据对象到簇中心的距离,将每个对象分配到最相似的簇;
　　以簇均值更新簇中心;
until 不再发生变化;

用户的两个决定对应用程序很重要:第一个决定是集群的数量;第二个决定是关于最初的中心。关于集群的数量在 7.4.3 节将会有相关介绍。关于最初的中心,一个基本的方法是随机选择。

在 Python 中进行聚类分析可以使用 sklearn.cluster,参考代码如下。

```
import numpy as np
import pandas as pd
from sklearn.cluster import KMeans #导入 k-means 模块
#使用 pandas 加载数据并创建数据样本点 X
#计算 k-means
model=KMeans(n_clusters=2, random_state=0)#创建模型
model.fit(X)#拟合
# 输出聚类后的每个样本点的标签(即类别),预测新的样本点所属类别
print(kmeans.labels_)
print(kmeans.predict)
```

k-means 算法的简单结构使得它在处理大数据集上很有吸引力,而且它可以很容易地在并行体系结构上实现。该算法的一个缺点是对异常值缺乏鲁棒性。一种比 k-means 算法更健壮的替代算法是 PAM(Partitioning Around Medoids)算法。PAM 算法是一种基于中心点或中心对象进行划分的 k-中心点算法。中心点的概念是中位数概念的多维泛化,即多变量数据中的中心点。与平均值相反,中心点不是通过公式计算得到的,而是一个现有的数据点。中心点的精确定义,请参考本页脚注给出的参考文献[1]。该算法也从一组中心点开始迭代工作,一次迭代过程包括分配、交换和计算新的中心点等步骤。在分配步骤中,观测值被分配到最近

---

[1] KAUFMAN L, ROUSSEEUW P J. Finding groups in data: an introduction to cluster analysis[M]. John Wiley & Sons, 2009.

的中心点。在交换步骤中,尝试在集群中寻找距离集群中数据点比现有中心点更近的观测数据点。新的中心点由与实际距离最小的点定义。

3. 基于密度的聚类方法

划分聚类方法和层次聚类方法旨在发现球状簇,它们很难发现任意形状的簇。为了发现任意形状的簇,我们可以把簇看成数据空间中被稀疏区域分开的稠密区域。这就是基于密度的聚类方法的主要策略,该类方法可以发现非球状的簇。接下来将介绍基于密度的聚类方法中比较有代表性的DBSCAN。

DBSCAN(Density-Based Spatial Clustering of Applications with Noise)将簇定义为密度相连的点的最大集合,它能够把具有足够高密度的区域划分为簇,并可在存有噪声的数据库中发现任意形状的簇。DBSCAN涉及以下定义。

邻域:给定对象o,以o为中心,以ε为半径的空间是对象o的ε-邻域。

邻域密度:用邻域内的对象数量度量,为了确定一个邻域是否稠密,通常用户需要指定参数MinPts作为邻域密度阈值。

核心对象:如果给定对象的ε-邻域内的样本点的数量大于或等于MinPts,则称该对象为核心对象。

给定一个对象集D,可以识别出关于参数ε和MinPts的所有核心对象。聚类任务就归结为使核心对象和它们的邻域形成稠密区域,这里的稠密区域就是簇。

直接密度可达:如果对象p在核心对象q的邻域内,则说p是从q直接密度可达的。使用直接密度可达关系,核心对象可以把它的邻域内所有对象带入"稠密"区域。

密度可达:如果存在一个对象链p_1,p_2,…,p_n,使得$p_1=q$,$p_n=p$,并且对于$p_i \in D$($1 \leq i \leq n$),p_{i+1}是从p_i关于ε和MinPts直接密度可达的,那么p是从q密度可达的。

密度相连:如果存在一个对象$q \in D$,使得对象p_1和p_2都是从q关于ε和MinPts密度可达的,那么对象$p_1 \in D$、$p_2 \in D$是关于ε和MinPts密度相连的。

DBSCAN的伪代码如算法7-7所示。

算法7-7 DBSCAN

输入:一个包含n个对象的样本集D,半径参数,邻域密度阈值MinPts。
输出:基于密度的簇的集合。

```
方法:
首先将数据集D中的所有对象标记为未处理状态unvisited
for(数据集D中每个对象p){
    if(p已经归入某个簇或标记为噪声)then
        continue
    else{
        检查对象p的邻域
        if p的邻域包含的对象数小于MinPts then
            标记对象p为边界点或噪声点
        else{
            标记对象p为核心对象,并建立新簇C,并将p及p的邻域内所有点加入C
            for(p的邻域内所有尚未被处理的对象q){
```

```
                检查 q 的邻域 E，若 q 的邻域包含至少 MinPts 个对象
                则将 q 的邻域中未归入任何一个簇的对象加入 C
            }
            输出 C
        }
    }
}
```

在 Python 中，使用 sklearn.cluster.DBSCAN 进行 DBSCAN 聚类分析。

```
import numpy as np
import pandas as pd
from sklearn.cluster import DBSCAN #导入 DBSCAN 模块
#使用 pandas 加载数据并创建数据样本点 X
#建立模型拟合数据
y_pred=DBSCAN().fit_predict(X)
print(y_pred)
```

相比于 k-means 算法，DBSCAN 不需要预先声明聚类数量，可以对任意形状的稠密数据集进行聚类，可以在聚类的同时发现异常点，对数据集中的异常点不敏感，聚类结果没有偏倚。但是这种算法也存在一些缺点。比如，当空间聚类的密度不均匀、聚类间距差相差很大时，聚类质量较差；当样本集较大时，聚类收敛时间较长；调参相对于传统的 k-means 之类的聚类算法稍复杂，主要需要对距离阈值 ε、邻域密度阈值 MinPts 联合调参，不同的参数组合对最后的聚类效果有较大影响。

7.4.3 聚类分析的模型评估

当在数据集上试用一种聚类方法时，如何评估聚类的效果好坏？一般而言，聚类评估的评估内容包括在数据集上进行聚类的可行性和聚类方法产生的结果的质量。聚类评估主要包括以下任务。

1. 估计聚类趋势

对于给定数据集，应该评估该数据集是否存在非随机结构，只有当数据集中存在非随机结构时，聚类分析才是有意义的。一般情况下，可以通过空间随机性的统计检验来评估数据集均匀分布发生的概率。比如，可以利用霍普金斯统计量(Hopkins Statistic)来检验空间分布变量的空间随机性。

2. 确定数据集的簇数

确定数据集中"正确的"簇数是非常重要的，不仅诸如 k-means 这样的算法需要数据集的簇数作为参数，而且合适的簇数可以控制适当的聚类分析粒度。这可以看作在聚类分析的可压缩性和准确性之间寻找好的平衡点。确定簇数并非易事，因为"正确的"簇数常常是含糊不清的。在这里，简单介绍几种行之有效的方法。

(1)将方差的百分比解释为集群数量的函数。基于如下观察：增加簇数有助于降低每个簇的簇内方差之和。这是因为有更多的簇就可以捕获更细的数据对象簇，簇中对象之间更为相

似。然而，如果形成太多的簇，则可能会降低簇内方差之和的边缘效应，因为把一个凝聚的簇分裂成两个只会引起簇内方差之和的稍微降低。因此，一种确定正确的簇数的启发式方法是，使用簇内方差之和关于簇数的曲线的拐点。

(2) 使用 Akaike 信息准则（Akaike Information Criterion，AIC），它通过拟合优度的度量（基于熵的概念）来确定簇的数量。

(3) 使用贝叶斯信息准则（Bayesian Information Criterion，BIC），它通过模型选择准则（基于最大似然估计）来确定簇的数量。

3. 测定聚类质量

在数据集上使用聚类方法之后，如果想要评估结果簇的质量，有许多度量可以使用。一般而言，如果有可用的基准，则比较聚类结果和基准，其中基准是一种理想的聚类，通常由人类专家构建，这种方法也叫作外在方法；否则，采用内在方法来评估聚类结果。

(1) 外在方法的核心是根据基准对聚类结果的质量进行评估。一种外在方法是否有效在很大程度上依赖于该方法使用的质量度量。一般而言，当一种质量度量满足下述四项标准时，这种质量度量被认为是有效的。

簇的同质性：聚类中的簇越纯，聚类效果越好。

簇的完全性：如果两个对象属于相同的类别，则它们应该被分配到相同的簇。

碎步袋："碎步袋"类别包含一些不能与其他对象合并的对象。碎步袋准则是指把一个异种对象放入一个纯的簇中应该比放入碎步袋中受到更大的"处罚"。

小簇保持性：把小类别划分成小片，比将大类别划分成小片更有害。

满足上述标准的质量度量有很多，如 BCubed 精度和召回率。

(2) 内在方法通过考查簇的分离情况和簇的紧凑情况来评估聚类。许多内在方法都利用数据集的对象之间的相似性作为质量度量，如轮廓系数。

拓展阅读

网站 www.naftaliharris.com 提供了一些聚类方法的可视化展示。

7.5 预测分析

预测是适应社会经济发展和管理的需要而产生、发展起来的。预测作为一种社会实践活动，已有几千年的历史。比如，我国商周时代认识自然和社会的理论工具——周易，其建立在阴阳二元论基础上，对天地万物进行性状归类（天干地支五行论），可以对事物的未来发展做出较为准确的预测。许多学者认为，周易的理论依据是万事万物的相似性、关联性和全息性原理。这三个原理已被现代科学所证实。其中，全息性是指事物的某一局部包含了整体的信息，如法医工作者对一根毛发进行化验，可以得出受害者或嫌疑人的许多身体特征。预测真正成为一门自成体系的独立学科仅仅是最近几十年的事情。特别是第二次世界大战后，由于科学技术和世界经济取得了前所未有的快速发展，社会经济现象的不确定性因素显著增加，如政治危机、经济危机、能源危机、恐怖活动等。所有这些不确定性因素增加了人们了解和掌握未来的必要性和迫切性。

7.5.1 预测的基本概念

预测学是阐述预测方法的一门学科和理论，预测方法是采用科学的判断和计量方法，对未来事件的可能变化情况做出事先预测的一种技术。预测的基本要素包括：预测者、预测对象、信息、预测方法和技术，以及预测结果。这些基本要素之间的相互关系构成了预测学的基本结构。

预测的基本原理可以用连续性、类比性、相关性和概率推断性来概括。连续性指客观事物在发展过程中，常常是随着时间的推移而呈现出连贯甚至连续变化的趋势的。也就是说，事物未来的发展趋势与过去、现在的发展趋势必然具有一定的联系。只要发现这个趋势，找到这个联系，就可以预测未来。类比性指根据已知事物的某种类似的结构和发展模式，类推预测对象未来的结构和发展模式。相关性指所研究的预测对象与其相关事物间的相关性，利用该相关性可以预测对象的未来状况。相关关系是定量预测技术回归模型主要分析的关系，但相关关系不等于因果关系。因果关系是事物之间普遍联系和相互作用的形式之一，在预测中，我们要重视对影响预测目标的因果关系的分析，把握影响预测目标诸因素的不同作用，由因推果，从而预测出趋势和相关因素可能产生的结果。概率推断性指当被推断的结果能以较大的概率出现时，则认为该结果成立。

预测精度是指预测模型拟合的好坏程度，即由预测模型所产生的模拟值与历史实际值拟合程度的优劣，常用均方误差(MSE)、绝对平均误差(MAE)和相对平均误差(MAPE)的绝对值来度量，其公式如下：

$$MSE = \frac{1}{N}\sum_{i=1}^{N}(y_i - \hat{y}_i)^2$$

$$MAE = \frac{1}{N}\sum_{i=1}^{N}|y_i - \hat{y}_i|$$

$$MAPE = \frac{1}{N}\sum_{i=1}^{N}\left|\frac{y_i - \hat{y}_i}{y_i}\right|$$

其中，y_i 为模拟值；$\hat{y}_i$ 为历史实际值。

当然，在预测过程中不可避免会产生误差，影响预测对象的偶然因素、资料的限制、方法选择不恰当及预测者的分析判断能力都有可能影响预测的准确性。

预测方法要求根据社会经济现象的历史和事实，综合多方面的信息，运用定性和定量相结合的方法，来解释客观事物发展变化的规律，并指出事物之间的联系、未来发展的途径和结果等。预测方法可以分为定性预测方法和定量预测方法。

定性预测方法是指预测者根据历史与现实的观察资料，依赖个人或集体的经验和智慧，对未来的发展状态和变化趋势做出判断的预测方法。定性预测方法的优点是：注重于事物的发展在性质方面的预测，具有较大的灵活性，易于充分发挥人的主观能动作用，且简单迅速，省时省费用。定性预测方法的缺点是：易受主观因素的影响，比较注重于人的经验和主观判断能力，从而易受人的知识、经验和能力的多少、大小的束缚和限制，尤其缺乏对事物发展的数量上的精确描述。

定量预测方法是依据调查研究所得的数据资料，运用统计方法和数学模型，近似地揭示预测对象及其影响因素的数量变动关系，建立对应的预测模型，据此对预测目标做出定量测算的预测方法。定量预测方法的优点是：注重于事物的发展在数量方面的预测，重视对事物发展变化的程度做数量上的描述，更多地依据历史统计资料，较少受主观因素的影响。定量预测方法的缺点是：比较机械，不易于处理有较大波动的资料，更难以应对事物预测的变化。

从数据挖掘的角度来看，预测方法属于定量分析方法。本节前面所涉及的很多方法都可以用来做预测。比如，可以利用前面的关联规则方法、分类方法、聚类方法来进行预测，当然这些方法一般用于类别预测。在用于数值预测的方法中，回归分析是一个重要工具，本节接下来将进行重点讲解。

7.5.2 回归分析预测法

事物之间的关系可以抽象为变量之间的关系。变量之间的关系可以分为两类：一类叫确定性关系，也叫函数关系，其特征是：一个变量随着其他变量的确定而确定；另一类关系叫相关关系，变量之间的关系很难用一种精确的方法表示出来。例如，通常人的年龄越大血压越高，但人的年龄和血压之间并没有确定的数量关系，所以两者之间就是相关关系。回归分析预测法就是处理变量之间相关关系的一种数学方法，它的任务就是通过研究自变量 X 和因变量 Y 的相关关系，尝试去解释因变量 Y 的形成机制，进而达到通过自变量 X 去预测因变量 Y 的目的。比如，当我们在对市场现象的未来发展状况和水平进行预测时，如果能将影响市场现象的主要因素找到，并且能够取得其数量资料，就可以采用回归分析预测法进行预测。

其解决问题的一般步骤如下。

(1) 确定相关关系。

确定相关关系包括确定相关变量，以及确定变量之间相关关系的类型。在分析之前可以绘制自变量和因变量的散点图，根据散点图的形状，大致可以看出变量之间是否相关，是正相关还是负相关，是线性相关还是非线性相关；确定变量之间相关的密切程度，通常可以用相关系数来衡量，其计算公式如下：

$$r = \frac{\sum (X - \bar{X})(Y - \bar{Y})}{n\sigma_X \sigma_Y}$$

其中，r 是相关系数；X 是自变量的值；$\bar{X}$ 是自变量的平均值；Y 是因变量的值；$\bar{Y}$ 是因变量的平均值；σ_X 是自变量数列的标准差；σ_Y 是因变量数列的标准差；n 是观察期的个数。相关系数 $r(-1 \leqslant r \leqslant 1)$ 表示变量 X 和 Y 之间的线性相关方向和程度。当 $-1 < r < 0$ 时，相关图的分布呈现 Y 随 X 的增加而减少的趋势，即 X 与 Y 负相关；当 $r = 0$ 时，相关图的分布通常呈现出不规则状态，表明 X 与 Y 之间不存在线性相关关系；当 $0 < r < 1$ 时，相关图的分布呈现 Y 随 X 的增加而增加的趋势，即 X 与 Y 正相关。为了判断相关关系程度的高低，一般将现象中的相关关系分为四个等级：$|r| < 0.3$ 为不相关；$0.3 \leqslant |r| \leqslant 0.5$ 为低度相关；$0.5 < |r| \leqslant 0.8$ 为显著相关；$|r| > 0.8$ 为高度相关。

(2) 建立回归预测模型。

依据自变量和因变量的历史统计资料进行计算，在此基础上建立回归分析方程，即回归预测模型。

(3) 求解回归预测模型的参数。

常用的求解方法为最小二乘法。最小二乘法是一种数学优化技术,它通过最小化误差的平方和来寻找数据的最佳函数匹配。

(4) 回归预测模型的检验。

回归预测模型是否可用于实际预测,取决于对回归预测模型的检验和对预测误差的计算。回归分析方程只有通过各种检验,且预测误差较小,才能将回归分析方程作为回归预测模型进行预测。常用的检验方法有回归标准差检验、显著性检验、相关系数检验等。

(5) 计算并确定预测值。

利用回归预测模型计算预测值,并对预测值进行综合分析,最后确定预测值。预测可以分为点值预测和区间预测,如果预测值为一个数值,则称为点值预测;如果预测值为一个数值范围,则称为区间预测。一般而言,点值预测计算方便,而区间预测更能反映预测值的实际含义。所以在实际预测中,较多地应用区间预测。

回归分析预测法的种类很多,可以从不同方面对其进行分类。按照相关关系中自变量的不同,回归分析预测法可以分为一元线性回归分析预测法、多元线性回归分析预测法、非线性回归分析预测法和自回归分析预测法。

1. 一元线性回归分析预测法

一元线性回归分析预测法,是根据一个自变量去预测一个因变量的市场预测方法。由于市场现象一般受多种因素影响,所以运用一元线性回归分析预测法,必须对影响市场现象的多种因素进行全面分析。只有在众多因素中确定一个对因变量的影响作用明显高于其他因素的因素,才能将这个因素作为自变量,运用一元线性回归分析预测法进行市场预测。

一元线性回归分析预测法,根据自变量 X 和因变量 Y 的相关关系,建立相关关系式(一元线性回归分析方程),运用统计回归分析法求解相关关系式中的参数,确定一元线性回归预测模型,在已知自变量的基础上对因变量进行预测。

设 Y 是一个可观测的随机变量,它受到一个非随机变量因素 X 和随机误差 ε 的影响。其中,ε 的均值 $E(\varepsilon)=0$,ε 的方差 $\mathrm{var}(\varepsilon)=\sigma^2$。其一般形式为:

$$Y = \beta_0 + \beta_1 X + \varepsilon$$

其中,β_0 和 β_1 为回归系数;Y 为因变量;X 为自变量。

对于实际问题,要建立一元线性回归分析方程,首先要确定能否建立一元线性回归预测模型,其次确定如何对模型中的未知参数 β_0、β_1 进行评估。

如前所述,可以通过绘制样本观测值的散点图进行判断,当所有观测点大致位于同一条线附近时,认为 Y 和 X 之间的关系符合线性关系。此时可以根据实际数据利用最小二乘法得到一元线性回归预测模型的参数 $\hat{\beta}_0$ 和 $\hat{\beta}_1$,估计公式为:

$$\begin{cases} \hat{\beta}_0 = \bar{Y} - \bar{X}\hat{\beta}_1 \\ \hat{\beta}_1 = \dfrac{L_{XY}}{L_{XX}} \end{cases}$$

其中,$\bar{X} = \dfrac{1}{n}\sum_{i=1}^{n} X_i$;$\bar{Y} = \dfrac{1}{n}\sum_{i=1}^{n} Y_i$;$L_{XX} = \sum_{i=1}^{n}(X_i - \bar{X})^2$;$L_{XY} = \sum_{i=1}^{n}(X_i - \bar{X})(Y_i - \bar{Y})$。

于是，可以建立经验模型：

$$\hat{Y} = \hat{\beta}_0 + \hat{\beta}_1 X$$

对于得到的一元线性回归分析方程，通常需要进行回归效果的检验，常用的准则有 R^2、F 检验等。

在 Python 中，可以使用 Sklearn 库中的 LinearRegression 来实现一元线性回归预测模型分析。使用方式可以参考以下代码。

```
Import numpy as np
from sklearn.linear_model import LinearRegression#导入线性回归预测模块
#使用pandas加载数据
model=LinearRegression()#创建模型
#创建因变量y和自变量x，并将加载的数据赋值到两个变量中
model.fit(X, y)#拟合
yr=model.predict(X)#利用建立的经验模型对y的值进行预测，并且赋值给yr
print("均方误差为：%.2f"% np.mean((yr-y)**2))
```

2．多元线性回归分析预测法

多元线性回归分析预测法，是利用历史的和现实的数据资料，建立多元线性回归分析方程，将已知两个或两个以上的自变量带入多元线性回归分析方程，来测算因变量的值的一种定量预测法。

市场现象会受政治、经济、社会、自然环境等多种因素影响，各种市场现象之间也存在着复杂的相互影响。单纯受一个因素影响的市场现象并不多见，大多数市场现象在其发展变化过程中会受到多种因素共同影响。所以，对于某种市场现象作为因变量，预测者可以根据有关经济理论进行分析判断，找出多个影响因素，进而确定出几个自变量。但是，在建立的多元线性回归预测模型中，并不一定每个影响因素都足以成为一个在数量上对因变量起相当作用的自变量，有些因素的影响作用很小，在对因变量做回归分析时可以不考虑。另外，根据预测者判断分析所选出的影响因素，不一定每个因素都有系统的量化资料，这也给自变量的选定带来一定的局限性。总之，多元线性回归分析预测法，在分析判断的基础上，对影响因变量的各种因素进行分析，并从中选择主要的、不可忽视的因素作为自变量，这些自变量必须是可以量化的。多元线性回归分析中各个自变量与因变量的关系，有直线形式的，也有曲线形式的，本节为方便分析问题，采用直线形式进行分析。

多元线性回归分析预测法的步骤与一元线性回归分析预测法大体相同，只是自变量有两个以上，且求解回归分析方程参数的过程更复杂一些。

设 Y 是一个可观测的随机变量，它受到 p 个非随机变量因素 $X_1, X_2, \cdots, X_p$ 和随机误差 ε 的影响。其中，ε 的均值 $E(\varepsilon)=0$，ε 的方差 $\text{var}(\varepsilon)=\sigma^2$。其一般形式为：

$$Y = \beta_0 + \beta_1 X_1 + \beta_2 X_2 + \cdots + \beta_P X_P + \varepsilon$$

其中，$\beta_0, \beta_1, \beta_2, \cdots, \beta_p$ 是固定的未知参数；Y 为因变量；$X_1, X_2, X_3, \cdots, X_p$ 为自变量。自变量 $X_1, X_2, X_3, \cdots, X_p$ 是非随机且可观测的，随机误差 ε 代表随机因素对因变量 Y 的影响。同样地，可以利用最小二乘法对未知参数进行估计。

在 Python 中，对于多元线性回归分析依然可以采用从 Sklearn 导入的 LinearRegression，这里就不再重复介绍。

3．非线性回归分析预测法

在市场经济活动中，各市场现象之间的关系并非都表现为线性关系，更多的是非线性关系。例如，在一定限度内，雨量增加或施肥量增加会使农作物产量增加，但超过一定的限度，过多的雨量或施肥量，反而会使农作物的产量减少，这便是曲线相关；又如，工业产品产量和成本之间、商场销售额与流通费用率之间等，也往往呈曲线相关形式，从而必须采用非线性回归预测模型进行预测。

非线性回归预测模型有两种类型：一类是不能线性化的模型，如皮尔曲线模型、龚柏兹曲线模型等，这类曲线模型称为非线性化模型；另一类是能经过某种变换使其线性化的模型，称为可线性化模型。可线性化模型一般采用变换的方式将其转化为线性回归预测模型，然后再利用线性回归的方法求出模型中的参数。接下来就可线性化模型的变换问题做简单介绍。

将可线性化的非线性回归预测模型变换成线性回归预测模型的方法有两种：直接变换法和对数变换法。

（1）直接变换法，是指直接对非线性回归预测模型中的变量进行变换，使其转化为线性回归预测模型。具体形式主要有以下两种。

①多项式回归预测模型。

多项式回归预测模型的数学表达式为：

$$Y = \beta_0 + \beta_1 X + \beta_2 X^2 + \cdots + \beta_p X^p + \varepsilon$$

在多项式回归预测模型中，设：

$$X_1 = X, X_2 = X^2, \cdots, X_p = X^p$$

则多项式回归预测模型可转化为 p 元线性回归预测模型，即：

$$Y = \beta_0 + \beta_1 X_1 + \beta_2 X_2 + \cdots + \beta_p X_p + \varepsilon$$

对于这个 p 元线性回归预测模型，在求出 $X_1, X_2, \cdots, X_p$ 的数值后，可利用最小二乘法求出参数的估计值。

②双曲线回归预测模型。

双曲线回归预测模型的数学表达式为：

$$Y = \beta_0 + \frac{\beta_1}{X}$$

在双曲线回归预测模型中，设 $X' = \frac{1}{X}$，$Y' = Y$，则双曲线回归预测模型可转化为一元线性回归预测模型，即：

$$Y' = \beta_0 + \beta_1 X'$$

在求出 X'、Y' 的数值后，利用最小二乘法，可求得参数的估计值。

同样地，可利用此方法对对数曲线回归预测模型($Y = \beta_0 + \beta_1 \ln X$)、三角函数曲线回归预测模型($Y = \beta_0 + \beta_1 \sin X$)等进行直接变换。

(2) 对数变换法。

对数变换法，是指先通过对非线性回归预测模型两边同时取对数，然后再进行一定的变换使其转化为线性回归预测模型，具体形式有指数曲线回归预测模型和幂函数曲线回归预测模型。

指数曲线回归预测模型的数学表达式为：

$$Y = \beta_0 \beta_1^X$$

对指数曲线回归预测模型两边同时取对数得：

$$\ln Y = \ln \beta_0 + X \ln \beta_1$$

此时，设$Y' = \ln Y$，$A = \ln \beta_0$，$B = \ln \beta_1$，则指数曲线回归预测模型就转换为一元线性回归预测模型，即：

$$Y' = A + BX$$

利用原始数据先求出Y'，再利用最小二乘法求出参数A、B的估计值，取A、B的反对数值可得β_0、β_1的估计值，将β_0、β_1的估计值代入指数曲线回归预测模型即可得到预测模型。同样地，幂函数曲线回归预测模型($Y = \beta_0 X^{\beta_1}$)也可以通过两边取对数的方式进行变换。

4. 自回归分析预测法

自回归分析预测法，是根据同一市场现象变量在不同周期中各个变量值之间的相关关系，建立一元或多元回归分析方程，以回归分析方程作为预测模型进行市场预测的一种定量预测方法。自回归分析预测法以某一市场现象变量的时间序列作为因变量，分析因变量序列与一个或多个自变量序列之间的相关关系，建立回归分析方程，并将通过检验之后的回归分析方程作为预测模型，对市场现象因变量进行预测。

在应用自回归分析预测法进行市场预测时，一般用向前推移一期或二期的一元线性自回归预测模型。因为这样可以避免二元以上自回归预测模型的复杂运算过程，而其精确性并不会受到明显的影响。

在自回归分析预测中，若以某种市场现象变量的时间序列作为因变量，并将因变量时间序列向前推移二期作为自变量时间序列，则自变量时间序列与因变量时间序列的关系如下。

因变量时间序列：$Y_3, Y_4, Y_5, \cdots, Y_{t+2}$。

自变量时间序列：$Y_1, Y_2, Y_3, \cdots, Y_t$。

根据上述自变量时间序列与因变量时间序列的关系，可建立一元线性自回归分析方程，其一般形式为：

$$\hat{Y}_{t+T} = \beta_0 + \beta_1 Y_t$$

自回归分析预测法的基本过程与一元线性回归分析预测法相同。

? 思考题

1. 简述数据挖掘的相关领域和主要的数据挖掘方法。

2. 除了本书介绍的经典算法，常见的数据挖掘算法还有哪些？这些算法的任务是什么？
3. 本章学习的数据挖掘方法是否可用于数据预处理？请举例说明。
4. 如果面向学校数据库，你认为数据挖掘的目标是什么？
5. 研讨题：阅读下列文献，讨论客流预测任务需要什么样的数据？可以使用哪些算法？如何比较这些预测算法的效果？

"SUN S，WEI Y，TSUI K L，et al. Forecasting tourist arrivals with machine learning and internet search index[J]. Tourism Management，2019，70(2):1-10."

第 8 章 社会网络分析

本章提要

1. 掌握社会网络分析的基础概念，了解社会网络分析领域中的经典理论；
2. 掌握几种社会网络分析的计算方法；
3. 掌握利用 Python 分析社会网络中网络结构特征和个体节点属性的方法；
4. 了解社会网络分析的商务智能应用。

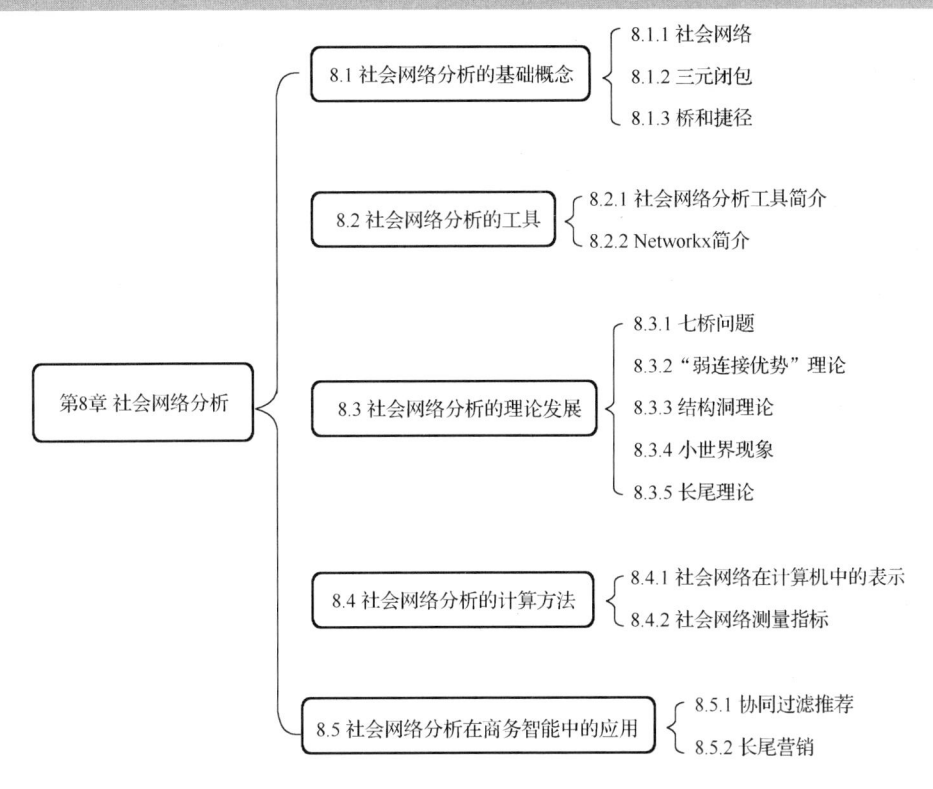

```
第8章 社会网络分析 ┬ 8.1 社会网络分析的基础概念 ┬ 8.1.1 社会网络
                │                          ├ 8.1.2 三元闭包
                │                          └ 8.1.3 桥和捷径
                │
                ├ 8.2 社会网络分析的工具 ┬ 8.2.1 社会网络分析工具简介
                │                     └ 8.2.2 Networkx简介
                │
                ├ 8.3 社会网络分析的理论发展 ┬ 8.3.1 七桥问题
                │                        ├ 8.3.2 "弱连接优势"理论
                │                        ├ 8.3.3 结构洞理论
                │                        ├ 8.3.4 小世界现象
                │                        └ 8.3.5 长尾理论
                │
                ├ 8.4 社会网络分析的计算方法 ┬ 8.4.1 社会网络在计算机中的表示
                │                         └ 8.4.2 社会网络测量指标
                │
                └ 8.5 社会网络分析在商务智能中的应用 ┬ 8.5.1 协同过滤推荐
                                                  └ 8.5.2 长尾营销
```

商务数据中常常蕴含社会属性的拓扑关系，社会网络分析是处理拓扑网络数据的常用方法。本章重点介绍社会网络分析的基础概念、工具、理论、计算方法与相关应用。

8.1 社会网络分析的基础概念

8.1.1 社会网络

社会网络(Social Network)一般被定义为一群行动者(Actors)与它们之间的联系(Ties)，有"行动者"和"联系"这两个基本要素。"行动者"就是社会网络中的行动者，可以是独立的个体，也可以是各类社会组织；"联系"即行动者之间的连接关系，不仅指行动者之间的关系，还包括把行动者连接起来的所有类型的联系。

8.1.2 三元闭包

在社会网络演化过程中，有这样一种机制：如果两个互不相识的人有了一个共同的朋友，则他们将来成为朋友的可能性会提高。如果三个人形成三角闭合，则这个三元关系所组成的三角称为三元闭包(Triadic Closure)，也叫三元闭合[①]。在社会网络中，也可以用传递性(Transitivity)来描述这种"我朋友的朋友也是我的朋友"的特性。

8.1.3 桥和捷径

已知 A 和 B 相连，若去掉连接 A 和 B 的边会导致 A 和 B 分属不同的连通分量，则该边称为桥，换句话说，该边是两个端点 A 和 B 的唯一路径[②]。如图 8-1 所示，A 和 B 之间的边就是桥。

如图 8-2 所示，A 和 B 还可以通过一个较长的路径 F-G-H 相连，类似这样的结构在真实的社交网络中更为普遍。因此有如下定义，若边 A-B 的端点 A 和 B 没有共同的朋友，则边 A-B 称为捷径(Local Bridge)，其跨度为该边两端点在没有该边情况下的实际距离。但成为捷径还有一个要求，就是若删除该边，A 和 B 两点之间的距离增至 2 以上(不含 2)。在这种情况下，边 A-B 为跨度是 4 的捷径，同时可以看出图中再没有其他捷径。捷径与三元闭包在概念上隐含着一种对立：若一条边是捷径，则它不可能是三元闭包关系中的任意一边，因为与跨度大于 2 的要求相矛盾。

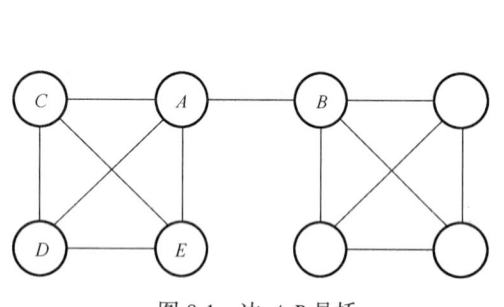

图 8-1 边 A-B 是桥

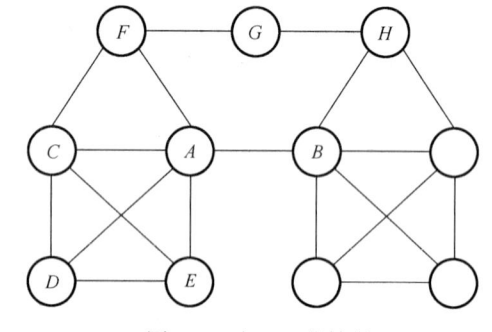

图 8-2 边 A-B 是捷径

8.2 社会网络分析的工具

8.2.1 社会网络分析工具简介

近年来，随着社会网络理论的迅速发展，一大批专用分析工具被开发出来，根据著名的

[①] RAPOPORT A. Spread of information through a population with socio-structural bias: I. Assumption of transitivity[J]. The bulletin of mathematical biophysics, 1953, 15(4): 523-533.

[②] EASLEY D, KLEINBERG J. Networks, crowds, and markets[M]. Cambridge: Cambridge university press, 2010.

社会网络分析学者的综述性论文[①]，知名的社会网络分析工具有 56 种，其中常用的超过 10 种。近十年来，由于物理学、计算科学、信息科学、医学等自然科学领域的学者大规模进入社会网络分析领域，导致该领域发生了革命性的变化，其中一个非常重要的表现就是定量化水平在不断提高，同时基于不同操作系统的社会网络分析工具不断涌现。其中，常用的社会网络分析工具的对比如表 8-1 所示，包括 Ucinet、Pajek、Gephi、NetMiner。

表 8-1 常用社会网络分析软件对比[②]

工具名称	发起者	使用环境	使用对象	分析对象	数据支持格式	输出格式	可视化	商业软件/开源	优势与不足
Ucinet	原是加州大学欧文分校的校院数据通信系统	Windows	具有一定的网络分析基础的社会网络分析初学者	节点较少的社会网络分析	ASCII,Excel,DL,KrackPlot,Pajek,Ucinet3.0,txt,Negop,VNA	DL,KrackPlot,Ucinet3.0,原始数据文件	是	商业软件，免费试用90天	适合新手的社会网络分析工具
Pajek	斯洛文尼亚的 Vladimir Batagelj 和 Andrej Mrvar	Windows/Linux/Mac	具有网络分析知识基础的研究人员	节点较多的大型复杂网络分析	NET,MAT,TIM,DAT,GED,VGR,BS,MAC,MOL,CLU,VEC,PER,CLS,HIE,VID,PAJ,LOG,MCR	SVG,X3D,EPS,JPEG,BMP,VRML 等制表符分割的文本文件	是	商业软件，非商业用途可免费使用	可处理超大型复杂网络关系，配有 R 软件接口扩展统计功能
Gephi	法国贡比涅技术大学学生研发	Windows/Mac/Linux 操作系统下 Java 环境	具备数据分析和图论基础的专业研究人员	社交网络分析，无标度网络分析，动态网络分析，生物网络调控分析及网络流量图分析等	GEXF,GDF,GML,GraphML,NET,DOT,CSV,DL,TPL,VNA,Spreadsheet	GEXF,GDF,SVG,PNG	是	开源软件，不收费	分析内容多样,探索分析功能完备,可分析大型复杂网络,具有可扩展功能接口，有Firefox插件,可在线提取、分析数据
NetMiner	韩国	Windows	具备社会网络分析和数据挖掘基础或编程能力的研究人员	社会网络分析、数据挖掘	Excel,TEXT,CSV,PY,NMF,Pajek,DL,StOCNET,GML	Excel,DL,CSV,TEXT,Pajek,NTF,StOCNET,BMP,JPG,SVG	是	商业软件，免费试用28天	可通过3D网络地图形式展示结果,支持 Python 编程分析

Ucinet 是目前最常用的社会网络分析工具之一，最大可处理 32 767 个节点的网络数据，适用于子群分析、中心性分析、个体网络分析和角色分析等，还包含许多基于过程的分析程序，如聚类分析、多维标度、二模标度(奇异值分解、因子分析和对应分析)、角色和地位分析(结构、角色和正则对等性)、拟合中心-边缘模型，以及中位数、标准偏差、回归分析、方差分析、自相关、QAP 矩阵相关、回归分析、t 检验。此外，该工具有强大的矩阵分析程序，

[①]HUISMAN M, Van Duijn M A J. Software for social network analysis[J]. Models and methods in social network analysis, 2005, 270: e316.
[②]孟玲玲，顾小清，李泽. 学习分析工具比较研究[J]. 开放教育研究，2014, 20(4): 66-75.

如矩阵代数和多元统计等。它主要用于学术界，提供广泛的分析功能，并可以计算大量指标。但它的重点并不是可视化而是分析，Ucinet 擅长计算并分析各种类型的指标，但并不擅长将这些结果转化为精致的可视化报表。Ucinet 只能在 Windows 上运行，因此 Mac 用户必须通过安装虚拟机来使用。

Pajek 广泛应用于大型网络分析和可视化。Pajek 也被称为 Ucinet 的免费替代品，它提供强大的分析功能和免费文档，以帮助研究人员提高效率。Pajek 可以分析多达 1 亿个节点的大型复杂网络，支持对有向、无向、混合网络，多关系网络，二模网络进行分析，可同时处理多个网络。此外，Pajek 还可以处理动态网络，即随时间动态改变的时间事件网络。动态网络分析数据文件可以包含表示行动者在某一观察时刻的网络位置的时间标签，因而可以生成一系列交叉网络，Pajek 可以对这些网络进行分析并考查网络演化。Pajek 具有强大的画图功能，可以将分析结果可视化，还可以嵌套宏命令进行统计分析，并配有 R 软件接口，能将 Pajek 的数据探索功能与 R 强大的统计功能结合起来。PajekXXL 是 Pajek 的加强版，在更高配置的环境下可以更快速地处理网络关系。

Gephi 是一个开放式的图形可视化平台，是市场上公认的领先的社会网络分析工具之一，也是最受欢迎的网络可视化分析软件包之一。使用者不需要具备任何编程知识，就可以广泛使用 Gephi 生产高质量的可视化图表。它还可以处理相对较大的图形，虽图形的实际大小取决于基础结构参数(特别是 RAM)，但应该能够毫无问题地运行多达 10 万个节点。它可以计算一些常见指标，如度数、中心性等，是重点关注可视化而非分析的强大工具。Gephi 定位于复杂网络分析，主要用于分析各种网络和复杂系统，可以分析多达 10 万个节点、100 万条边际的复杂网络。它提供了 10 余种不同的布局算法，可以实现实时动态分析、时段动态分析、无标度网络分析、分层图示等交互可视化与数据探测。它还可以用于探索性数据分析、链接分析、社交网络分析、生物网络分析、新媒体分析等，具有较强的多媒体展示功能，提供 API 接口，便于功能扩展。

NetMiner 是一种商用 SNA 软件，可用于对大型社交网络数据进行探索性分析和可视化，主要用于社交网络的一般研究和教学，允许科学家和研究人员以可视化和交互方式分析数据，并了解网络的基本模式和结构。它的主要功能包括网络分析、数据转换、统计、网络数据可视化和绘制图表等。NetMiner 可以分析多达 100 万个节点、1 亿条边际的复杂网络，可进行可视化、交互式探索数据分析，发掘数据中隐藏的潜在联系与结构，具有影响力、结构洞等关系和邻近结构分析、子图布局、中心性分析、派系分析、核分析、社团发现等基本的复杂网络分析功能。此外，它还包含为数众多的基于过程的分析程序，如聚类分析、多维量表、矩阵分解、对应分析、结构对分析等，支持一些标准的统计，如描述性统计、ANOVA、相关和回归。NetMiner 4 还提供了基于 Python 的脚本编程环境，允许用户通过编辑代码实现复杂分析，也允许没有编程基础的用户通过各类 GUI 工具实现复杂分析。社会网络关系可以用立体 3D 可视化地图表示，用户可以随意改变观察视角，更方便观察。在展示、调整社会网络布局时，用户可以录屏记录，方便回放和结果展示。

8.2.2　Networkx 简介

本章采用 Python 中的 Networkx 实现社会网络分析。Python 是一种强大的编程语言，它可以实现简单而灵活的网络表示，具有清晰而简洁的网络算法表达式。Python 有一个充满活力和不断增长的软件包生态系统。Networkx 是一个 Python 包(软件包),用于创建、操作和研究复杂网络的结构、动态和功能。

绘制网络图的基本流程分为以下四个步骤。

(1)导入 Networkx、Matplotlib 包。

(2)建立网络。

(3)绘制网络 nx.draw()。

(4)建立布局 pos = nx.spring_layout。

最基本的画图程序的代码如下所示。

```
import import networkx as nx          #导入networkx包
import matplotlib.pyplot as plt
G = nx.random_graphs.barabasi_albert_graph(100,1)   #生成一个BA无标度网络G
nx.draw(G)                            #绘制网络G
plt.savefig("ba.png")                 #输出方式1:将图像存为一个png格式的图片文件
plt.show()                            #输出方式2:在窗口中显示这幅图像
```

Networkx 的优势在于,它可以提供如下工具或功能。

(1)研究社会、生物和基础设施网络结构和动态的工具。

(2)一种适用于多种应用的标准编程接口和图形实现。

(3)为协作型、多学科项目提供快速发展环境。

(4)与现有的数值算法及 C、C++和 FORTRAN 等代码的接口。

(5)能够轻松处理大型非标准数据集。

Networkx 可以提供更多的功能,如以标准和非标准数据格式加载和存储网络、生成多种类型的随机和经典网络、分析网络结构、构建网络模型、设计新的网络算法、绘制网络等。Networkx 绘制的效果图,如图 8-3 和图 8-4 所示。

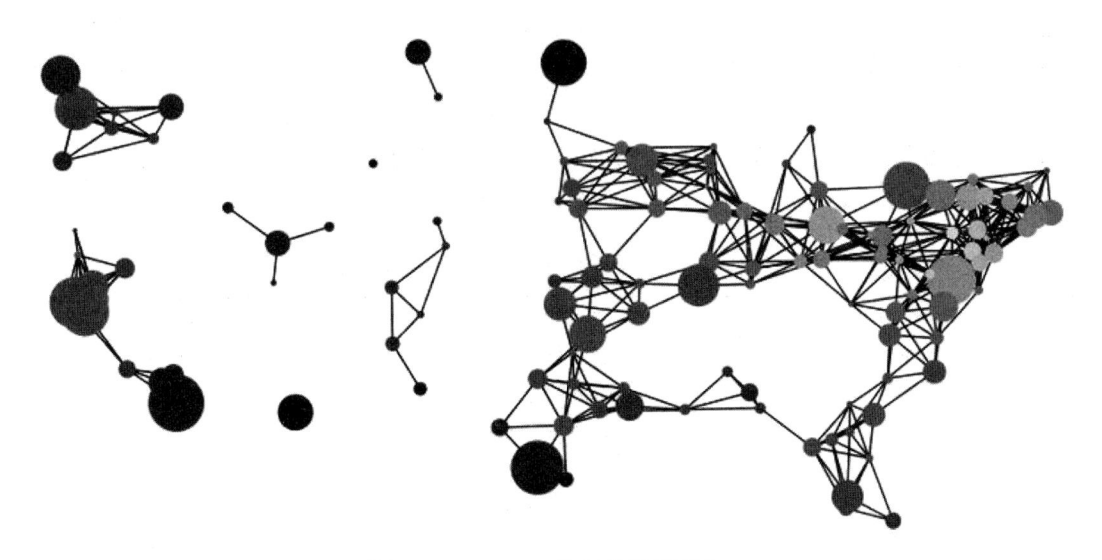

图 8-3 Networkx 绘制的效果图 I

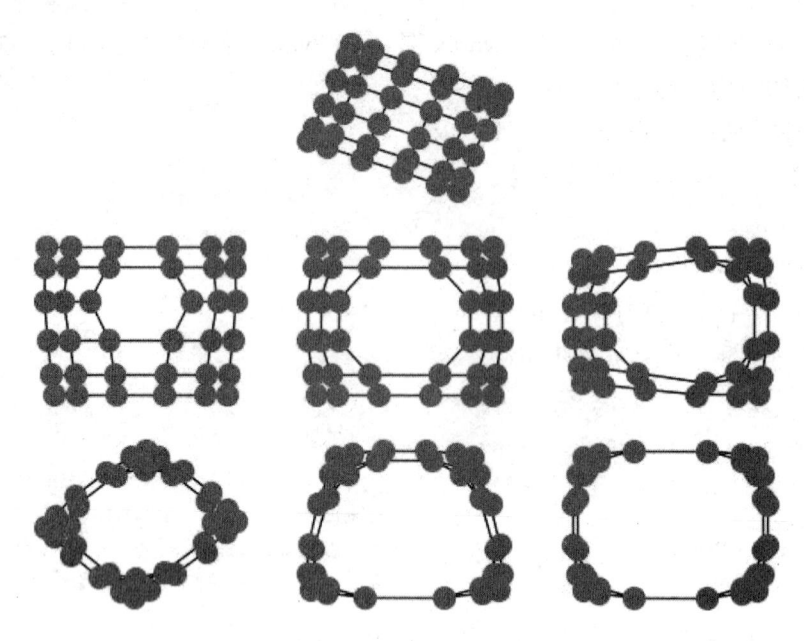

图 8-4 Networkx 绘制的效果图 Ⅱ

8.3　社会网络分析的理论发展

社会网络分析融合了自然科学与社会科学，是一个交叉学科的研究领域，引发了各个领域，尤其是自然科学领域对于社会网络问题的高度关注和深入探讨。在 20 世纪 90 年代后期，社会网络分析主要是社会科学的研究领域。其中，代表性的研究成果包括欧拉(Eluer)的七桥问题，斯坦利·米尔格拉姆(Stanley Milgram)做的小世界实证研究并首次提出的六度分隔理论，新经济社会学代表人物马克·格兰诺维特(Mark Granovetter)的嵌入性(Embeddedness)理论和"弱连接优势"理论[1]，科尔曼、普特南等一批社会学家主张的"社会资本论"，Ronald Burt(1992)的结构洞(Structural Holes)理论等。20 世纪 90 年代后期以来，对于社会网络分析的研究发生了根本性的变化，这种变化在学术圈主要与统计物理学等自然科学领域的学者的开创性论文有关，如小世界现象和无标度网络这两篇分别发表于著名期刊 *Nature* 和 *Science* 上的短论。社会网络研究领域的经典理论简史如表 8-2 所示。

表 8-2　社会网络研究领域的经典理论简史

时间(年)	人　物	事　件
1736	Eluer	七桥问题
1967	Stanley Milgram	六度分隔理论
1973	Mark Granovetter	"弱连接优势"理论
1992	Ronald Burt	结构洞理论
1998	Watts 和 Strogatz	小世界现象
2006	Chris Anderson	长尾理论

---

[1] GRANOVETTER M S. The Strength of Weak Ties[J]. American Journal of Sociology, 1973, 78(6): 1360-1380.

本小节回顾了社会网络研究领域的理论研究简史，从七桥问题开始梳理，经历了"弱连接优势"理论、结构洞理论、小世界现象[1]、再到长尾理论[2]。

8.3.1 七桥问题

社会网络定量分析的起源是数学上的图论，而图论来源于七桥问题，这是一个生活中的问题。如图8-5所示，七桥问题描述的是在18世纪时，欧洲有一个风景秀丽的小城哥尼斯堡（今俄罗斯加里宁格勒），城中有一条横贯城区的河流，河中有两个小岛，两岸和两岛之间共架有七座桥，问能否在一次散步中走过所有的七座桥，而且每座桥只经过一次，最后返回原地。

图论的发明者——欧拉，针对七桥问题给出了以下结论。

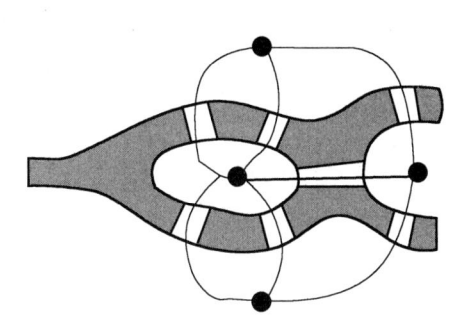

图8-5 图论中的七桥问题

(1) 凡是由偶点组成的连通图，一定可以一笔画成。
(2) 凡是只有两个奇点的连通图（其余都为偶点），一定可以一笔画成。

七桥问题中所有的点均为奇点，因此连通图是不能一笔画成的。

8.3.2 "弱连接优势"理论

20世纪60年代晚期，还在哈佛大学读研究生的马克·格兰诺维特（Mark Granovetter）通过寻访麻省牛顿镇的居民如何找工作来探索社会网络。他非常惊讶地发现，那些关系紧密的朋友反倒没有那些"弱连接"的关系更能够发挥作用。事实上，关系紧密的朋友根本帮不上忙。

1974年，马克·格兰诺维特提出了"弱连接优势"理论，这个理论探讨了劳动力市场的求职理论，解释了劳动力市场中通过强关系还是弱关系找到工作的可能性更大。马克·格兰诺维特指出：在传统社会中，每个人接触最频繁的是自己的亲人、同学、朋友、同事等，这是一种十分稳定然而传播范围有限的社会关系，是一种"强连接"（Strong Ties）现象。同时，存在另一类相对于"强连接"更为广泛的社会关系，在这类社会关系中，人与人之间的联系并不紧密，被称为泛泛之交。马克·格兰诺维特建议通过联系时间、情感强度、亲密程度和互惠程度四个指标，把这些关系分为两类：一类是强关系，指联系频繁的较亲密的关系；另一类是弱关系，指少有联系的较疏远的关系[3]。

强关系通常代表人们彼此之间具有高度的互动，在某些存在的互动关系上较亲密，因此通过强关系所传递的信息经常是具有同质性的，即交往的人群、从事的工作、掌握的信息都是趋同的，容易造成信息茧房。而弱关系通常能够连接更多不同圈子的人，交往对象来自各行各业，可以获得来源于多方面的信息，个人的社会网络异质性较强。

---

[1] WATTS D J, STROGATZ S H. Collective dynamics of 'small-world' networks[J]. nature, 1998, 393(6684): 440-442.
[2] HART M A. The long tail: Why the future of business is selling less of more by chris anderson [J]. Journal of Product Innovation Management, 24(3): 274-276.
[3] GRANOVETTER M S. The strength of weak ties[J]. American journal of sociology, 1973, 78(6): 1360-1380.

人们的多数联系人为弱关系好友。如果使用关系强度的经验分配和相应概率进行同样的运算，就可以发现弱关系促进了多数信息的传播。由于弱关系好友的性情和自身存在差异，因此与弱关系好友进行交往会收获来自不同视角的大量信息。弱关系通过填补其与强关系之间的鸿沟促进最新信息的传播，弱关系的力量促进了社交网络信息传播中很多流行观点的产生。而针对"关系"的研究并不只存在于中国社会中，随着中国的强大，中国关系主义本土性的概念（如关系、人情、感情、面子、哥们儿等）也逐渐走向世界，中国关系社会学研究也正在被国际所接受[1]。

8.3.3 结构洞理论

1992 年，社会学家罗纳德·伯特（Ronald Burt）在《结构洞：竞争的社会结构》一书中提出"结构洞"（Structural Holes）理论，用于研究人际网络的结构形态，分析怎样的网络结构能够带给网络行动主体更多的利益或回报。结构洞理论强调人际网络中存在的结构洞可以为处于该位置的组织和个人带来信息和其他资源上的优势。Ronald Burt 认为，个人在网络中的位置比关系的强弱更为重要，其在网络中的位置决定了个人可以获得怎样的信息、资源与权力。因此，不管关系强弱，如果存在结构洞，那么将没有直接联系的两个行动者联系起来的第三者就拥有信息优势和控制优势，这样能够为自己获得更多的服务和回报。因此，个人或组织要想在竞争中保持优势，就必须建立广泛的联系，同时占据更多的结构洞，掌握更多的信息。结构洞例图如图 8-6 所示。

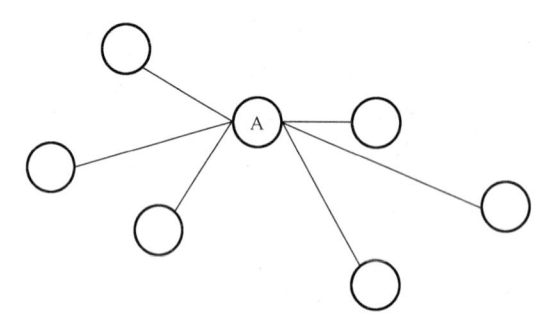

图 8-6 结构洞例图

8.3.4 小世界现象

社会网络中存在着丰富的短路径，这些短路径能将人们连接起来，形成大的网络。在生活中经常可以发现，自己和遇到的陌生人可能有共同的朋友，甚至你可以通过六个人的介绍就认识世界上任何一个人，这就是社会网络中的小世界现象（Small World Phenomenon）。

基于短路径的小世界现象是具有神奇魅力和特色的研究问题，吸引了许多社会学学者对其进行研究。早在 20 世纪 60 年代，社会心理学家斯坦利·米尔格拉姆（Stanley Milgram）实施了第一个小世界的实证研究[2]。他在实验中选定了几百名"初始者"，要求每个人通

---

[1] 孙晓娥，边燕杰. 留美科学家的国内参与及其社会网络强弱关系假设的再探讨[J]. 社会, 2011, 31 (2):194-215.
[2] MILGRAM S. The small world problem[J]. Psychology today, 1967, 2 (1): 60-67.

过转发使一个目标收信人收到一封信。他向每个初始者都提供了目标收信人的姓名、地址、职业等个人信息，并做出规定：参与者只能将信件直接发给能直呼其名的熟人，并请他(她)继续转发；如果参与者不认识目标收信人，那么他(她)不能直接将信寄给目标收信人。在实验中，斯坦利·米尔格拉姆要求参与者力争让信件能尽早到达目的地，即目标收信人手中。

他通过实验有了惊奇的发现：实验中约三分之一的信件经过平均六次的转发到达了目标收信人手中，即平均通过六步，信件就能从初始者到达目标收信人手中。于是，斯坦利·米尔格拉姆以此提出小世界现象的著名假说。该假说也被称为六度分隔理论，即最多通过六个人就可以将任何两个素不相识的人联系在一起。

尽管许多实际的复杂网络的节点数巨大，但网络的平均最短路径长度却小得惊人，这就是所谓的小世界现象[1]。如下代码使用 Networkx 建立一个小世界网络，通过计算得到小世界网络中的平均最短路径长度为 6，与六度分隔理论的观点一致。

```
#计算平均最短路径长度
import networkx as nx        #导入 networkx 包
G = nx.watts_strogatz_graph(1000, 4, 0.3)#生成小世界网络，其中含有 1000 个节点，每个节点有 4 个邻居，每条连边以 0.3 的概率随机重置链接
print("平均最短路径长度: "+str(nx.average_shortest_path_length(G)))#输出结果
平均最短路径长度: 6.136424424424424
```

2011 年，雅虎公司和 Facebook 合作测试著名的小世界现象，通过 7.5 亿 Facebook 用户的社交图谱，从科学层面上对六度分隔理论进行了正确性验证。任何有 Facebook 账号的人都可以参与，不限于荷兰语、英语、德语、西班牙语、法语、葡萄牙语、俄语、伊斯兰语、繁体中文、简体中文、日语、韩语界面，参与测试的志愿者被要求选择一位最可能知道"目标人物"的朋友，信息将会从这位朋友传递到另一位朋友，最后抵达目标人物，或者志愿者也可以申请成为目标人物，让全世界的人们来找到他(她)。

8.3.5 长尾理论

Chris Anderson 最早提出"长尾"这一概念，用来描述如亚马逊和 Netflix 等网站的商业模式[2]，强调从传统意识中认为不能赢利或难以赢利的长尾中找到新的赢利点。而长尾的价值就在于：只要存储和流通的渠道足够大，需求不旺或销量不佳的产品共同占据的市场份额就可以和那些数量不多的热卖品所占据的市场份额相匹敌，甚至更大。在前面章节中，曾使用概率来表示幂律，一类商品(如书籍、个人音乐专辑)各个品种的销售量(流行度)常符合幂律：

$$f(x) = \frac{a}{x^c}$$

其中，$f(x)$ 表示销量为 x 的品种的概率；a 为常数。

但是，在商业中人们倾向于直接谈销量，而非概率。因此，设该类商品的品种总数为 n，

---

[1] 汪小帆，李翔，陈关荣. 网络科学导论[M]. 北京：高等教育出版社，2012.
[2] ANDERSON C. The long tail: Why the future of business is selling less of more[M]. Hachette Books, 2006.

于是它的销量为 x 的品种的数量为：

$$n \times f(x) = \frac{n \times a}{x^c}$$

因此，商品数量也满足幂律，这在原始坐标中表现为长尾形式。如图 8-7 所示，这是典型的长尾图示的例子，横坐标是某种商品的品种，纵坐标为商品的销量（流行度）。销量高的商品处于头部（Head）部分，而销量低的商品处于长尾（Long Tail）部分。那么在互联网中，人们关注的是销量比较低的长尾部分还是销量比较高的头部部分呢？在网上卖商品是要卖热门商品还是连同冷门商品一起卖呢？在互联网中存在二八定律吗？销量排名前 20%的商品是否创造了 80%的销量？

所谓长尾理论，最重要的核心是商业和文化的未来不在于传统需求曲线上那个代表热门商品的头部，而在于那条代表冷门商品的经常被人遗忘的长尾。如图 8-8 所示，当尾巴无限延长并且加厚之后，长尾部分的面积会超过头部部分的面积。在互联网中，长尾部分的冷门商品对创造销量非常重要，因此互联网中的企业及商家要关注销量较低的商品，因为它们在一定程度上能够满足消费者的个性化需求。

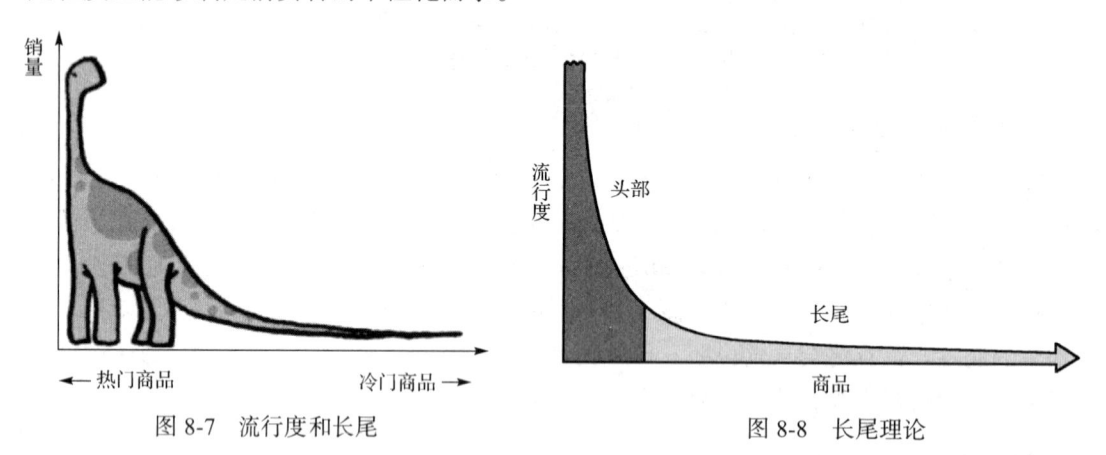

图 8-7 流行度和长尾

图 8-8 长尾理论

因此，在互联网中，是电子商务颠覆了二八定律，而不是 20%的商品占有 80%的销量。在传统商业领域，商家一般是依赖热门商品获得利益的，但是在互联网领域，其存储成本远低于传统商业领域的存储成本，不需要大量的展柜展示商品，因此网上商店既要靠热门商品赢利，也要靠冷门商品赢利。传统需求曲线上代表"热门商品"的头部固然重要，但那条代表"冷门商品"经常被人遗忘的长尾更是拥有无限潜力的市场。

Google 是一个最典型的长尾公司，其成长历程就是把广告商和出版商的"长尾"商业化的过程。以占据了 Google 半壁江山的 AdSense 为例，它面向的客户是数以百万计的中小型网站和个人，对于普通的媒体和广告商而言，这个群体的价值微小得简直不值一提。但是，Google 通过为其提供个性化定制的广告服务，将这些数量众多的群体汇集起来，创造了非常可观的经济利润。

过去十年来，长尾理论是解释互联网和数字经济最重要的理论，能够非常好地解释 Google、Youtube、亚马逊等公司成功的原因。强调"个人化""客户力量""小利润大市场"，正是长尾市场的根本。因此，对于高度信息化和数字化的企业来说，应尽量增大"尾巴",降低门槛,吸引小额消费者,努力引流,将众多可以忽略不计的零散流量汇集成巨大的商业价值。

8.4 社会网络分析的计算方法

在如今的超级互联网时代,一些深不可测的数字活动随时都在发生。Twitter 每分钟获得 319 个新用户,亚马逊每分钟运送 6659 个包裹,Facebook 用户每分钟上传 14.7 万张照片,Zoom 每分钟有 20.8 万人参加会议,Netflix 用户流媒体每分钟播放 40.4 万小时的视频,WhatsApp 用户每分钟分享 4166 万条数据。这些都是以社会化媒体为共同媒介的在线网络,它不仅在事物之间建立起联系,同时还产生很多的数据。那么如何理解这些数据背后的网络呢?这就需要利用社会网络分析的计算方法,这是本节重点要介绍的内容。

8.4.1 社会网络在计算机中的表示

社会网络在计算机中表示为邻接矩阵(Adjacency Matrix)。

图 8-9 中左边的网络图在计算机中就表示为一种矩阵的形式,如矩阵[1,2](第一行第二列)位置上的值为 1,表示节点 1 和节点 2 之间有一个连边。

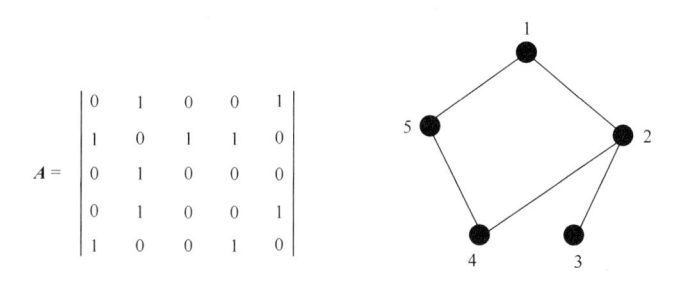

$$A = \begin{vmatrix} 0 & 1 & 0 & 0 & 1 \\ 1 & 0 & 1 & 1 & 0 \\ 0 & 1 & 0 & 0 & 0 \\ 0 & 1 & 0 & 0 & 1 \\ 1 & 0 & 0 & 1 & 0 \end{vmatrix}$$

图 8-9 邻接矩阵的数学表示与网络表示

网络数据的格式也有很多种,如.net pajak 格式、.DL Ucinet 格式、edgelist 格式,以及最通用的基于 XML 的格式等。

8.4.2 社会网络测量指标

想要进一步理解社会网络,需要通过计算一些测量指标来实现。在这里,本节简单介绍以下几个测量指标,并通过 Python 语言中的 Networkx 包进行计算。

1. 节点度数

将与某个特定节点相邻的那些节点称为该特定节点的"邻域(Neighborhood)",那么邻域中的总节点数就称为"度数(Degree)"[①]。一个顶点的度数也可指与此顶点连接的边的数量。对于有向网络,还有以下两个指标。

(1)点入度(In-degree):直接指向该节点的节点数总和。

(2)点出度(Out-degree):该节点所直接指向的其他节点的总数。

---
① 吴江. 社会网络计算基础理论与实践 [M]. 北京:科学出版社,2015.

案例 8-1

如果把微博上的一个用户当作网络的一个节点，那么点入度可以看作该用户的粉丝数，点出度可以看作该用户关注的其他人的数量。

图 8-10 是网络上的一幅西游记爱慕关系图，它是有向图。

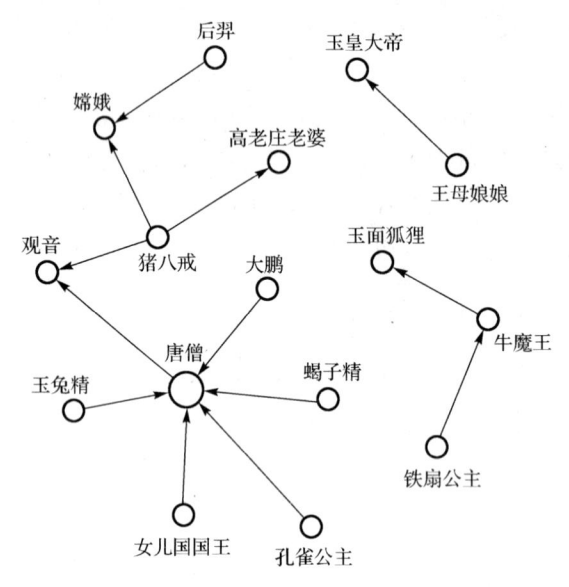

图 8-10 西游记爱慕关系图（取自 udemy 网站）

可以看出，唐僧的度数为 6，点入度为 5，点出度为 1；猪八戒的点出度为 3。通过这个简单的例子就可以理解点入度和点出度的概念。

Networkx 包主要采用 degree 函数来计算节点的度数，具体如下：

```
G.degree(nbunch=None, weight=None)
```

其中，nbunch 可以是单个节点，也可以是所有节点，也可以是所有节点的子集，默认为所有节点；weight 指边的属性，默认为 1，如果有赋值权重，则节点度数是与节点相邻的边的权重之和。

举例如下。

```
#节点度数的计算
>>>import networkx as nx          #调用 networkx 包，简称为 nx
>>>G = nx.Graph()                 #生成无节点无连边的空图
>>>G.add_edges_from([(1, 2), (1, 3), (2, 5), (3, 4), (2, 7), (5, 7)])
                                  #导入所有边
>>>print(nx.degree(G))            #网络图 G 中所有节点的度数
[(1, 2), (2, 3), (3, 2), (5, 2), (4, 1), (7, 2)]
>>>print(G.degree(1))             #输出图 G 中节点 1 的度数
2
>>>print(G.degree([1, 2]))        #输出图 G 中节点 1、2 的度数
[(1, 2), (2, 3)]
```

2. 平均最短路径长度

两个节点如果相连，则这些相连的线称为该线路的"路径(Path)"，或者称为"途径"。线路中每个节点和每条线都不相同，"路径"的"长度"，用构成该路径的线的条数来测量。距离(Distance)是指连接两个节点的最短路径{又称为测地路径(Geodesic Path)}的长度，也称为测地距离(Geodesic Distance)或跳跃距离(Hop Distance)。网络的平均最短路径长度定义为任意两个节点之间距离的平均值。

在图 8-11 中，节点 4 到节点 5 的路径可以为 4-2、2-1、1-5，也可以为 4-2、2-3、3-1、1-5，对应的路径长度分别为 3 和 4，但是节点 4 和节点 5 之间的距离为 3，因为节点 4 和节点 5 之间最短路径的长度是 3。

Networkx 包采用如下函数来获得最短路径，具体如下：

```
nx.shortest_path_length(Graph, source=None, target=None, weight=None, method= 'dijkstra')
```

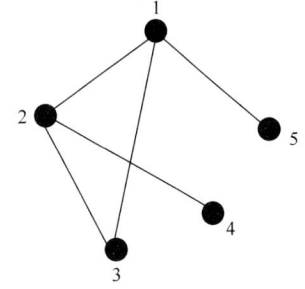

图 8-11 最短路径和距离

其中，Graph 指网络图对象；source 和 target 代表要计算的最短路径的起始节点和终止节点，如果未指定起始节点(终止节点)，则将网络中的每一个节点都作为起始节点分别计算路径；weight 参数用来给图中边的权重赋值，如果没有赋值，就默认边的权重为 1；method 指用于计算路径长度的算法，函数会自动选择最快捷的算法，支持的选项包括"dijkstra"和"bellman ford"，其他输入产生 ValueError。如果"weight"为 None，就使用未加权图方法，建议忽略 method，举例如下。

```
#最短路径
>>>import networkx as nx   # 调用networkx包，简称为nx
>>>G = nx.Graph()# 生成无节点无连边的空图
>>>G.add_edges_from([(1, 2), (2, 3), (1, 3), (2, 4), (1, 5)])# 导入所有边
>>>p1 = nx.shortest_path_length(G, source=4, target=5, weight=None )#求节点 4、5 之间最短的路径长度值
>>>p2= nx.shortest_path(G, source=4, target=5, weight=None)#求节点4和5之间最短路径
>>>p3 = nx.average_shortest_path_length(G)#求网络图G的平均最短路径长度
>>>print(p1)
3
>>>print(p2)
[4, 2, 1, 5]
>>>print(p3)
1.6
```

Networkx 包采用如下函数计算网络中的平均最短路径长度，具体如下：

```
nx.average_shortest_path_length(Graph, weight,method )
```

其中，Graph 指网络图对象；weight 指边的权重，默认值为 1；method 指用于计算路径长度的算法，支持的选项包括"dijkstra"和"bellman ford"。当 weight=None 时，则 method 可以被忽略。当网络图是有向图而不是弱连通图或非连通图时，不存在最短路径，则结果报错，出现 NetworkXError。

3. 网络密度

密度(Density)描述一个图或网络中各个节点之间关联的紧密程度。通过计算网络的密度，可以知道网络的稀疏性和稠密性，连边越多、越稠密则网络密度越大，连边越稀疏则网络密度越小。密度为图或网络中实际拥有的连边数与最多可能拥有的连边数之比。当网络图为无向图时，表达式为 $2l/(n(n-1))$；当网络图为有向图时，表达式为 $l/(n(n-1))$，其中 n 为节点数，l 为连边数。

Networkx 包采用如下函数来计算网络的密度，具体如下：

```
density(Graph)
```

其中，Graph 指网络图对象。以随机网络和无标度网络为例，计算网络密度，具体如下。

```
#网络密度计算
>>>import networkx as nx                        #导入networkx包
>>>G = nx.barabasi_albert_graph(100, 50)        #创建无标度网络
>>>G1 = nx.random_regular_graph(5, 100)         #创建随机网络
>>>print("网络密度: "+str(nx.density(G)))       #输出网络G结果
网络密度: 0.5050505050505051
>>>print("网络密度: "+str(nx.density(G1)))      #输出网络G1结果
网络密度: 0.050505050505050504
```

4. 网络直径

网络中任意两个节点之间距离的最大值称为网络的直径(Diameter)。由于实际社会网络并不都是连通的，所以在实际应用中，网络直径是指任意两个存在连通有限距离的节点之间距离的最大值。

Networkx 包采用如下函数计算网络直径，具体如下：

```
diameter(Graph, e=None, usebounds=False)#计算网络直径
```

其中，Graph 指网络图对象；e 指 Eccentricity Dictionary，是一个预先计算好的偏心率词典。

以随机网络 G(包含 100 个节点，每个节点的度数为 5)为例，计算网络直径，具体如下。

```
#计算网络直径
>>> G = nx.random_regular_graph(5, 100)  #创建随机网络
>>>print(nx.diameter(G))                 #网络图直径大小
5
```

5. 度中心性

网络中一个节点的价值首先取决于这个节点所在的位置，节点所在位置的中心性越高，节点的价值就越高，这个节点也就越重要。最直接的衡量指标是度中心性。度中心性指用节点的度数来衡量节点的中心性，节点的度数越高，表示该节点的连边越多，说明该节点的中心性越高[1]。节点度数的计算在前面章节中已经介绍过，利用 degree 函数即可获得节点的度数。

6. 中介中心性

中介中心性又称为介数中心性，代表一个顶点出现在其他任意两个顶点之间的最短路径

---

[1] FREEMAN L C. Centrality in social networks conceptual clarification[J]. Social networks, 1978, 1(3): 215-239.

的次数,主要用于衡量一个顶点在图或网络中承担"桥梁"角色的程度。也就是说,如果一个顶点出现在任意两个顶点间最短路径的次数越多,那么该顶点的中介中心性就越大。中介中心性经常用于反欺诈场景里中介实体的识别。Networkx 包采用如下函数来计算节点的中介中心性,具体如下:

```
nx.betweenness_centrality(G, k=None, normalized=True, weight=None,
                          endpoints=False, seed=None)
```

其中,Graph 指网络图对象。

7. 接近中心性

当一个节点越与其他节点靠近时,该节点在信息传播的过程中越不依赖其他节点。因为只有非核心节点需要依赖其他节点传播信息,受制于其他节点。一个节点与其他节点的距离之和越小,该节点越重要,这反映的是接近中心性。

Networkx 包用如下函数来计算接近中心性,具体如下:

```
nx.closeness_centrality(Graph, u=None, distance=None, wf_improved=True)
```

其中,Graph 指网络图对象;u 代表节点,返回值只针对节点 u 的接近中心性;distance 代表一个特定的边的属性,可以作为最短路径计算中的边的距离;wf_improved 用来限制节点可达的范围。

8. 特征向量中心性

一个节点的重要性不仅取决于与该节点相邻的邻居节点的数量,还取决于与该节点相连的其他节点的重要性,这就是特征向量中心性的基本思想。

设网络具有 n 个节点,A 表示网络的邻接矩阵。其中,若节点对 (i, j) 之间存在连接,则 $a_{ij}=1$;否则 $a_{ij}=0$。$\lambda_1, \lambda_2, \cdots, \lambda_n$ 表示 A 的特征值,且每个特征值 λ_i 对应的特征向量为 $a=(e_1, e_2, \cdots, e_n)$,则特征向量中心性定义为[①]:

$$C_e(i) = \lambda^{-1} \sum_{j=1}^{n} a_{ij} e_j$$

Networkx 包采用如下函数来计算特征向量中心性,具体如下:

```
eigenvector_centrality(Graph, max_iter=100, tol=1.0e-6, nstart=None, weight=None)
```

其中,Graph 指网络图对象;max_iter 表示幂法中的最大迭代次数;tol 用于检验幂法迭代收敛性的误差容限;nstart 是每个节点的特征向量迭代起始值;weight 表示权重,如果没有则认为所有边的权重相等,如果有则保存边属性的名称作为权重。

度中心性、中介中心性、接近中心性、特征向量中心性的计算示例如下。

```
>>> G = nx.random_geometric_graph(10, 0.3)#创建一个随机网络
#计算度中心性
>>>print(nx.degree_centrality(G))
```

[①] 荣莉莉,郭天柱,王建伟. 复杂网络节点中心性[J]. 上海理工大学学报,2008,30(3):227-230.

```
{0: 0.0, 1: 0.3333333333333333, 2: 0.1111111111111111, 3: 0.2222222222222222, 4:
0.2222222222222222, 5: 0.3333333333333333, 6: 0.1111111111111111, 7:
0.2222222222222222, 8: 0.2222222222222222, 9: 0.0}
#计算中介中心性
>>>print(nx.betweenness_centrality(G))
{0: 0.0, 1: 0.16666666666666666, 2: 0.0, 3: 0.0, 4: 0.0, 5: 0.16666666666666666, 6:
0.0, 7: 0.0, 8: 0.0, 9: 0.0}
#计算接近中心性
>>>print(nx.closeness_centrality(G))
{0: 0.0, 1: 0.39682539682539686, 2: 0.1111111111111111, 3: 0.2777777777777778, 4:
0.2777777777777778, 5: 0.39682539682539686, 6: 0.1111111111111111, 7:
0.2777777777777778, 8: 0.2777777777777778, 9: 0.0}
#计算特征向量中心性
>>>print(nx.eigenvector_centrality(G))
{0: 2.6189063464006743e-12, 1: 0.49999999998491756, 2: 5.492244682166867e-06, 3:
0.3535533905826089, 4: 0.3535533905826089, 5: 0.49999999998491756, 6:
5.492244682166867e-06, 7: 0.3535533905826089, 8: 0.3535533905826089, 9:
2.6189063464006743e-12}
```

8.5　社会网络分析在商务智能中的应用

8.5.1　协同过滤推荐

在电子商务的网络营销中，可以通过销售排行榜、相关推荐和搜索等功能促进热门商品和"利基商品"（冷门商品）的销售。一般而言，销售排行榜功能推动富者更富，而相关推荐和搜索功能均具备两面性。相关推荐功能究竟是促进利基商品的销售还是热门商品的销售取决于"相关"的含义，若是"买了这个商品的其他人通常也买了……"，则倾向于富者更富，即促进了热门商品的销售；若是某种"内容相关性"，则可起到推动利基商品销售的作用。而在使用搜索功能时，消费者能够搜索到自己想要的信息，因此可以促进利基商品的销售；然而，消费者的习惯是只看前几页的商品，因此往往买到的都是热门商品，可能会丢失一些自己所需要的信息。因此，相关推荐功能可以用来解决搜索功能丢失信息的问题。

1. 概念

基于协同是在基于内容的基础之上发展而来的。协同过滤是一种在推荐系统中广泛采用的推荐方法。这种方法基于一个"物以类聚，人以群分"的假设，即喜欢相同物品的用户更有可能具有相同的兴趣。协同过滤推荐系统一般应用于有用户评分功能的系统之中，通过分数去刻画用户对于物品的喜好度。协同过滤被视为利用集体智慧的典范，不需要对项目进行特殊处理，只需通过用户建立物品与物品之间的联系即可。

2. 分类

目前，协同过滤推荐系统分为两种类型：基于用户的协同过滤推荐系统（User-based）和基于物品的协同过滤推荐系统（Item-based）。

基于用户的协同过滤推荐系统的基本原理是,根据所有用户对物品或信息的偏好(评分),发现与当前用户口味和偏好相似的"邻居"用户群,一般采用K-近邻算法,基于这K个邻居的历史偏好信息,为当前用户进行推荐。基于用户的协同过滤推荐系统的优点在于推荐物品之间在内容上可能完全不相关,因此可以发现用户的潜在兴趣,并且针对每个用户生成其个性化的推荐结果。其缺点在于在一般的Web系统中,用户的增长速度远远高于物品的增长速度,因此其计算量的增长幅度也是巨大的,系统性能容易成为瓶颈。因此,在业界中单纯使用基于用户的协同过滤推荐系统的情况较少。

基于物品的协同过滤推荐系统通过所有用户对物品或信息的偏好(评分),发现物品和物品之间的相似度,然后根据用户的历史偏好信息,将类似的物品推荐给用户。与基于用户的协同过滤推荐系统相比,基于物品的协同过滤推荐系统应用更为广泛,扩展性能和算法性能更好。由于项目的增长速度一般较为平缓,因此对性能的需求变化不大。其缺点就是无法提供个性化的推荐结果。

8.5.2　长尾营销

长尾营销应该如何理解呢?首先,"长尾营销"是用于开发那些过去没有开发的或没有办法开发的、产出小的、大量的小市场的;其次,长尾营销是在使低成本甚至零成本开拓这些市场成为可能的现代技术帮助下去开拓这些市场的。其实,这些大量的产出小的小市场对于掌握现代技术的企业而言已经不是从前的开拓成本高、见效少的长尾了,而是一个小投入高产出的大市场。长尾营销是怎么进行营销的呢?所谓的长尾营销,就是面向潜在客户的需求有针对性地为其推荐相关商品,如Google的关键词标签搜索。Google的每一个关键词标签就是一个具有针对性的广告,客户为这些关键词标签付费(如一个标签0.5美元),将虚拟的流量与点击量转化为现金流。而长尾关键词是指网站上非目标关键词但也可以带来搜索流量的关键词。因为长尾关键词的针对性很强,成交咨询率比较高,营销效果比主关键词更好,因此它是不可忽视的优化对象。

长尾关键词的特征有如下几种。

(1)比较长,往往由2~3个词组成,甚至是短语,存在于内容页面。

(2)搜索量少,因为长尾关键词较长,所以搜索的人会较少。

(3)转化率更高。

(4)竞争程度小。

(5)词量无限大。

(6)目标较精准。

(7)搜索频率不稳定。

长尾关键词的好处:长尾关键词的个性化和多样化可以提高商品的销量和用户的引流;长尾关键词的搜索量少并不代表信息价值小,或者不被人们所需要,实际上仍有一部分客户需要这部分信息,来满足他们个性化的需求,这就需要优化长尾关键词,使这部分客户能够更便利地接收到这些信息,买到可以满足他们个性化需求的商品。

长尾关键词的拓展技巧主要有如下五种。

(1)地区+关键词(如北京、上海等)。

(2)疑问词+关键词(如哪里好、如何等)。

(3)修饰名词+关键词(如精美、供应等)。

(4)人群+关键词(如学生、上班族等)。

(5)其他类的词+关键词。

思考题

1. 利用 Networkx 包构建一个社会网络并将其可视化,计算它的网络结构指标和个体节点指标,包含网络密度、网络直径、平均最短路径长度、度中心性、中介中心性、接近中心性、特征向量中心性。

2. 基于用户的协同过滤推荐系统和基于物品的协同过滤推荐系统的推荐结果不同,用具体的数字举例解释其背后的原因,用 Python 实现,你如何看待这两种推荐方法?说出其优点与缺点。

3. 什么是结构洞?现实生活中结构洞的优势在哪里?用 Python 的 Networkx 包画出一个含有结构洞的社会网络图,并加以解释。

4. 研讨题:阅读下列文献,思考社会网络分析的方法和应用。

"KNOKE R. Social Network Analysis:Methods and Applications by Stanley Wasserman;Katherine Faust[J]. Contemporary Sociology,1996,25(2):275-276."

第 9 章 文 本 挖 掘

本章提要

1. 掌握文本挖掘的概念和步骤；
2. 了解文本挖掘的发展和前景；
3. 了解几种文本挖掘的关键技术。

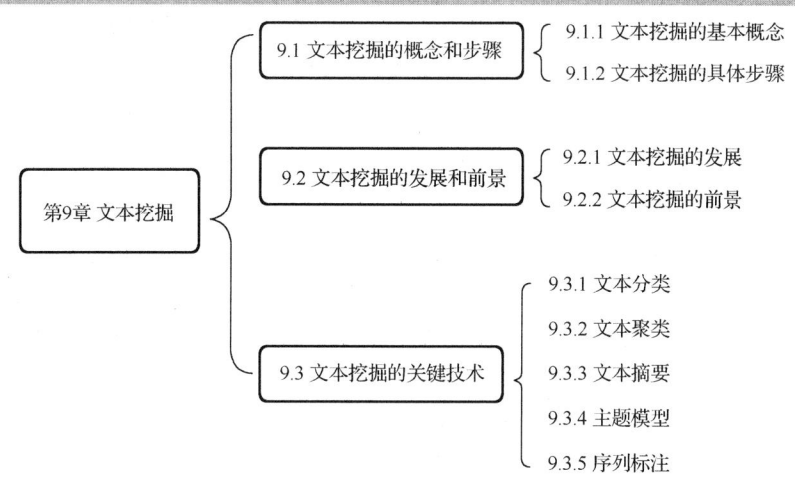

第9章 文本挖掘
- 9.1 文本挖掘的概念和步骤
  - 9.1.1 文本挖掘的基本概念
  - 9.1.2 文本挖掘的具体步骤
- 9.2 文本挖掘的发展和前景
  - 9.2.1 文本挖掘的发展
  - 9.2.2 文本挖掘的前景
- 9.3 文本挖掘的关键技术
  - 9.3.1 文本分类
  - 9.3.2 文本聚类
  - 9.3.3 文本摘要
  - 9.3.4 主题模型
  - 9.3.5 序列标注

商务数据中有大量的诸如消费者评论等非结构化文本数据，所以掌握文本挖掘在商务智能应用中非常必要。本章从概念和步骤、发展和前景、关键技术三个方面对文本挖掘进行了简要分析。

9.1 文本挖掘的概念和步骤

9.1.1 文本挖掘的基本概念

文本挖掘（Text Mining，TM）又称为文本数据挖掘（Text Data Mining，TDM）或文本知识发现（Knowledge Discovery in Texts，KDT），是指为了发现知识，从文本数据中抽取隐含的、以前未知的、潜在有用的模式的过程。它是机器学习、自然语言处理、数据挖掘及相关的自动文本处理（如信息提取、语义挖掘、文本分类）等理论和技术相结合的产物。1995 年，Feldman 等第一次正式提出了文本挖掘的概念。1999 年，W.W.Cohen 认为文本挖掘和文本数据库中的知识发现具有相同的含义。Pons-Porrata A 等人认为文本挖掘是指从非结构化的文本集合中提取出有用信息或知识的过程[1]。在这之后，对文本挖掘的相关研究有了飞速发展，国内学者

---

[1] PONS-PORRATA A, BERLANGA LLAVORI R, RUIZ-SHULCLOPER J. Topic discovery based on text mining techniques[J]. Information Processing & Manmanagement, 2007, 43(3): 752-768.

也纷纷投身于该领域的探索和研究之中。郑双怡[①]将文本挖掘定义为一个从非结构化文本信息中获取用户感兴趣的或有用的模式的过程。李尚昊等[②]则认为，文本挖掘是从大量的、无结构的文本信息中发现潜在的、可能的数据模式、内在联系、规律、发展趋势等，抽取有效、新颖、有用、可理解、散布在文本文件中的有价值的知识，并且利用这些知识更好地组织信息的过程。

对文本信息的挖掘主要是指发现某些文字出现的规律，以及文字与语义、语法间的联系，并将其应用于处理自然语言，如机器翻译、信息检索、信息过滤等。文本挖掘可以利用智能算法，如神经网络、基于案例的推理、可能性推理等，结合文字处理技术，分析大量的非结构化文本源（如文档、电子表格、客户电子邮件、问题查询、网页等），然后通过抽取或标记关键字概念、文字间的关系，并按照内容对文档等进行分类，从而获取有用的知识和信息。

从发现数据间的相互关系这一点上看，文本挖掘和数据挖掘有很大的相似性。但与传统的数据挖掘相比，文本挖掘又有其独特之处，主要表现在：数据挖掘的对象以关系、事务和数据仓库中的结构化数据为主，并利用关系表等存储结构来发现知识；而文本挖掘所研究的文本数据库中的数据，由来自各种数据源的大量文档组成，本身是半结构化或非结构化的，无确定形式并且缺乏机器可理解的语义，如新闻文章、研究论文、书籍、期刊、报告、专利说明书、会议文献、技术档案、政府出版物、数字图书馆、技术标准、产品样本、电子邮件消息、Web 页面等。这些文档可能包含标题、作者、出版日期、长度等结构化数据，也可能包含摘要和内容等非结构化的文本，而且这些文本的内容是由人类所使用的自然语言描述的，计算机很难处理其语义。因此，传统的数据挖掘已无法适应日益增加的大量文本数据处理的需求，而文本挖掘方法可以进行文本比较、文本重要性和相关性排列，以及找出多文本的模式或趋势等分析工作。

9.1.2 文本挖掘的具体步骤

文本挖掘的过程如图 9-1 所示，开始是文本源，最终结果是用户获得的知识。其主要过程由五个步骤组成：预处理、特征提取、特征集约减、文本挖掘、模式评价。

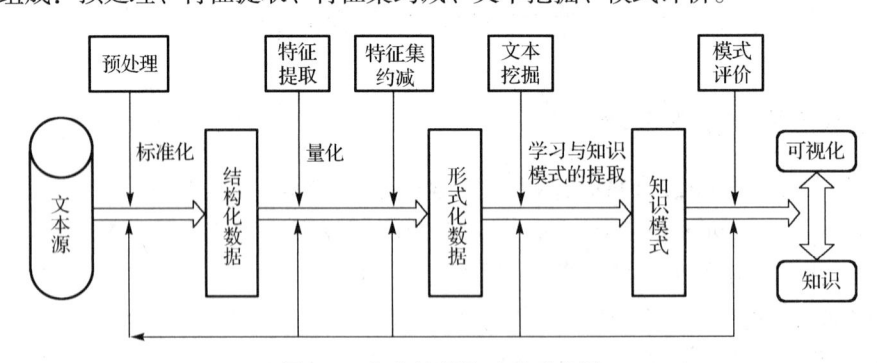

图 9-1 文本挖掘的过程示意图

（1）预处理。预处理是文本挖掘的第一个步骤，对文本挖掘的效果有重要影响，文本的预

[①] 郑双怡. 文本挖掘及其在知识管理中的应用[J]. 中南民族大学学报（人文社会科学版），2005（4）：127-130.
[②] 李尚昊，朝乐门. 文本挖掘在中文信息分析中的应用研究述评[J]. 情报科学，2016，34（8）：153-159.

处理过程可能占据整个系统 80%的工作量。与传统的数据库中的结构化数据相比，文档具有有限的结构，或者根本就没有结构，即使具有一些结构，也是着重于格式，而非文档的内容，且没有统一的结构，因此需要对这些文档进行数据挖掘中相应的标准化预处理；此外，文档的内容是使用自然语言描述的，计算机难以直接处理其语义，所以还需要进行文本数据的信息预处理。信息预处理的主要目的是抽取代表文本特征的元数据(特征项)，这些特征项可以用结构化的形式保存，作为文档的中间表示形式。

(2) 特征提取。特征提取的目的是实现文本特征表示。文档的内容是使用自然语言描述的，表达了丰富的信息，但是要把这些信息编码为一种标准形式是非常困难的。基于自然语言处理和统计数据分析的文本挖掘中的文本特征表示是指，对从文档中抽取出的元数据(特征项)进行量化，以结构化形式描述文档信息。这些特征项作为文档的中间表示形式，在信息挖掘时用以评价未知文档与用户目标的吻合程度。

(3) 特征集约减。特征集约减的目的有三个：①提高程序效率和运行速度；②数万维的特征项对文本分类的意义是不同的，一些通用的、各个类别都普遍存在的特征项对文本分类的贡献较小，在某个特定的类中出现的比重大而在其他类中出现的比重小的特征项对文本分类的贡献较大；③防止过拟合(Overfit)。对每一类，去除对文本分类贡献较小的特征项，筛选出针对反映该类的特征项并组成特征集。一个有效的特征集直观上说必须具备以下两个特点：①完全性，确实体现目标文档的内容；②区分性，能将目标文档同其他文档区分开来。

(4) 文本挖掘。文本特征表示是文本挖掘的基础，而文本分类和文本聚类是文本挖掘的最重要、最基本的挖掘技术，也是文本挖掘的众多技术中应用得比较广泛的。其中，文本分类是一种典型的有监督的机器学习方法，一般分为训练(或学习)和分类两个阶段；而文本聚类是一种典型的无监督的机器学习方法，聚类方法的选择取决于数据的类型、聚类目的和应用。

(5) 模式评价。模式评价是文本挖掘的最后一个步骤，即利用已经定义好的评价指标，如准确率(Accuracy)、精确率(Precision)、召回率(Recall)和 F1-Measure 等，对获取的知识或模式进行评价。如果评价结果符合要求，就存储该模式以备用户使用；否则返回前面的某个步骤进行重新调整和改进，然后再开展新一轮的发现。

9.2 文本挖掘的发展和前景

9.2.1 文本挖掘的发展

文本挖掘一直是一个非常重要的研究领域。1996 年，R.Grishman 和 Sundhrim 于第六次信息理解大会(MUC-6)上提出了命名实体(Named Entity)的概念[1]。1998 年，Susan Dumais 等学者从学习速度、实时分类速度和分类准确性等方面的比较了当时比较流行的五种不同的文本分类自动学习算法[2]。当时的结果显示，支持向量机(SVM)的表现是最好的。支持向量机的确是文本处理中最

---

[1] GRISHMAN R, SUNDHRIM B M. Message understanding conference-6: A brief history[C]//COLING 1996 Volume 1: The 16th International Conference on Computational Linguistics,1996.
[2] DUMAIS S, PLATT J, HECKERMAN D, et al. Inductive learning algorithms and representations for text categorization[C]// Proceedings of the seventh international conference on Information and knowledge management, 1998: 148-155.

常用、最有效的方法之一。Thorsten Joachims 在他的论文中探讨了如何使用支持向量机从例子中学习文本分类器。他分析了使用文本数据进行学习的特定属性，并确定了支持向量机适用于此任务的原因[①]。他认为支持向量机相对于当时最好的方法实现了实质性的改进，并在各种不同的学习任务中表现出了强大的行为。此外，支持向量机是全自动的，无须手动调整参数。

另一个在文本挖掘领域内常用的算法是决策树(Decision Tree)，自 Quinlan 于 1986 年发明了 ID3 算法后，决策树几乎成为文本挖掘必用的算法之一[②]，它训练的速度很快并且可扩展。然而，决策树有一个缺点，即最终的决定只能取决于相对较少的特征。1999 年，Robert E. Schapire 和 Yoram Singer 提出了对 Freund 和 Schapire 的 AdaBoost 增强算法的一些改进，创建了增强决策树，通过以减少总体误差的方式构建的一组互补决策树来弥补决策树的这一缺点[③]。第二年，他们提出了 BoosTexter，使用更简单的一步决策树，只包含一条规则，并获得了令人满意的文本分类结果[④]。

2000 年，Mccallum 等学者将研究方向专注于文本分类，他们证明了学习文本分类器的准确性可以通过将大量未标记的文档与少量带标签的培训文档混合在一起来提高。由于在许多文本分类问题中，获取培训标签的成本很高，而大量未标记的文档却很容易获得，这是一个非常重要的发现[⑤]。2002 年，Fabrizio Sebastiani 更详细地调查了文本挖掘中用于文本自动分类的技术。他基于文本特征表示、分类器构建和分类器评估三个方面评估了机器学习方法的表现[⑥]。

文本分析技术来源于语言学和数据挖掘，但可以看到现在它已经从实验室打入了更广泛的分析世界。许多软件能够识别文本特征，如个人和地理名称、日期、电话号码与电子邮件地址、概念、情感等，并将其提取到数据库中。最近，依赖于文本分析技术的业务型应用程序开始出现(如自动处理新闻源)，这些应用程序展示了该技术的成熟度。Ronen Feldman 在 2006 年的计算机协会会议上阐述了关于文本挖掘系统的观点，即该系统应该能够通过 SAT、GRE、GMAT 等标准阅读理解测试。根据 Ronen Feldman 的观点，这样的系统必须能够实现出色的实体识别和关系提取，并具有非常高的精度(检索信息的相关性)和召回能力(找到所有相关信息的能力)；这样的系统应该可以应用于任何领域，在没有人为干预的情况下完全自主运行，并且可以分析庞大的语料库(文档集)并提出"真正有趣的发现"。在各个领域的研究者们正在不断朝着这个方向前进时，Alexander Pak 和 Patrick Paroubek 于 2010 年以 Twitter 为语料库，利用 n-gram 算法进行了情感分析和意见挖掘[⑦]。

[①] JOACHIMS T. Text categorization with support vector machines: Learning with many relevant features[C]//European conference on machine learning. Springer, Berlin, Heidelberg, 1998: 137-142.
[②] QUINLAN J R. Induction of decision trees[J]. Machine learning, 1986, 1(1): 81-106.
[③] SCHAPIRE R E, SINGER Y. Improved boosting algorithms using confidence-rated predictions[J].Machine learning, 1999, 37(3): 297-336.
[④] SCHAPIRE R E, SINGER Y. BoosTexter: A boosting-based system for text categorization[J]. Machine learning, 2000, 39(2): 135-168.
[⑤] NIGAM K, MCCALLUM A K, THRUN S, et al. Text classification from labeled and unlabeled documents using EM[J]. Machine learning, 2000, 39(2): 103-134.
[⑥] SEBASTIANI F. Machine learning in automated text categorization[J]. ACM computing surveys (CSUR), 2002, 34(1): 1-47.
[⑦] PAK A, PAROUBEK P. Twitter as a corpus for sentiment analysis and opinion mining[C]//LREc, 2010, 10(2010): 1320-1326.

当然，深度学习在文本挖掘领域内的表现也值得期待。2015 年，Chen Y 进行了一系列关于卷积神经网络的实验，将这些卷积神经网络在预先训练的单词向量的基础上进行训练，以进行句子级分类任务[①]。一个简单的只需少量超参数调整和静态向量的卷积神经网络，就可以在多个基准测试中取得出色的结果。此卷积神经网络改进了 7 个任务中 4 个任务的现有技术水平，其中包括情感分析和问题分类。

9.2.2 文本挖掘的前景

由于数据标注的成本昂贵，而训练分类器又往往需要大量数据，目前标注瓶颈是文本挖掘中比较大的问题。另外，文本到数值的转换和特征提取也是难点。因此，无监督的机器学习是目前的一个研究方向，以摆脱算法训练对数据的依赖。在文本到数值的转换上，如 word2vec 等工具试图在无监督的机器学习的基础上，通过一个嵌入空间使得语义上相似的单词在该空间内距离很近，这也是一个重要的研究方向[②]。

9.3 文本挖掘的关键技术

从目前文本挖掘技术的研究和应用状况来看，从语义的角度来实现文本挖掘的技术还很少，目前研究和应用较多的几种文本挖掘技术有：文本分类、文本聚类、关键词提取、文本摘要、主题模型、序列标注、观点抽取、情感分析、关联规则、分布分析与趋势预测、文本结构分析等。

文本挖掘不但要处理大量的结构化和非结构化的文本数据，而且还要处理其中复杂的语义关系，因此现有的数据挖掘技术无法直接应用于其上。对于非结构化问题，一条途径是发展全新的数据挖掘算法直接对非结构化数据进行挖掘，但由于非结构化数据非常复杂，导致这种算法的复杂性也很高；另一条途径就是将非结构化问题结构化，利用现有的数据挖掘技术进行挖掘，目前的文本挖掘一般采用该途径进行。对于语义关系，则需要集成计算语言学和自然语言处理等成果进行分析。本节主要从基本概念、使用场景和经典算法(模型)三方面对几种文本挖掘的关键技术进行介绍。

9.3.1 文本分类

文本分类是文本挖掘领域中较为重要且较为基础的技术，具有丰富的在线应用场景。对文本进行分类需要进行有监督的机器学习，构建具有预测功能的分类模型。

1. 文本分类的基本概念

文本分类是指基于已知属性对文本类型的数据的所属类别进行判断，即在有限的分类标签集合中对给定的文本对象进行划分，以帮助用户增强对文本对象的认知和理解。其中，文本对象是具有多个层次的非结构化数据，包括词汇、句子、文档等多种类型，而实际应用中通常提及的文本分类问题是指对文档对象进行分类。文档是指以自然语言表示的文本，如新

[①] CHEN Y. Convolutional neural network for sentence classification[D]. University of Waterloo, 2015.
[②] 机器之心，文本挖掘[EB/OL].https://www.jiqizhixin.com/graph/technologies/e152be19-39f1-460f-bc7d-9a00fcd7c351.

闻网页、文献研究等，各个文档包含的主题内容具有较强的独立性，单篇文档包含的信息具有丰富的内涵[①]。

文本分类属于有监督的机器学习，其类别需要预先定义，然后根据分类模型的自身知识将文档自动归类。从文本分类的任务结构来看，文本分类主要包含二元分类和多元分类两种基本类型，二元分类主要对文档的某一类特定条件进行判断，符合特定条件的文档用布尔变量1来表示，不符合特定条件的文档用布尔变量0来表示；多元分类将文档按照不同的领域进行划分，以实现对不同文档的区别管理。从分类结果来看，文本分类可以分为单分类和多分类，单分类是指每个文档只能划分到一个类别中，多分类是指文档可以同时归属多个类别。因此，在进行文本分类时需要考虑分类模型的能力，根据实际需求选择文本分类技术。

2. 文本分类的应用场景

文本分类的应用场景有以下两种。

(1) 信息过滤。

在信息爆炸的时代，人们在工作和生活中使用电子邮件交换信息和交流情感，但同时大量的垃圾邮件带给用户许多困扰，使得电子邮件的有用性和可信度大幅降低[②]。当前，包含广告、诈骗、传销等网络欺诈信息的电子邮件使用户面临巨大的经济风险，为了防范风险和改善用户体验，识别垃圾邮件并进行信息过滤十分必要。文本分类技术可以对电子邮件进行自动分析和判断，将电子邮件分为有用和无用两个类别，从而帮助用户对信息进行更好的管理，提高用户的工作效率和使用体验。

(2) 情感分类。

电商领域的评价信息会影响用户对产品的购买决策。当前，在线评价信息成千上万，用户难以在短时间内浏览全面并快速做出判断，因此可以通过情感分类将产品所有的正面和负面评价信息聚合起来，从而帮助用户对评价信息进行更全面的评估。

3. 文本分类的经典算法

文本分类的经典算法基于三种基本模型：朴素贝叶斯模型、向量空间模型、支持向量机模型。

(1) 朴素贝叶斯模型。

朴素贝叶斯模型是一种基于产生式模型的预测算法，适用于高维度特征的数据对象。朴素贝叶斯模型认为文档包含的具体词汇特征是由其分类结果决定的。基于朴素贝叶斯模型的分类模型包含贝努利模型和多项式模型两种子模型，前者在每个维度上用布尔变量来表示词汇是否在目标文档中出现，后者在每个维度上用布尔变量来表示词汇是否在目标文档的特定位置上出现。

(2) 向量空间模型。

基于向量空间模型的算法把文档表示成高维实数空间中的点，使文档的表示形式更加灵活。样本的分类结果取决于其在高维实数空间中的位置关系。这种算法假定位置相近的样本的分类结果也相近。基于向量空间模型的算法有 Rocchio 算法和 K-最近邻分类 (K-Nearest Neighbors, KNN) 算法。Rocchio 算法利用点的质心的概念对文档进行分类，常用于信息检索

[①] 姜维. 文本分析与文本挖掘[M]. 北京:科学出版社, 2018 :80-81.
[②] 迈克尔·W.贝瑞, 雅克布·柯岗. 文本挖掘[M]. 北京:机械工业出版社, 2017 :31-34.

领域中相关文档与非相关文档的分类问题。而 KNN 算法利用样本的局部信息对结果进行判断，其优势体现在可以处理复杂的非线性分类边界问题[1]。

(3)支持向量机模型。

支持向量机模型是经典的数据分类模型，主要用于为高维向量空间中的点确定一个超平面并对其进行二元分类，同时可以用于文本对象的分类，效果较好。支持向量机模型把分类器学习问题转化为寻找最大分类边缘的优化问题，包括硬间隔分类和软间隔分类两种类型，其学习过程只依赖于少数的支持向量样本，算法收敛速度较快。

9.3.2 文本聚类

除文本分类外，文本挖掘在很多场合需要用到文本聚类技术，二者的本质区别是文本分类属于有监督的机器学习，而文本聚类属于无监督的机器学习。

1．文本聚类的基本概念

文本聚类将文本对象分成若干子集，每个子集中的文本对象在属性特征上较为相似，不同子集之间的文本对象彼此之间较为不同。文本聚类的核心作用是对文本对象进行降维，更生动系统地描述文档集合。文本聚类问题对应于无监督的机器学习方法，因此在对文档进行划分之前，预先不知道有哪些类别，可以将文本聚类看作对实际问题的探索性分析，帮助用户初步了解文本数据的结构。

2．文本聚类的应用场景

文本聚类更适用于文本挖掘的预处理，其主要应用场景包括预处理、信息检索等。

(1)预处理。

文本聚类可以看作文本分类工作前的预处理步骤，通过聚类分析，可以知道文档应当分为几类及每类中的文档分布情况。其比较典型的应用是哥伦比亚大学开发的多文档文摘系统Newsblaster[2]，它可以将每日重要的新闻文档进行聚类处理，并对同主题文档进行冗余消除、信息融合、文档生成等处理操作，从而生成一篇简明扼要的摘要文档。

(2)信息检索。

文本聚类可以有效地提高用户对信息进行处理的效率。应用于搜索引擎的聚类算法，可以将反馈给用户的网页按照包含文档内容的相似性进行聚类组织并展示，使得用户可以迅速定位到所需要的信息。

3．文本聚类的经典算法

文本聚类的经典算法主要有如下两种。

(1)k-均值聚类算法。

k-均值(k-means)聚类算法操作简单且有效，对数据集合的适应性较强。k-均值聚类算法是一种迭代求解的文本聚类算法，其步骤是预先将 n 个对象分为 k 个聚类，同时随机选取 k

---

[1] 刘通. 在线文本数据挖掘：算法原理与编程实现[M]. 北京：电子工业出版社，2019：119-120.
[2] EVANS D K, KLAVANS J L, MCKEOWN K. Columbia newsblaster: Multilingual news summarization on the web[C]// Demonstration Papers at HLT-NAACL 2004, 2004: 1-4.

个对象作为初始的聚类中心；然后计算每个对象与各聚类中心之间的距离，把每个对象分配给距离它最近的簇集合；然后计算各个聚类的中心，计算各个聚类中所有对象的均值并将其作为新的聚类中心；同时计算均方差测度值，如果新的聚类中心与上一次的聚类中心相同，则聚类完成。k-均值聚类算法的聚类目标是将文档最小化到其聚类中心的距离的平方的平均值。好的聚类结果取决于合适的聚类个数及聚类中心位置的选取。

(2) k-中心点聚类算法。

k-中心点聚类算法也是一种常用的文本聚类算法，它的基本思想和k-均值聚类算法的思想相同，不同的是k-均值聚类算法将各聚类对象的平均值作为聚类中心，聚类中心不一定是聚类中的真实对象，而k-中心点聚类算法的聚类中心是数据集中的一个实际对象。k-中心点聚类算法的基本过程是：首先为每个簇随意选择一个代表对象，剩余的对象根据其与每个代表对象的距离(此处距离不一定是欧氏距离，也可能是曼哈顿距离)分配给最近的代表对象所代表的簇；然后反复用非代表对象来代替代表对象，以优化聚类质量。想要求解最优的若干聚类中心，需要穷举所有可能的分类，虽然计算量较大，但k-中心点聚类算法也是一种全局最优求解算法[1]。

9.3.3 文本摘要

1. 文本摘要的基本概念

文本摘要是指从文档中抽取关键信息，以简洁的形式对文档内容进行解释和概括。这样，用户不需要浏览全文就可以了解文档或文档集合的总体内容。

任何一个文档总有一些主题句，这些主题句大部分位于整个文档的开头或末尾部分，而且往往位于段首或段尾。因此，文本摘要能够自动生成算法，主要考查文档的开头、末尾部分，而且在构造句子的权值函数时，相应地赋给标题、子标题、段首和段尾的句子较大的权值，按权值大小选择句子组成相应的摘要。

2. 文本摘要的应用场景

文本摘要的应用场景主要有如下三种。

(1) 信息检索。

信息检索(Information Retrieval)技术可以帮助用户自动地对无关信息进行筛选，但是并不能帮助用户对文档内容进行理解，文本摘要正是针对这一问题的技术补充。例如，很多搜索引擎除了向用户反馈网页中文档的标题，还会附上网页的文本摘要作为参考信息，这些文本摘要可以帮助用户更好地理解文档内容，使得信息检索变得更加高效。

(2) 信息压缩。

信息压缩是文本摘要最直观的应用，用简短的文档代替原有文档，对主要内容进行总结，帮助用户快速浏览信息。例如，文本摘要技术用于处理网络环境中每天大量涌现的新闻报道，可以帮助用户快速浏览其感兴趣的社会动态，压缩信息以节省用户时间。

(3) 用户画像。

通过文本摘要技术对用户网络活动产生的所有文档进行关键词提取，提取描述用户日常

---

[1] 姜维. 文本分析与文本挖掘[M]. 北京：科学出版社, 2018 :120-122.

行为的关键词,这些关键词也称为用户画像。基于文本摘要的用户画像可以用于解决社交网络中的自动推荐问题,或者用于指导市场运营决策。

3. 文本摘要的经典算法

文本摘要的经典算法主要有以下两种。

(1) TF-IDF 算法。

TF-IDF(Term Frequency-Inverse Document Frequency,词频-逆向文件频率)算法是一种用于信息检索与文本挖掘的常用加权技术,也是一种统计算法,用以评估字词对于文档集中或语料库中一个文档的重要程度。字词的重要性随着它在文档中出现的次数成正比增加,但同时会随着它在语料库中出现的次数成反比下降。TF-IDF 算法的主要思想是:如果某个单词在一个文档中出现的频率高,并且在其他文档中很少出现,则认为此单词具有很好的类别区分能力,适合用来分类[1]。

(2) PageRank 算法。

PageRank 算法是较为重要的一种分析互联网超链接的复杂网络算法,是用于标识网页的等级、重要性的一种算法。在 PageRank 算法提出之前,已经有人提出使用网页的入链数量进行链接分析,但是 PageRank 算法除考虑入链数量外,还考虑了网页质量因素,通过组合入链数量和网页质量因素两个指标,使得网页重要性的评价更加准确[2]。PageRank 算法有时也被称为 TextRank 算法,在文档关键词提取方面取得了非常好的性能表现[3]。

9.3.4 主题模型

1. 主题模型的基本概念

主题模型(Topic Model)是文本挖掘的重要工具,近年来在工业界和学术界都获得了非常多的关注。主题模型能够识别文档中的主题,挖掘语料里的隐藏信息,并且广泛应用于主题聚合、从非结构化文档中提取信息、特征选择等场景。

主题模型是以无监督机器学习的方式对文档的隐含语义、结构进行聚类的统计模型。主题模型主要用于自然语言处理中的话题分析和文本挖掘问题,如按主题对文档进行收集、分类和降维。

2. 主题模型的应用场景

主题模型的应用场景主要有如下两种。

(1) 文档降维。

主题模型可以实现文档降维。主题模型在对原始文档特征向量进行压缩的同时可以提取更加丰富的文档信息,从文档包含的词汇特征角度对文档内容进行描述与表示,用对应的主题来表示某个相应的文档。

(2) 话题分析。

在降维向量中,每个维度不是对应某一个具体的词汇,而是与一组特征具有特定混合比

---

[1] LECHUAN_DAFO.【机器学习】python 多种方法实验比较 文本情感二分类[EB/OL].(2019-09-09). https://blog.csdn.net/qq_34862636/article/details/100662779.
[2] NATHAN_DEEP.TextRank 文本摘要抽取[EB/OL].(2019-10-14).https://blog.csdn.net/chaojianmo/article/details/102553106.
[3] ZHAI C, MASSUNG S. Text Data Management and Analysis: A Practical Introduction to Information Retrieval and Text Mining [M]. 北京:机械工业出版社, 2018:118-120.

例的词汇相互关联。每个维度可以理解为一个语言话题，语言话题就是词汇混合的结果。例如，在"疫情"话题中，"疫苗""感染"等词汇具有较高的混合比例，而其他词汇具有较低的混合比例。话题是文档内容隐含的信息，同时也是更本质、更有意义的信息，其结果直观易懂、可解释性高，且接近用户的日常习惯。因此，采用主题模型对文档内容进行话题分析是文本挖掘领域中较为主要的研究方向。

3. 主题模型的经典模型

隐含狄利克雷分布(Latent Dirichlet Allocation，LDA)是常见的主题模型，是一种产生式语言模型。LDA 模型假设语料集合中的任何文档都是基于一个预定义的随机动态过程按顺序产生各词汇而组织形成的。在 LDA 模型中，整个文档由若干主题混合而成，每个词汇在抽样产生时会随机地按照某一概率被赋予主题，且各个主题间彼此独立。通过该模型可以对文档进行降维，获得平滑、紧密的向量化表示。通过 LDA 模型可以实现文档的"软聚类"，每个主题都可以和特定的聚类中心对应。除此以外，由于所有的主题等价于词典上的多项分布，因此可以很容易地通过词汇的出现概率来理解主题的现实含义。

9.3.5 序列标注

1. 序列标注的基本概念

在文本挖掘应用中，文本类型数据大多具有典型的序列结构，包括文章中句子之间的组合顺序、句子中词汇的组合顺序，甚至词汇或词组内部的字或字符的组合顺序，文本对象的顺序结构信息可以提高文本挖掘的准确度。

序列标注是指对满足序列结构的数据进行分类，属于特殊的分类问题，它强调被分类元素的分类结果和相邻元素的分类结果之间的关系。被分类元素的分类结果会影响其他元素的分类结果，因此序列标注强调对全局性属性的分析。

2. 序列标注的应用场景

序列标注的应用场景主要有如下几种。

(1) 分词。

分词是重要的信息处理环节，在对文档进行特征提取前，需要先进行文档信息的预处理。对于英文文档而言，需要进行词干提取(Stemming)处理，即抽取词的词干或词根形式，进行词形规范化[①]。而中文文档的情况则不同，因为中文的词与词之间没有固有的间隔符(空格)，所以需要进行分词。

(2) 词性标注。

词性标注(Part-of-Speech Tagging)是为句子中每一个词汇赋予一个正确的词性标记，广泛应用于许多后续自然语言处理中。在中文文档中，词性标注是十分必要的，每一个词汇都有可能对应多个词性。因此，计算机需要对文档中每个位置的词汇的词性在若干候选词性中进行选择，对词汇的词性进行判断。词性标注是一个典型的序列标注任务，在判断过程中，

---

① 刘源. 信息处理用现代汉语分词规范及自动分词方法[M]. 北京:清华大学出版社，1994:36-37.

既需要了解该词汇在语料集合中的每一个候选词性的概率,又需要了解该位置前后的词性标注结果。

(3)命名实体识别。

命名实体识别(Named Entity Recognition,NER)是一类非常重要的文本分析任务。命名实体可以理解为某个领域的专有名词,如机构名称、人名、地名、技术名词等。命名实体一般为一个复合词汇,由多个部分组成,其结构通常具有一定的规律或模式[①]。

3. 序列标注的经典模型

求解序列标注问题的经典模型有三种:隐马尔可夫模型(Hidden Markov Model,HMM)、最大熵马尔可夫模型、条件随机场。隐马尔可夫模型是早期提出的比较重要的处理序列标注问题的统计模型,它用来描述一个含有隐含未知参数的马尔可夫过程。隐马尔可夫模型是产生式模型,每个位置的观测变量仅由对应位置的隐变量决定,而隐变量的状态仅依赖于前一个位置的隐变量状态。其难点是从可观测变量中确定该过程的隐变量,然后利用这些隐变量进行进一步的模式识别分析。最大熵马尔可夫模型的基础是最大熵模型,最大熵模型在序列标注问题中的具体体现属于判别式模型。条件随机场在目标函数优化时对参数进行了全局的标准化,有效地避免了标注偏置问题。

? 思考题

1. 阅读下列文献,讨论文本挖掘的研究框架,分析组成其框架的两个要素:Text Refining(文本精炼)和 Knowledge Distillation(知识蒸馏)。

"TAN A H . Text mining: The state of the art and challenges[J]. Proceedings of the Pakdd Workshop on Knowledge Disocovery from Advanced Databases,1999:65-70"。

2. 什么是 LDA 模型?尝试用 Python 实现 LDA 模型并进行主题提取。

3. 什么是朴素贝叶斯模型?尝试用 Python 实现基于朴素贝叶斯模型的文本处理过程,包含训练词向量、文本预处理、训练朴素贝叶斯模型、性能测评等步骤。

4. 思考文本挖掘模型之间有什么区别?以及如何选择合适的文本挖掘模型?

[①] 刘通. 在线文本数据挖掘:算法原理与编程实现[M]. 北京:电子工业出版社,2019:156-157.

第10章 知 识 图 谱

本章提要

1. 掌握知识图谱的基本概念；
2. 了解知识图谱的由来和发展；
3. 掌握知识图谱的关键技术；
4. 了解知识图谱在不同领域的应用和问题。

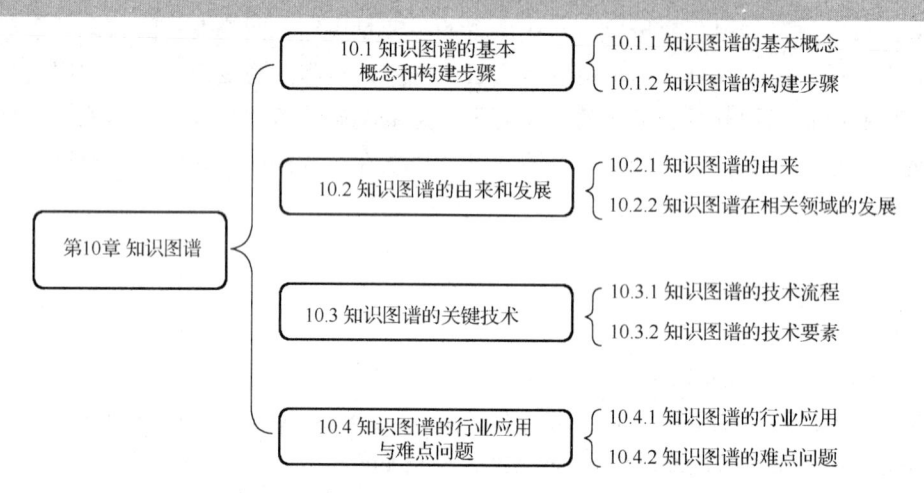

第10章 知识图谱
- 10.1 知识图谱的基本概念和构建步骤
  - 10.1.1 知识图谱的基本概念
  - 10.1.2 知识图谱的构建步骤
- 10.2 知识图谱的由来和发展
  - 10.2.1 知识图谱的由来
  - 10.2.2 知识图谱在相关领域的发展
- 10.3 知识图谱的关键技术
  - 10.3.1 知识图谱的技术流程
  - 10.3.2 知识图谱的技术要素
- 10.4 知识图谱的行业应用与难点问题
  - 10.4.1 知识图谱的行业应用
  - 10.4.2 知识图谱的难点问题

知识图谱是一种用图模型来描述知识和建模世界万物之间的关联关系的技术方法，是揭示商务数据普遍性拓扑关系的有力工具。本章从基本概念和构建步骤、由来和发展、关键技术与应用等方面对知识图谱进行了详细阐述。

10.1 知识图谱的基本概念和构建步骤

10.1.1 知识图谱的基本概念

1. 知识

知识是人类在实践中认识客观世界（包括人类自身）的成果。知识可分为陈述性知识和程序性知识。陈述性知识是指描述客观事物的特点及关系的知识，也称为描述性知识，如"动物园里的老虎咬伤一些无辜的人"；而程序性知识是指描述办事的操作步骤和过程的知识，也称为操作性知识，如"如果动物园里的老虎咬伤人，那么要对人进行抢救"。知识具有以下特点：知识与知识之间有着千丝万缕的联系，对知识的理解需要其他知识作为背景，如对上例的理解需要依靠其他知识：①老虎会咬伤人；②人被咬伤需要抢救。

2. 语义网络

语义网络(Semantic Network)是指用相互连接的节点和边来表示知识。其中,节点表示对象、概念,边表示节点之间的关系。

语义网络的优点有如下两点。

(1) 容易理解和展示。

(2) 相关概念容易聚类。

语义网络的缺点有如下几点。

(1) 节点和边的值没有标准,完全由用户自己定义。

(2) 多源数据的融合比较困难,因为没有标准。

(3) 无法区分概念节点和对象节点。

(4) 无法对节点和边的标签进行定义。

知识图谱本质上是一种语义网络结构的知识库,即具有有向图结构的知识库。其中,图的节点代表实体(Entity)或概念(Concept),边代表实体或概念之间的各种语义关系。从知识表示的角度看,知识图谱本质上是一种大型的语义网络。由于标准化不足,语义网络较难应用于实践,但其表达形式简单直白,符合自然语言规律。

3. 知识图谱

概念

知识图谱以结构化三元组的形式存储现实世界中的实体及实体之间的关系,表示为 $G=(E,R,S)$。其中,$E=(e_1,e_2,\cdots,e_{|E|})$,表示实体集合;$R=(r_1,r_2,\cdots,r_{|R|})$,表示关系集合;$S$ 包含于 $E \times R \times E$,表示知识图谱中三元组的集合。

知识图谱是一种用图模型来描述知识和建模世界万物之间的关联关系的技术方法,也是一种揭示实体之间关系的语义网络,可以用来描述实体的属性及实体之间的关系等内容。知识图谱用于表达更加规范的高质量数据。一方面,知识图谱采用更加规范的概念模型、本体术语和语法格式来建模和描述数据;另一方面,知识图谱通过语义增强数据之间的关联。这种表达规范、关联性强的数据在改进搜索方法、优化问答体验、辅助决策分析和支持推理等多个方面都能发挥重要作用。

知识图谱由节点和边组成。节点可以是实体,如一个人、一本书等,也可以是抽象的概念,如机器学习等。边可以是实体的属性,如名称、长度、性别等,也可以是实体之间的关系,如朋友、配偶等。下面以姚明的百度百科数据为例(案例10-1),描述知识图谱的概念。

> **案例 10-1**
>
> 人物知识图谱:以知识图谱的形式将姚明的所有信息进行可视化展示,姚明的人物知识图谱如图 10-1 所示。请通过本案例理解实体、关系、属性和三元组的概念。
>
> (1) **实体**:具有可区别性且独立存在的某种事物,如姚明、叶莉。
>
> (2) **类别**:主要指集合、类别、对象类型、事物的种类,如姚明、叶莉的类型均为"人"。
>
> (3) **属性、属性值**:实体具有的性质及其取值,如姚明具有"身高"这一属性,这一属性的属性值为"2.26 米"。

图 10-1 姚明的人物知识图谱

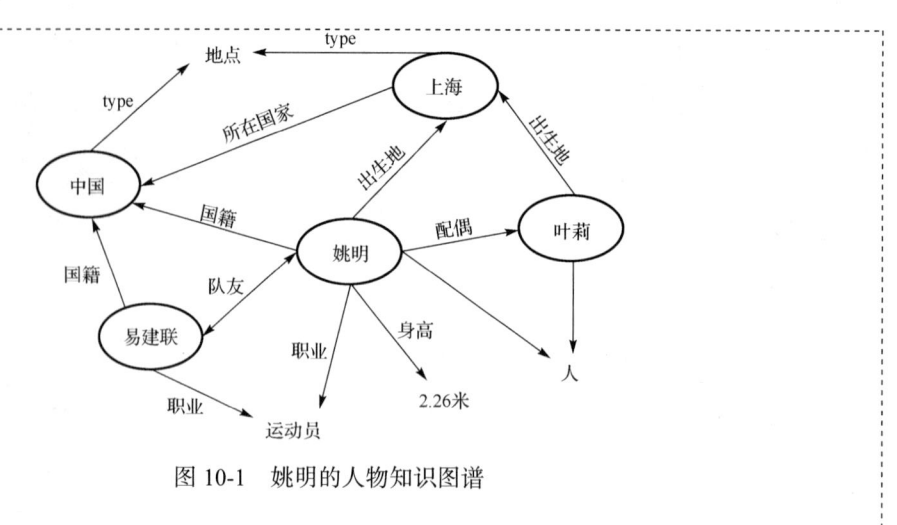

(4) 关系：不同实体之间的某种联系，如姚明与叶莉之间的关系为"配偶"。

分类

知识图谱可以分为通用知识图谱与领域知识图谱。其中，通用知识图谱是指面向开放领域的知识图谱，如常识类、百科类，其数据来源于互联网、知识教程等，主要应用于知识获取的场景，要求知识全面，如搜索引擎、知识问答等。通用知识图谱的典型代表为 Google KG。而领域知识图谱是面向特定领域的知识图谱，如金融、电信、教育等，其数据主要来源于行业内部数据。领域知识图谱主要应用于智能商业和智能服务，要求数据精准，如投资决策、智能客服等。领域知识图谱主要由各行业根据自己的数据模式构建。

生命周期

知识图谱的生命周期主要可分为四个阶段，分别是知识表示与建模、知识获取与融合、知识存储与检索，以及知识推理与分析，如图 10-2 所示。

(1) 知识表示与建模：构建本体并对知识进行描述。
(2) 知识获取与融合：获取多源知识并进行融合。
(3) 知识存储与检索：有效存储及快速查询知识。
(4) 知识推理与分析：发现已有知识中的隐含知识。

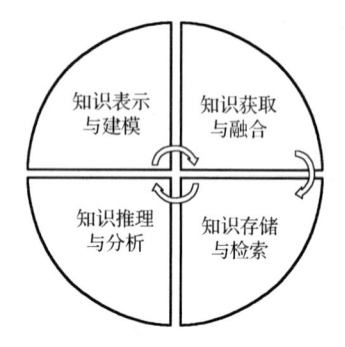

图 10-2 知识图谱的生命周期

10.1.2 知识图谱的构建步骤

1. 知识获取

知识获取的目标是从海量的文本数据中通过信息抽取的方式获取知识，其方法根据所处理的数据源的不同而不同。数据源分为结构化文本数据、半结构化文本数据和非结构化文本数据。

知识图谱的构建过程是以非结构化文本数据为基础，通过数据清洗预处理等步骤将其转变为结构化文本数据的过程。其中，处理非结构化文本数据的过程包含实体识别、实体消歧、关系抽取和事件抽取等任务。

2. 实体识别

实体识别是指从文本中识别出实体的命名性指称，并标明其类别。类别大致可分为实体类、时间类、数字类三大类，以及人名、机构名、地名、时间、日期、货币和百分比七小类。

例如，今年五月，姚明要参加博鳌论坛(时间：今年五月；人名：姚明；机构名：博鳌论坛)。

实体识别任务的产生原因有二，其一是命名实体的形式多变，如姚明、小巨人、姚主席都是指同一个人；其二是命名实体的语言环境复杂，如彩霞在某些条件下是人名，在另外的条件下可能是自然现象。

实体识别的方法可以分为两种，一是基于规则的实体识别方法。其中，基于命名实体词典的方法是较为常用的方法，主要采用字符串完全匹配或部分匹配的方式，从文本中找出与词典最为相似的短语，以完成实体识别。

中文人名的识别规则示例：<姓氏><名字>，如姚明。

中文地名的识别规则示例：<名字部分><指示部分>，如北京市。

这种方法具有规则简单的优点，同时也具备一些缺点，如需要构建词典和规则、性能受词典规模和质量影响。

二是基于机器学习的实体识别方法，利用预先标注好的语料训练模型，将模型学到的某个字或词作为命名实体组成部分的概率，进而计算一个候选字段作为命名实体的概率值。若该概率值大于某一阈值，则将该候选字段识别为命名实体。基于机器学习的实体识别方法可分为基于特征学习的方法和基于深度学习的方法。

3. 实体消歧

由于指称具有多样性和歧义性，所以需要在知识获取阶段进行实体消歧任务。指称的多样性是指同一实体在文本中会有不同的指称，如姚明爸爸想念小孙女、笑言等长大让她进上海女篮等，其中"小孙女"和"她"都指"姚沁蕾"。指称的歧义性是指相同的实体指称在不同的上下文中可以指不同的实体。指称的歧义性解释图如图10-3所示。

苹果是一种常见的水果，也可以指：
- 苹果公司，著名电子产品生产商
- 苹果唱片公司，披头四乐团创立的唱片公司
- 拉芘莎拉·瑛特勒素，泰国女演员、歌手，昵称Apple

图 10-3 指称的歧义性解释图

实体消歧的方法包括两种，一是基于聚类的实体消歧，二是基于实体链接的实体消歧。其中，基于聚类的实体消歧是指将指向同一个目标实体的指称聚到同一类别下。其具体前提和步骤如下。

(1) 目标实体列表没有给定。
(2) 对于每个实体指称，抽取其特征(上下文的词、实体、概念)组成特征向量。
(3) 计算指称之间的相似度。
(4) 采用某种聚类方法对指称进行聚类。

而基于实体链接的实体消歧是指将一个命名实体的文本指称链接到知识库中的对应实体，具体前提是目标实体列表给定，然后将实体指称与其在目标实体列表中的对应实体进行链接实现消歧。下面以图10-4来描述实体消歧的两种方法。

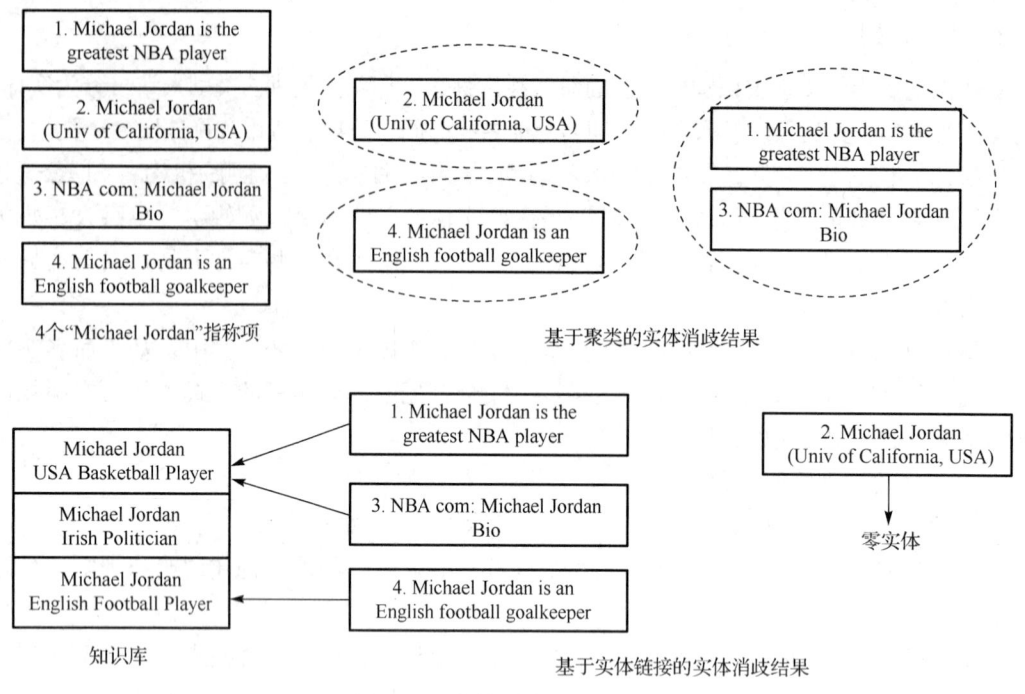

图 10-4　实体消歧的两种方法

4. 关系抽取

关系抽取是指自动识别实体之间具有的某种语义关系(如图 10-5 所示)。根据抽取文本的范围不同,关系抽取分为句子级关系抽取和语料(篇)级关系抽取。关系抽取的难点在于如下几点。

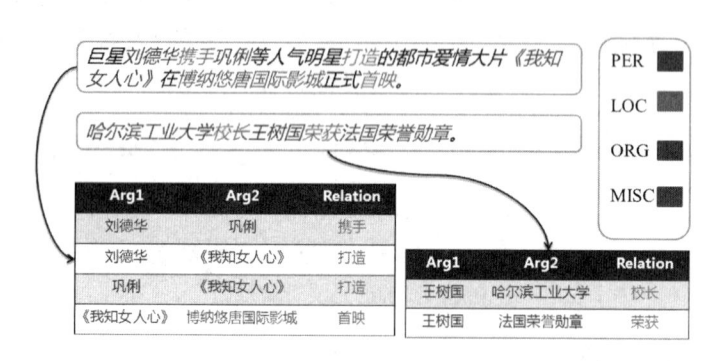

图 10-5　知识图谱关系抽取示意图

(1)同一个关系可以具有多种不同的词汇表示方式。
(2)同一个短语或词汇可能表达不同的关系。
(3)同一对实体之间可能存在不止一种关系。
(4)需要结合上下文。
(5)关系有时在文本中找不到任何明确表示,是隐含在文本中的。
(6)关系抽取依赖词法、句法分析等基本的自然语言处理工具,但这些工具的性能并不高。

5. 事件抽取

事件是指发生在某个特定的时间点或时间段、某个特定的地域范围内，由一个或多个角色参与的一个或多个动作组成的事情或状态的改变。事件中的要素包括事件发生的时间、地点，参与事件的角色，与之相关的动作或状态的改变。而事件抽取是指从描述事件的文本中抽取出用户感兴趣的事件信息，并以结构化的形式呈现出来。因此，事件抽取任务的基础工作包括识别事件触发词及事件类型、抽取事件元素（Event Argument）并判断其角色（Argument Role），以及抽出描述事件的词组或句子。知识图谱事件抽取示意图如图10-6所示。

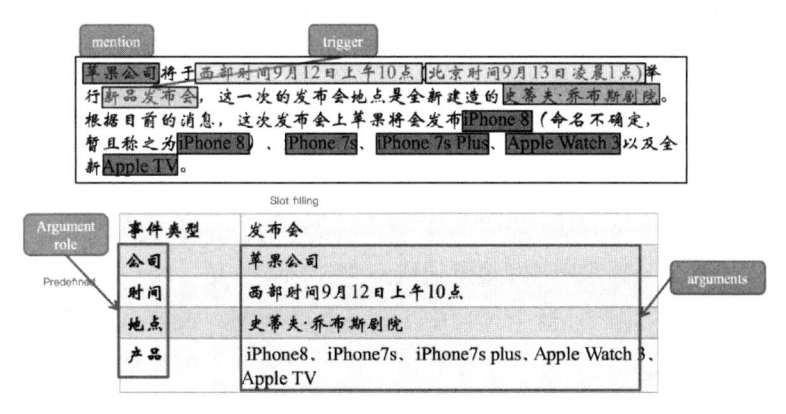

图 10-6 知识图谱事件抽取示意图

6. 知识融合

知识融合是指通过对多个相关知识图谱进行对齐、关联和合并，使其成为一个有机的整体，以提供更全面的知识。知识融合的主要技术挑战有两点，一是数据质量的挑战，如命名模糊、数据输入错误、数据丢失、数据格式不一致、缩写等；二是数据规模的挑战，如数据量大、数据种类多样、多种关系、更多链接等。

7. 知识存储与查询

知识存储与查询的主要目的是探究如何有效存储及快速查询。知识图谱中的知识是通过RDF（Resource Description Framework）结构进行表示的，其基本构成单元是事实。每个事实是一个三元组。根据存储数据库的不同，知识存储分为基于表结构的知识存储和基于图结构的知识储存，常见的知识图谱查询语言包括关系数据库查询语言SQL、图数据库查询语言SPARQL。

8. 知识推理与分析

知识推理与分析是为了发现已有知识中的隐含知识。知识图谱的表示方式包括符号化表示和数值化表示，分别对应不同的知识推理方式，主要包括基于符号演算的知识推理和基于数值计算的知识推理。

基于符号演算的知识推理是指基于逻辑规则，推理出新的实体关系，可以对知识图谱进行逻辑的冲突检测，通过频繁子图挖掘、归纳逻辑编程、结构学习等方法自动学习推理规则。基于数值计算的知识推理是指基于表示学习模型，利用关系机器学习方法，通过统计规律从知识图谱中学习新的实体关系，其中表示学习模型有翻译模型、距离模型、神经网络模型等。

10.2 知识图谱的由来和发展

10.2.1 知识图谱的由来

知识图谱的发展历史如图 10-7 所示。从 1956 年达特茅斯会议开始，符号主义者提出"人工智能（Artificial Intelligence，AI）"概念，符号主义曾长期一枝独秀，为人工智能的发展做出了重要贡献，尤其是专家系统的成功开发与应用，对人工智能走向工程应用和实现理论联系实际具有特别重要的意义。1970 年，Herbert A.Simon 正式提出语义网络，通过有向图来表示知识，作为知识表示的一种通用手段。1977 年，美国斯坦福大学计算机科学家 Edward Albert Feigenbaum 教授在第五届国际人工智能会议上提出了知识工程的概念，确立了知识工程在人工智能中的核心地位。1989 年，英国科学家 Tim Berners-Lee 发明了万维网（World Wide Web）。Web1.0 万维网的出现使得知识从封闭走向开放，从集中知识成为分布知识。原来专家系统是从系统内部定义知识的，现在则可以实现知识源之间相互链接，可以通过关联来产生更多的知识，而非完全由固定人生产。这个过程中出现了群体智能，最典型的代表就是维基百科，它的核心思想是用户建立知识，体现了互联网大众用户对知识的贡献，成为今天大规模结构化知识图谱的重要基础。也是在 2001 年，万维网发明人、2016 年图灵奖获得者 Tim Berners-Lee 提出了语义 Web 的概念，旨在对互联网内容进行结构化语义表示，并提出互联网上语义标识语言 RDF（资源描述框架）和 OWL（万维网本体表述语言），利用本体描述互联网内容的语义结构，通过对网页进行语义标识得到网页语义信息，从而获得网页内容的语义信息，使人和机器能够更好地协同工作。自 2006 年开始，进入 Web3.0 知识互联的时代，构建人与机器都可以理解的万维网，使网络更加智能化，知识图谱以其强大的语义处理能力与开放互联能力，为万维网上的知识互联奠定扎实的基础，使 Web 3.0 提出的"知识之网"愿景成为可能。

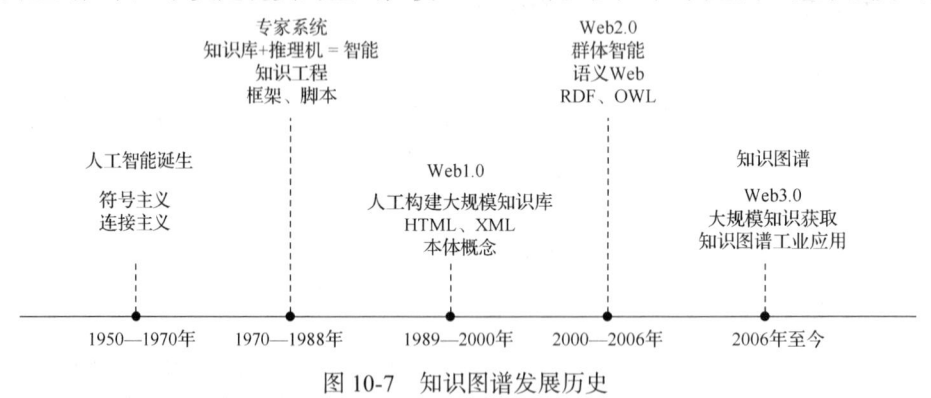

图 10-7 知识图谱发展历史

10.2.2 知识图谱在相关领域的发展

1. 知识图谱+知识工程

知识工程是研究知识信息处理的学科，提供开发智能系统的技术，它是人工智能、数据库技术、数理逻辑、认知科学、心理学等学科交叉发展的结果。三大研究领域包括知识获取、知识表示与知识利用。在知识获取领域，有三种方法，一是由专家自上而下获取，二是大规模数据自下而上挖掘抽取，三是利用众包与群体智能；在知识表示领域，将知识语义化、关联化；在知识利用领域，单纯为智能知识服务收集、提供信息[1]。

2．知识图谱+自然语言处理

自然语言处理技术主要应用于实体识别与抽取、实体消歧、关系抽取等方面，此领域所面临的趋势及挑战包括从封闭走向开放、大规模信息抽取和深层次挖掘信息背后的语义（从抽取到理解）[2]。

3．知识图谱+机器学习

背景：基于网络形式的知识表示存在数据稀疏问题和计算效率问题。

知识表示学习（Representation Learning）：主要面向知识图谱中的实体和关系进行表示学习，使用建模方法将实体和向量表示在低维稠密的向量空间中，然后进行计算和推理[3]。

优点：显著提升计算效率，有效缓解数据稀疏，实现异质信息融合。

应用：知识图谱补全、相似度计算、关系抽取、自动问答、实体链指。

4．知识图谱+数据库

知识图谱本质上是多关系图，通常用"实体"来表达图中的节点，用"关系"来表达图中的边[4]，如图10-8所示。

关系数据库：实体与实体之间的关系通常利用外键来实现，对关系的查询需要大量join操作

⇩

图数据库：图模型建模实体(节点)和实体之间的关系(边)，在对关系的操作上有更高的性能

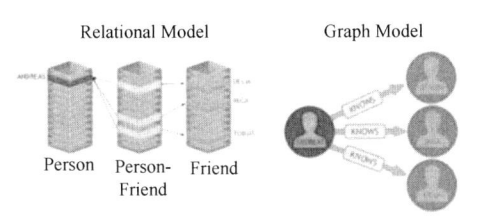

图 10-8 "知识图谱+数据库"的应用

10.3 知识图谱的关键技术

10.3.1 知识图谱的技术流程

知识图谱方法论涉及知识获取、知识表示、知识处理和知识利用等多个方面。其一般流

---

[1] 曹羽.从知识工程到知识图谱全面回顾[EB/OL].(2019-05-05).https://mp.weixin.qq.com/s/BoguBgZ_hdJhN5MFmAm8_w.
[2] 第二章 语义分析研究进展、现状及趋势[A]. 中文信息处理发展报告. 中国中文信息学会，2016: 7.
[3] 数据派 THU.清华大学刘知远：知识表示学习及其应用[EB/OL].(2018-05-21).https://blog.csdn.net/tmb8z9vdm66wh68vx1/article/details/80416920.
[4] 半吊子全栈工匠.知心温故，从知识图谱到图数据库[EB/OL].(2019-01-14).https://blog.csdn.net/wireless_com/article/details/86486289.

程为：首先确定知识表示模型，然后根据数据来源选择不同的知识获取手段导入知识，接着综合利用知识抽取、知识融合、知识挖掘等技术对构建的知识图谱进行质量提升，最后根据场景需求设计不同的知识访问与呈现方法，如语义搜索、问答交互、图谱可视化分析等。知识图谱构建技术架构如图10-9所示。下面分别阐述知识图谱的技术要素。

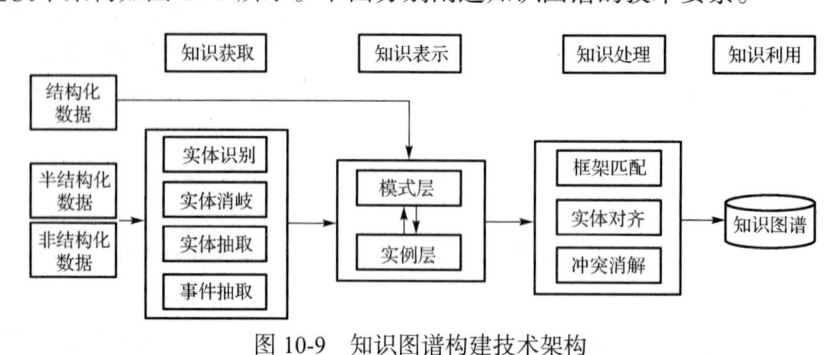

图 10-9 知识图谱构建技术架构

10.3.2 知识图谱的技术要素

1. 知识获取

可以从多种来源获取知识图谱数据，包括文本、结构化数据库、多媒体数据、传感器数据和人工众包等。每一种数据源的知识化都需要综合运用各种不同的技术手段。例如，对于文本数据源，需要综合运用实体识别、实体链接、关系抽取、事件抽取等各种自然语言处理技术，实现从文本中抽取知识。

结构化数据库，如各种关系数据库，也是最常用的数据来源之一。已有的结构化数据库通常不能直接作为知识图谱使用，而需要将结构化数据定义到本体模型之间的语义映射，再通过编写语义翻译工具实现结构化数据到知识图谱的转化。此外，还需要综合采用实体消歧、数据融合、知识链接等技术，提升数据的规范化水平，增强数据之间的关联。

语义技术也被用来对传感器数据进行语义化。这包括对物联设备进行抽象、定义符合语义标准的数据接口、对传感器数据进行语义封装和对传感器数据增加上下文语义描述等。

人工众包是获取高质量知识图谱的重要手段。例如，Wikidata 和 Schema.org 都是较为典型的人工众包技术手段。此外，还可以开发针对文本、图像等多媒体数据的语义标注工具，辅助人工进行知识获取。

2. 知识表示

知识表示是指用计算机符号描述和表示人脑中的知识，以支持机器模拟人的心智进行推理的方法与技术。知识表示决定了知识图谱构建的产出目标，即知识图谱的语义描述框架(Description Framework)、Schema 与本体(Ontology)、知识交换语法(Syntax)、实体命名及ID体系。

语义描述框架定义知识图谱的基本数据模型(Data Model)和逻辑结构(Structure)，如国际万维网联盟(World Wide Web Consortium，W3C)的 RDF。Schema 与本体定义知识图谱的类集、属性集、关系集和词汇集。知识交换语法定义知识实际存在的物理格式，如 Turtle、Json等。实体命名及 ID 体系定义实体的命名原则及唯一标识规范。

按知识类型的不同，知识图谱包括词(Vocabulary)、实体(Entity)、关系(Relation)、事件(Event)、术语体系(Taxonomy)、规则(Rule)等。词一级的知识以词为中心，并定义词与词之间的关系，如 WordNet、ConceptNet 等。实体一级的知识以实体为中心，并定义实体之间的关系、描述实体的术语体系等。事件是一种复合的实体。

W3C 的 RDF 把三元组(Triple)作为基本的数据模型，其基本的逻辑结构包含主语(Subject)、谓词(Predicate)、宾语(Object)三个部分。虽然不同知识库的语义描述框架的表述有所不同，但本质上都包含实体、实体的属性和实体之间的关系等要素。

拓展阅读

知识表示代表模型之一：TransE 模型

对每个事实(Subject、Predicate、Object)，都将其中的 Predicate 作为从 Subject 到 Object 的翻译操作，对每个 Subject、Predicate、Object，都映射成一个高维向量。知识表示代表模型如图 10-10 所示。

优化目标：$S+P=O$。

图 10-10　知识表示代表模型

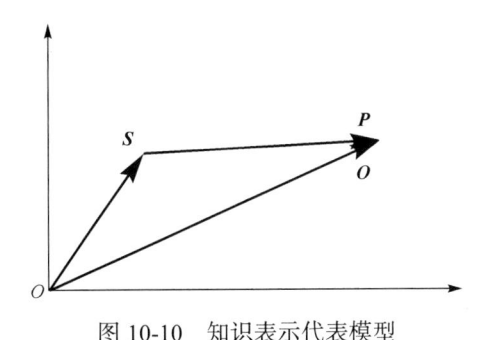

大规模知识图谱的传统表示也是基于符号的方式，都是用独一无二的符号来进行表示。把知识图谱映射到低维的向量空间中，就是所谓的知识表示学习。

知识图谱里面有很多的事实，可以把每一个事实的向量看作从头实体到尾实体向量平移的操作。

如图 10-10 所示，头实体用 S 表示，尾实体用 O 表示。假如存在关系 P，这个 P 就是从头实体到尾实体的平移。简言之，优化目标就是要让 $S+P=O$。这样有了成千上万的三元组一起做优化，就可以得到所有实体和它们关系之间低维的向量表示。有了低维的向量表示，就可以做非常多的相关的语义计算。

从大规模知识图谱到低维向量空间的过程中一定是有信息损失的，但是能够快速定位那些最有可能的实体集合，然后利用一些更复杂的算法找到它的真正答案。这是低维向量表示的应用意义。

知识表示代表模型之二：TransH 模型

把关系表示成两个向量：超平面的法向量和关系在超平面内的向量，实体在不同关系中有不同的表示。

3. 知识抽取

知识抽取按任务可以分为概念抽取、实体识别、关系抽取、事件抽取和规则抽取等。传统专家系统时代的知识主要依靠专家手工录入，难以扩大规模。现代知识图谱的构建通常依靠对已有的结构化数据资源进行转化，形成基础数据集，再依靠自动化知识抽取和知识图谱补全技术，通过多种数据来源进一步扩展知识图谱，并通过人工众包进一步提升知识图谱的质量。

结构化数据和文本数据是目前最主要的知识来源。从结构化数据库中获取知识一般使用现有的 D2R 工具，如 Triplify、D2RServer、OpenLink、SparqlMap、Ontop 等。从文本数据中获取知识的方法主要包括实体识别和关系抽取。以关系抽取为例，典型的关系抽取方法可以分为基于特征模板的方法、基于核函数的监督学习方法、基于远程监督的方法和基于深度学习的监督或远程监督方法，如简单 CNN、MP-CNN、MWK-CNN、PCNN、PCNN+Att 和 MLMLCNN 等。远程监督的思想是，利用一个大型的语义数据库自动获取关系类型标签。这些标签可能是含有噪声的，但是大量的训练数据在一定程度上可以抵消这些噪声。另外，一些工作可以通过多任务学习等方法将实体和关系做联合抽取。最新的一些研究则利用强化学习减少人工标注并自动降低噪声。

4. 知识融合

在构建知识图谱时，可以从第三方知识库产品或已有的结构化数据中获取知识输入。例如，关联开放数据项目(Linked Open Data)会定期发布其积累和整理的语义知识数据，其中既包括前文介绍过的通用知识库 DBpedia 和 Yago，也包括面向特定领域的知识库产品，如 MusicBrainz 和 DrugBank 等。当多个知识图谱进行融合，或者将外部关系数据库合并到本体知识库时，需要处理两个层面的问题：①通过模式层的融合，将新得到的本体融入已有的本体库中，以及新旧本体的融合；②数据层的融合，包括实体的指称、属性、关系及所属类别等，主要的问题是如何避免实体及关系的冲突问题，造成不必要的冗余。

数据层的融合是指实体和关系(包括属性)元组的融合，主要是实体匹配或对齐，由于知识库中有些实体含义相同但是具有不同的标识符，因此需要对这些实体进行合并处理。此外，还需要对新增实体和关系进行验证和评估，以确保知识图谱内容的一致性和准确性，通常采用的方法是在评估过程中为新加入的知识赋予可信度值，据此进行知识的过滤和融合。实体堆砌的任务包括实体消歧和共指消解，即判断知识库中的同名实体是否代表不同的含义，以及知识库中是否存在其他命名实体表示相同的含义。实体消歧专门用于解决同名实体产生歧义的问题，通常采用聚类法，其关键问题是如何定义实体对象与指称之间的相似度，常用模型有空间向量模型(词袋模型)、语义模型、社会网络模型、百科知识模型和增量证据模型。一些最新的工作利用知识图谱嵌入方法进行实体对齐，并引入了人机协作方式提升实体对齐的质量。

本体是针对特定领域中 Schema 定义、概念模型和公理定义而言的，目的是弥合词汇异构性和语义歧义的间隙，使沟通达成共识。这种共识往往通过一个反复的过程达成，每次迭代都是一次共识修改过程。因此，本体对齐通常带来的是共识模式的演化和变化，本体对齐的主要问题之一也可以转化为怎样关联这种演化和变化。常见的本体演化管理框架有KANO、Conto-diff、OntoView 等。

5. 知识补全与推理

常用的知识补全方法包括基于本体推理的补全方法，如基于描述逻辑的推理，以及相关的推理机实现，如 RDFox、Pellet、RACER、HermiT、TrOWL 等。这类推理主要针对 TBox，即概念层进行推理，也可以用来对实体级的关系进行补全。

另外一类知识补全方法是基于图结构和关系路径特征的方法，如基于随机游走获取路径特征的路径排序方法（Path Ranking Algorithm，PRA）、基于层次化随机游走模型的 PRA 方法。这类方法的共同特点是通过两个实体节点之间的路径，以及节点周围图的结构提取特征，并通过随机游走等方法降低特征抽取的复杂度，然后叠加线性的学习模型进行关系的预测。此类方法依赖于图结构和路径的丰富程度。

更为常见的知识补全方法是基于表示学习和知识图谱嵌入的链接预测，如最基本的翻译模型。

10.4 知识图谱的行业应用与难点问题

知识图谱用以描述现实世界中的概念、实体及它们之间丰富的关联关系。自从 2012 年谷歌公司利用知识图谱改善搜索体验并提高搜索质量后，知识图谱便吸引了社会各界的关注。随着知识图谱应用的深入，作为一种知识表示的新方法和知识关联的新思路，知识图谱不再局限于搜索引擎及智能问答等通用领域，而在越来越多的垂直应用中开始崭露头角，扮演越来越重要的角色。通用知识图谱可以形象地看成一个面向通用领域的"结构化的百科知识库"，其中包含了现实世界中的大量常识，覆盖面极广。领域知识图谱又称为行业知识图谱或垂直知识图谱，通常面向某一特定领域。领域知识图谱基于行业数据构建，通常有着严格而丰富的数据模式，对该领域知识的深度、准确性有着更高的要求。本节重点介绍领域知识图谱的行业应用与难点问题。

10.4.1 知识图谱的行业应用

1. 金融领域

随着科学技术的不断发展，人工智能、大数据等金融科技技术开始成为各国关注的焦点。目前，包括我国在内的许多国家都将人工智能发展划入国家长期战略规划，力争抢占该领域的制高点。当前各行各业都在探索人工智能的种种可能。其中，金融领域由于其科技手段应用广泛、信息化建设起步较早、新技术投资回报率高等特性，成为人工智能最好的应用领域之一。

金融科技的重点有两个：一个是赋能，一个是风控。一方面，注重科学技术在金融领域的应用，推动金融业更好地服务于实体经济，提高金融产品和金融服务的质量；另一个非常重要的方面就是控制金融风险。从 20 世纪 50 年代起，以"IT+金融"为代表的金融科技发展阶段主要聚焦于金融行业的电子化与自动化，提高数据交互能力和服务效率，在此阶段，ATM 机、POS 机和 CRM 系统等技术应运而生；到 20 世纪 90 年代，以"互联网+金融"为代表的金融科技发展阶段更多地属于"渠道革命"，利用互联网平台与移动智能终端汇集海量数据，打通各参与方的信息交互渠道并变革金融服务方式。从 2016 年开始，人工智能逐渐走入我们的生活，开启了以"人工智能+金融"为代表的金融科技发展阶段，基于新一代人工智能技术助力金融行业转型，削弱信息不对称性并有效控制风险，降低交易决策成本，充分发掘客户个性化需求与潜在价值。其影响包括两方面：产品和风控，即让产品更智能，让风控更安全。未来，智能金融以人工智能、大数据、云计算、区块链等高新科技为核心要素，全面赋能金融机构，开启以"智能金融"为代表的金融科技发展阶段。金融科技发展阶段如图 10-11 所示。

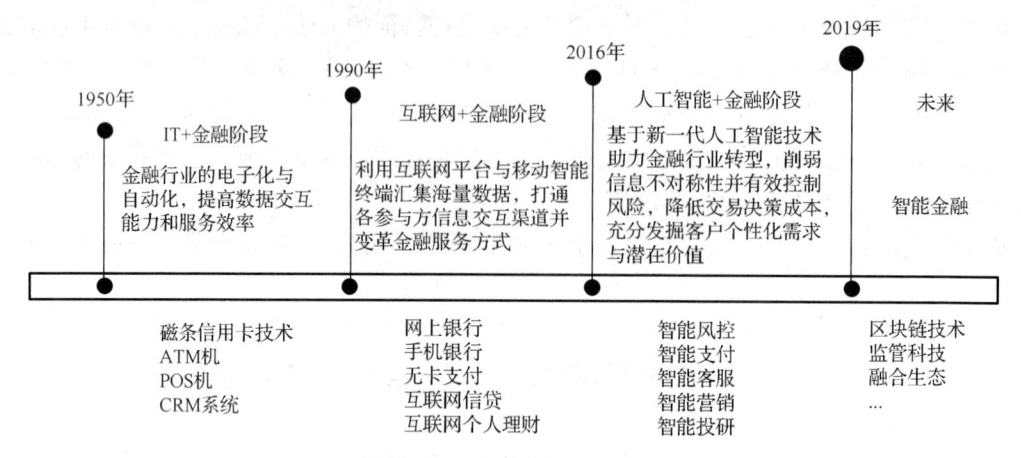

图 10-11 金融科技发展阶段

知识图谱应用于金融领域有三个优势，其一为丰富的采集数据源，主要数据源包括机构已有的结构化数据和公开的公报、研报及新闻的联合抽取等；其二在知识表示方面可以进行强大的图谱构建关系挖掘，金融概念也具有较高的复杂性和层次性，并较多地依赖规则型知识进行投资因素的关联分析；其三在应用形式方面可以进行场景化业务分析与挖掘，主要以金融问答和决策分析型应用为主，并提供商务智能解决方案。

金融知识图谱的一个显著特点是高度动态性，对金融知识的时间维度进行建模时需要考虑知识的时效性。比较典型的例子有：Kensho 采用知识图谱辅助投资顾问和投资研究，国内以恒生电子为代表的金融科技机构及不少银行、证券机构等也都在开展金融领域的知识图谱构建工作。具体应用场景包含企业信贷风险评估、反欺诈、智能投研、投资产品推荐等。

2. 医疗领域

医疗领域有大量的规模巨大的领域知识库，但是医疗领域的知识图谱构建存在非结构化的电子病例理解成本高的问题。同时，医疗知识图谱有巨大的应用前景，包括智能问诊或分诊服务、智能影像辅助诊断、智能疾病辅助诊疗、精准用药推荐、智能患者教育或随访、智能临床科研平台。

例如，仅 Linked Life Data 项目包含的 RDF 三元组规模就达到 102 亿个，包含基因、蛋白质、疾病、化学、神经科学、药物等多个领域的知识；国内构建的新冠肺炎疫情的知识图谱，基于五大医疗数据库、中文医疗知识图谱及官方发布的新冠肺炎疫情相关信息，利用实体抽取、关系抽取等知识图谱构建技术从非结构化的医学知识中抽取核心的医学实体和关系，并对不同来源的实体进行对齐，形成最终的新冠肺炎疫情知识图谱。

3. 电商领域

以阿里巴巴电商知识图谱为例，最新发布的知识图谱规模已达到百亿级别。其知识图谱数据主要以阿里巴巴已有的结构化商品数据为基础,并与行业合作伙伴的数据、政府工商管理数据、外部开放数据进行融合扩展。在知识表示方面,除简单的三元组外,电商知识图谱还包含层次结构更加复杂的电商本体和面向业务管控的大量规则型知识。在知识的质量方面,电商知识图谱对知识的覆盖面和准确性都有较高的要求。在应用形式方面,电商知识图谱广泛支持商品搜索、商品导购、天猫精灵等产品的智能问答、平台的治理和管控、销售趋势的预测分析等多个应用场景。电商知识图谱也具有较高的动态性特征,如交易型知识和与销售趋势有关的知识都具有较强的时效性。

10.4.2 知识图谱的难点问题

1. 知识图谱技术问题

(1) 复杂知识难以表示。

知识图谱只能表示简单的关联事实,不足以表示领域应用所需的具有动态性、过程性、决策性的复杂知识。

(2) 多源异构数据难以融合。

知识的来源包括本体库、基础信息数据、百科数据、微博、微信、新闻网站、专题网站等,可从中提取出概念、实体、属性、关系等,需要针对结构化数据、半结构化数据和非结构化数据三种存储类型进行分类融合,而知识获取中的人机协同机制还有待完善,小样本领域需要利用先验知识引导机器学习模型的学习过程。

(3) 基于知识图谱的可解释人工智能。

知识推理容易涉及但难以处理常识,常识确实是知识工程,乃至整个人工智能的痛点问题。

2. 知识图谱应用问题

(1) 数据使用专业化程度过高。

用户目标对象需要考虑领域内各种级别的人员,不同人员对应的操作和业务场景不同。因此,要求领域知识图谱兼具深度与完备性,保障知识准确有效。领域知识图谱有严格与丰富的数据模式,实体所包含的属性较多且对准确度要求较高,通常用于辅助各种复杂的分析应用或决策支持,对行业具有重要意义。

(2) 实时性与全局性要求高。

情报分析和金融等领域知识时效性强,行业应用重视知识实时更新,需要连续展示事态发展、后续处理情况,因此需要融合多源数据,进行分布式高效处理,同时保障知识的准确有效。同时,有些行业对于领域知识图谱的全局性要求高,要求其可以提供面向领导决策分析的引导性、全局性模式与规律信息。为了挖掘隐藏信息、展现全局知识视图,需要基于知识图谱综合运用数据挖掘和可视化等分析技术。

(3) 产业化落地难。

当前 IBM 医疗人工智能走进了死胡同,存在许多问题,如自然语言处理技术短期内难以理解复杂的医疗信息、机器学习方式和医生工作方式之间不匹配、肿瘤专家不信任等。现阶段知识图谱的适用领域具有以下特点：①领域知识相对封闭；②简单知识与简单应用；③较少涉及常识。

? 思考题

1. 研讨题：阅读下列文献，理解 Embedding 的含义，以及思考 TransE 和 TransH 模型的异同。

"ZHANG J . Knowledge Graph Embedding by Translating on Hyperplanes[J]. AAAI - Association for the Advancement of Artificial Intelligence，2015."

2. 讨论为何要进行实体消歧和共指消解。
3. 举例说明知识图谱在生活中的应用。

第 11 章 深 度 学 习

本章提要
1. 掌握深度学习的基本概念;
2. 理解神经网络的基本结构;
3. 了解深度学习的经典模型与应用;
4. 思考深度学习的未来发展前景。

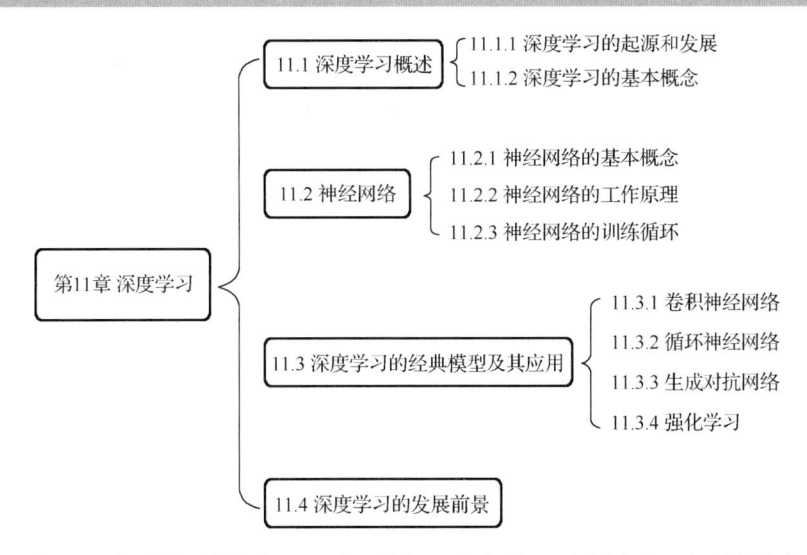

```
第11章 深度学习
├── 11.1 深度学习概述
│   ├── 11.1.1 深度学习的起源和发展
│   └── 11.1.2 深度学习的基本概念
├── 11.2 神经网络
│   ├── 11.2.1 神经网络的基本概念
│   ├── 11.2.2 神经网络的工作原理
│   └── 11.2.3 神经网络的训练循环
├── 11.3 深度学习的经典模型及其应用
│   ├── 11.3.1 卷积神经网络
│   ├── 11.3.2 循环神经网络
│   ├── 11.3.3 生成对抗网络
│   └── 11.3.4 强化学习
└── 11.4 深度学习的发展前景
```

深度学习在人工智能领域的应用日新月异,无论是理论研究方面还是技术实战方面,深度学习每天都有新的突破和进步。领域前沿的论文研究中复杂的算法可能会让你眼花缭乱,因此本章简要介绍深度学习的概念与应用,带你走进深度学习背后的基本原理,了解深度学习领域内的经典模型,为感兴趣的同学抛砖引玉。

11.1 深度学习概述

11.1.1 深度学习的起源和发展

2000 年后,互联网行业飞速发展形成了海量数据,同时数据存储的成本也快速下降,使得海量数据的存储和分析成为可能。GPU 的不断成熟为此提供了必要的算力支持,提高了算法的可用性,降低了算力的成本。

在各种条件成熟后,深度学习发挥出了强大的能力,在语音识别、图像识别、自然语言处理等领域不断刷新纪录,让人工智能产品真正达到了可用阶段,如语音识别的错误率只有

6%、人脸识别的准确率超过人类、BERT 在 11 项表现中超过人类[①]。可以说，深度学习之所以会受到广泛关注，是因为它具有超越人类的可能性，计算机自主"思考"解决办法，从已有的数据中，可以推导出完全出乎人类意料的结果。

11.1.2 深度学习的基本概念

深度学习是机器学习的一个领域分支，两者在数据准备和预处理等方面存在相似之处，但其主要区别在于特征提取方式不同。机器学习的特征提取主要依靠人工，在针对简单任务时，人工提取简单有效但普适性不高，而深度学习的特征提取依靠机器自动提取，可解释性不高但普适性高。

深度学习是一种从数据中学习表示的新方法，其本质上遵循着机器学习的基本要义和法则，即以数据的原始形态作为算法输入，通过算法将原始数据逐层抽象为自身任务所需的最终特征表示，最后以特征到任务目标的映射作为输出，从原始数据到最终任务目标的过程中并无任何人为操作。其中，连续的表示层的数量被称为模型的"深度"（Depth）。深度学习强调模型的深度，层数更多的网络，通常具有更强的抽象能力，能够产生更好的分类识别结果。打个比方，深度学习可被看作多级信息蒸馏操作，信息通过连续的过滤器去除杂质后，其纯度越来越高，对任务的帮助越来越大。但表示层并非单纯地叠加，而是在增加层数的同时，根据特定问题，对各表示层赋予不同的使命，在各节点连接处增加处理机制。现代深度学习模型可构造数十甚至数百个表示层，如果层数继续叠加，可达到数千层，但那时，极深的结构叠加，带来的通信开销会湮没性能的提升，导致过犹不及。因此，在人们所构建的深度学习模型中，"深度"只是工具，"表示学习"才是目的，通过自动完成逐层特征变换，将数据在原空间的特征表示变换为新特征，从而实现更准确的结果输出。

11.2 神 经 网 络

11.2.1 神经网络的基本概念

在深度学习中，表示层通过神经网络（Neural Network）模型来学习，神经网络的结构表现为逐层堆叠的形式，因此深度学习实际上是一种运用多层神经网络实现自主识别数据特征的机器学习方法。

神经网络这一术语来自神经生物学。神经网络模拟大脑突触的协作方式，将节点多层次地融合到一起。它把来自上一层的信号当作输入，当输入信号的总量超过某个阈值时，节点将信号输出。如图 11-1 所示，由输入层（Input Layer）、隐藏层（Hidden Layer）和输出层（Output Layer）构成的模型就是神经网络的典型结构。在这个结构中，向输入层输入图像数据或文本数据等信号（$X_1, X_2, ..., X_n$）后，节点会根据各层连接的权重（$W_{1j}...W_{nj}$）向隐藏层、输出层传递信号，最后通过输出层导出结果。在深度学习过程中，神经网络会通过调整节点之间的权重和输出信号所需的阈值，构建出准确描述输入与输出之间关系的模型。

[①] 打不死的小强. 人工智能的发展史——3 次 AI 浪潮[EB/OL]. (2018-12-30). https://easyai.tech/blog/ai-history/.

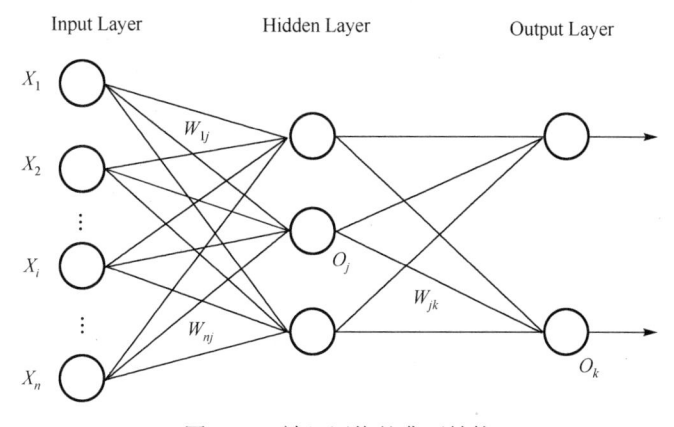

图 11-1　神经网络的典型结构

11.2.2　神经网络的工作原理

在神经网络中，连接最为重要，每个连接上都有一个权重(Weight)，有时也被称为该层的参数(Parameter)，其保存着每层对输入数据所做的具体操作。例如，初始传递的信号为 a，隐藏层有加权参数 w，经过加权后的信号则变为 $a×w$，因此在输出层中信号的大小变为 $a×w$。因此在深度学习中，学习的意思是指为神经网络的多层连续的隐藏层找到一组权重，根据反馈信号逐渐调节这些权重，使得该神经网络能够将每个示例输入与其目标正确地一一对应。深度神经网络通过一系列简单的数据变换来实现这种输入到目标的映射。

要控制神经网络的输出，就需要衡量该输出与预测值之间的距离。这是神经网络损失函数(Loss Function)的任务，该函数也叫目标函数(Objective Function)。损失函数的输入是网络预测值与目标值，然后计算一个距离值，衡量该网络在这个示例上的效果好坏。

深度学习的基本技巧是利用这个距离值作为反馈信号来对权重进行微调，以降低当前示例对应的损失值。这种调节由优化器(Optimizer)来完成，它实现了所谓的反向传播(Backpropagation)算法，这是深度学习的核心算法。

11.2.3　神经网络的训练循环

训练循环(Training Loop)始于随机初始化(Random Initialization)，即权重矩阵取较小的随机值，之后根据反馈信号迭代调整权重，逐渐调节的过程称为训练，在达到较好的效果之前循环这个过程，即为训练循环。具体步骤如下。

(1)准备 N 个训练样本 x 和目标值 y。

(2)在 x 上运行网络，这一步被称为前向传播，得到预测值。

(3)定义一个损失函数，用于衡量预测值和目标值 y 之间的距离。

(4)通过调整预测值和目标值之差(误差修正学习)的方式调整权重，使用梯度下降法(Gradient Descent Method)使得误差达到最小，得到最优的连接权重，最终神经网络学会将输入映射到正确的目标。

在神经网络模型中，由于结构复杂，每次计算梯度的代价很大，因此需要使用反向传播算法。反向传播算法利用神经网络的结构进行计算，从后向前计算梯度，首先计算输出层的梯度，然后是第二个参数矩阵的梯度，接着是隐藏层的梯度，然后是第一个参数矩阵的梯度，最后是输入层的梯度。计算结束后，所需要的两个参数矩阵的梯度就得到了。反向传播算法的启示是数学中的链式法则。将链式法则应用于神经网络的梯度的计算，可以算出每个参数对损失值的贡献大小。

11.3 深度学习的经典模型及其应用

11.3.1 卷积神经网络

1. 概念

卷积神经网络(Convolutional Neural Networks，CNN)是一类包含卷积计算且具有深度结构的前馈神经网络(Feedforward Neural Networks，FNN)，是深度学习的经典模型之一。卷积神经网络具有表征学习(Representation Learning)能力，能够按其阶层结构对输入信息进行平移不变分类，因此也被称为平移不变人工神经网络[1]。

2. 性质

卷积神经网络是一种在以图像识别为中心的多个领域都得到广泛应用的深度学习算法。因为视觉世界具有平移不变性和空间层次结构(Spatial Hierarchies of Patterns)，使得卷积神经网络在处理图像数据时具有以下有趣的性质。

(1) 局部参数共享[2]。因为视觉世界具有平移不变性，所以卷积神经网络在图像某处学到某个模式之后，可以在任何地方识别这个模式。这使得卷积神经网络在处理图像时可以高效地利用数据，只需要很少的训练样本就可以学到具有泛化能力的数据表示。

(2) 感受域正比于层数。因为视觉世界具有空间层次结构，卷积神经网络的第一个卷积层学习较小的局部模式，第二个卷积层将学习由第一层特征组成的更大的模式，以此类推。这使得卷积神经网络可以有效地学习越来越复杂、越来越抽象的视觉概念，层数越多，感受域越广，参与运算的信息越多。

3. 网络结构

卷积神经网络由输入层(Input Layer)、卷积层(Convolutional Layer)、池化层(Pooling Layer)、全连接层(Fully-connected Layer)和输出层(Output Layer)组成。通过增加卷积层和池化层，还可以得到更深层次的网络，其后的全连接层为简单的神经网络层，也可以采用多层结构。卷积神经网络的结构如图 11-2 所示。下面详细介绍卷积神经网络的结构(输入层和输出层在此不做介绍)。

(1) 卷积层。

从数学的角度来看，卷积可以理解为一种类似于加权运算的操作。在图像处理中，针对图像的像素矩阵，卷积操作就是用一个卷积核来逐行逐列地扫描像素矩阵，并与像素矩阵做元素相乘，从而得到新的像素矩阵，这个过程就称为卷积。其中，卷积核也叫过滤器或滤波器，过滤器在输入像素矩阵上扫过的面积称为感受野。

---

[1] 星弟.深度学习(Deep Learning)综述[EB/OL]. (2019-08-11). https://www.jianshu.com/p/c8a46f00b06d.
[2] GEETEST 极验.浅析图卷积神经网络[EB/OL]. (2018-08-03). https://zhuanlan.zhihu.com/p/37091549.

第 11 章 深度学习

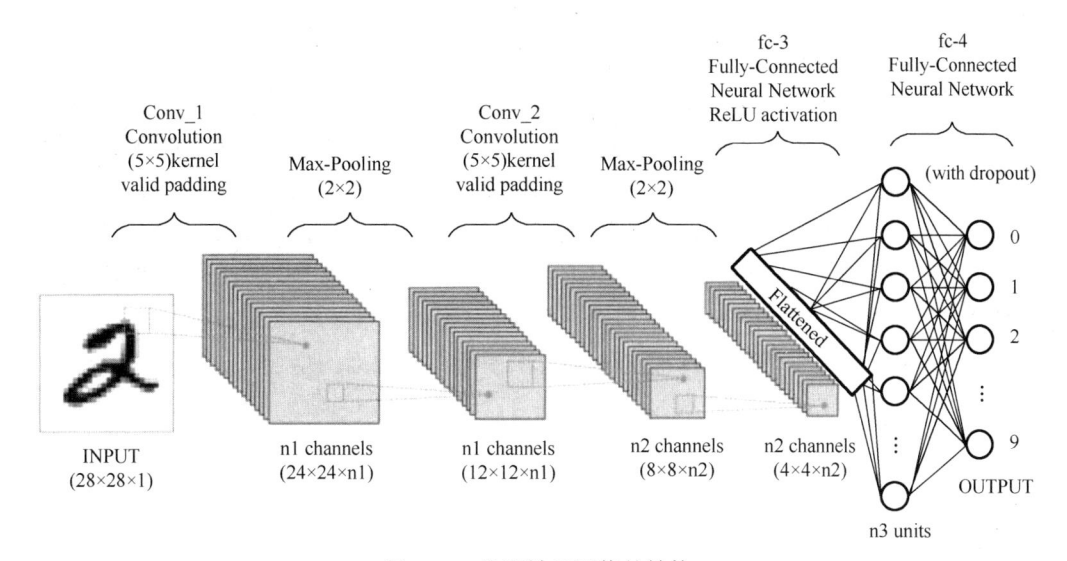

图 11-2 卷积神经网络的结构

下面用一个具体的例子来描述卷积操作。如图 11-3 所示，用一个 3×3 的过滤器扫描一个 5×5 的像素矩阵，用过滤器中每一个元素与像素矩阵中感受野内的元素进行乘积运算，可得到一个 3×3 的输出像素矩阵，这个输出的 3×3 的像素矩阵能够最大限度地提取原始输入像素矩阵的图像特征，这也是卷积神经网络之所以有效的原因。下面以输出像素矩阵中第一个元素 4 为例演示计算过程：

$$1\times1+1\times0+1\times1+0\times0+1\times1+1\times0+0\times1+0\times0+1\times1=4$$

经过九次计算之后可以输出一个新的像素矩阵，但是为何输出像素矩阵的维度是 3×3 呢？这是有计算公式的，假设原始输入像素矩阵的大小（Shape）是 $n\times n$，过滤器的大小为 $f\times f$，那么输出像素矩阵的大小为 $(n-f+1)\times(n-f+1)$。如图 11-3 所示，原始输入像素矩阵的大小为 5×5，过滤器的大小是 3×3，则输出像素矩阵的大小为 $(5-3+1)\times(5-3+1)=3\times3$。在训练卷积神经网络时，需要初始化过滤器中的卷积参数，在训练中不断迭代，最终得到最好的过滤器参数。

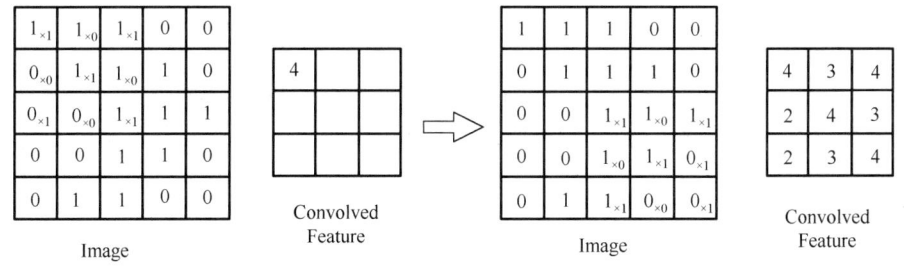

图 11-3 卷积操作

卷积层的存在使得卷积神经网络具备更强的学习能力和特征提取能力，但是前面的卷积图像处理操作存在一些问题。首先是过滤器移动的步长（Stride）问题。在上面例子中，过滤器在像素矩阵中一格一格地平移，即移动步长为 1，如果过滤器的步长变为 2 或其他值后，应怎样计算输出像素矩阵的大小呢？这依然是有计算公式的，加入步长之后，输出像素矩阵大小的计算公式需要变换为 $[(n-f)/s+1]\times[(n-f)/s+1]$，其中 s 为步长。其次是每次进行卷积操作后，像素矩阵会随之变小，可能像素矩阵经过几次卷积操作之后，其大小就变为 1×1 了。最后是卷积操作存在一些局限，位于原始输入像素矩阵的边缘和角落的像素点只会被过滤器扫描一次，而位于中部区域的像素点会被过滤器扫描多次，从而使得边缘和角落的像素特征提取不足。这涉及卷积神经网络中的填充操作(Padding)，即对原始输入像素矩阵的边缘和角落进行填充，使得在卷积过程中能够充分利用边缘和角落的像素特征，一般有两种选择，一是 Valid 填充，即不填充；二是 Same 填充，即填充后，原始输入像素矩阵和输出像素矩阵的大小是一致的。

卷积的过程就是提取特征的过程，随着卷积神经网络深度的增加，能提取到越来越高级的特征，也更接近事物的本质。

(2) 池化层。

介绍完最重要的卷积层后，下面学习卷积神经网络中必不可少的池化层。池化层的存在使得卷积神经网络具有更强的稳定性。池化操作的主要作用是降低了特征图的维度，使其更易于管理，并使得特征表示对输入数据的位置变化具有稳定性，同时能够减少参数数量和降低网络计算复杂度，缩减模型大小并提高模型计算速度，同时能够减少过拟合。

池化操作类似于图像处理中的图像缩小操作，输出图像的效果呈现为输入图像的高度和宽度按比例缩小。常用的池化操作有两种类型，一是最大池化(Max Pooling)，这是最常使用的池化操作，即选取图像区域内的最大值作为新的特征图；二是平均池化(Average Pooling)，即选取图像区域内的平均值作为新的特征图。

以最大池化为例演示池化操作，如图 11-4 所示。假设池化层的输入为一个 4×4 的像素矩阵，执行最大池化的池化核是一个 2×2 的矩阵，执行过程是将输入像素矩阵拆分为不同区域，使得输出的每个元素是其对应区域的最大元素值。

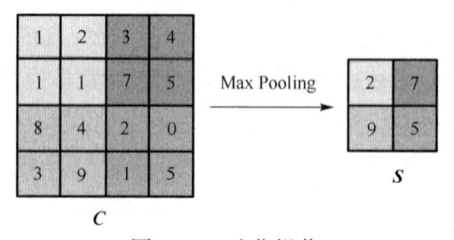

图 11-4 池化操作

卷积后的特征图中有对于识别物体来说不必要的冗余信息，进行池化操作就是降采样，去掉这些冗余信息，所以最大池化不会损坏识别结果。但是池化操作也有不好的地方，就是有可能会丢失某些重要信息，这些信息对结果判定也有影响。

(3) 全连接层。

全连接层其实是一个普通的神经网络，在多层卷积和填充后，以类的形式输出。卷积层和池化层只会提取特征，并减少原始图像带来的参数。然而，为了生成最终的输出，需要应用全连接层来生成一个等于需要的类的数量的输出，仅仅依靠卷积层是难以达到这个要求的。与普通的神经网络类似，全连接层在卷积神经网络中一般起到分类的作用。

4. 应用

自从卷积神经网络等深度学习算法被引入图像领域后，经过许多年的发展，深度学习已经在计算机视觉领域中占据绝对的主导地位。其中，卷积神经网络在图像识别、目标检测和语义分割等计算机视觉领域有着广泛的应用，下面以图像识别为例进行详细阐述。

所谓图像识别，是指判断相机拍摄的照片是什么内容的一种功能，应用于多种场景。例如，图像识别可以分辨照片照的是人还是狗；如果照片中是一张人脸，图像识别可以挑选出同一个人的其他照片，同时能够判断人脸的表情是开心还是难过。

Google借助于深度学习技术，实现了对照片的自动分类。当人们在保存有照片的Google相册上开启搜索功能时，页面上就会出现自己家人面部的图标，无须添加图片，Google相册能自动检测面部特征，将符合特征的照片进行分类；并且，自动分类的类别不只限于人脸，当照片上的图像信息能体现出地点时，它会显示也具体地点作为备选分类[①]。深度学习在图像识别中的应用如图11-5所示。

图11-5 深度学习在图像识别中的应用

11.3.2 循环神经网络

1．概念

对文本和语音等序列型的非结构化数据，卷积神经网络的处理效果不尽人意。而循环神经网络(Recurrent Neural Network，RNN)在自然语言处理领域中的运用十分广泛，是用于处理序列型数据的一种深度学习算法。在传统的神经网络模型中，层与层之间是全连接的，每层之间的节点是无连接的，但是这种普通的神经网络对于很多问题是无能为力的。比如，预测句子的下一个单词是什么，一般需要用到前面的单词，因为一个句子中前后的单词并不是独立的。循环神经网络是指一个序列当前的输出与之前的输出有关，具体的表现形式为网络会对前面的信息进行记忆，保存在网络的内部状态中，并应用于当前输出的计算中，即隐藏层之间的节点不是无连接的，而是有连接的，并且隐含层的输入不仅包含输入层的输出还包含上一时刻隐藏层的输出。因此，循环神经网络的结构中存在专门将过去的信息与当前时刻进行关联的机制，这使得它成为处理时间序列问题的有力工具，标准循环神经网络的结构如图11-6所示。在理论上，循环神经网络能够对任何长度的序列型数据进行处理，但是在实践中，为了降低复杂性，往往假设当前的状态只与前面的几个状态相关。

---

①日经大数据. 深度学习的商业化应用：谷歌工程师前沿解读人工智能[M]. 武汉:华中科技大学出版社, 2018. 62-64.

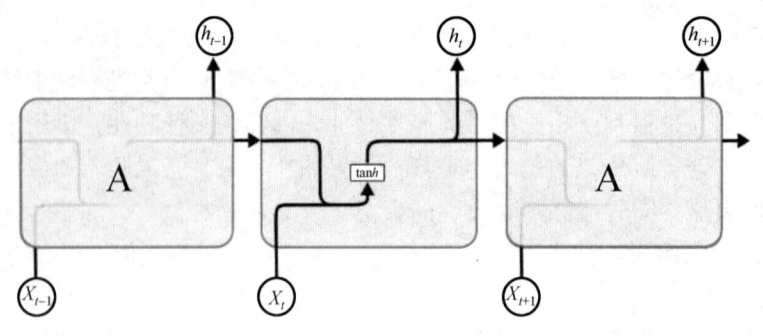

图 11-6　标准循环神经网络的结构

2. 变体

因为标准循环神经网络通常过于简化，没有实用价值，所以它不足以处理较为复杂的序列建模问题。最大的问题在于时刻 t，理论上它应该能够记住时刻 t 之前见过的许多时间步的信息，但实际上，它是不可能学到的，因为存在较严重的梯度消失问题(Vanishing Gradient Problem，VGP)。最直观的现象是随着网络层数的增加，循环神经网络会逐渐变得无法训练，因此在实际应用中，常用的循环神经网络是长短期记忆网络(Long Short Time Memory，LSTM)，其正是为了解决梯度消失问题而设计的一种特殊的循环神经网络结构。

长短期记忆网络是标准循环神经网络的一种变体，其结构如图 11-7 所示。它增加了一种携带信息跨越多个时间步的方法，能够保存信息以便后面使用，从而防止较早期的信息在处理过程中逐渐消失。和标准循环神经网络相比，最主要的改进是多了三个门控制器：输入门、输出门和遗忘门。三个门控制器的结构都相同，主要由 sigmoid 函数(图 11-7 中的 σ)和点积操作构成。由于 sigmoid 函数的取值范围是[0,1]，因此门控制器描述了信息能够通过的比例，sigmoid 取值为 0 表示没有信息能够通过，或者理解为将所有记忆全部遗忘；反之，sigmoid 取值为 1 表示所有信息都能通过，完全保留了这一分支的记忆。对于标准循环神经网络，每个时刻的状态都由当前时刻的输入与原有的记忆结合组成。但问题在于记忆容量是有限的，早期的记忆会呈指数级衰减。为了解决这一问题，长短期记忆网络模型在原有的短期记忆单元 h_t 的基础上，增加一个记忆单元 c 来保持长期记忆。从网络结构设计角度来说，长短期记忆网络对标准循环神经网络的改进主要体现在通过门控制器增加了对不同时刻记忆的权重控制，以及加入了跨层连接以消减梯度消失问题的影响。

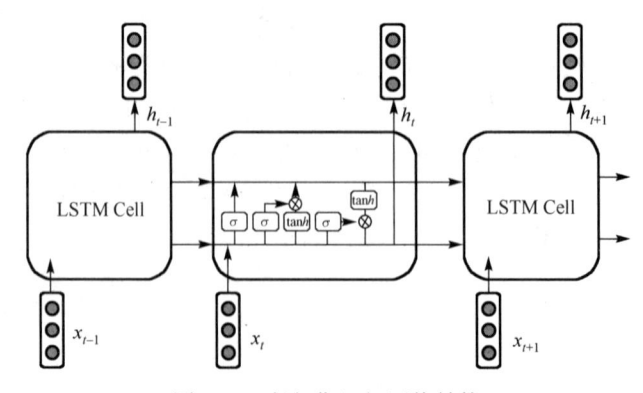

图 11-7　长短期记忆网络结构

提高循环神经网络的性能和泛化能力的技巧有以下三种。

(1) 循环 Dropout(Recurrent Dropout)。这是一种特殊的内置方法,在循环层中使用 Dropout 来降低过拟合。

(2) 堆叠循环层(Stacking Recurrent Layer)。这会提高循环神经网络的表示能力(代价是更高的计算负荷)。

(3) 双向循环层(Bidirectional Recurrent Layer)。将相同的信息以不同的方式呈现给循环神经网络,可以提高精度并缓解梯度消失问题。

3. 应用

得益于网络中的状态对之前信息的保存,循环神经网络对序列型的非结构化数据,特别是对文本的处理有着得天独厚的优势。循环神经网络有两个主要应用,一个是建模表示句子,可以用来进行句子的情感分析;另一个是用来表示当前的上下文语境,如句子行文到某一个单词时,循环神经网络的隐藏层状态能够表示从开始到该单词的句子语境,语言模型可以以此来预测下一个单词是什么。

11.3.3 生成对抗网络

首先以一个例子来体会生成对抗网络(Generative Adversarial Networks,GAN)的基本思想。假设一名书法家想伪造王羲之的书法作品,起初这名伪造者并不精通模仿,于是他把模仿的书法作品和王羲之的真迹一起交给了一位鉴定师;这位鉴定师进行评估后向伪造者反馈,告诉他王羲之书法的特点和精髓,以及如何模仿才能更像;伪造者回去继续研究,并不断给出新的模仿书法作品;随着时间的推移,伪造者越来越擅长模仿王羲之的书法,同时鉴定师也越来越擅长找出赝品[1]。因此,生成对抗网络的核心是由一个生成器网络和一个判别器网络组成的。生成器网络的作用是通过学习训练集数据的特征,在判别器网络的指导下,将随机噪声分布尽量拟合为训练数据的真实分布,从而生成具有训练集特征的相似数据。而判别器网络则负责区分输入的数据是真实的还是生成器网络生成的假数据,并反馈给生成器网络。两个网络交替训练,能力同步提高,直到生成器网络生成的数据能够以假乱真,并与判别器网络的能力达到一定的均衡。

生成对抗网络使用无监督学习并行训练两个模型。生成对抗网络的一个重要特性是相对于正在训练的网络的数据量而言,它使用的参数数量明显少于普通网络,生成对抗网络被迫高效地训练数据,使得它能更高效地生成与训练数据相似的数据。现已证明,生成对抗网络擅长基于其他训练图像合成新的图像。

11.3.4 强化学习

强化学习(Reinforcement Learning)最大的特点是在交互中学习(Learning from Interaction)。智能体在与环境的交互中能够根据获得的奖励或惩罚不断学习知识,从而更加适应环境。强化学习的范式非常类似于人类学习知识的过程。强化学习的灵感来源于心理学中的行为主义

---

[1] 鲁伟. 深度学习笔记[M]. 北京:北京大学出版社, 2020: 148-150.

理论，即智能体如何在环境给予的奖励或惩罚的刺激下，逐步形成对刺激的预期，产生能获得最大利益的习惯性行为，它强调如何基于环境而行动，以取得最大化的预期利益。强化学习的关键要素包括状态、行为、奖励。传统的强化学习包括三种主要方法，分别是基于价值的(Value-Based)方法、基于策略的(Policy-Based)方法、基于模型的(Model-Based)方法，感兴趣的读者可以研读相关论文。

11.4　深度学习的发展前景

通过大规模的数据训练，深度学习目前已取得许多可喜的成果，在图像识别领域发挥出了巨大能力，基于卷积神经网络的物体识别和人脸识别等方面的性能表现已经接近人类水平，更高难度的物体检测也取得了新的进步，人们看到了深度学习在解决人类现实问题和获取商业价值方面的可能性。但深度学习本质上是依靠计算机学习人类行为的，实际上并不能获得如人类一样的情感体验。人类与机器之间的学习方式依然存在很多不同，人类依然有许多能力是深度学习不可取代的。例如，图像识别领域中的综合理解图像、拆分理解图像，以及明确理解图像现实的动作和活动方面，是深度学习尚未实现的部分。其中，综合理解图像是指当图像中存在不同信息的时候，能够识别出图像中有哪些物体，分别对应着图像中的哪些部分。如果要为图像添加解释说明，需要具备对图像定位和识别的能力，且要达到一定的准确性。在此领域人类的能力优于深度学习，深度学习的性能表现还具有很大的上升空间，期待深度学习能够应用于更广泛的领域。

思考题

1. 除了计算机视觉和语音识别等方面，讨论深度学习在技术领域还有哪些应用？
2. 尝试用 Python 实现 CNN 模型。
3. 研讨题：阅读下列文献，通过文章中简单形象的示意图，理解 RNN 经典模型的基本原理和相关概念。

"LIPTON Z C, BERKOWITZ J, ELKAN C. A critical review of recurrent neural networks for sequence learning[J]. arXiv preprint arXiv:1506.00019，2015."

4. 研讨题：阅读下列文献，理解深度学习的基本工作原理，总结文中提及的深度学习经典模型的核心优势，并思考深度学习经典模型未来的可应用场景有哪些。

"LECUN Y, BENGIO Y, HINTON G. Deep learning[J]. nature，2015，521(7553)：436-444."

第4篇　商务智能应用模式

本篇主要讨论商务智能应用模式。商务智能技术已被广泛应用于各个领域，精准营销作为经典的商务智能技术在商务智能领域的应用已经非常成熟。本篇的前半部分主要通过两个章节介绍商务智能应用分析的利器：第12章从基本理论、应用实践、架构和实现等方面介绍决策支持；第13章介绍以推荐系统为主的精准营销，并基于案例介绍几种常见的推荐方法及评测指标。本篇后半部分将列举商务智能应用的三大领域：智能客服、智能物流和智慧医疗。第14章介绍商务智能技术如何助力智能客服系统的设计及客户关系的管理；第15章主要介绍传统物流与智能物流的区别与联系，以及智能物流中的关键技术RFID；第16章基于商务智能技术阐述智慧医疗的服务模式，并总结当前智慧医疗存在的问题及未来的发展方向。

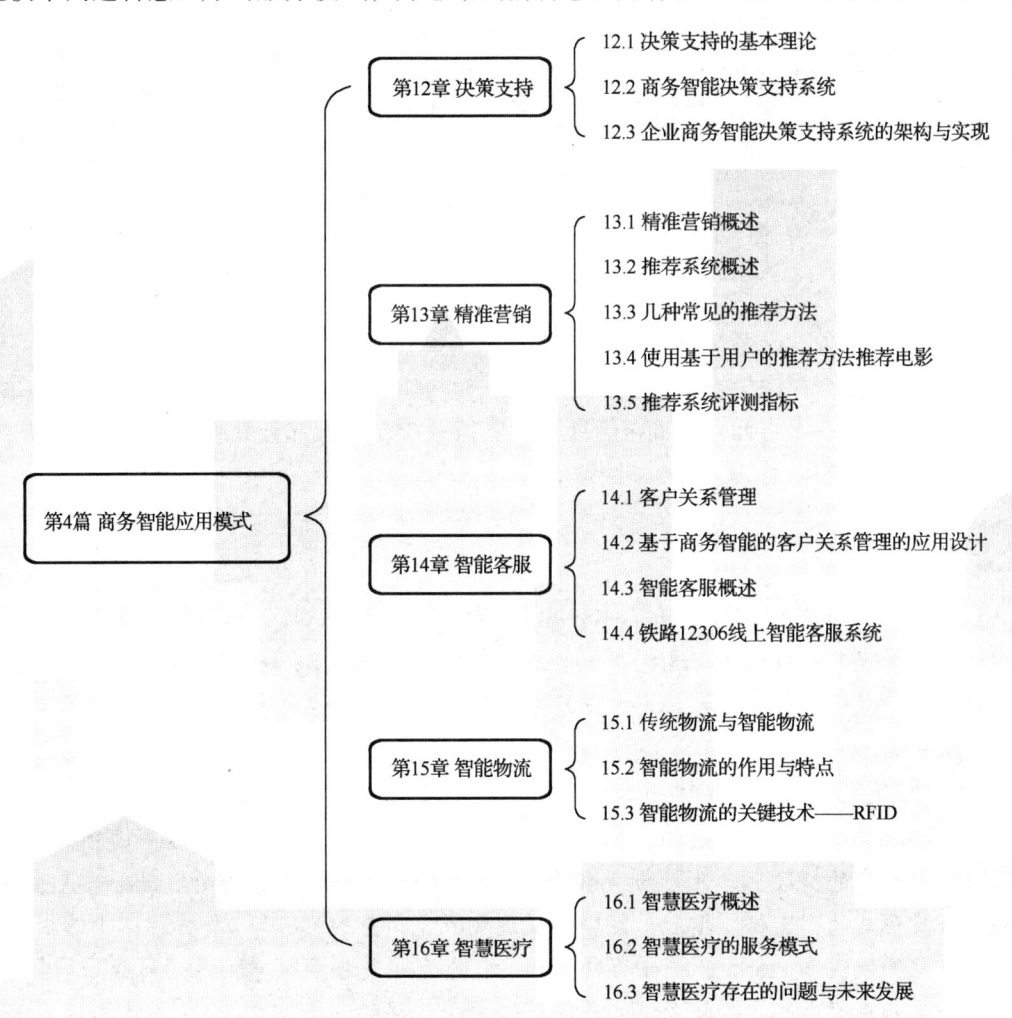

- 第4篇 商务智能应用模式
  - 第12章 决策支持
    - 12.1 决策支持的基本理论
    - 12.2 商务智能决策支持系统
    - 12.3 企业商务智能决策支持系统的架构与实现
  - 第13章 精准营销
    - 13.1 精准营销概述
    - 13.2 推荐系统概述
    - 13.3 几种常见的推荐方法
    - 13.4 使用基于用户的推荐方法推荐电影
    - 13.5 推荐系统评测指标
  - 第14章 智能客服
    - 14.1 客户关系管理
    - 14.2 基于商务智能的客户关系管理的应用设计
    - 14.3 智能客服概述
    - 14.4 铁路12306线上智能客服系统
  - 第15章 智能物流
    - 15.1 传统物流与智能物流
    - 15.2 智能物流的作用与特点
    - 15.3 智能物流的关键技术——RFID
  - 第16章 智慧医疗
    - 16.1 智慧医疗概述
    - 16.2 智慧医疗的服务模式
    - 16.3 智慧医疗存在的问题与未来发展

第 12 章 决 策 支 持

本章提要

1. 掌握决策支持的相关概念、发展、功能要求；
2. 了解商务智能决策支持系统的功能和特点，掌握商务智能决策支持系统的应用；
3. 了解企业商务智能决策支持系统的架构与实现。

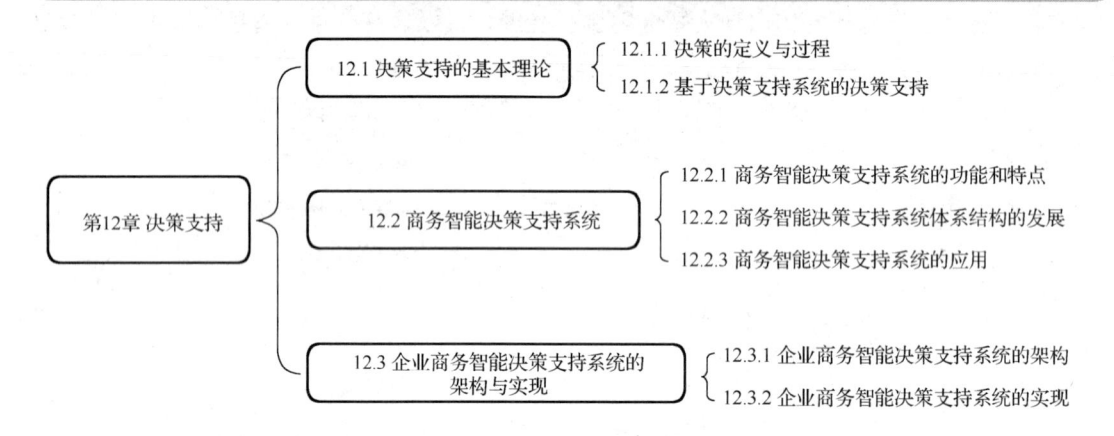

```
                          ┌── 12.1 决策支持的基本理论 ┬── 12.1.1 决策的定义与过程
                          │                          └── 12.1.2 基于决策支持系统的决策支持
                          │
                          │                            ┌── 12.2.1 商务智能决策支持系统的功能和特点
第12章 决策支持 ──────────┼── 12.2 商务智能决策支持系统 ┼── 12.2.2 商务智能决策支持系统体系结构的发展
                          │                            └── 12.2.3 商务智能决策支持系统的应用
                          │
                          └── 12.3 企业商务智能决策支持系统的 ┬── 12.3.1 企业商务智能决策支持系统的架构
                                   架构与实现              └── 12.3.2 企业商务智能决策支持系统的实现
```

决策支持是商务智能系统的一个重要功能，本章围绕"决策支持"向读者介绍三部分内容，第一部分简要介绍决策支持的相关概念及主要功能要求等基本理论；第二部分从功能和特点、发展、应用三个方面介绍商务智能决策支持系统；第三部分介绍企业商务智能决策支持系统的架构与实现。

案例 12-1

Victoria Secret 百货商店披露了一个关于数据仓库的新秘密，这就是专家们所说的以全新方法分析数据而获得价值，这也是一个经典案例。Victoria Secret 百货商店耗资 500 万美元开启了一个数据仓库信息系统，该信息系统的主管和业务主管都认为这个项目会对底层工作有益。

"我们花费了太多的时间来查找信息，但却没有足够的时间对信息进行分析。"Victoria Secret 百货商店的信息系统副总裁 Rick Amari 这样说道。这家连锁百货商店在怀着一些疑虑的情况下，开始与 Tandem 计算机公司合作，观察一个数据仓库是否可以使连锁百货商店的财富得以增长。经理们从连锁百货商店内的 1000 种库存品中选出了 25 种货物。他们发现 Victoria Secret 百货商店的信息系统是按照数学上的"商店平均数"在其 678 个连锁百货商店中分配商品的，而这恰恰是错误的。

随后，他们发现了下列问题：①连锁百货商店一般会销售等量的黑色和象牙色的上衣，而迈阿密地区的顾客却经常以 1∶10 的比例购买象牙色上衣；②纽约店对特大号尺寸上衣的需求远远超过连锁百货商店平均库存的 20 倍；③尽管 Victoria Secret 百货商店在其所有连锁百货商店中都采取了商品折扣模式，但地理需求模式表明，某些连锁百货商店可以继续采用全价模式。

这些有关数据仓库的新发现促使 Victoria Secret 百货商店萌生了一个新想法，Rick Amari 说："我们的处理方式和信息系统都是建立在'一般商店'的概念上的，而实际上，我们的连锁百货商店中几乎没有什么'一般商店'可言。我们发现，我们正在错过机会。从中我们意识到，我们应该能够快速访问有关低价层次的信息。"

面对这样的情况，决策支持能够很好地解决痛点。决策支持能够帮助 Victoria Secret 百货商店进行信息的收集与整合，基于数据分析给出决策建议，能使 Victoria Secret 百货商店在运营的过程中及早地发现销售和库存中存在的问题，从而可以不断优化运营策略。

思考：所谓的"商店平均数"为什么会发生？

12.1 决策支持的基本理论

12.1.1 决策的定义与过程

决策是从两个以上可行方案中选择一个最优方案的过程。决策的目的是缩小现实情况与理想情况的差距，找出更有利于实现组织目标的经营方式。要解决问题首先就要发现问题，找出现实情况和理想情况的差距，判断这种差距是否构成值得重视的问题，并找到阻碍到达理想状况的障碍。

决策可以分为传统决策和科学决策。传统决策是指依靠个人的直觉、经验、阅历等主观因素进行的决策；科学决策是指结合定量分析和定性分析，运用经济学、社会学、心理学、统计学、计算机科学等多门学科方法进行的决策。

案例 12-2

科学决策：利用有限的人力、物力和财力等资源，使利润最大化。

某工厂在计划期内生产甲、乙两种产品，已知生产单位产品时两种原材料 A、B 的消耗量(如表 12-1 所示)，该工厂每生产一件甲产品可获利 2 元，每生产一件乙产品可获利 3 元，问如何制订生产计划能使利润(Z)最大化？

表 12-1　工厂生产产品的原材料消耗量

	甲	乙	
设备	1	2	8 台时
原材料 A	4	0	16kg
原材料 B	0	4	12kg

解：设 x_1、x_2 分别表示在计划期内产品甲、产品乙的产量。

目标函数：$\max Z = 2x_1 + 3x_2$。

满足约束条件:
$$x_1 + 2x_2 \leq 8$$
$$4x_1 \leq 16$$
$$4x_2 \leq 12$$
$$x_1, x_2 \geq 0$$

管理学家西蒙(H. A. Simon)教授认为决策是一个过程,如图 12-1 所示,包括以下四个阶段的活动。

(1) 情报阶段:调查环境,收集与决策问题相关的信息,分析和确定决策的条件和因素,发现问题,确定决策目标。

(2) 设计阶段:在限制性因素的约束条件下,拟订多种可供选择的方案,充分利用决策技术和可行性分析方法,描述和评价每个方案所产生的各种结果的可能性。

(3) 选择阶段:从多种备选方案中,选择最合理的方案。

(4) 监控阶段:监控、评估效果,确定是否达到预期目标,进一步指导情报收集,并为实施方案提供信息支持。

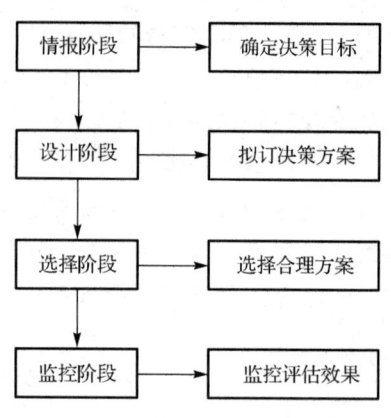

图 12-1 西蒙的决策过程模式图

12.1.2 基于决策支持系统的决策支持

国内外学者给出了决策支持系统的多种定义。P.G.W.Keen[1]和 M.S.Scott-Morton[2]将决策支持系统定义为辅助管理者针对半结构化问题进行决策,支持而不是取代管理者进行判断,提高决策的有效性而不是效率的计算机应用系统;陈文伟[3]于 1994 年提出,决策支持系统是综合利用大量数据,有机组合众多模型,通过人机交互辅助各级管理者实现科学决策的系统。从"决策""支持""系统"三个词语来看,"决策"意味着解决问题,在制定决策的过程中解决问题,在解决问题的每一步做出决策;"支持"主要是指在决策过程的每一个阶段使用计算机及软件技术支持决策者,而这些支持又可以分为被动支持、惯例支持、开拓支持和规范支持等;"系统"是指一个人机交互的系统,以及设计和实施中的系统性。在这里,集成化的方法是最重要的,特别是在计算机网络和现有数据库连接时变得更为重要。

综上所述,决策支持系统是在半结构化和非结构化决策活动过程中,通过人机对话向决策者提供信息,协助决策者发现和分析问题,探索决策方案,评价、预测和选择方案,以提高决策有效性的一种以计算机为手段的信息系统。

决策支持系统的概念模型如图 12-2 所示。

---

[1] KEEN P G W. Value analysis: justifying decision support systems[J]. MIS quarterly, 1981: 1-15.
[2] MORTON M S S. Computer-driven visual display devices: their impact on the management decision-making process[D]. Graduate School of Business Administration, George F. Baker Foundation, Harvard University, 1967.
[3] 陈文伟, 廖建文. 决策支持系统及其开发[M]. 北京:清华大学出版社, 2000.

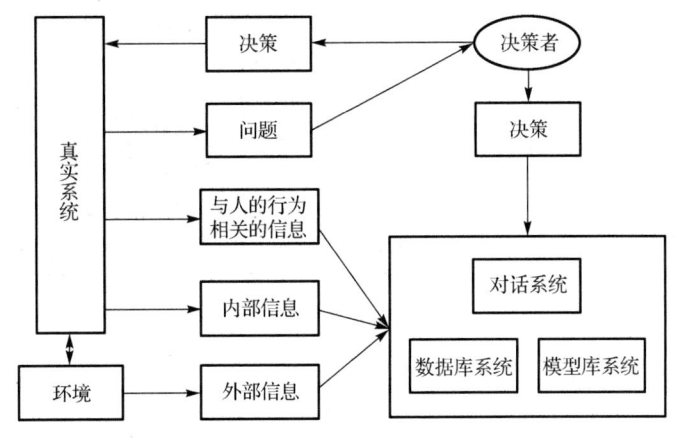

图 12-2 决策支持系统的概念模型

决策支持系统的目的是提高决策的有效性而不是提高决策的效率，下面介绍决策支持系统具备的特点。

(1) 面向决策者，针对上层管理人员经常面临的结构化程度不高、说明不够充分的问题。
(2) 强调的是支持决策，而不是代替决策。
(3) 强调了人机交互的处理方式，把模型或分析技术与传统的数据存取技术、检索技术结合起来。
(4) 主要解决非结构化和半结构化的决策问题。
(5) 模型和数据共同驱动，分析能力强，强调对环境及用户决策方法的改变的灵活性及适应性。

决策支持系统的主要功能需求有如下几点。

(1) 管理并随时提供与决策问题有关的组织内部信息，如订单要求、库存状况、生产能力与财务报表等。
(2) 收集、管理并提供与决策问题有关的组织外部信息，如政策法规、经济统计、市场行情、同行动态与科技发展等。
(3) 收集、管理并提供各项决策方案执行情况的反馈信息，如订单或合同执行进程、物料供应计划落实情况、生产计划完成情况等。
(4) 能以一定的方式存储和管理与决策问题有关的各种数学模型，如定价模型、库存控制模型与生产调度模型等。
(5) 能够存储并提供常用的数学方法及算法，如回归分析方法、线性规划、最短路径算法等。
(6) 能较容易地对上述数据、模型与方法进行修改和添加。
(7) 能灵活地运用模型与方法对数据进行加工、汇总、分析、预测，得到所需的综合信息与预测信息。
(8) 具有方便的人机对话和图像输出功能，能满足随机的数据查询要求，回答"如果……则……"之类的问题。
(9) 提供良好的数据通信功能，以保证及时收集所需数据并将加工结果传送给使用者。
(10) 具有使用者能接受的加工速度与响应时间，不影响使用者的情绪。

决策支持系统的结构如图12-3所示，决策支持系统一般包括如下几个子系统。

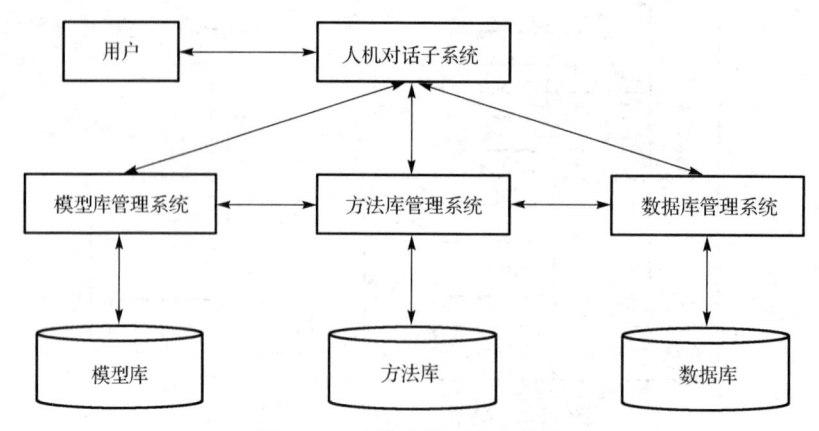

图12-3　决策支持系统的结构

人机对话子系统。人机对话子系统是决策支持系统的人机接口，负责接收和检验用户的请求，协调数据库子系统、模型库子系统和方法库子系统之间的通信，为决策者提供信息收集，问题识别，模型构造、适用、改进，分析和计算等功能。人机对话子系统通过人机对话，使决策者能够依据个人经验，主动地利用决策支持系统的各种支持功能，反复学习、分析、再学习，以便选择一个最优的决策方案。显然，对话决策方式重视和发挥了认识主体的思维能动性，必然能够使管理决策质量大幅度提高。由于决策者大多是非计算机专业人员，他们要求系统使用方便、灵活性好，因此人机对话子系统硬件、软件的开发和配置往往是决策支持系统成败的关键。

数据库子系统，包括数据库和数据库管理系统，其功能包括对数据的存储、检索、处理和维护，并能从来自各种渠道的各种信息资源中析取数据，把它们转换成决策支持系统所需的各种内部数据。从某种意义上说，决策支持系统的数据库子系统的主要工作就是进行一系列复杂的数据转换，与一般的数据库相比，决策支持系统的数据库应该灵活易改，并且在修改和扩充中不丢失数据。

模型库子系统，包括模型库和模型库管理系统，它是决策支持系统的核心，是最重要的也是较难实现的部分。模型库管理系统管理的模型有两类：一类是标准模型（如规划模型、网络模型等），这类模型是通过某些常用的程序设计语言而建立的，并储存在模型库中；另一类是由用户应用建模语言而建立的模型。模型库管理系统支持问题的定义和概念模型化，以及对模型的维护，包括连接、修改、增删等。模型库子系统与人机交互子系统的交互作用，使用户可以控制对模型的操作、处置和使用。模型库子系统的主要作用是通过人机交互语言使决策者能够方便地利用模型库中的各种模型支持决策，引导决策者应用建模语言建立、修改和运行模型。

方法库子系统，包括方法库和方法库管理系统。在决策支持系统中，通常把决策过程中的常用方法（如优化方法、预测方法、蒙特卡罗法、矩阵方程求根法等）作为子程序存入方法库中。方法库管理系统对方法库中的方法进行维护和调用。有的决策支持系统没有方法库子系统。

案例 12-3

临床决策支持系统是实现精准医疗的关键，它就像一个问答系统一样，接受来自临床医生和患者的问题，并返回临床答案。一个高效的临床决策支持系统不仅可以减轻临床医生的压力，还可以实现对疾病的精确诊断和对患者的个性化精准治疗。这样的高效主要得益于其背后的电子病历系统和医学知识图谱，许多临床决策支持系统就是基于它们构建的。例如，Goodwin 等（2016）[1]依靠所积累的电子病历数据构建了一个专属的知识图谱，然后利用这个知识图谱针对收到的问题推理得到候选答案集，最后再对候选答案进行排序和选择，以提高答案的质量。Sheng 等（2018）[2]构建了一个由医学样本库和医学知识图谱双重驱动的临床决策支持平台，该平台可以提供查询、诊断、检查、治疗和预后等一系列临床决策支持服务，其结构如图 12-4 所示。

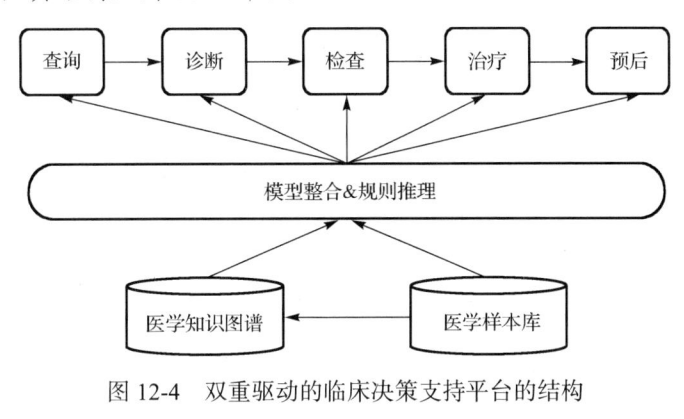

图 12-4 双重驱动的临床决策支持平台的结构

12.2 商务智能决策支持系统

12.2.1 商务智能决策支持系统的功能和特点

商务智能决策支持系统具有以下功能和特点[3]。

(1)商务智能决策支持系统具有知识表示和问题处理功能，能模拟决策者解决问题的思考机制。商务智能决策支持系统能够为决策者提供提问、会话、分析问题和规则推理等引导方法，帮助他们选择合适的模型，这些引导方法对于缺乏相关经验的决策者来说尤为重要。

(2)商务智能决策支持系统能够清晰地回答决策者类似"why""what if"这样的问题，具有解释机制；能够为决策者提供问题求解过程的跟踪方法，分析决策结果，并能使决策结果的可信度加强。

---

[1] GOODWIN T R, HARABAGIU S M. Medical question answering for clinical decision support[C]//Proceedings of the 25th ACM international on conference on information and knowledge management, 2016: 297-306.
[2] SHENG M, HU Q, ZHANG Y, et al. A data-intensive CDSS platform based on knowledge graph[C]//International Conference on Health Information Science. Springer, Cham, 2018: 146-155.
[3] 夏火松. 商务智能[M]. 北京:科学出版社, 2010.

(3)商务智能决策支持系统能够通过自身的学习能力,不断提高系统的问题求解能力,不断完善数据库、模型库、方法库。

(4)商务智能决策支持系统具有自然语言接口或会话接口等功能完善的人机接口,它的主要作用是尽可能清晰地描述半结构化或非结构化问题,通过为决策者提供反馈试探方式或应答方式来明确决策问题的边界、约束条件和决策环境。

12.2.2 商务智能决策支持系统体系结构的发展

在商务智能决策支持系统的发展过程中,形成了多种人工智能技术与决策支持的结合方式,主要有以下三种体系结构。

第一种体系结构:决策支持+知识库+文本库。这种体系结构是由姚卿达等人(1988)[①]提出的,在传统的决策支持体系结构的基础上增加了知识库和文本库。这种体系结构提供了一个"大脑",以帮助用户通过决策支持解决问题。其中,知识库存储与决策问题相关的各个领域的专家知识、数据和模型等。决策支持+知识库+文本库的商务智能决策支持系统的体系结构如图12-5所示。

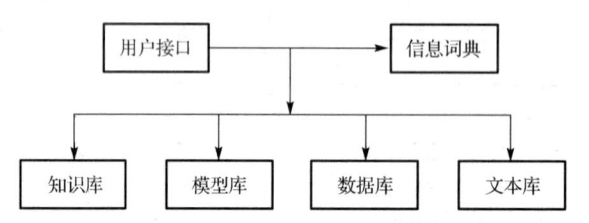

图12-5 决策支持+知识库+文本库的商务智能决策支持系统的体系结构

第二种体系结构:决策支持+问题求解单元+知识库。这种体系结构以传统的决策支持体系结构为基础,添加了问题求解单元与知识库。决策者提出决策问题后,问题求解单元根据问题信息设计面向此问题的求解过程,控制并协调对各个库的调用。决策支持+问题求解单元+知识库的商务智能决策支持系统的体系结构如图12-6所示。

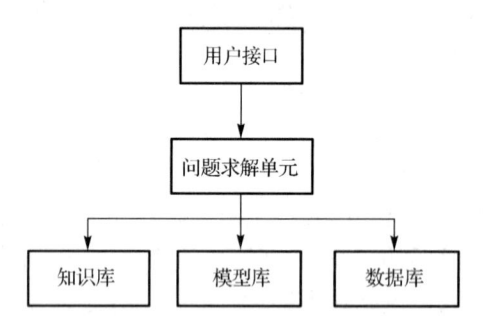

图12-6 决策支持+问题求解单元+知识库的商务智能决策支持系统的体系结构

第三种体系结构:语言系统+问题处理系统+知识系统。该体系结构与传统的决策支持体系结构的模式相比在概念上有了很大突破。语言系统(LS)用于描述和解释用户要解决的问题;知识系统(KS)用于存放相关的领域知识;问题处理系统(PPS)用于从语言系统中获得描

[①] 姚卿达,杨武,姚庚平,等. 新一代决策支持系统[J]. 计算机科学, 1988, 3(3):38-43.

述的问题,根据知识系统中的相关知识对问题进行求解。语言系统+问题处理系统+知识系统的商务智能决策支持系统的体系结构如图 12-7 所示。

三种商务智能决策支持系统的体系结构各有优缺点,之后的系统都是在这三种体系结构的基础上发展起来的,或者改进原有体系结构的缺点,或者增加各种智能部件,或者改变各模块的位置,或者针对某种工程而形成新的商务智能决策支持系统。

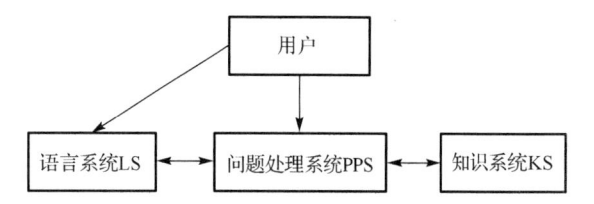

图 12-7　语言系统+问题处理系统+知识系统的商务智能决策支持系统的体系结构

12.2.3　商务智能决策支持系统的应用

随着社会经济的高速发展,以及受到经济全球化的影响,市场竞争愈演愈烈,各中小型企业要想在激烈的市场竞争中生存、发展,企业的经营管理者必须充分利用新的计算机技术、网络通信技术与数据处理技术等相关的技术与理论,构建能够将内部与外部环境相融合的信息处理体系,使企业的各类信息实现共享,达到降低成本、提高经营效益的目的,以提高企业的竞争力。商务智能决策支持系统就是一种能够为管理者与决策者提供帮助的智能型人机交互信息系统,现已广泛应用于各个领域,如财务管理、医疗管理、水电站经营运作、运输业等。下面介绍两种商务智能决策支持系统的应用。

(1)面向企业财务部门的商务智能决策支持系统[①]。商务智能决策支持系统的数据挖掘技术可以从大量的数据中发现隐藏的、有价值的知识与信息。人工智能技术可以通过模拟专家的知识与逻辑对复杂问题进行求解和推理。这些新型的技术为财务分析系统、会计信息系统及财务智能化提供了强大的技术支持,利用这些技术可以建立基于知识数据的经营与财务管理分析智能系统,即面向企业财务部门的商务智能决策支持系统,从而实现了会计信息系统从核算型转变成经营决策型。面向企业财务部门的商务智能决策支持系统的结构如图 12-8 所示。

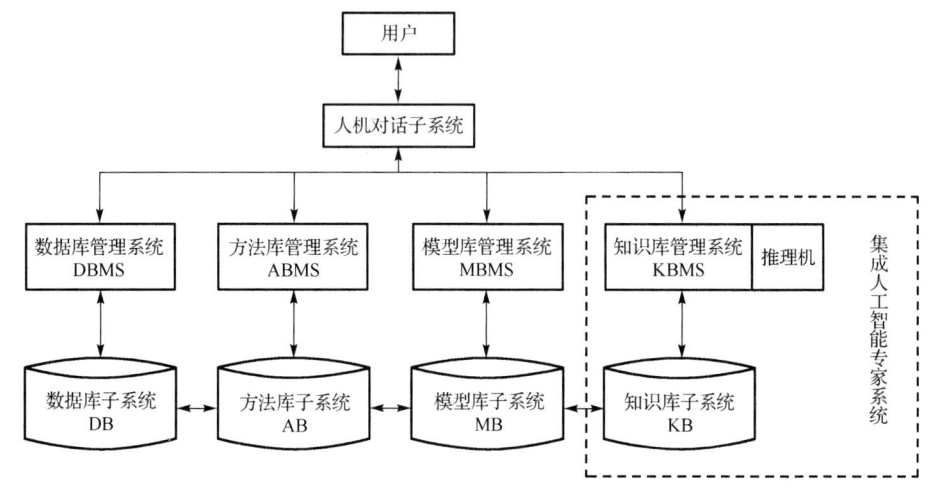

图 12-8　面向企业财务部门的商务智能决策支持系统的结构

[①] 曹巍. 智能财务决策支持系统的应用研究[D]. 长沙:湖南大学, 2014.

(2)面向医疗行业的商务智能决策支持系统。随着医疗信息化技术的不断进步和发展,临床决策支持系统成为医院信息化建设的重要组成部分。BI分析技术的成熟使得最大限度地挖掘各类海量医疗数据的价值成为可能。BI应用的价值不仅仅是简单地呈现数据,还包括通过对信息的整合、对各种数据的实时监测及对临床结果的评估,促进并形成以信息为中心的工作和决策模式[①]。面向医疗行业的商务智能决策支持系统的结构如图12-9所示。

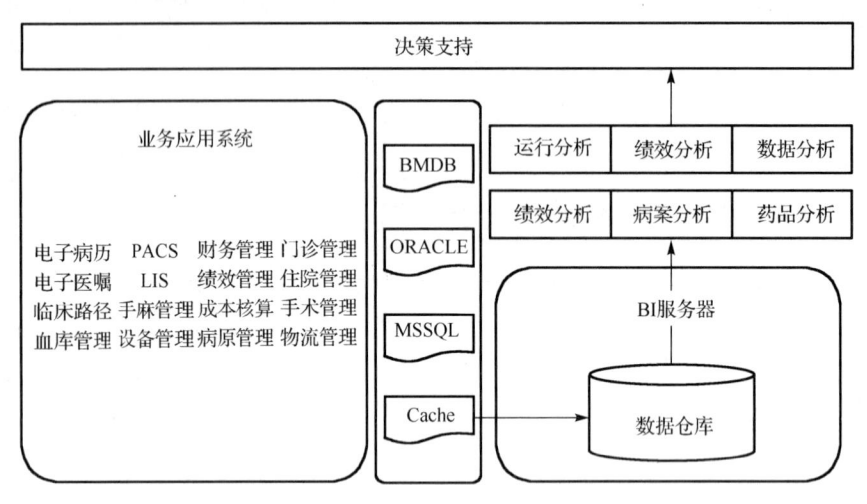

图12-9 面向医疗行业的商务智能决策支持系统的结构

12.3 企业商务智能决策支持系统的架构与实现

12.3.1 企业商务智能决策支持系统的架构

商务智能是一系列概念、方法和过程的集合体,通过这些概念、方法和过程来获取和分析数据,提取有用的信息,从而更好地支持决策,特别是战略决策。基于学者们提出的商务智能四层体系框架,可以将企业商务智能决策支持系统的架构划分为数据层、技术层、分析层、表示层、战略层五个层次。

数据层是最底层。企业商务智能决策支持系统必须有较好的架构和标准,可以满足企业各个部门的需求,确保财务、客户、销售、库存等各个子系统可以收集到真实有效的数据,防止产生信息孤岛。数据层的上面是技术层,在这一层中,企业商务智能决策支持系统通过将数据层的原始数据集成到数据仓库中,针对不同部门的异构数据进行整合,并将整合后的数据暂时存储到数据集市及其缓冲区中,以待进一步的分析处理。

企业商务智能决策支持系统利用数据挖掘技术提供查询报告和决策支持服务。在分析层,企业商务智能决策支持系统需建立良好的模型库、知识库、方法库,才能从数据仓库中挖掘出有价值的信息,并转化成用户能理解的知识,充分展现针对企业级数据的智能分析功能[②]。

[①]方良欣,邓群娣,王淑平,等. 电子病案临床决策支持系统的研究[J]. 现代医院, 2011, 11 (2):9-11.
[②]朱晓武. 商务智能的理论和应用研究综述[J]. 计算机系统应用, 2007, 16 (001):114-117.

企业可通过表示层开展必要的查询统计、制定关键绩效指标、绩效管理等工作。智能分析模型如图 12-10 所示。

战略层为最上层。运用平衡计分卡衡量财务指标和非财务指标，将战略决策用于指导具体的行动，这是企业商务智能决策支持系统的价值体现。企业商务智能决策支持系统可以看作信息技术在管理领域的应用，其技术架构如图 12-11 所示。企业信息门户技术提供了一个用户与企业的商业信息和应用软件之间的接口。企业的商业信息，不是只存储在数据仓库中，而是分布在不同的系统和应用软件之中。企业商务智能决策支持系统通过企业信息门户技术来收集、组织和集成整个企业范围内的商业信息，并且为不同的用户提供不同的访问信息权限。门户技术主要分为两种：全客户门户技术和瘦客户门户技术。全客户门户技术也称为非网络化门户技术，采用客户级服务器结构，以高速处理器运行应用程序，预留存储空间存储数据文档，安装高容量内存以处理并发任务，同时采用中间件服务器允许客户透明地访问后台各种异构的数据源。其结构强壮，可以进行离线分析，但成本较高。瘦客户门户技术也称为网络化门户技术，采用浏览器/服务器结构。不同的是，这种技术在采用库中间件服务器允许客户透明地访问后台各种异构的数据源的同时，采用 Web 中间件提交 Web 客户的请求。其结构没有全客户门户技术的结构强壮，作用与功能相对较弱，但成本较低，结构部署更快、更容易。该结构允许用户通过网络访问个性化的界面和应用来实现商务应用，可以把现有的业务应用和数据、实时的数据流、业务事件和内容集成到一个统一的信息窗口，能够保障持续的可用性和端到端的安全性，将客户、普通员工、合作伙伴和供应商的业务流程直接连接，从而帮助现代企业达到节约资源、拓展市场的目的[1]。

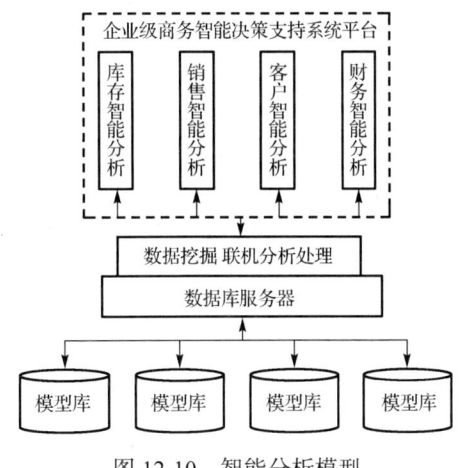

图 12-10 智能分析模型

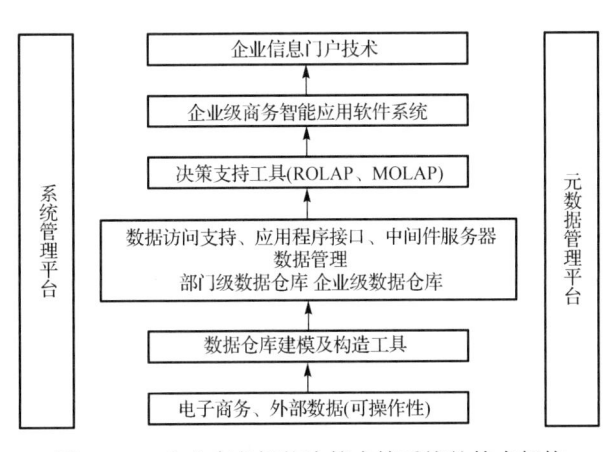

图 12-11 企业商务智能决策支持系统的技术架构

在企业商务智能决策支持系统的整个技术架构中始终贯穿着两个支撑平台：元数据管理平台和系统管理平台。元数据管理平台用于管理整个企业商务智能决策支持系统的元数据。元数据是关于数据的数据，也就是对数据仓库中的数据加以说明的文档资料，包括数据存储格式、数据量、数据来源、数据内容的关键字和数据的存储位置等。系统管理平台包括从构建初期到项目设计、测试、运行和维护的软硬件环境，需要开发人员的参与和重视。管理者

---

[1] 夏国恩，金炜东，张葛祥，等. 商务智能在中国的现状和发展研究[J]. 科技进步与对策, 2006, 23(1): 173-176.

应统筹兼顾，做好协调监督工作，使得企业商务智能决策支持系统保持一个畅通的构建渠道和开发环境[1][2]。在这个技术架构中，企业商务智能决策支持系统的核心是具体实现的信息技术，即商务智能的三大核心部分，包括数据仓库技术、数据挖掘技术、联机分析处理技术。

12.3.2 企业商务智能决策支持系统的实现

企业商务智能决策支持系统的实现可以分为需求分析、数据建设、决策支持三个部分。

1. 需求分析

需求分析是企业商务智能决策支持系统实现的第一步，需求分析的结果直接影响整个系统实现项目的质量与效益。一般来说，一个项目在需求分析阶段需要围绕三个问题来考虑：需要做什么，有什么效益，成本是多少。需求分析模型如图12-12所示[3]。

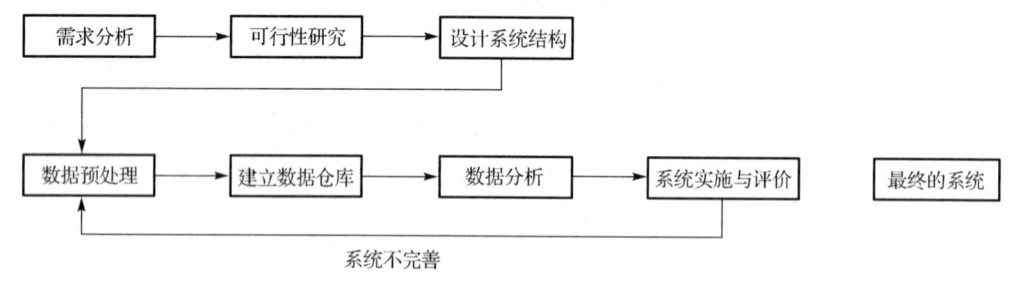

图12-12 需求分析模型

特别注意，在需求分析过程中，需要遵循以用户为中心来开发商务智能战略的原则，从业务领域入手，业务部门和系统开发部门协力设计系统结构，并且以发展的眼光构建这套系统，同时兼顾可行性，但是目光不要局限在企业内部，要延伸到企业外部。

2. 数据建设

数据是分析的基础，对数据的收集一定要做到全面、及时、准确。为了提高数据的可靠性，增强终端用户对数据的信任感，用户和系统构建人员需要收集并整合企业各部门和各应用领域的分散数据。数据建设具体包括数据预处理、建设数据仓库两部分。

(1) 数据预处理。数据预处理是整合企业原始数据的第一步，面向不同的需求对数据进行抽取、转换、清洗和装载。数据预处理的目的是建立一个企业级的数据仓库，从而得到整个企业数据的全局视图。企业商务智能决策支持系统需要集成各个业务部门的数据，这些数据源的格式可以是结构化的、非结构化的，甚至是半结构化的。企业商务智能决策支持系统需要对企业各个业务部门的数据进行协调，要求各个业务部门采用的信息技术的基础必须一致，包括统一的系统、统一的客户编号和识辨系统，要求各个业务部门必须定期把客户信息导入统一的、企业级的数据仓库中，并对所有的信息加以提炼和集成。数据模式集成主要解决的问题有异类冲突、命名冲突、语义冲突和结构冲突。

---

[1] 罗来鹏, 王少青. 试论商务智能在企业决策中的应用[J]. 中国管理信息化, 2005(11):18-19.
[2] 王永军, 彭学君. 基于案例推理的企业商务智能研究[J]. 商业时代, 2007(10):35-36.
[3] 张丽. 企业商务智能决策支持系统的构建研究[D]. 合肥：安徽农业大学, 2008.

(2) 建设数据仓库。建设数据仓库需要先建立企业的数据模型，定义记录系统，然后将所设计的数据仓库按主题领域进行组织，并建立记录系统与数据仓库之间的接口，最后开始装载第一个主题领域，进入装载和反馈过程。数据仓库中的数据在此过程中会不断改变。建设数据仓库的模型可以使用两种建模技术：星形模型建模技术和雪花模型建模技术。通常情况下，企业商务智能决策支持系统的数据仓库建设可以选用星形模型建模技术，因为它包含的用于信息检索的连接相对较少，且易于管理，而且利用星形模型建模技术可以为数据仓库建立完善的模型。星形模型建模技术从支持决策者观点的角度定义数据实体，这些实体反映了商务运行方面的内容。建设数据仓库可选用的软件产品有很多，如 IBM 公司的 DB2 Universal Database、Oracle 公司的 Oracle9i Database 和 Microsoft 公司的 SQL Server2000 等。

3. 决策支持

决策支持部分进一步可以划分成两类，分别是由少数管理人员制定的大型战略决策和基层工作人员在日常工作中做出的大量的小型决策。企业的绩效如何，在很大程度上是由基层工作人员在日常工作中做出的大量小型决策所决定的。企业商务智能决策支持系统的应用领域如表 12-2 所示[1][2]。从终端用户的角度来说，数据分析和指标展现是企业商务智能决策支持系统设计中最重要的组成成分。

表 12-2 企业商务智能决策支持系统的应用领域

应用领域	商务智能能够提供的信息
战略	企业外部因素分析，包括技术实力、资源能力、资本实力、投资方案、竞争实力、市场机会、优势、弱点等
营销	企业利益增长点，市场竞争对手的技术实力和财务状况，预测市场竞争策略，市场营销的运行策略，以及市场营销信息等
产品	现有产品的销售状况和前景分析，新产品的市场潜力，新产品的开发成本预算及销售预测，新产品的售后服务信息反馈等
客户关系	企业客户群分析，客户行为分析，客户赢利能力分析，客户获取与保持能力分析等
供应链	供应商分析，工作流程管理，分销商管理，物流成本分析
效益	企业的收入与成本效益评估，企业的业绩与成效评估等
欺诈甄别	恶性投资等诈骗行为的预测与分析

思考题

1. 尝试用自己的话解释什么是决策，阐述决策的一般过程。
2. 讨论商务智能如何应用于决策支持？
3. 举例说明商务智能决策支持系统的应用有哪些？
4. 研讨题，阅读论文并讨论下列问题。

"DEMIRKAN H, DELEN D. Leveraging the capabilities of service-oriented decision support systems: Putting analytics and big data in cloud[J]. Decision Support Systems, 2013, 55(1):412-421."

(1) 大数据环境下决策支持的概念框架设计。
(2) 大数据环境下决策支持系统的设计面临的机遇和挑战。

---

[1] POOLE J, CHANG D, TOLBERT D, et al. Common warehouse metamodel[M]. John Wiley & Sons, 2002.
[2] 倪春丽，王明. 商务智能在现代企业中的应用[J]. 科技管理研究, 2003, 23(4): 50-52.

拓展阅读

研究前沿

在大数据、云计算时代，决策场景与过去相比有很大不同，决策环境变得异常复杂，这对决策支持系统的发展提出了许多新的要求。在大数据时代，人们的决策思维方式发生了转变：大数据时代一切皆可量化，人们应该放弃因果关系而探求相关关系[①]。其中，基于人工智能的智能决策支持已经成为学术界关注的焦点。

基于人工智能的智能决策支持属于一个新兴的交叉学科领域，是运筹学、管理科学和计算机科学结合的产物，应用于税务稽查、渔业专家系统、中国工商银行风险投资决策、为电信部门进行VIP分析等[②]。其未来的发展趋势主要有以下五个方面。

(1) 注重基于知识的人机交互。智能决策支持强调决策过程的交互性，对人机对话系统有较高的要求。从数据中获得信息，再从信息中获得知识，仅仅是决策过程的开始。对数据、信息和知识的关系研究表明：对其他关系的研究对提高决策质量也具有重要意义。

(2) 注重分布式并行化决策求解。决策环境的复杂性常常会超出人的求解能力，这促使研究者抛开传统的模型求解方法，转而寻求新的技术。目前，随着计算机网络的发展，决策环境出现了新的特点，同时决策的可行解本身也存在计算效率问题。当前，分布式数据仓库、分布式决策处理的研究及分布式人工智能技术的应用、并行决策计算等已成为新的研究热点。

(3) 注重各种相关技术的集成应用。智能决策支持的核心是知识和知识处理。决策中用到的知识总是和特定应用领域相关，不同的应用领域对知识的表示和处理具有不同的特点，不同的智能决策方法有其不同的特点和适用范围，方法的综合运用成为提高系统决策能力的重要途径。目前，采用证据理论、贝叶斯网络等不确定性推理技术进行信息融合也取得了一些成果，这一领域的更高目标是要寻找更为一般的知识表示和推理算法。

(4) 注重决策过程的理解。目前，对人类决策过程的理解还仅限于具有明确过程性和可计算性的部分，对更高级的人类决策过程缺乏明确的认识。对决策过程的理解实际是对人类智能的认识，到目前为止还没有很好的方法能对人的思维进行准确模拟。

(5) 注重时空与多维决策。目前，对于智能决策支持的研究大多集中在决策问题的求解过程方面，而决策行为总是与决策过程和决策环境的各个方面相联系。时间维是决策的内部维，决策者在决策过程中能够感知自身的存在，并与决策问题的时间要求相联系；空间维则用来观察外部世界，与决策环境的空间因素相联系，一般用来描述对决策具有重大影响的因素。很多决策过程已经对时间和空间因素提出相当高的要求，这些因素反过来又对智能决策支持的理论和方法提出新的挑战。

---

① DUMBILL E. A revolution that will transform how we live, work, and think: An interview with the authors of big data[J]. Big data, 2013, 1(2): 73-77.
② 梁罗希, 吴江. 决策支持系统发展综述及展望[J]. 计算机科学, 2016, 43(10).

第 13 章 精 准 营 销

本章提要

1. 掌握精准营销的基本概念、特征与实现方法;
2. 掌握推荐系统的相关概念,了解推荐系统的发展背景;
3. 掌握几种常见推荐方法的原理,利用 Python 实现基于用户的推荐方法及推荐系统的评价方法。

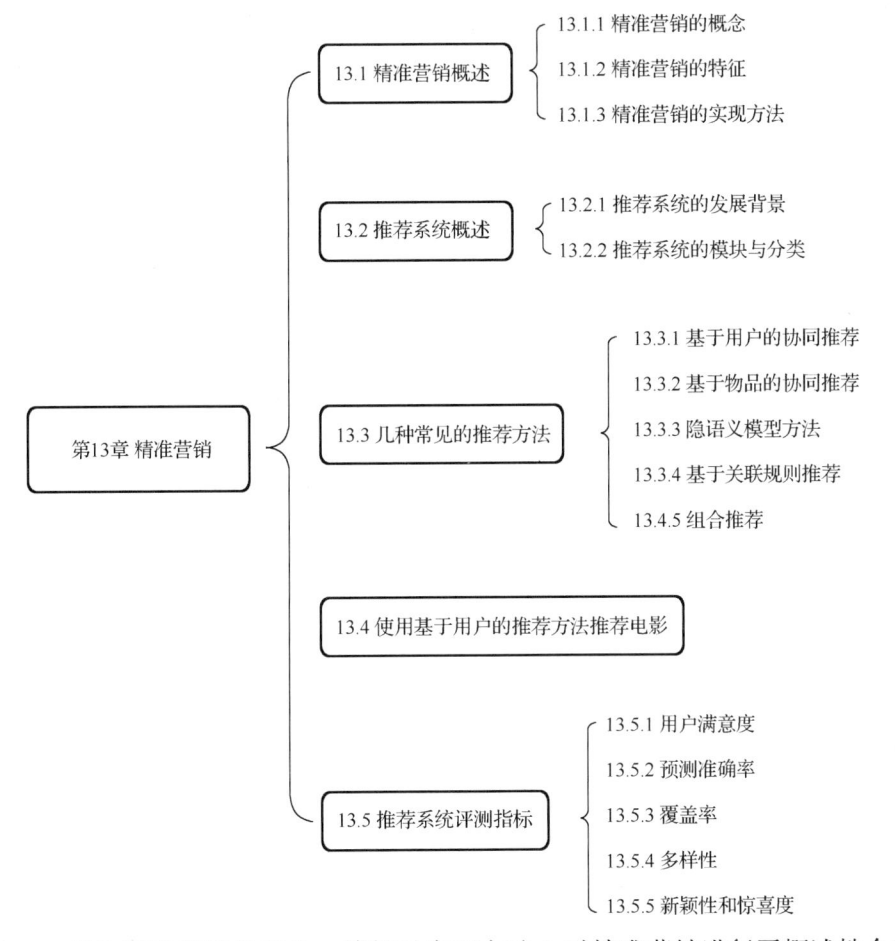

```
第13章 精准营销 ┬ 13.1 精准营销概述 ┬ 13.1.1 精准营销的概念
                │                    ├ 13.1.2 精准营销的特征
                │                    └ 13.1.3 精准营销的实现方法
                │
                ├ 13.2 推荐系统概述 ┬ 13.2.1 推荐系统的发展背景
                │                    └ 13.2.2 推荐系统的模块与分类
                │
                ├ 13.3 几种常见的推荐方法 ┬ 13.3.1 基于用户的协同推荐
                │                          ├ 13.3.2 基于物品的协同推荐
                │                          ├ 13.3.3 隐语义模型方法
                │                          ├ 13.3.4 基于关联规则推荐
                │                          └ 13.4.5 组合推荐
                │
                ├ 13.4 使用基于用户的推荐方法推荐电影
                │
                └ 13.5 推荐系统评测指标 ┬ 13.5.1 用户满意度
                                         ├ 13.5.2 预测准确率
                                         ├ 13.5.3 覆盖率
                                         ├ 13.5.4 多样性
                                         └ 13.5.5 新颖性和惊喜度
```

本章 13.1 节从精准营销的概念、特征及实现方法上对精准营销进行了概述性介绍;13.2 节和 13.3 节对作为一种重要的精准营销方式的推荐系统进行了整体介绍,并进一步介绍了几种常见的推荐方法;13.4 节结合案例详细介绍了如何使用基于用户的推荐方法来推荐电影;13.5 节介绍了常用的推荐系统评测指标。

> **案例 13-1**
>
> 总部位于伦敦的特易购在成立早期是一家以廉价闻名的食品杂货店，"货源充足、价格便宜"是其座右铭。然而特易购的主管们意识到，对于企业而言，廉价策略是一种不可持续的模式。20 世纪 90 年代初，特易购的客户开始转向其他竞争对手，原因是特易购并不了解自己的客户。1995 年之前，它根本不清楚客户的年龄、贫富，客户会在特易购买多少东西、会在竞争对手那里买多少东西，以及最近的促销或降价活动是否对销售有帮助等。
>
> 为了改变这种情况，当时特易购的营销主管特里·莱希推出了一个叫作"俱乐部卡"的培养客户忠诚度的项目，通过俱乐部卡为客户提供折扣与优惠券，以换取他们的个人信息及持卡消费情况。客户会把自己的个人购物爱好与特易购分享，他们用卡时的购买记录都可以被特易购跟踪到。特易购自此成为运用客户洞察力的大师，仅英国境内的持卡人数就超过了 1600 万人，公司可以详细了解客户在买些什么。特易购的主管们还通过研究人们现在购买的产品来推测他们下一次可能会买哪些产品。这一举措使得特易购大获成功，这便是精准营销。

13.1 精准营销概述

13.1.1 精准营销的概念

精准营销(Precision Marketing)是指企业通过市场定量分析的手段，运用现代信息技术、个性化沟通技术(如数据库、客户关系管理、现代物流等)开展的营销活动，实现企业对效益最大化的追求[1]。精准营销的核心思想可以从以下三点进行理解。

(1) 精准即精确、可衡量。在市场定位上，传统营销只能做到定性的程度，精准营销却可以实现精确的市场定位，达到定量的程度。

(2) 精准营销凭借现代信息技术和个性化沟通技术能实现与消费者的长期个性化沟通，企业和消费者的沟通持续而有效，在不断满足消费者个性化需求的同时，可以建立稳定的忠实客户群。可以说，精准营销一方面能够减少企业投放传统广告的高额费用，使企业的营销活动达到可度量、可调控的精准要求，促进企业低成本快速发展；另一方面能够实现客户链式反应增值，促进企业长期稳定发展。

(3) 精准营销使企业摆脱了对传统营销体制和机构的依赖，使营销更加直接和有效；另外，现代物流手段减少了流通环节，大幅度地降低了营销成本。

随着互联网技术水平的不断提高，越来越多的电子商务网站、媒体资讯类网站、社区逐渐引进站内个性化技术手段进行精准营销。其中，推荐系统作为一种最为常见的手段，能够从海量的网络信息中识别筛选出用户所需要的商品信息，从而达到精准营销的目的[2]，13.2~13.5 节将详细介绍推荐系统。

---

[1] 刘红岩. 商务智能方法与应用[M]. 北京：清华大学出版社，2019.
[2] 马光磊. 精准营销在 B2C 电子商务中的应用研究[D]. 北京：北京邮电大学，2013.

13.1.2 精准营销的特征

从精准营销的概念中可以看出,精准营销是以客户为中心的,运用各种可利用的方式,通过正确的渠道在正确的时间以合适的价格向正确的客户提供正确、合适的产品。精准营销具备以下五个特征[1]。

(1) 目标客户的针对性。这是精准营销的第一大特征,也是最基本的、首要的特征。很明显,它需要将目标客户和非目标客户区分开来,只针对目标客户进行高效精准的沟通。

(2) 成本的经济性。精准营销要求和强调在找到目标客户后,尽可能地减少浪费,实现高投资回报。比如,企业为了节约和降低大量的营销成本,会选择相比于传统广告费用更低、效果更好的网络广告进行投放。

(3) 效果的可衡量性。精准营销能够通过对营销活动过程的跟踪,对营销的结果进行衡量和控制,用数据说话,而不是凭感觉。现代技术的发展和成熟应用为精准营销活动的过程和效果提供了技术支持,可以通过现代技术的监控手段对营销过程和各个环节的效果进行检查,从而优化营销的流程[2]。

(4) 沟通的互动性。在传统的营销中,由于企业与目标客户之间一般是单向沟通的,信息量有限并且信息传播和沟通的形式单一,目标客户无法深入了解满足其需求或感兴趣的内容,并且企业将错过目标客户的当时反馈和进一步应对引导的时机。

(5) 精准程度的动态性。精准营销并不是一步达成的,而是通过一个循序渐进和不断进步的过程达成的。其精准程度不是绝对的而是相对的,通过不断改进,现在只会比过去更精准,而未来又会比现在更精准。所以,精准程度是动态的而非静止的。

13.1.3 精准营销的实现方法

精准营销可以降低企业和客户的成本。一方面,精准营销可以满足客户的个性化需求,有益于企业增加利润和提高客户对企业的忠诚程度;另一方面,精准营销拉近了企业和客户的距离,缩短了渠道并减少了中间的各种成本,为企业节省了成本、提高了利润。精准营销的实现可以采用以下策略和方法。

(1) 精准的市场定位。由于客户群体可以根据其特征分为不同的类别和群体,而与之对应的产品就需要进行市场定位。为了实现精准营销,企业首先要做的是根据细分的依据来对市场进行细分,并选择合适的市场作为企业的目标市场,以此来找到自己的市场定位。不同企业的市场定位不同,同一企业的不同产品的市场定位也不尽相同。

(2) 建立目标客户的信息数据库。明确的目标客户和精准的市场定位为信息数据库的建立提供了得天独厚的条件。用户每次使用互联网时,都会留下行为痕迹和行为轨迹,用户查询或访问产品的类别和次数、浏览停留的时间、购买的频率、购买经历、购买力等历史记录都是宝贵的数据。

(3) 高效的客户沟通系统。精准营销提倡一对一沟通,拉近企业业务人员和客户之间的距离。

---

[1] 阮利男. 大数据时代精准营销在京东的应用研究[D]. 成都: 电子科技大学, 2016.
[2] 盛丽. B2C 电子商务精准营销研究[D]. 上海: 华东师范大学, 2011.

为实现企业和目标客户的双向互动沟通的即时性和有效性，企业需要建立高效率、高质量的客户沟通系统。在多次互动沟通中，客户对企业和产品的好感会提升，最终可能会产生购买行为。

(4) 充分利用各种有效的工具。随着互联网的发展和网民数量的快速增加，各种互联网方式和手段都可以成为在电子商务中实现精准营销的重要工具，如手机短信、E-mail 广告、搜索引擎、门户网站、博客、微信、微博、竞排名搜索、关键词搜索广告等。

13.2 推荐系统概述

13.2.1 推荐系统的发展背景

互联网的出现和普及给用户带来了大量的信息，满足了用户在信息时代对信息的需求。但随着网络的迅速发展而带来的网上信息量的大幅增长，使得用户在面对大量信息时无法从中获得对自己真正有用的信息，信息的使用效率反而降低了，这就是所谓的信息超载(Information Overload)[1]问题。

解决信息超载问题的一个非常有潜力的办法是推荐系统[2]。它是根据用户的信息需求、兴趣等，将用户感兴趣的信息、产品等推荐给用户的个性化信息推荐系统。和搜索引擎相比，推荐系统通过研究用户的兴趣偏好进行个性化计算，由系统发现用户的兴趣点，从而引导用户发现自己的信息需求。一个好的推荐系统不仅能为用户提供个性化的服务，还能和用户之间建立密切关系，让用户对推荐系统产生依赖。

随着电子商务规模的不断扩大，商品的数量和种类快速增长，用户需要花费大量的时间才能找到自己想购买的商品，这种浏览大量无关的信息和产品的过程无疑会使湮没在信息超载问题中的用户不断流失。推荐系统可以利用电子商务网站向用户提供商品信息和建议，帮助用户决定应该购买什么产品，模拟销售人员帮助用户完成购买过程。推荐系统是建立在海量数据挖掘基础上的一种高级商务智能平台，以帮助电子商务网站为其用户提供完全个性化的决策支持和信息服务。它根据用户的兴趣特点和购买行为，向用户推荐其感兴趣的信息和商品。

13.2.2 推荐系统的模块与分类

推荐系统有三个重要的模块：用户建模模块、推荐对象建模模块、推荐算法模块。推荐系统通用模型如图13-1所示。推荐系统把用户模型中的用户偏好信息和推荐对象模型中的特征信息进行匹配，同时使用相应的推荐算法进行计算筛选，找到用户可能感兴趣的推荐对象，然后推荐给用户。

推荐系统(Recommend System, RS)，广义上可以理解为：为用户(User)推荐相关的物品(Item)的系统。推荐系统需要解决的关键问题如图13-2所示。

(1) 收集数据，建立推荐值矩阵。收集的数据具体包括用户的喜爱度、打分、点赞数、评价等。

---

[1] 周玲. 信息超载综述[J]. 图书情报工作, 2001, 45(11): 33-35.
[2] 曹毅, 罗新星. 电子商务推荐系统关键技术研究[J]. 湘南学院学报, 2008, 29(5): 63-66.

图 13-1 推荐系统通用模型

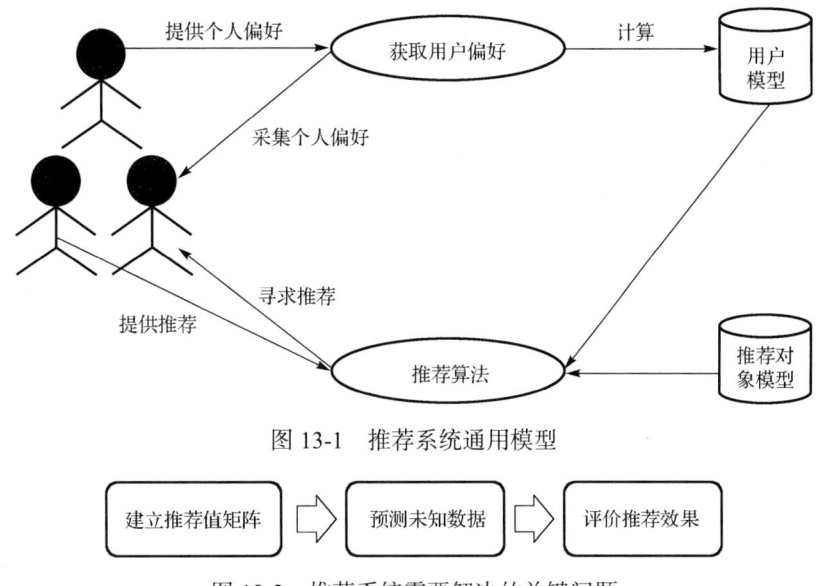

图 13-2 推荐系统需要解决的关键问题

(2) 利用推荐值矩阵预测未知的数据。在用户和物品数量都比较大的情况下，推荐值矩阵通常是稀疏矩阵。

(3) 评价推荐系统的推荐效果。

推荐系统现已广泛应用于很多领域，其中最典型并具有良好的发展和应用前景的领域就是电子商务领域。同时，推荐系统的研究热度一直很高，推荐系统逐渐形成了一门独立的学科。图 13-3 对推荐方法做了分类总结，第 13.3 节将对常见的几种推荐方法展开介绍。

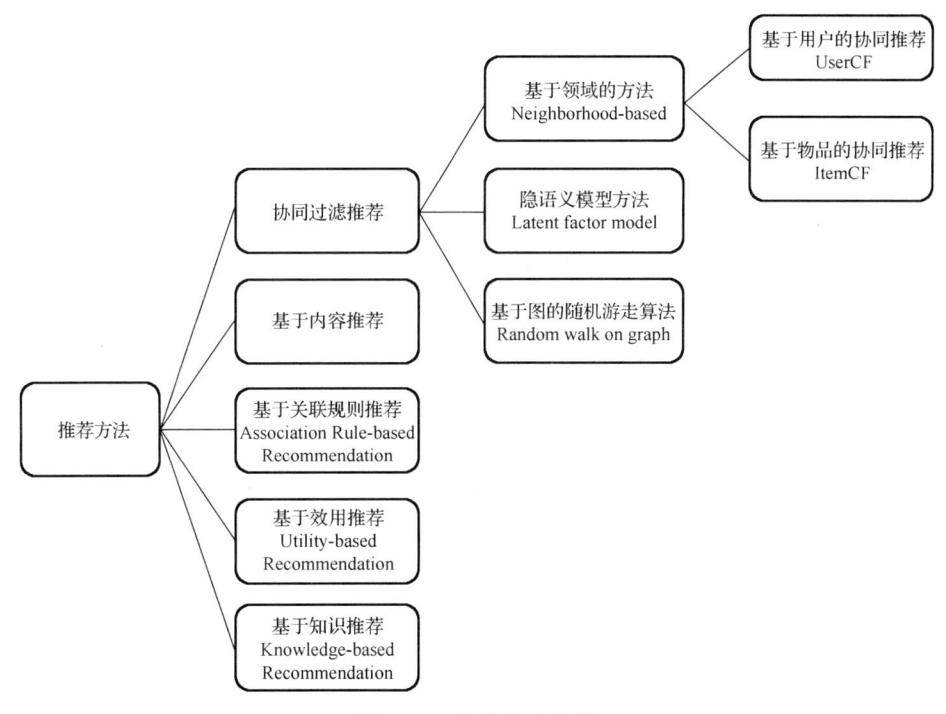

图 13-3 推荐方法分类

13.3 几种常见的推荐方法

13.3.1 基于用户的协同推荐

基于用户的协同推荐(User Collaborative Filtering,UserCF)的基本假设是:如果两个用户对同一物品的打分相似,则这两个用户具有相似的偏好。因此,他们对其他物品的打分也会相似。相似用户对物品的偏好也会相似。如果要预测目标用户是否会喜欢某物品,首先找出与目标用户相似的用户,然后综合利用相似用户对目标物品的打分来得出目标用户对目标物品的打分。打分是用户对物品喜好程度的一种反映,在实际应用中可以利用用户是否购买了某物品、是否在网站上浏览过此物品、用户购买此物品后的使用反馈等信息对其加以量化。另外,物品代表了实物物品或服务,统称为项。

如图13-4所示,三个用户分别为用户A、用户B、用户C,他们看过的电影既有相同的,也有不同的。比如,想要计算待推荐的用户A与所有用户的相似度,进而找到与用户A最相似的N个用户,假设$N=1$,即需要找到与用户A最相似的1个用户,通过计算可以找到用户B与用户A是最相似的,从而将用户B看过而用户A没有看过的《机器猫》推荐给用户A。

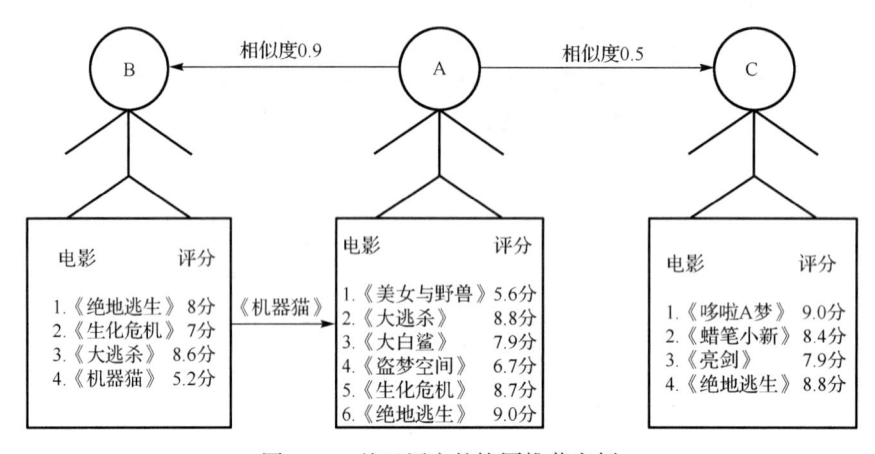

图13-4 基于用户的协同推荐实例

算法第一步:找出与用户u有共同爱好的用户v,然后通过Jaccard公式或余弦相似度公式来计算。

Jaccard公式:

$$w_{uv} = \frac{|N(u) \cap N(v)|}{|N(u) \cup N(v)|}$$

余弦相似度公式:

$$w_{uv} = \frac{|N(u) \cap N(v)|}{\sqrt{|N(u)||N(v)|}}$$

其中，$N(u)$ 表示用户 u 有过正反馈的物品集合，正反馈表示感兴趣；$|N(u)|$ 表示集合的长度。这种算法在用户量大的时候计算量非常大，且因为用户-物品矩阵的稀疏性(有很多用户的兴趣根本没有交集)，很多用户间的余弦相似度为 0，导致了大量不必要的计算。这个问题可以通过以下办法解决：建立物品-用户的倒排表，把对同一个物品感兴趣的用户放入一个集合中，逐个扫描物品，如果集合中同时出现了用户 u 和用户 v，那么余弦相似度的分子加 1。这样就能做到只对出现在同一集合中的用户计算余弦相似度，可以避免不必要的计算。

算法第二步：计算出用户间的相似度之后，选择与目标用户相似度最高的 K 个用户，把他们感兴趣的物品推荐给目标用户。那么接着就要计算用户对物品的兴趣度，公式如下。

$$p(u,i) = \sum_{v \in S(u,K) \cap N(i)} w_{uv} r_{vi}$$

其中，$S(u, K)$ 表示与用户 u 相似度最高的 K 个用户；$N(i)$ 是对物品 i 有过行为的用户的集合；w_{uv} 是用户 u 和用户 v 的兴趣相似度；r_{vi} 代表用户 v 对物品 i 的兴趣。也就是说，用户对物品的兴趣度是与该用户相似的用户对物品的兴趣度的加权和，与他越相似的用户对该物品的兴趣度越大，则他对该物品的兴趣度也会越大。

在基于用户的协同推荐算法中，参数 K 是一个非常重要的参数，和准确率及召回率没有线性关系。但参数 K 与覆盖率和新颖度关系很大，参数 K 越大，参考的人越多，越可能选到热门商品，覆盖率和新颖度都会降低，流行度会提高。

John S. Breese 提出了一种改进余弦相似度的算法[①]：用户对热门物品的兴趣不能真正代表他们之间的相似度，对冷门物品的兴趣才能代表，因此在计算余弦相似度时加入了惩罚项，公式如下：

$$w_{uv} = \frac{\sum i \in N(u) \cap N(v) \dfrac{1}{\log(1) + |N(i)|}}{\sqrt{|N(u) \| N(v)|}}$$

其中，$N(i)$ 是用户 u 和用户 v 都有过正反馈的物品中第 i 个物品的热度，也就是对该物品有过正反馈的用户数，这个数字越大，对兴趣度的影响就越小。

13.3.2 基于物品的协同推荐

与基于用户的协同推荐不同，基于物品(Item-Based)的协同推荐(ItemCF)的基本假设是：如果大多数用户喜欢物品 i 的同时也喜欢物品 j，若一个用户 a 喜欢物品 i，则他也可能喜欢物品 j。为此，需要计算物品之间的相似度，而不是用户之间的相似度。由于物品之间的相似度相对于用户之间的相似度更稳定，因此物品之间的相似度的更新不必像用户之间相似度的更新那样频繁，因而可以提高系统的运行效率。该算法弥补了基于用户的协同推荐算法在用户量增长后计算难度急剧增大的缺点，目前在业界应用最为广泛。

算法第一步：计算物品间的相似度，公式如下。

[①] BREESE J S, HECKERMAN D. Topics in Decision-Theoretic Troubleshooting: Repair and Experiment[J]. Techreport, 1996.

$$w_{ij} = \frac{|N(i) \cap N(j)|}{|N(i)|}$$

其中，$N(i)$ 表示喜欢物品 i 的用户的集合，即喜欢物品 i 的用户中有多少用户同时喜欢物品 j。很显然，这样有一个大问题，就是热门物品大家都喜欢，那么热门物品之间的相似度会很高，就会导致买过热门物品的用户会一直收到热门物品的推荐，因此需要对这个计算方法做一点修正：

$$w_{ij} = \frac{|N(i) \cap N(j)|}{\sqrt{|N(i)||N(j)|}}$$

算法第二步：计算用户对物品的兴趣度，公式如下。

$$P_{uj} = \sum_{i \in N(u) \cap S(j,K)} w_{ij} r_{ui}$$

其中，$N(u)$ 是用户 u 喜欢的物品的集合；$S(j,K)$ 是和物品 j 最相似的 K 个物品的集合；w_{ij} 是物品 i 和物品 j 的相似度；r_{ui} 是用户 u 对物品 i 的兴趣。也就是说，和用户感兴趣的物品越相似的物品，用户对它的兴趣度越大。

和基于用户的协同推荐一样，基于物品的协同推荐的 K 值对准确率和召回率没有明显的影响，但随着 K 值增大，覆盖率会降低，新颖度也会降低。同样地，也要给予过于活跃的用户一些惩罚，和惩罚过于热门的物品一个道理，否则一个用户买了 80% 的物品，这些物品之间的相似度在一定程度上都比应该有的相似度高，加入惩罚项后的相似度计算公式如下：

$$w_{ij} = \frac{\sum u \in N(i) \cap N(j) \frac{1}{\log(1)+|N(i)|}}{\sqrt{|N(i)||N(j)|}}$$

物品的相似度计算最后需要进行归一化处理，在同类物品内部除以最大的相似度值，这样有利于提高准确率及覆盖率。一方面，对于最大相似度较低的品类的物品来说，即使有用户喜欢也会一直得不到推荐，因为该类物品的相似度整体不如别的品类高。进行归一化处理能够避免差异化比较大的品类得不到正确推荐。另一方面，如果不进行归一化处理，就会因为大家都喜欢热门物品而导致物品之间的相似度很高，热门物品将总是得到推荐。

表 13-1 对基于用户的协同推荐（UserCF）与基于物品的协同推荐（ItemCF）进行了对比。从表中可以看出，在性能方面，这两种方法分别对 User 和 Item 的数量有一定要求，不适合数量太多的情况；在实时性方面，用户的购买行为并不会每天发生，所以用户相似度不需要每天计算，那么在用户有新行为时，推荐结果就不会实时更新，但是物品的购买用户列表是时刻在更新的，那么物品相似度的计算结果也应该实时更新。所以当用户有新行为时，立刻就能计算出相似的物品。

表 13-1 基于用户的协同推荐和基于物品的协同推荐的优缺点对比

	基于用户的协同推荐	基于物品的协同推荐
性能	适用于用户较少的场合，如果用户很多，计算用户相似度矩阵的代价很大	适用于物品数明显小于用户数的场合，如果物品很多，计算物品相似度矩阵的代价很大

续表

	基于用户的协同推荐	基于物品的协同推荐
领域	时效性较强，用户个性化兴趣不太明显的领域	长尾物品丰富，用户个性化需求强烈的领域
实时性	用户有新行为，不一定会造成推荐结果的立即变化	用户有新行为，一定会导致推荐结果的实时变化
冷启动	在新用户对很少的物品产生行为后，不能立即对他进行个性化推荐，因为用户相似度表是每隔一段时间离线计算的，新物品上线一段时间后，一旦有用户对新物品产生行为，就可以将新物品推荐给和它产生行为的用户兴趣相似的其他用户	新用户只要对一个物品产生行为，就可以给他推荐和该物品相似的其他物品，但无法在不离线更新物品相似度表的情况下将新物品推荐给用户
推荐理由	很难提供令用户信服的推荐解释	利用用户的历史行为给用户做推荐解释，可以令用户比较信服

13.3.3 隐语义模型方法

隐语义模型(Latent Factor Model，LFM)方法是目前信息推荐准确率较高的一种协同过滤方法，其最初是在文本挖掘领域中被提出的，其中包含了隐含因子，类似于神经网络中的隐藏层。隐语义模型方法的思想是，找到用户的偏好特征，将该类偏好特征对应的物品推荐给用户。LFM 原理矩阵表示图如图 13-5 所示。

	Item_1	Item_2	Item_3	Item_4
User_1	R_{11}	R_{12}	R_{13}	R_{14}
User_2	R_{21}	R_{22}	R_{23}	R_{24}
User_3	R_{31}	R_{32}	R_{33}	R_{34}

R

=

	Class_1	Class_2	Class_3
User_1	P_{11}	P_{12}	P_{13}
User_2	P_{21}	P_{22}	P_{23}
User_3	P_{31}	P_{32}	P_{33}

P

×

	Item_1	Item_2	Item_3	Item_4
Class_1	Q_{11}	Q_{12}	Q_{13}	Q_{14}
Class_2	Q_{21}	Q_{22}	Q_{23}	Q_{24}
Class_3	Q_{31}	Q_{32}	Q_{33}	Q_{34}

Q

图 13-5　LFM 原理矩阵表示图

其中，$\boldsymbol{R}$ 矩阵表示用户对物品的偏好信息，$\boldsymbol{R}_{ij}$ 代表 User_i 对 Item_j 的兴趣度；$\boldsymbol{P}$ 矩阵表示用户对各个物品类别的偏好信息，$\boldsymbol{P}_{ij}$ 代表 User_i 对 Class_j 的兴趣度；$\boldsymbol{Q}$ 矩阵表示各个物品归属到各个类别的信息，$\boldsymbol{Q}_{ij}$ 代表 Item_j 在 Class_i 中的权重或概率。隐语义模型方法就是要将矩阵 $\boldsymbol{R}$ 分解为 $\boldsymbol{P}$ 和 $\boldsymbol{Q}$ 的乘积。也就是说，通过矩阵中的物品类别将用户和物品联系起来，可以得到计算用户对物品的兴趣度的公式：

$$\boldsymbol{R}(u,i)=\sum_{k=1}^{K}\boldsymbol{P}_{uk}\boldsymbol{Q}_{ik}$$

其中，$\boldsymbol{P}_{uk}$ 表示用户 u 的兴趣和第 k 个隐类的关系；$\boldsymbol{Q}_{ik}$ 代表第 k 个隐类和物品 i 的关系；K 表示隐类的数量；$\boldsymbol{R}$ 代表用户对物品的兴趣度。LFM 最终求解的是 $\boldsymbol{P}$ 和 $\boldsymbol{Q}$，一般采用最优化损失函数来求解 $\boldsymbol{P}$ 和 $\boldsymbol{Q}$：

$$c=\sum_{(u,i)\in S}(\boldsymbol{R}_{ui}-\hat{\boldsymbol{R}}_{ui})^2=\sum_{(u,i)\in S}\left(\boldsymbol{R}_{ui}-\sum_{k=1}^{K}\boldsymbol{P}_{uk}\boldsymbol{Q}_{uk}\right)^2+\lambda\|\boldsymbol{P}_u\|^2+\lambda\|\boldsymbol{Q}_i\|^2$$

其中，$\lambda\|\boldsymbol{P}_u\|^2+\lambda\|\boldsymbol{Q}_i\|^2$ 是用来防止过拟合的正则化项，λ 则需要在实际场景中反复进行实验来得到合适的值。关于损失函数求最小值，可以使用梯度下降算法，使用最多的是 SGD，即对两组未知参数求偏导，如下所示：

$$\frac{\partial_c}{\partial \boldsymbol{P}_{uk}} = -2\sum_{(u,i)\in S}\left(\boldsymbol{R}_{ui} - \sum_{k=1}^{K}\boldsymbol{P}_{uk}\boldsymbol{Q}_{uk}\right)\boldsymbol{Q}_{ki} + 2\lambda\boldsymbol{P}_{uk}$$

$$\frac{\partial_c}{\partial \boldsymbol{Q}_{ki}} = -2\sum_{(u,i)\in S}\left(\boldsymbol{R}_{ui} - \sum_{i=1}^{K}\boldsymbol{P}_{uk}\boldsymbol{Q}_{ki}\right)\boldsymbol{P}_{uk} + 2\lambda\boldsymbol{Q}_{ki}$$

迭代计算，不断优化参数，直到参数收敛，迭代形式如下式所示：

$$\boldsymbol{P}_{uk} = \boldsymbol{P}_{uk} + \alpha\left(\sum_{(u,i)\in S}\left(\boldsymbol{R}_{ui} - \sum_{k=1}^{K}\boldsymbol{P}_{uk}\boldsymbol{Q}_{ki}\right)\boldsymbol{Q}_{ki} - \lambda\boldsymbol{P}_{uk}\right)$$

$$\boldsymbol{Q}_{ki} = \boldsymbol{Q}_{ki} + \alpha\left(\sum_{(u,i)\in S}\left(\boldsymbol{R}_{ui} - \sum_{k=1}^{K}\boldsymbol{P}_{uk}\boldsymbol{Q}_{ki}\right)\boldsymbol{P}_{uk} - \lambda\boldsymbol{Q}_{ki}\right)$$

在上述公式中，α 表示学习速率，α 越大，迭代下降越快。举例来说，用户 C 喜欢武打片，现在 LFM 把电影分为三类(武打片，动画片，爱情片)，因此用户 C 的 $\boldsymbol{P}_{uk}$ 向量可以表示为[1,0,0]，现在有两部电影，计算过程如下。

(1)《天龙八部》(武打片)：

$$\boldsymbol{Q}(i,k) = [1,0,0]^{\mathrm{T}}$$

《天线宝宝》(动画片)：

$$\boldsymbol{Q}(i,k) = [0,1,0]^{\mathrm{T}}$$

(2)那么可以计算出用户 C 对这两部电影的兴趣度：

$$\boldsymbol{R}(C,天龙八部) = [1,0,0]\times[1,0,0]^{\mathrm{T}} = 1$$

$$\boldsymbol{R}(C,天线宝宝) = [1,0,0]\times[0,1,0]^{\mathrm{T}} = 0$$

(3)通过计算结果可知，应该给用户 C 推荐《天龙八部》，而不应该推荐《天线宝宝》。

LFM 的缺点在于很难实现实时推荐。LFM 的每次训练都很耗时，一般在实际应用中只能每天训练一次，并且计算出所有用户的推荐结果。在使用 LFM 进行推荐时，需要注意样本问题。对于显性反馈数据，用户在电商平台上对物品进行的"收藏""点赞""分享"等行为，就是显性反馈数据的来源。隐语义模型方法在显性反馈数据上能解决评分预测问题，并达到了很高的精度。相对于显性反馈数据，隐性反馈数据比较难以获取。应该在热门推荐系统的基础上，选取一些热门的但用户没有浏览过或表达过偏好的物品，当作用户不喜欢的物品。因为一些热门的物品在用户看来应该是经常能够看到的，但在这个前提下用户却没有看到，这种小概率事件的发生即可视为用户不喜欢这一类型的物品。

13.3.4 基于关联规则推荐

关联规则反映了一个事物与其他事物之间的相互依存性和关联性。作为数据挖掘的一个新技术、新领域，基于关联规则推荐算法的思想就是去发现 User-Item、User-User 及 Item-Item 之间存在的隐式或显式的内在关系。基于关联规则推荐算法常用于实体商店或在线电商的推荐系统，通过对客户的购买记录数据库进行关联规则挖掘，发现客户群体的购买习惯的内在共性(如购买产品 A 的同时也连带着购买产品 B 的概率),并根据挖掘结果,调整货架的布局陈列,设计促销组合方案,实现销量的提升。最经典的应用案例莫过于"啤酒和尿布",详见本章拓展阅读部分。

关联规则通常被定义成下面的形式:用 Items 代表商品项目集合,即 Items = $\{I_1, I_2, \cdots, I_m\}$,同时还需要一个交易项目集合,用 Tran 表示,则有 Tran ∈ Items。在此假设 M 与 N 均为商品项目集合 Items 的子集,如果交易项目集合 Tran 包含了集合 M,并且又有 $M \cap N = \varnothing$,就可以得到关联规则 $M \geqslant N$。同时,关联规则也定义了两个指标:支持度(Support)和置信度(Confidence)。当一个物品被推荐的时候,就必须满足一定的条件,即 Support 与 Confidence 都要满足一定的阈值。Support($M \geqslant N$) 表示支持度,即集合 M、N 中包含的项目个数在交易项目集合 Tran 中的百分比。Confidence($M \geqslant N$) 表示置信度,即交易项目集合 Tran 中包含的项目既存在于集合 N 中又同时存在于集合 M 中的百分比。

$$\text{Support}(M \geqslant N) = P(M \bigcup N) = \frac{|\{\text{Tran} : M \bigcup N \in \text{Tran}\}|}{|\text{Tran}|}$$

$$\text{Confidence}(M \geqslant N) = P(N \mid M) = \frac{|\{\text{Tran} : M \bigcup N \in \text{Tran}\}|}{|\text{Tran} : M \in \text{Tran}|}$$

关联规则挖掘是数据挖掘中比较流行的一种技术,它的工作流程包含两个步骤:第一步就是筛选出所有交易集合中出现频率高的商品,一般会设置一个阈值,低于阈值的商品都将被剔除;第二步是根据前一步筛选出来的商品找出一定的规则,并在这个规则的基础上计算两两商品之间的置信度和支持度,当计算的置信度符合要求时,则可以把这两个商品记为关联商品。

13.3.5 组合推荐

由于各种推荐方法都有优缺点,所以在实际中,组合推荐(Hybrid Recommendation)经常被采用。研究和应用最多的组合推荐是基于内容推荐和协同过滤推荐的组合。最简单的做法就是分别通过基于内容推荐和协同过滤推荐产生一个推荐预测结果,然后用某种方法组合其结果。尽管理论上有很多种推荐方法的组合方式,但在针对某一具体问题时并不见得都有效。组合推荐一个最重要的原则就是通过组合能够避免或弥补各推荐方法的缺点。在组合方式上,有研究人员提出了七种思路。

(1) 加权(Weight):加权多种推荐方法的结果。

(2) 变换(Switch):根据问题背景和实际情况或要求决定采用不同的推荐方法。

(3) 混合(Mixed):同时采用多种推荐方法给出多种推荐结果为用户提供参考。

(4) 特征组合(Feature Combination):组合来自不同推荐数据源的特征,并被另一种推荐方法所采用。

(5) 层叠(Cascade):先用一种推荐方法产生一种粗糙的推荐结果,再由第二种推荐方法在此推荐结果的基础上进一步给出更精确的推荐结果。

(6) 特征扩充(Feature Augmentation):将一种推荐方法产生的特征信息嵌入另一种推荐方法的特征输入中。

(7) 元级别 (Meta-Level)：将一种推荐方法产生的模型作为另一种推荐方法的输入。

13.4 使用基于用户的推荐方法推荐电影

本案例将为用户 Toby 推荐可能感兴趣的电影，利用 Python 实现算法，具体过程如下。
(1) 数据描述：数据为用户、用户观看的电影，以及相应的评分。

```
users = {'Lisa Rose': {'Lady in the Water': 2.5, 'Snakes on a Plane': 3.5,
      'Just My Luck': 3.0, 'Superman Returns': 3.5, 'You, Me and Dupree': 2.5,
      'The Night Listener': 3.0},

      'Gene Seymour': {'Lady in the Water': 3.0, 'Snakes on a Plane': 3.5,
      'Just My Luck': 1.5, 'Superman Returns': 5.0, 'The Night Listener': 3.0,
      'You, Me and Dupree': 3.5},

      'Michael Phillips': {'Lady in the Water': 2.5, 'Snakes on a Plane': 3.0,
      'Superman Returns': 3.5, 'The Night Listener': 4.0},

      'Claudia Puig': {'Snakes on a Plane': 3.5, 'Just My Luck': 3.0,
      'The Night Listener': 4.5, 'Superman Returns': 4.0,
      'You, Me and Dupree': 2.5},

      'Mick LaSalle': {'Lady in the Water': 3.0, 'Snakes on a Plane': 4.0,
      'Just My Luck': 2.0, 'Superman Returns': 3.0, 'The Night Listener': 3.0,
      'You, Me and Dupree': 2.0},

      'Jack Matthews': {'Lady in the Water': 3.0, 'Snakes on a Plane': 4.0,
      'The Night Listener': 3.0, 'Superman Returns': 5.0, 'You, Me and
Dupree': 3.5},

      'Toby': {'Snakes on a Plane': 4.5, 'You, Me and Dupree': 1.0, 'Superman
Returns': 4.0}
            }
```

(2) 目标：为用户 Toby 推荐可能感兴趣的电影。
(3) 算法实现。

```
#!/usr/bin/python
# -*- coding: UTF-8 -*-
from math import sqrt,pow
import operator
class UserCf():
    #获得初始化数据
    def __init__(self,data):
        self.data=data;
    #通过用户名获得电影列表，仅调试使用
    def getItems(self,username1,username2):
```

```python
        return self.data[username1],self.data[username2]
    #计算两个用户的皮尔逊相关系数
    def pearson(self,user1,user2):#数据格式为：电影,评分 {'Snakes on a Plane': 4.5, 'You, Me and Dupree': 1.0, 'Superman Returns': 4.0}
        sumXY=0.0;
        n=0;
        sumX=0.0;
        sumY=0.0;
        sumX2=0.0;
        sumY2=0.0;
        try:
            for movie1,score1 in user1.items():
                if movie1 in user2.keys():#计算公共的电影的评分
                    n+=1;
                    sumXY+=score1*user2[movie1]
                    sumX+=score1;
                    sumY+=user2[movie1]
                    sumX2+=pow(score1,2)
                    sumY2+=pow(user2[movie1],2)
            molecule=sumXY-(sumX*sumY)/n;
            denominator=sqrt((sumX2-pow(sumX,2)/n)*(sumY2-pow(sumY,2)/n))
            r=molecule/denominator
        except Exception,e:
            print "异常信息:",e.message
            return None
        return r
    #计算与当前用户的距离,获得最临近的用户
    def nearstUser(self,username,n=1):
        distances={};#用户,相似度
        for otherUser,items in self.data.items():#遍历整个数据集
            if otherUser not in username:#非当前的用户
                distance=self.pearson(self.data[username],self.data[otherUser])#计算两个用户的相似度
                distances[otherUser]=distance
        sortedDistance=sorted(distances.items(),key=operator.itemgetter(1),reverse=True);#最相似的N个用户
        print "排序后的用户为: ",sortedDistance
        return sortedDistance[:n]
    #给用户推荐电影
    def recomand(self,username,n=1):
        recomand={};#待推荐的电影
        for user,score in dict(self.nearstUser(username,n)).items():#最相近的n个用户
            print "推荐的用户: ",(user,score)
            for movies,scores in self.data[user].items():#推荐的用户的电影列表
                if movies not in self.data[username].keys():#当前username
```

没有看过
```
                        print "%s 为该用户推荐的电影：%s"%(user,movies)
                        if movies not in recommand.keys():#添加到推荐列表中
                            recommand[movies]=scores
            return sorted(recommand.items(),key=operator.itemgetter(1),reverse=True);
            #对推荐的结果按照电影评分排序
    if __name__=='__main__':
        users = {'Lisa Rose': {'Lady in the Water': 2.5, 'Snakes on a Plane': 3.5,
            'Just My Luck': 3.0, 'Superman Returns': 3.5, 'You, Me and Dupree': 2.5,
            'The Night Listener': 3.0},
            'Gene Seymour': {'Lady in the Water': 3.0, 'Snakes on a Plane': 3.5,
            'Just My Luck': 1.5, 'Superman Returns': 5.0, 'The Night Listener': 3.0,
            'You, Me and Dupree': 3.5},
            'Michael Phillips': {'Lady in the Water': 2.5, 'Snakes on a Plane': 3.0,
            'Superman Returns': 3.5, 'The Night Listener': 4.0},
            'Claudia Puig': {'Snakes on a Plane': 3.5, 'Just My Luck': 3.0,
            'The Night Listener': 4.5, 'Superman Returns': 4.0,
            'You, Me and Dupree': 2.5},
            'Mick LaSalle': {'Lady in the Water': 3.0, 'Snakes on a Plane': 4.0,
            'Just My Luck': 2.0, 'Superman Returns': 3.0, 'The Night Listener': 3.0,
            'You, Me and Dupree': 2.0},
            'Jack Matthews': {'Lady in the Water': 3.0, 'Snakes on a Plane': 4.0,
            'The Night Listener': 3.0, 'Superman Returns': 5.0, 'You, Me and Dupree': 3.5},
            'Toby': {'Snakes on a Plane': 4.5, 'You, Me and Dupree': 1.0,
            'Superman Returns': 4.0}}
        userCf=UserCf(data=users)
        recommandList=userCf.recomand('Toby', 2)
        print "最终推荐：%s"%recommandList
```

(4) 算法结果。

排序后的用户为：[('Lisa Rose', 0.9912407071619299), ('Mick LaSalle', 0.9244734516419049), ('Claudia Puig', 0.8934051474415647), ('Jack Matthews', 0.66284898035987), ('Gene Seymour', 0.38124642583151164), ('Michael Phillips', -1.0)]

推荐的用户：('Lisa Rose', 0.9912407071619299)

Lisa Rose 为该用户推荐的电影：Lady in the Water

Lisa Rose 为该用户推荐的电影：Just My Luck

Lisa Rose 为该用户推荐的电影：The Night Listener

推荐的用户：('Mick LaSalle', 0.9244734516419049)

Mick LaSalle 为该用户推荐的电影：Lady in the Water

Mick LaSalle 为该用户推荐的电影：Just My Luck

Mick LaSalle 为该用户推荐的电影：The Night Listener

最终推荐：[('Just My Luck', 3.0), ('The Night Listener', 3.0), ('Lady in the Water', 2.5)]

13.5 推荐系统评测指标

好的推荐系统应该在推荐准确的基础上,为所有用户推荐尽量广泛的物品,为单个用户推荐尽可能覆盖多个类别的物品,同时不要为用户推荐太多热门物品。具体来说,推荐系统存在用户、物品提供者和网站平台三个参与方。因此在评测推荐系统时,应该同时考虑三方的利益,实现所有参与方的共赢,即首先需要满足用户的需求,给用户推荐那些他们感兴趣的物品;其次,尽量使各个物品提供者的物品都能被推荐给合适的用户,而不是只有热门物品被推荐;最后,好的推荐系统应该能够让网站平台收集到高质量的用户反馈,不断提高推荐质量[①]。

为了全面评测推荐系统对三个参与方的影响,需要使用不同的测度和指标对推荐系统进行评测,主要包括用户满意度、预测准确率、覆盖率、多样性、新颖性和惊喜度等。

13.5.1 用户满意度

用户作为推荐系统的重要参与方,其满意度是评测推荐系统的重要指标。但是,用户满意度没有办法离线计算,只能通过用户调查或在线实验获得。

13.5.2 预测准确率

预测准确率(Accuracy)是衡量一个推荐系统质量的重要指标,用来衡量一个推荐系统预测用户行为的能力,一般通过离线实验来计算。对推荐系统预测用户行为的能力的评测通常有评分预测和排序预测两个方向,两者分别使用不同的测度。

1. 评分预测

评分预测一般通过均方根误差(RMSE)和平均绝对误差(MAE)来计算预测准确率。令 R_{ui} 是用户 u 对物品 i 的实际评分,$\hat{R}_{ui}$ 是推荐系统给出的预测评分,T 表示测试集,则 RMSE 的定义为:

$$\text{RMSE} = \sqrt{\frac{\sum_{u,i \in T}(R_{ui} - \hat{R}_{ui})^2}{|T|}}$$

MAE 的定义如下:

$$\text{MAE} = \frac{\sum_{u,i \in T}|R_{ui} - \hat{R}_{ui}|}{|T|}$$

如下面代码所示,用列表 records 存放用户评分数据,令 records[i] = [u,i,rui,pui],其中 rui 是用户 u 对物品 i 的真实评分,pui 是算法预测出来的评分,代码分别展示了 RMSE 和 MAE 的计算过程。

```
def RMSE(records):
    return math.sqrt(
```

[①] 陈国青,卫强,张瑾. 商务智能原理与方法[M]. 北京: 电子工业出版社, 2014.

```
            sum([(rui - pui)*(rui - pui) for u, i, rui, pui in records]) \
            /float(len(records)))

    def MAE(records):
        return sum([abs(rui-pui) for u, i, rui, pui in records]) \
            /float(len(records)))
```

2. 排序预测

网站在提供推荐服务时，一般会对用户提供个性化的物品排序列表，被称为 Top-k 推荐。对物品排序结果的评估一般借鉴信息检索领域的传统测度，如查全率(Recall)、查准率(Precision)、平均查准率(MAP)和归一化折损累计增益(NDCG)等。

令 $R(u)$ 是推荐系统给出的推荐列表，而 $T(u)$ 是用户真实的物品偏好列表，则推荐结果的查全率和查准率分别为：

$$\text{Recall} = \frac{\sum_{u \in U} |R(u) \cap T(u)|}{\sum_{u \in U} |T(u)|}$$

$$\text{Pricision} = \frac{\sum_{u \in U} |R(u) \cap T(u)|}{\sum_{u \in U} |R(u)|}$$

为了全面评测 Top-k 推荐的查全率和查准率，一般会选取不同的推荐列表长度 k，分别计算对应的查全率和查准率，并画出 RP 曲线。

```
    def PrecisionRecall(test,N):
        hit = 0
        n_recall = 0
        n_precision =0
        for user,items in test.items():
            rank = Recommend(user,N)
            hit += len(rank & items)
            n_recall += len(items)
            n_precision += N
        return [hit / n_recall, hit / n_precision]
```

13.5.3 覆盖率

覆盖率(Coverage)是物品提供者较为关注的指标，它描述了一个推荐系统对网站平台上长尾物品的挖掘能力。有多种指标可以衡量推荐系统的覆盖率，如被推荐的物品占所有物品的比例。令系统的用户集合为 U，物品集合为 I，推荐系统给每个用户推荐一个长度为 N 的物品列表 $R(u)$，则覆盖率为：

$$\text{Coverage} = \frac{\left|\sum_{u \in U} R(u)\right|}{|I|}$$

此外，还可以使用信息熵(H)和基尼系数(G)来描述推荐系统的覆盖率指标：

$$H = -\sum_{i=1}^{n} p(i)\log p(i)$$

$$G = \frac{1}{n-1}\sum_{j=1}^{n}(2j-n-1)p(i_j)$$

其中，信息熵计算公式中的 $p(i)$ 表示物品 i 的流行度除以所有物品流行度之和；基尼系数计算公式中的 $p(i_j)$ 表示按物品流行度 p 从小到大排序的物品列表中第 j 个物品。基尼系数在 Python 中的计算过程如下。

```
def GiniIndex(p):
j = 1
    n = len(p)
    G = 0
    for item,weight in sorted(p.items(),key = itemgetter(1)):
        G += (2 * j - n - 1) * weight
    return G / float(n - 1)
```

13.5.4 多样性

多样性（Diversity）描述了推荐结果中两两物品之间的不相似性，以覆盖用户多个方面的兴趣点，增加用户找到感兴趣的物品的概率。在定义多样性时，可以从相似性入手。假设 $\text{sim}(i,j) \in [0,1]$ 定义了物品 i 与 j 之间的相似度，则用户 u 的推荐结果集合 $R(u)$ 的多样性可以定义为：

$$\text{Diversity}(R(u)) = 1 - \frac{\sum_{i,j \in R(u), i \neq j} \text{sim}(i,j)}{\frac{1}{2}|R(u)||R(u)-1|}$$

推荐系统整体的多样性可以通过所有用户推荐结果的多样性的平均值得到，即：

$$\text{Diversity} = \frac{1}{|U|}\sum_{u \in U}\text{Diversity}(R(u))$$

13.5.5 新颖性和惊喜度

如果用户没有听说过推荐列表中的大部分物品，则说明该推荐系统的新颖性（Novelty）较好。最简单的方法是通过推荐结果的平均流行度来获得推荐系统的新颖性，如果推荐结果中物品的平均流行度较低，则推荐系统拥有较高的新颖性。

惊喜度（Serendipity）与新颖性的区别在于：如果推荐结果与用户的历史兴趣不相似，但让用户很满意，则可以说这是一个让用户惊喜的推荐结果，而推荐系统的新颖性仅仅取决于用户是否听说过这个推荐结果。目前还没有公认的惊喜度指标定义方式，一般是定性地通过推荐结果与用户历史兴趣的相似度和用户满意度来衡量。

思考题

1. 讨论精准营销的作用。

2. 如何理解精准营销与推荐系统的关系？
3. 讨论常用的推荐方法，说说不同方法的特点及优劣势。
4. 仿照 13.3 节中的案例，尝试用 Python 实现其他推荐方法。
5. 研讨题：阅读下面推荐系统领域的经典文献，思考如何计算每个推荐系统的得分。

深度学习模型："Wide & Deep Learning for Recommender Systems（2016）"。

YouTube DNN 模型："Deep Neural Networks for YouTube Recommendations（2016）"。

阿里 DIN 模型："Deep Interest Network for Click-Through Rate Prediction（2017）"。

阿里 DIEN 模型："Deep Interest Evolution Network for Click-Through Rate Prediction（2018）"。

阿里 DSIN 模型："Deep Session Interest Network for Click-Through Rate Prediction（2019）"。

天猫 MIND-用户多兴趣模型："Multi-Interest Network with Dynamic Routing for Recommendation as Tmall（2019）"。

阿里 SDM 模型："SDM: Sequential Deep Matching Model for Online Large-scale Recommender System（2019）"。

谷歌双塔模型："Sampling-Bias-Corrected Neural Modeling for Large Corpus Item Recommendations（2019）"。

拓展阅读

本书总结了互联网推荐系统的主要应用及数据集，如表 13-2 所示。

表 13-2 互联网推荐系统的主要应用及数据集

电子商务	Amazon、eBay、e-retailer、淘宝、京东商城
音乐/电影	Netfilx、CD New.com、Music. Yahoo、CoMeR、CA-MRS、MOBICORS-Movie、Lauch、优酷、土豆、豆瓣、新浪音乐、百度音乐推荐
新闻	GroupLens、Daily Learner、Moners、指阅、牛赞网、无觅网、百度新闻推荐
网页标签	Fab、ProfileBuilder、m-CSS、M-CRS、Siteseer、Phoaks
图书推荐系统	Tapestry、TechLens、BibTip、Foxtrot、Cite seer、Google Reader、豆瓣、china-pub 网上书店
开源项目	Taste、Cofi、CoFE
研究数据集	MovieLens、HetRec2011、Wikilens、Book-Crossing、Jester Joke、Yahoo music、UCI Machine Learning Repository、Amazon-meta dataset、Last.fm

拓展阅读

20 世纪 90 年代，沃尔玛拥有世界上最大的数据仓库系统。为了能够准确了解顾客在其门店的购买习惯，沃尔玛对其顾客的购物行为进行了购物篮分析，想知道顾客经常一起购买的商品有哪些。沃尔玛的数据仓库里集中了其各门店的详细原始交易数据，在这些原始交易数据的基础上，沃尔玛利用数据挖掘方法对这些数据进行分析，发现了一个令人难于理解的现象：在某些特定的情况下，"啤酒"与"尿布"两件看上去毫无关系的商品会经常出现在同一个购物篮中。这种独特的销售现象引起了管理人员的注意，经过后续调查发现，这种现象主要出现在年轻的父亲身上。

在美国有婴儿的家庭中，一般是母亲在家中照看婴儿，年轻的父亲前去超市购买尿布。年轻的父亲在购买尿布的同时，往往会顺便为自己购买啤酒，这样就会出现啤酒与尿布这两件看上去不相干的商品经常会出现在同一个购物篮中的现象。如果这个年轻的父亲在卖场只能买到两件商品之一，则他很有可能会放弃购物而去到另一家卖场，直到可以一次同时买到啤酒与尿布为止。沃尔玛发现了这一独特的现象，开始在其门店尝试将啤酒与尿布摆放在相同的区域，让年轻的父亲可以同时找到这两件商品，并很快地完成购物；而沃尔玛也可以让这些顾客一次购买两件商品，而不是一件，从而获得了很好的商品销售收入。

拓展阅读

近年来，深度学习技术在推荐系统领域发展迅速。在推荐系统中，深度学习技术将用户和物品的潜在特征提取出来，基于这些潜在特征表示为用户提供推荐服务。主要方法包括：基于 DNN 的推荐、基于 CNN 的推荐、基于 RNN 和 LSTM 的推荐。

ZHANG 等(2018)[1]提出了一种协同过滤推荐算法与 DNN 相结合的模型，该模型由特征表示模块和评分预测模块组成。首先，该模型改进了传统的矩阵分解算法，使用二次多项式回归模型捕捉潜在特征表示，使模型得到的潜在特征表示更加精准；然后，将这些潜在特征表示输入 DNN 中，预测评分。DONG 等[2]提出了一种新颖的上下文感知推荐模型，将卷积神经网络集成到概率矩阵分解中的卷积矩阵分解(ConvMF)。ConvMF 可以捕获文档的上下文信息，并进一步提高评分预测精度。YANG 等[3]提出了一种基于长短期记忆的上下文感知引用推荐模型，用来为用户推荐相关和适当的科学论文引文。该模型首先基于 LSTM 分别学习引文上下文和科学论文的分布式表示，然后基于引文上下文和科学论文的分布式表示来度量相关性，最后将具有较高相关性分数的科学论文选入推荐列表。ZHANG 等[4]提出了一种新的层叠和重构的图卷积网络(STAR-GCN)结构来学习节点表示，提高了推荐系统的性能，特别是提高了冷启动情况下的推荐效果。STAR-GCN 采用一组 GCN 编码器-解码器，结合中间监控来提高最终预测性能，将低维用户和项目潜在因素作为输入，以抑制模型空间复杂度。

---

[1] ZHANG L, LUO T, FEI Z, et al. A Recommendation Model Based on Deep Neural Network[J]. IEEE Access, 2018, 6(99): 9454-9463.
[2] LU Y, DONG R, SMYTH B. Convolutional Matrix Factorization for Recommendation Explanation[C]// International Conference, 2018:1-2.
[3] YANG L, ZHENG Y, CAI X, et al. A LSTM Based Model for Personalized Context-Aware Citation Recommendation[J]. IEEE Access, 2018, 6(99): 59618-59627.
[4] ZHANG J, SHI X, ZHAO S, et al. STAR-GCN: Stacked and Reconstructed Graph Convolutional Networks for Recommender Systems[J]. 2019.

第 14 章 智能客服

本章提要

1. 了解客户关系管理的定义，以及商务智能技术在客户关系管理中的应用；
2. 了解基于商务智能的客户关系管理的应用设计；
3. 了解智能客服的基本原理和关键技术；
4. 结合实际业务背景了解智能客服系统的设计。

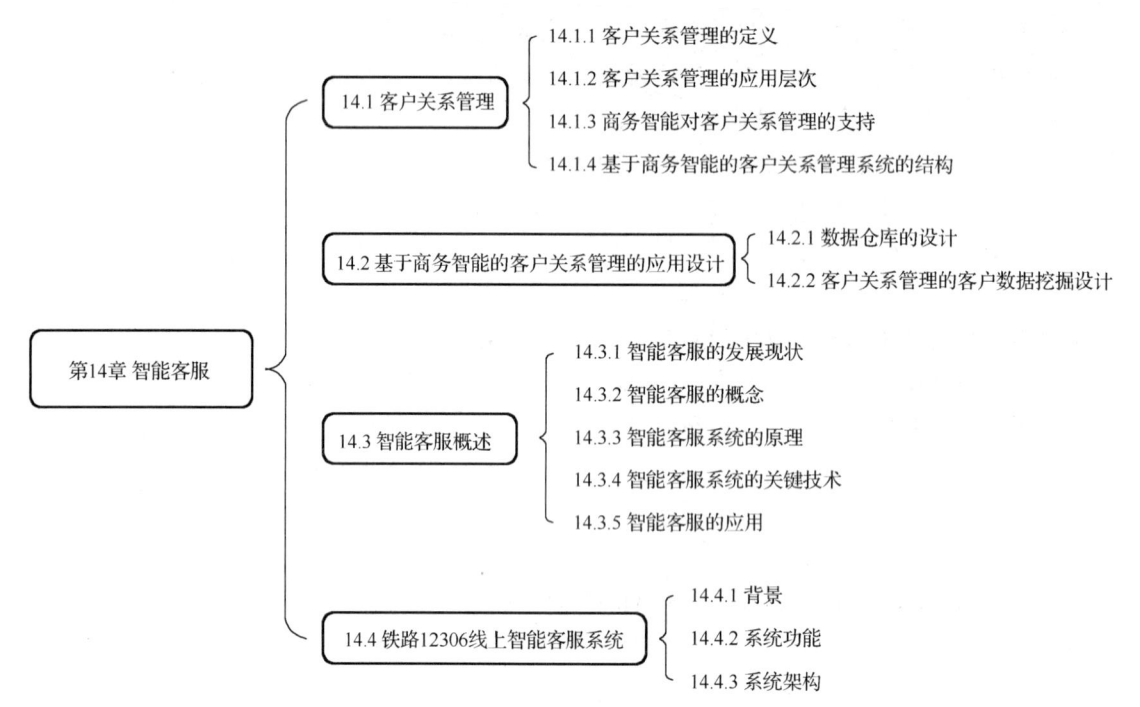

第14章 智能客服
- 14.1 客户关系管理
  - 14.1.1 客户关系管理的定义
  - 14.1.2 客户关系管理的应用层次
  - 14.1.3 商务智能对客户关系管理的支持
  - 14.1.4 基于商务智能的客户关系管理系统的结构
- 14.2 基于商务智能的客户关系管理的应用设计
  - 14.2.1 数据仓库的设计
  - 14.2.2 客户关系管理的客户数据挖掘设计
- 14.3 智能客服概述
  - 14.3.1 智能客服的发展现状
  - 14.3.2 智能客服的概念
  - 14.3.3 智能客服系统的原理
  - 14.3.4 智能客服系统的关键技术
  - 14.3.5 智能客服的应用
- 14.4 铁路12306线上智能客服系统
  - 14.4.1 背景
  - 14.4.2 系统功能
  - 14.4.3 系统架构

本章首先在 14.1 节介绍了客户关系管理的定义、应用层次及商务智能在客户关系管理中的应用；14.2 节介绍基于商务智能的客户关系管理的应用设计；14.3 节详细介绍了一种新兴的客户关系管理手段——智能客服；14.4 节中给出了智能客服系统在铁路 12306 上的设计案例。

14.1　客户关系管理

14.1.1　客户关系管理的定义

随着网络经济时代的到来，互联网的诸多特性使得人们对客户关系的研究有了更高的要求。客户关系管理(Customer Relationship Management，CRM)以客户满意度分析为基础，重点研究对客户需求的敏捷快速反应和产品的个性化定制。人工智能(Artificial Intelligence)、数据仓库(Data Warehouse)和数据挖掘(Data Mining)是常见的用于开发基于互联网的智能型客户关系管理系统的技术。客户关系管理最早是由 Gather Group 提出的，Gather Group 认为客户关系管理的目的是给企业提供全方位的管理视角，赋予企业更完善的客户交流能力，最大化客户的收益率。

作为一种以客户为中心的管理思想和方法，CRM 的概念可以分为三个层次：①面向企业前台业务应用的管理标准，其实质是在关系营销、业务流程重组(Business Process Reengineering，BPR)等基础上进一步发展而成的以客户为中心的管理思想；②综合应用了数据库和数据仓库技术、联机分析处理(On-Line Analytical Processing，OLAP)、数据挖掘技术、互联网技术、面向对象技术、客户机/服务器体系、图形用户界面、网络通信等信息产业技术成果，以 CRM 的管理思想为灵魂的软件产品；③整合了管理思想、业务流程、人机信息技术于一体的管理系统。

想要真正理解 CRM，应该从管理思想、软件产品、管理系统三个不同层次入手，如图 14-1 所示。这三个层次是层层递进的。其中，管理思想是 CRM 概念的核心，没有管理思想做指导，软件产品的开发也就失去了灵魂和方向。软件产品结合了先进的管理思想及先进的业务模式，并采用信息产业的最新技术成果，为管理思想的实现构筑了现实的信息平台。企业想要得到一个运作良好的 CRM 系统，选择适合自己业务背景的软件产品仅仅是第一步，还必须通过科学实施，根据软件产品所支持的方式优化企业的业务流程，才能形成最终为企业带来效益的管理系统。在上述三个层次中，管理系统是企业最终受益的形式，也是管理思想和软件产品所服务的对象[①]。

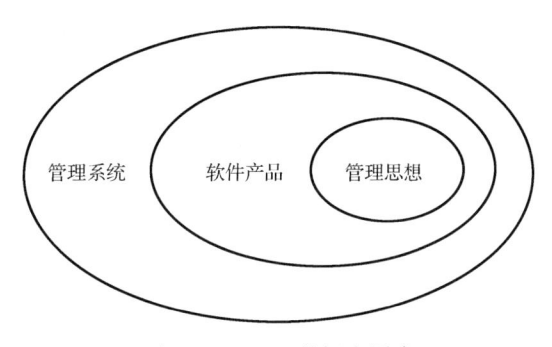

图 14-1 CRM 的概念层次

14.1.2 客户关系管理的应用层次

从技术上来讲，CRM 是一套企业级的整体解决方案，但是由于面对的市场应用不同，不同企业在不同领域中实施的 CRM 有相当的差异。根据实现的主要应用层次的不同，CRM 有运营型 CRM、协作型 CRM、分析型 CRM 之分。

运营型 CRM，也称操作型 CRM，它注重于流程和操作，主要从业务手段的信息化出

---

① 王海艳，施福莱. CRM 的价值链过程[J]. 科学管理研究，2001(5)：35-38.

发，通过系统支持给予客户最优的服务。它要求所有业务流程必须流线化和自动化，包括经由多渠道的客户"接触点"的整合、前台和后台运营之间平滑的相互连接。为了达到这些目的，运营型 CRM 一般借助于 Web 技术以实现全动态交互式的客户关系管理。运营型 CRM 使企业在高速运转的网络环境中以电子化方式完成从市场、销售到服务的全部商务过程。

协作型 CRM(Cooperational CRM)，也称交互型 CRM，它利用如互联网、功能完备的呼叫中心等技术手段，实现与客户跨时空的交流互动，将企业与客户的距离缩短或消除；同时，运用经过集成的客户信息进行个性化的促销，使产品以更快的速度进入市场，从而实现企业直接面向客户的营销目标。协作型 CRM 扩展了传统的营销、销售和服务渠道，使客户在任何时间、任何地点都能与企业方便地建立联系。

分析型 CRM(Analytical CRM)事实上是以改善业务管理为目的的分析活动，主要分析现有的历史数据或从运营型 CRM 中获得的各种数据，进而为企业的经营、决策提供可靠的量化的数据支撑。为了实施这种分析活动，分析型 CRM 需要用到一些商务智能技术，如数据仓库、联机分析处理和数据挖掘等，通过对各个渠道的客户历史数据和在线访问数据的采集与分析，协助企业更好地了解客户，并将获得的客户知识运用到客户细分、客户服务、市场营销、决策计划等各个方面。

14.1.3 商务智能对客户关系管理的支持

(1) 数据整合——提供客户全景视图。

利用数据仓库技术，可以将散落在各个业务数据库中的客户信息经过 ETL(抽取、转换、加载)过程，清洗、转化、连接、概括、集成为统一的分析数据；同时，数据仓库强大的数据存储及管理能力可以对海量客户数据进行有效的存储、索引、归类。通过数据仓库的建设可以实现两个目标：①为企业提供统一的客户视图(Unified Customer View，UCV)，包含客户的基本信息，以及合同、销售、财务、售后服务等业务信息，从而为客户数据分析和客户知识发现提供集成的、统一的、高质量的数据平台环境；②提供客户数据分析和挖掘过程中最重要的综合信息，当细节数据的数量太大时会严重影响分析的效率，同时太多的细节数据也不利于分析人员将注意力集中于有用的信息上，数据仓库包含的基本数据层、轻度综合数据层、高度综合数据层等多粒度层次的数据结构能够自然地解决业务系统难以解决的难题，并且提高了查询效率。

(2) 信息提交过程。

企业信息系统最终的关注点在于信息传递，实现从数据到信息的深层次转化，即将适当的信息通过适当的渠道在适当的时候传递给适当的接收者。商务智能技术在此环节主要起到以下三点作用：①OLAP 的多维立方体模型为用户提供多维的分析视图，通过钻取、旋转、切片(块)等操作，使得用户可以随心所欲地对客户数据进行多维分析，获取关于客户的细分市场、购买模式、赢利能力等重要信息；②通过简单易用的工具使得终端用户可以自由地按照自己的意图来操纵数据，从而为自己的业务问题提供信息支持；③利用企业信息门户策略可以实现根据不同的用户定制其信息界面，从而保证信息在适当的时间通过适当的渠道传递给适当的接收者。

(3) 客户知识的深入挖掘。

总之，客户知识可以让企业清楚在产品和服务方面努力的方向：①企业通过有效整合现有的资源，在满足客户需求的前提下，从计划、设计、生产、营销、销售、服务等各个环节保证高效率运作，客户档案（Customer Profiles）可以实现对客户知识的管理；②根据从客户知识中发掘的信息，计算客户生命周期价值，并以此作为客户分类的依据，针对不同类别的客户采取不同的措施；③预测客户将来一段时期的需求；④预测客户流失的可能性，针对可能性较高的客户，采取及时的补救措施或做出减少不必要的投资等决策，最大限度地保留客户和降低企业的损失；⑤评估客户忠诚度，识别忠诚客户。

(4) 通过商务智能技术所获得的客户知识（特征、忠诚度、赢利能力、行为模式）必须通过运营型 CRM 和协作型 CRM 才能最终实现为客户提供更好服务的目标，从而形成业务→信息→业务行动的闭环，真正发挥 CRM 各层次的综合效应。

14.1.4　基于商务智能的客户关系管理系统的结构

CRM 系统的一般模型反映了 CRM 最重要的一些特性，这里根据 CRM 的三个应用层次及商务智能在 CRM 中的位置给出这一模型，如图 14-2 所示。这一模型阐明了数据、分析应

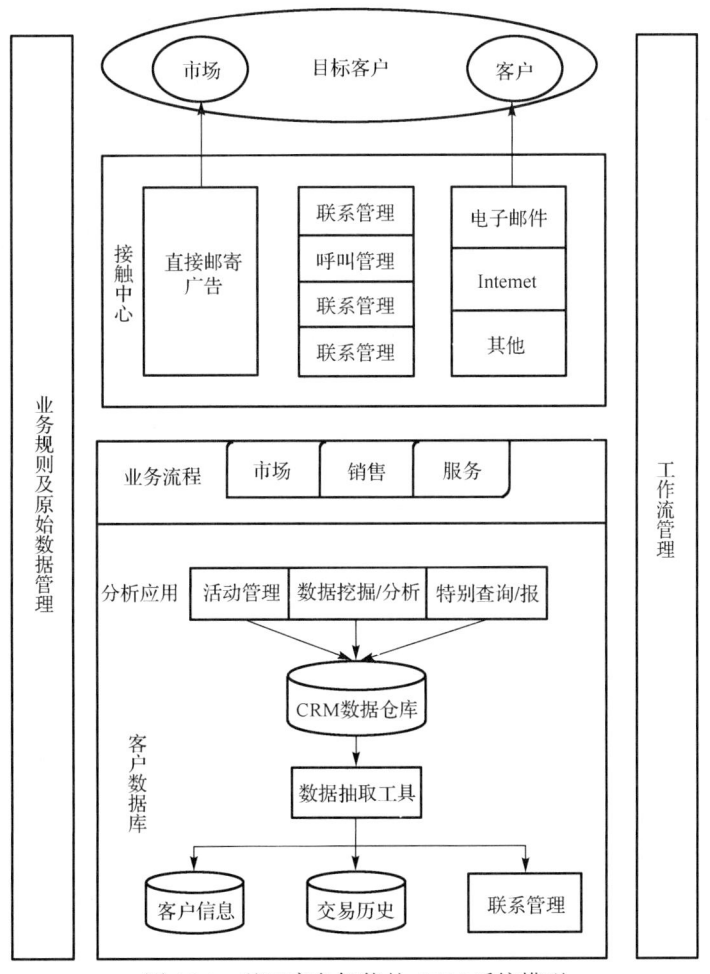

图 14-2　基于商务智能的 CRM 系统模型

用及业务流程之间的相互关系。CRM 的主要业务流程由市场、销售和服务三部分构成。首先，在市场营销过程中，通过对客户和市场的细分，确定目标客户群，制订营销战略和营销计划。销售的任务是执行营销计划，包括发现潜在客户、信息沟通、推销产品和服务、收集信息等，目标是建立销售订单，增加销售额。在客户购买了企业提供的产品和服务后，企业还需对客户提供进一步的服务与支持。产品开发和质量管理分别处于 CRM 过程的两端，为 CRM 提供必要的支持。在 CRM 系统中，各种渠道的集成是非常重要的。CRM 的管理思想要求企业真正以客户为导向，满足客户多样化和个性化的需求。而想要充分了解客户不断变化的需求，必然要求企业与客户之间建立双向沟通，而拥有丰富多样的营销渠道是实现良好沟通的必要条件。

CRM 改变了企业前台的业务运作方式，各部门之间信息共享，密切合作。模型中基于商务智能的部分作为所有 CRM 的数据存储和数据处理中心，提供层次业务的接口和分析功能，这样可以全方位地提供客户信息和市场信息。过去，前台各部门从自身角度掌握企业数据，业务处于割裂状态。对于基于商务智能的 CRM 系统模型来说，建立一个共享的数据库是最基本的条件。这个共享的数据库也被称为所有重要信息的"闭环"（Closed-loop）。由于 CRM 系统不仅要使相关流程实现优化和自动化，而且必须要在各流程中建立统一的规则，以保证所有活动在完全相同的理解下进行。这一全方位的视角和"闭环"形成了一个关于客户及企业本身的一体化结构，其透明性更有利于企业和客户的有效沟通。

14.2 基于商务智能的客户关系管理的应用设计

14.2.1 数据仓库的设计

数据仓库的设计主要包括概念模型设计、技术准备、逻辑模型设计、物理模型设计、数据仓库生成等部分，其中概念模型设计所要完成的工作包括界定系统边界、确定主要的主题域及其内容。对于 CRM 数据仓库，决策者主要开展的分析和预测包括客户特征分析、客户行为分析、客户信任程度分析、交易分析、销售量预测、利润预测等。要开展以上的分析和预测，所需数据包括客户固有信息、产品销售信息、客服接触信息等。

根据系统边界界定，可以确定 CRM 数据仓库的三个基本主题：客户、产品、客服，三者之间的关系如图 14-3 所示。

14.2.2 客户关系管理的客户数据挖掘设计

CRM 的客户数据挖掘设计主要讨论针对 CRM 的挖掘算法的设计，主要包括：①分析客户的行为特征及购买模式（如喜欢买什么、购买时间、预计购买周期、消费习惯等）；②根据季度、年、地区的营销情况，重新配置产品和管理产品投资，调整生产策略；③分析企业运作流程和查找利润源；④管理客户关系，进行环境调整，管理公司资产开销，等等。下面详细介绍如何对客户的行为特征进行分析[1]。

---

[1] 朱卫平. 基于商务智能的 CRM 应用研究[D]. 阜新：辽宁工程技术大学，2004.

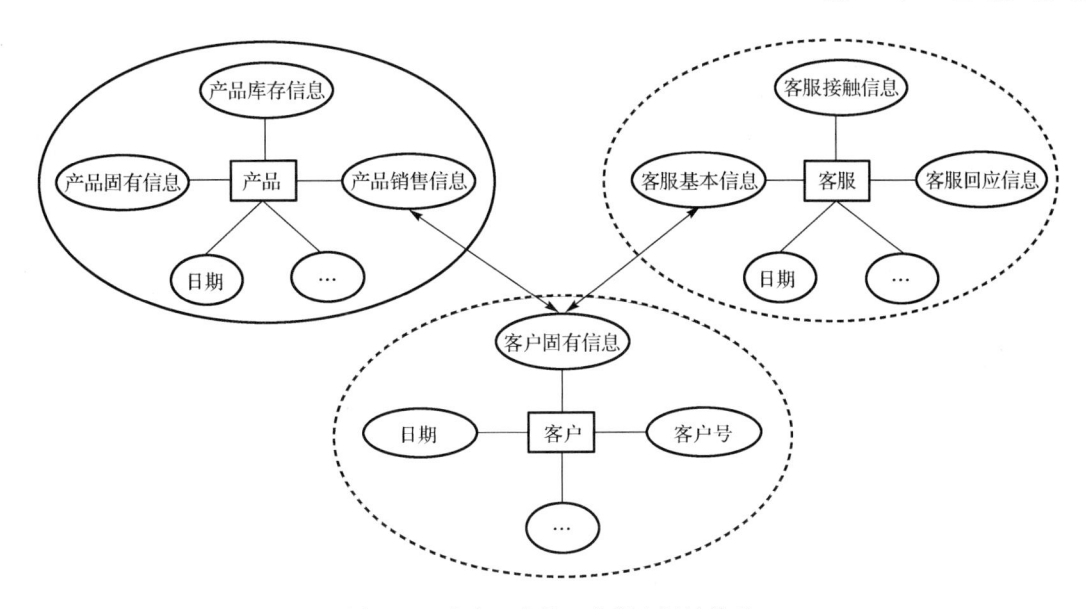

图 14-3　客户、产品、客服之间的关系

对客户的行为特征进行分析主要是对具有某种行为的客户所具有的通用特征进行归纳，这可以用来提高营销计划的针对性，降低企业的营销成本。这里使用数据挖掘中的概念/类描述特征化和比较。客户的行为特征分析给出了特定客户的共性，这样就可以针对特定客户制订营销计划，使得营销计划更具有针对性。

数据挖掘分析过程分为以下 4 个步骤。

第 1 步，数据收集。通过查询处理，收集目标类和对比类的数据。对于两个或多个类的比较，目标类和对比类的数据都由用户在查询时给出。对于单个类的特征化，目标类是指要特征化的数据，而对比类是指不在目标类中且可比较的数据。

第 2 步，通过面向属性的归纳(Attribute Oriented Induction，AOI)进行预相关分析。在进行预相关分析时，需要适当调高 AOI 阈值，使得更多的(但非所有的)属性在进一步相关分析(第 3 步)选定度量时能被考虑。这样使用 AOI 得到的关系称为挖掘任务的候选关系。

第 3 步，使用选定的相关分析度量删除不相关或弱相关属性。使用选定的相关分析度量(如信息增益)，评估候选关系中的每个属性。此步的相关分析度量可以由系统给定(默认值)，也可以由用户给定。其结果为初始目标类工作关系和初始对比类工作关系。

第 4 步，使用 AOI 产生概念描述。使用一组不太保守的属性泛化阈值进行 AOI，如果类描述任务是类特征化，那么这里将只包含初始目标类工作关系；如果类描述任务是类比较，那么初始目标类工作关系和初始对比类工作关系都要包含在分析中。

第 1 步主要是应用通常的关系查询获得初始化工作集。下面给出第 2 步和第 3 步的实现方法，第 4 步的实现方法和第 2 步一致。

1. 面向属性的归纳

在得到工作数据集之后，所面临的可能是大量的数据和属性，因此下一步的工作是进行数据泛化。数据泛化(Data Generalization)是一个从相对低层次概念到更高层次概念且对数据库中与任务相关的大量数据进行抽象泛化的分析过程。一般大数据集使用的有效的、灵活的数据泛化方法可以分为以下两类。

（1）数据立方体方法。数据立方体方法是指在用户的指挥和控制下，进行相关的数据立方体的操作，如上卷、下钻等。这要求用户对各个维的作用有透彻的理解，同时为了找到有价值的数据汇总，需要进行反复的尝试。

（2）面向属性的归纳。它的基本思想是：首先使用关系数据库查询、收集任务相关的数据，然后通过考查任务相关的数据中每个属性的不同值的个数，对数据进行泛化。合并相等的广义元组，并累计它们对应的计数值，进而得到压缩泛化后的数据集合。下面给出一个面向属性的归纳的例子，读者可以更具体地理解面向属性的归纳的过程。购买某商品的客户信息表如表14-1所示。

表14-1 购买某商品的客户信息表

姓名	性别	地址	职业	生日	地区代码	学历	婚否	类型
张三	男	解放大街10号	2	1975/11/01	2	本科	1	老客户
李四	女	矿工街99号	4	1972/04/15	4	专科	1	老客户
王五	男	东风小区12号	5	1977/11/07	5	硕士	0	新客户
……	……	……	……	……	……	……	……	……

决策支持系统分析员希望知道购买了某商品的所有客户的泛化描述，对上表进行了面向属性的归纳。

姓名：由于姓名中存在大量的不同值，并且其上没有泛化操作符，该属性被删除。

性别：由于性别只有两个不同值，该属性保留，并且不对其进行泛化。

职业：职业维表中已将所有的职业泛化到{IT行业、制造业、公共事业、服务业、教育医疗、制造业}。将各个行业再细分，可以得到不少于30个值，如果它的阈值假定为小于10，则会考虑沿概念分层向上攀升而被泛化。职业维表如表14-2所示。

表14-2 职业维表

职业代码	分类	大类
1	软件	IT
2	数据	IT
3	网络维护	IT
4	系统集成	IT

地址：由于地址中存在大量的不同值，并且其上没有泛化操作符，该属性被删除。

地区代码：该属性可能有大量的不同值，应该考虑泛化它。该属性存在分层的概念，即城市<省(或州)<地区<国家，如果初始工作关系中属性"城市"的值大于规定的阈值，则应该进行泛化；如果属性"国家"的值也大于阈值，则应该考虑删除该属性。学历、类型和婚否的属性值有限，考虑保留。

通过面向属性的归纳得到的广义关系如表14-3所示。

表 14-3　通过面向属性的归纳得到的广义关系

性别	职业	年龄范围	地区	学历	婚否	类型	人数
男	IT	20~30	解放大街	本科	0	新客户	25
男	商业	30~40	东风小区	大专	1	老客户	16
……	……	……	……	……	……	……	……

根据 OLAP，可以把人数看作度量，而把其他属性看作维，这样就知道了购买该类商品的客户的大致共同特征。

2．属性相关分析

属性相关分析的基本思想是计算出某种度量，用于量化属性与给定类或概念的相关性。这种度量包括信息增益、Gini 索引、不确定性和相关系数。这里主要采用信息增益作为度量。设 S 是训练样本的类，S 包含 S_i 个 C_i 类样本，$i=1,2,3,\cdots,m$。一个任意样本属于类 C_i 的可能性是 s_i/s，其中 s 是类 S 中对象的总数。对于一个给定的样本分类所需的期望信息是：

$$I(s_1,s_2,\cdots,s_i)=-\sum_{i=1}^{m}\frac{s_i}{s}\log_2\frac{s_i}{s}$$

具有值 $\{a_1,a_2,\cdots,a_v\}$ 的属性 A 可以将 S 划分为子集 $\{S_1,S_2,\cdots,S_v\}$，其中 S_j 包含 S 中属性 A 的值为 a_j 的那些样本。设 S 包含类 C 的 s 个样本，根据属性 A 进行划分所对应的期望信息称作 A 的熵。它的加权平均值为：

$$E(A)=\sum_{j=1}^{v}\frac{s_{1j}+\cdots+s_{mj}}{s}I(s_{1j},\cdots,s_{mj})$$

属性 A 上由这种划分所获得的信息增益的定义为：

$$\text{Gain}(A)=I(s_1,s_2,\cdots,s_3)-E(A)$$

用这种相关分析方法，可以计算 S 中样本的每个属性的信息增益。具有最高信息增益的属性是给定集合中具有最高区分度的属性。通过计算信息增益，可以得到属性的秩评定。这种秩评定可以用于相关分析中选择用于概念描述的属性。通过设定信息增益阈值，过滤掉统计上不相关的或弱相关的属性，从而保留与任务最相关的属性。

14.3　智能客服概述

14.3.1　智能客服的发展现状

近年来，由于客户数量与日俱增，传统的人工客户服务中心的人力成本持续增加，加上客户咨询的问题重复性高，限制了人工客服的工作效率，这种由客户主导的被动式交互使客服品质的提升受到制约。这些问题促使客户服务中心亟须使用最新的科技力量来改变这种被动的局面。随着人工智能技术的不断发展，如机器学习算法、语音识别技术和自然语言处理技术等不断推动着当今社会的智能化进程。这些人工智能技术与客户服务中心结合产生的智能客服系统将改变传统客服的服务现状，大力推动人工客户服务中心由劳动密集型向智能化高端型转化升级。

14.3.2 智能客服的概念

智能客服是人工智能技术与传统客服窗口相结合的产物，由智能机器人代替传统人工为客户提供智能引导、业务查询、业务办理及客户投诉等服务。为了实现与客户的交互，智能客服首先需要为客户提供一个服务窗口，使客户可以与系统进行交流，并可以方便快捷地提出需要服务的内容；其次，语音识别技术可以将客户的语音需求识别为机器可以认知的信息，并通过机器学习算法训练好的模型对人类的自然语言进行理解，从而精准地索引到可以满足客户需求的内容，快速反馈给客户，完成对客户的服务[①]。

14.3.3 智能客服系统的原理

智能客服系统根据应用场景的不同，在功能上会有一定的区别。通常，一个完整的智能客服系统包括前端交互模块、语音识别模块、智能引擎模块和后台管理模块四个主要部分。图 14-4 为智能客服系统的原理框图。从图 14-4 可知，前端交互模块主要实现智能客服系统与客户之间的交互活动，客户可以通过该模块以语音或文本的形式输入需求，而智能客服系统则通过该模块将答案输出给客户。语音识别模块将客户输入的语音信息识别为文本信息，从而为智能客服系统理解客户需求做准备。智能引擎模块包括预处理、语义理解两个主要功能，其中语义理解功能需要根据事先建立好的语义知识库，利用机器学习算法提取关键词，以完成自然语言处理。后台管理模块则包括语义检索、最优匹配和答案处理等功能，该模块需要根据智能引擎模块对语言处理的结果，结合建立好的语料库进行语义检索，找到客户需求的最优匹配，并根据匹配的结果整理答案。最后再进行语音转换，将智能客服系统对客户的回答通过前端交互模块输出给客户，完成智能客服系统的完整流程。

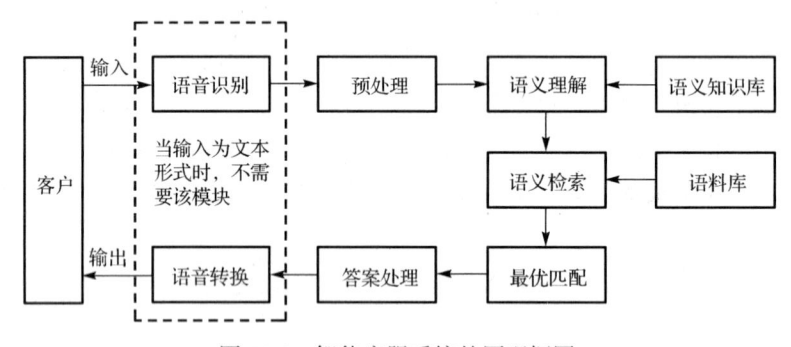

图 14-4 智能客服系统的原理框图

14.3.4 智能客服系统的关键技术

机器学习算法（Machine Learning，ML）、语音识别技术（Automatic Speech Recognition，ASR）和自然语言处理技术（Natural Language Processing，NLP）等人工智能技术是智能客服系统的核

---

① 聂长森，洪武，韩志雄，等. 人工智能在金融业智能客服领域的应用分析[J]. 金融科技时代，2018（12）：16-21.

心。其中，语音识别技术将人类语言中的词汇内容转换为计算机可读的输入，就像智能客服系统的"耳朵"，是智能客服系统通过客户语音感知客户需求的关键。自然语言处理技术是智能客服系统的核心，该技术可以快速、准确地理解语音识别技术所识别的客户需求，从而为客户提供相应的服务。自然语言处理技术相当于智能客服系统的"大脑"，对自然语言的理解相当于思考的过程，理解的准确率是体现智能客服系统智能化的重要指标。机器学习算法是智能客服系统实现自然语言处理、识别客户需求及解决事务的关键技术。同时，智能客服系统每天会处理大量的业务并保存海量的数据，通过机器学习算法对该部分业务数据进行分析，可以进一步提高智能客服系统为客户提供服务的准确率，是智能客服系统智能化的重要体现[1]。

1. 机器学习算法

机器学习算法是专门研究如何使机器能够模拟或实现人类的行为，使机器获取新知识，并可以不断地对已有的知识进行学习以提高机器性能的算法。机器学习算法涉及的知识领域众多，包括概率论、统计学、算法复杂度理论等，算法的难度非常大。目前，根据学习方式的不同，机器学习算法可以分为有监督的学习和无监督的学习。其中，有监督的学习是指训练所使用的样本数据是带标签的，计算机利用标签可以指导学习的过程。而无监督的学习的样本数据是没有标签的，计算机只能自行学习和汇总数据特征并得到一个训练模型。

目前，在智能客服系统中，常用的机器学习算法有支持向量机(SVM)、决策树分类器、人工神经网络(ANN)、贝叶斯分类器等。而根据神经网络的层数可以将机器学习算法分为浅层学习算法和深度学习算法。其中，浅层学习算法是指通过人工经验提取样本数据的特征，通过学习训练出算法模型。这种算法在学习过程中没有一定的层次结构，所以称为浅层学习算法。而通过对具有多个隐藏层的深度神经网络进行训练得到模型的算法称为深度学习算法。语音识别和自然语言处理是深度学习算法的两个主要应用领域。通过在语音识别中引入深度学习算法，利用深度神经网络模型(DNN)可以极大地提高模型的准确率。

2. 语音识别技术

语音识别是将人类的声音信号转化为文字或指令的过程。语音识别技术以语音为主要的研究对象，需要对语音信号进行数字信号处理、模式识别及语音学和认知学等多方面的综合处理，是一项综合多个学科且非常复杂的技术。语音识别系统(模块)是智能客服系统前端的一个重要组成部分，是机器能够正确识别客户需求的根本保障。目前，语音识别系统的基本原理是将采集到的语音信号进行特征提取，并将提取的特征参数输入已经训练好的参考模式库中，然后进行语音的模式匹配，最后根据匹配的结果得到语音识别的结果。

图14-5为语音识别系统的基本原理框图。在图14-5中，系统首先对客户输入的语音信号进行预处理，这一模块主要包括对语音信号的降噪处理、滤波、模数转换及自动增益控制等信号处理过程；其次，将预处理后的数字语音信号输入特征提取模块，在该模块对数字语音信号的特征参数进行提取，同时与通过训练这些语音特征参数得到的参考模式库进行对比，得到语音信号特征与模板的相似性度量结果；最后，根据得到的相似性度量结果对数字语音信号进行后处理，使计算机根据识别结果进行处理，从而将数字语音信号转化为文本信息或

---

[1] 聂长森，洪武，韩志雄，等. 人工智能在金融业智能客服领域的应用分析[J]. 金融科技时代，2018(12)：16-21.

相应的指令并输出。其中，参考模式库和特征提取是语音识别系统的关键步骤，只有对能够完整、准确地体现语音信号特征的参数进行特征提取和预先训练完整的参考模式库，才能保障语音识别系统的效果。

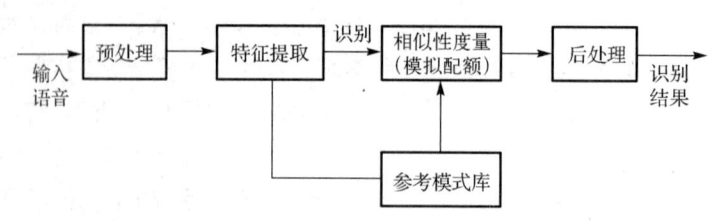

图 14-5　语音识别系统的基本原理框图

3. 自然语言处理技术

自然语言处理技术是计算机根据语音识别的结果进行学习、理解和生成人类语言，并根据语言理解的结果进行智能处理的技术。自然语言处理技术是体现智能客服系统智能性的关键技术，是智能客服系统可以像人一样理解客户需求，并为客户处理业务的根本保证。传统的自然语言处理技术基于语言规则，根据语言的语法对语言结构进行分析，利用语法约束计算机的行为，从而使计算机能够理解自然语言。这种技术的本质就是模式匹配。而随着人工智能技术（如机器学习算法、基于人工神经网络的深度学习算法）的发展及计算机计算能力的提升，更多的研究者根据实际应用的需求将先进的机器学习算法，尤其是深度学习算法应用在自然语言理解中，极大地推动了自然语言处理技术的发展。

14.3.5　智能客服的应用[①]

智能客服广泛应用于以下领域。

1. 通信领域

在通信领域，智能客服的实际应用有很多，如中国联通的 QQ 客服机器人、微信营业厅的机器人系统等。在微信营业厅中，当用户将手机号码和机器人系统绑定后，用户可以通过该账号实现当月话费、套餐余量、上网流量、可用余额、历史账单、积分查询、套餐产品、营业网点等内容的查询服务，也可以办理话费充值等业务。在后台，机器人系统可以实现对信息的分析、过滤、分类维护，为客服工作人员提供分类信息查询，用户信息分析、考核、追踪、补充、修订等功能，而管理人员则可以在监控平台上实现对整个机器人系统的管理。同时，机器人系统还可以生成智能机器人统计报表，完成对对话记录、不同回复类型、成功率等的统计，追踪用户历史轨迹，梳理其消费习惯，并对不同统计维度的用户群进行内容推送。

2. 金融领域

交通银行依靠智能客服打造客服体系的工程分两期完成：一期为打造智能客服机器人网页版和短信版，半年间累计服务客户超过 50 万人，回答准确率在 95% 以上；二期上线的 App 版（手机银行语音版）、微信版智能客服机器人实现的功能更为全面，除余额查询、账户挂失、

---

① 李斐, 邵晓东, 周力恒, 等. 智能客服机器人的现状及发展[J]. 中国传媒科技, 2016(4): 67-69.

手机转账、转账费率查询、预约取款、账单查询、信用卡还款、积分查询、信用卡挂失等银行领域的基本功能外，还实现了手机充值、购买电影票、机票预订、火车票查询、彩票投注、交通违章代缴、游戏充值等功能，在降低服务成本的基础上大大提升了客户使用体验。

3．电子政务

在有效整合了人工智能技术与上海市人力资源和社会保障局网站资源的上海"12333 智询通"上，市民可以随时提问，以了解人力资源和社会保障相关政策法规、经办流程、业务指南等问题，而且在输入问题的过程中系统会自动提示与之相关的问题，指导用户使用，同时还支持自然语音的交互，保证市民的问题得到准确答复。自 2011 年 7 月 1 日上线以来，系统日均访问量达 1.2 万人次，问题解答的时限从原先的 2 天缩减到现在的 1 分钟，给市民的生活带来了便利。

14.4　铁路 12306 线上智能客服系统

14.4.1　背景

目前，铁路 12306 互联网售票系统拥有热线客服人员 1232 人，日均服务量 7.35 万人次，节假日日均服务量 8.9 万人次。随着客票业务种类的增多，客服工作遇到了很多问题，如客服人员与客户服务需求严重失衡、热线一对一服务效率低、常见性问题占比大、人力耗费过多、制度类变更需及时让全体客服人员重新学习回复模板、规章制度检索效率低等。微信公众号和小程序虽然提供了部分自动应答的功能，但只能解决少量的咨询问题。铁路 12306 线上智能客服系统的引入可以显著增加旅客服务的承载量，辅助客服人员快速准确地处理应答，在提高客服人员并发处理能力的同时能够替代部分客服人员解决简单的问题，减轻客服人员的压力，为旅客提供更优质、更完善的体验和个性化服务。

14.4.2　系统功能

系统功能主要有以下三种。

1．多渠道服务方式

铁路 12306 线上智能客服系统以自然语言处理技术为基础，通过多媒体网关统一接入电话、邮件、短信、微信、支付宝等多种渠道，处理语音、文本、视频、图片等信息。多媒体网关通过媒体适配器屏蔽和卸载各种接口、加密串、协议等，并对信息进行过滤、筛选和预处理，将其统一传送到集中的排队服务器中；同时，与后台机器人引擎相结合，通过拟人化的方式与用户进行实时交互，为用户提供智能化的应答服务。

2．智能推荐

系统以用户属性数据、历史提问内容、业务数据为基础，自动采用结构化与非结构化分析方法。用户在各渠道(网站、微信、手机 App、支付宝)获取在线服务时，系统自动对接各业务接口，发现用户关注点，依据条件触发营销推送，主动向用户推送营销信息，如天气、景点、土特产、列车最新正晚点信息、列车停运通知、失物招领、突发事件公告等，让用户能第一时间了解最新资讯，获取更好的服务。该功能模块对用户交互数据进行业务分类、聚类、热词统计并提供报表，利用语义解析功能识别用户意图，将关键信息传递给业务系统，用于支撑、完善知识库，对客票系统的业务优化具有参考意义。

3. 智能应答

智能应答最早应用于电话的语音、短信增值业务，后来发展到在线客服接入网站等。现在无论是网站还是移动 App，如微信、支付宝等各类具有服务咨询功能的应用，均采用统一的在线客服智能应答服务引擎。在线客服智能应答服务引擎能够提供多种形式的接口，如 SDK、API、嵌入页面等，并根据不同的渠道进行适配、改造，实现接入。智能应答的流程有三个环节：开始环节，包括触发场景条件、场景开始提取信息规则；动态环节，包括进入环节条件、如何询问用户、环节内提取信息规则；结束环节，包括退出场景条件、成功时系统动作、失败时系统动作。系统对已有的大量数据进行特征提取，分析得出具有情感倾向性的特征词，再通过机器学习算法对大量数据进行建模，判断当前用户的情感倾向性，再对用户进行针对性的回答，从而实现智能应答。系统还提供验证集回归测试机制，可以直观地体现系统升级优化对应答的影响情况。该机制需要事先定义好由模拟问题和目标知识组成的验证集，在系统版本升级和知识变化后或定期巡查过程中，由系统自动模拟测试，得到准确率优化建议，这样可以不断优化智能应答的流程。

14.4.3 系统架构

随着信息系统智能化水平的不断提高，以及传感技术、智能技术、网络技术和云计算技术等核心技术的飞速发展，智能时代客服的发展有了新趋势。铁路12306线上智能客服系统较传统的客服系统而言，具有更为灵活的智能化特征和服务特性，能够实现感知、决策、执行等一系列功能，是一种新型的智能信息系统。该系统的架构层级主要分为接入层、应用层和数据层三部分，如图 14-6 所示。

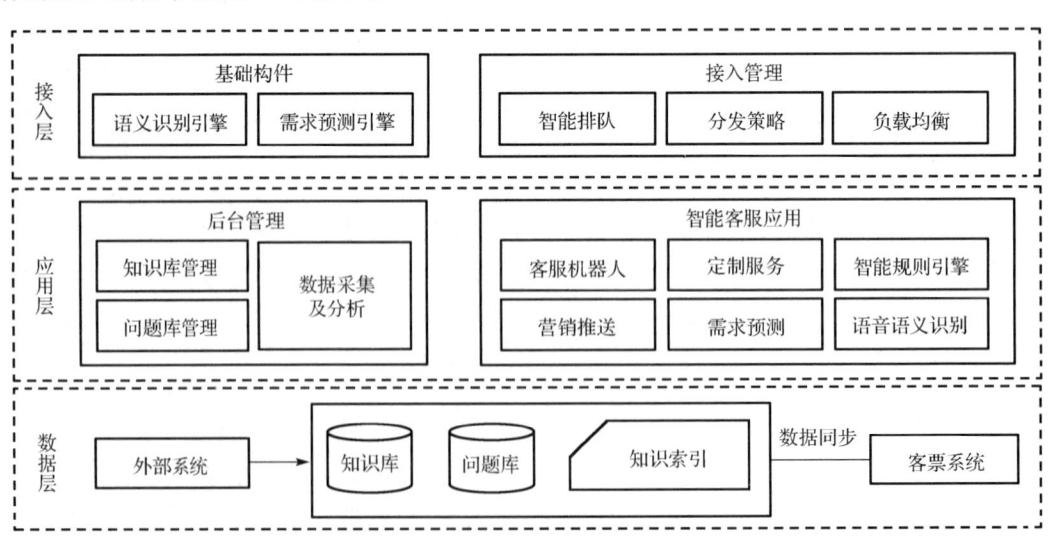

图 14-6 系统架构图

1. 接入层

接入层主要包括基础构件和接入管理两部分：基础构件主要由语义识别引擎和需求预测引擎组成；接入管理的作用是对请求进行分类、排队，并根据当前的系统情况进行合理请求分发，主要包括智能排队、分发策略和负载均衡三个子模块。

2. 应用层

应用层主要包括后台管理和智能客服应用两部分：后台管理包括知识库管理、数据采集及分析和问题库管理；智能客服应用包含客服机器人、定制服务、智能规则引擎、营销推送、需求预测和语音语义识别等子模块，各子模块的具体功能如下。

客服机器人：通过搭建知识库，形成智能问答系统，解决用户的问题。系统支持文字和语音信息类型，可以满足不同用户的需求[1][2]。

定制服务：收集用户需求（如感兴趣的主题、喜好等），根据历史记录数据深入分析挖掘，为用户提供全方位、全行程定制化服务。

智能规则引擎：常见问题可以在线申请反馈处理。智能规则引擎对出现的问题进行归类统计分析，辅助客票系统升级，优化问题答案。

营销推送：根据用户行程信息，为用户推送相关城市的天气、酒店、热点新闻、景点、当地特产等信息。

需求预测：通过对历史出行记录、最新搜索目的地等信息进行分析，结合地域、年龄、出行成员等信息，分析用户的出行需求，实现主动服务。

语音语义识别：支持对语音语义的高准确率识别，从问题库中快速匹配相应的问题。

3. 数据层

数据层包含知识库、问题库和知识索引三部分，同时提供与客票系统、外部系统的数据接口。知识库和问题库涵盖全路、全渠道的多媒体应答，包含规章制度、通告等知识，基于预采编的知识数据，自动生成语义标签，可快速对知识进行结构化组织；数据层和客票系统交互的数据包括列车基础数据和用户出行轨迹等；数据层与外部系统交互的数据包括天气、美食、旅游、航空等。

? 思考题

1. 谈谈什么是 CRM？为什么要进行 CRM？
2. 讨论商务智能技术在 CRM 中的应用。
3. 简述对智能客服的几个原理及关键技术的认识。
4. 讨论智能客服在日常生活中的应用。
5. 体会 14.4 节中的系统架构设计，选择自己感兴趣的领域，尝试进行智能客服系统架构设计。

---

[1] 施金四, 蔡华艳, 陈育欣, 等. 智能机器人在电力行业客服中心的应用研究[J]. 电子测试, 2017(13): 133.
[2] 李斐, 邵晓东, 周力恒, 等. 智能客服机器人的现状及发展[J]. 中国传媒科技, 2016(4): 67-69.

第15章 智能物流

本章提要

1. 了解传统物流与智能物流的定义；
2. 了解智能物流的作用与特点；
3. 了解智能物流的关键技术 RFID，以及 RFID 在智能物流中的应用。

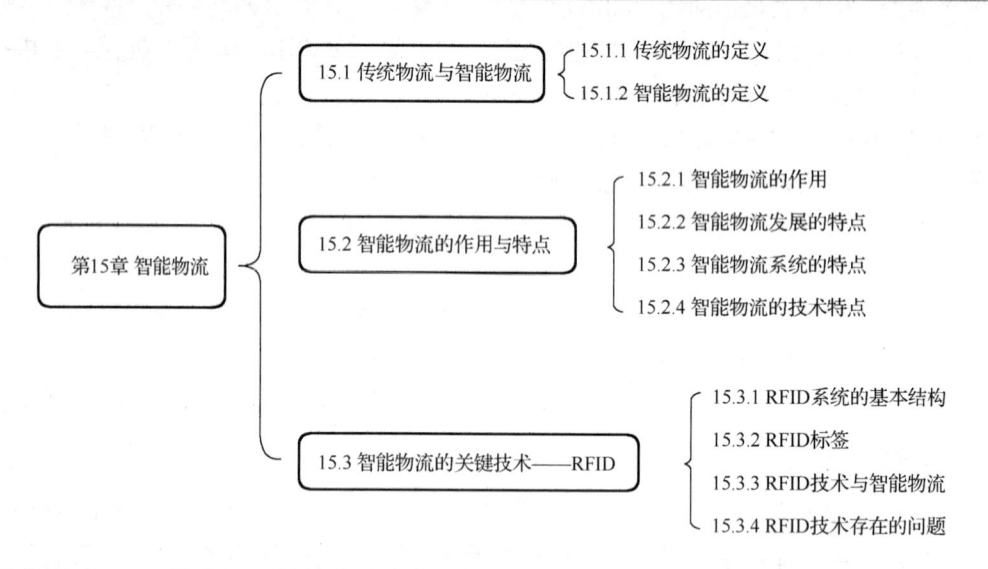

```
第15章 智能物流 ┬ 15.1 传统物流与智能物流 ┬ 15.1.1 传统物流的定义
                │                          └ 15.1.2 智能物流的定义
                │
                ├ 15.2 智能物流的作用与特点 ┬ 15.2.1 智能物流的作用
                │                          ├ 15.2.2 智能物流发展的特点
                │                          ├ 15.2.3 智能物流系统的特点
                │                          └ 15.2.4 智能物流的技术特点
                │
                └ 15.3 智能物流的关键技术——RFID ┬ 15.3.1 RFID系统的基本结构
                                                ├ 15.3.2 RFID标签
                                                ├ 15.3.3 RFID技术与智能物流
                                                └ 15.3.4 RFID技术存在的问题
```

发展特点 15.1 节介绍了传统物流与智能物流的定义；15.2 节进一步介绍了智能物流的作用、发展特点、系统特点及技术特点；15.3 节详细介绍了智能物流的关键技术——RFID，包括 RFID 系统的基本结构、标签、与智能物流的关系及存在的问题。

15.1 传统物流与智能物流

15.1.1 传统物流的定义

传统物流（Physical Distribution）的概念最早是在美国形成的，传统物流在中国通常称为"实体配送"或"实物分配"。1985 年，美国物流管理协会把物流定义为："物流是以满足客户需求为目的，以高效和经济的手段来组织原料、在制品、制成品及相关信息从产出地到消费地的流动和储存而进行计划、执行和控制的过程。"经过多次更新迭代，美国物流管理协会在 2002 年 1 月推出的最新的物流定义是："物流是供应链运作的一部分，是以满足客户需求为目的，对货物、服务和相关信息在产出地和消费地之间实现高效且经济的正向和反向的流动与储存所进行的计划、执行和控制的过程。"我国 2001 年 4 月 17 日颁布的《物流术语标准》

对物流的定义是这样的:"物流是物品从供应地向接受地的实体流动过程,根据实际需要,将运输、储存、搬运、包装、流通加工、配送、信息处理等基本功能实施有机结合[1]。"

15.1.2 智能物流的定义

随着我国经济发展及对外交流加强,现代物流作为现代经济的重要组成部分得到了迅猛发展。我国物流企业也从以存储为主的传统物流企业逐渐向配送一体化的现代物流企业发展,出现了专业物流服务企业,即第三方物流企业。"物流管理,信息先行"已经成为全球物流企业的共识。物流质量取决于信息,物流服务依靠信息。一方面,商务智能对数据进行采集、整理、挖掘和分析,为第三方物流企业内的各层次人员提供信息,提高企业的决策能力,加快决策速度,确保决策准确性,同时实现企业内部的远程管理。另一方面,商务智能也为企业外部用户提供有效信息,分享销售、库存等商业数据,共同进行品类分析和管理,提升了企业对外服务水平[2]。商务智能作为一项新兴技术已经成为物流管理中最有力的工具之一,被广泛应用于物流行业。基于智能化技术的智能物流应运而生。智能物流是利用集成的智能化技术,使物流系统能够模仿人的智能,具有思维、感知、学习、推理判断和自行解决物流中某些问题的能力。国内开发的智能物流应用产品,如中国邮政调度系统、中铁包裹追踪系统、用友与金蝶的分销资源计划等;国外的智能物流应用产品,如美国 FedEx 公司的 InterNetShip 系统、UPS 公司的 GroundTrac 系统、SAP 公司的物料管理系统、Oracle 公司的商业智能等[3]。图 15-1 为智能物流系统框架。

案例 15-1

xx 公司是一家为客户提供便捷的空运物流服务的公司,该公司积极运用商务智能技术,创建基于业务自助分析的智能物流模式。xx 公司以业务需求为导向,业务人员自主取数,对数据进行针对化处理,挖掘数据价值,驱动业务增长。IT 人员针对企业数据管理,建立营销体系统一取数口,保持了内部数据分析的一致性,业务人员使用基础的或高级的图表来展现各种分析场景,各个部门根据业务需求在报表、仪表板中查询数据信息。

场景举例:xx 公司基于商务智能技术对航站经营状况进行分析,员工使用 IT 准备好的数据字段,添加自助数据集,将来自多个表的字段合并成了一张表,再对数据进行过滤、新增列、分组汇总操作,得到对应日期下航站经营状况明细数据表;然后使用仪表板,添加该明细数据表并拖拽字段,通过柱状图展示整体经营状况场景的变化趋势,通过指标卡展示关键指标数据情况,通过饼图展现渠道份额占比,图表切换迅速,整个分析过程轻松实现。

---

[1] 陈丽. 商务智能在物流操作中的应用[J]. 图书馆学研究, 2010(17): 39-43, 59.
[2] 孟祥茹. 第三方物流企业中的商务智能技术应用[J]. 商业时代, 2005(32): 19-20.
[3] 钟央. RFID 在智能物流系统中的关键技术研究[D]. 上海: 复旦大学, 2014.

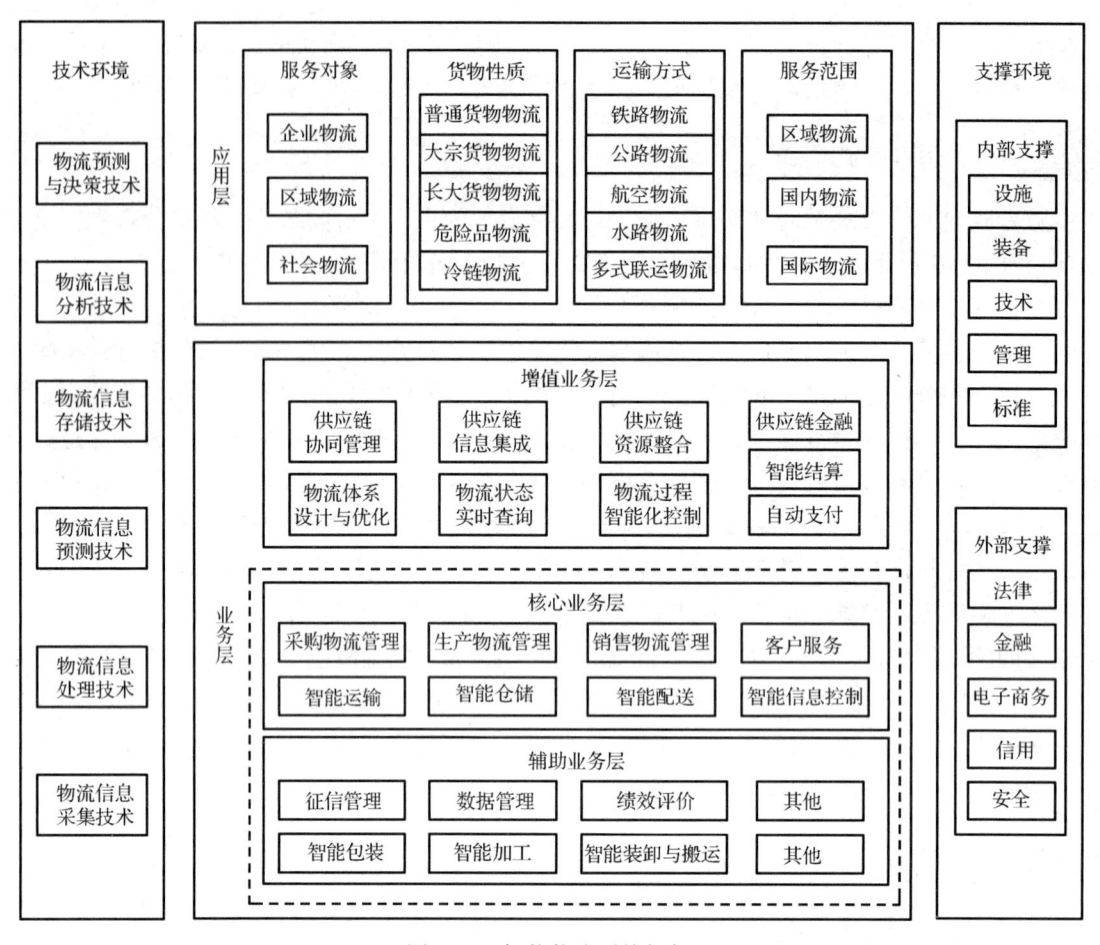

图 15-1 智能物流系统框架

15.2 智能物流的作用与特点

15.2.1 智能物流的作用

智能物流的作用包括以下几点。

(1) 长期以来，我国物流企业运作效率低、成本高、决策缓慢。智能物流能够帮助物流企业解决由于缺乏科学的物流管理方法和技术，导致的库存过高、运输成本高、资金周转缓慢等严重问题。

(2) 消费者需求逐渐向多样化、个性化发展。随着国民收入水平的提高，人们对商品品种、质量及售后服务的要求越来越高。智能物流可以帮助企业改进进货方式，满足订货周期短、频率高、配送要求高的需求。

(3) 物流的过程同时也是商流、资金流和信息流的过程。智能物流可以帮助企业将这些过程有机统一起来，减少重复、低效率、不能增值的活动，提高物流效率和物流服务的可靠性。

(4) 物流企业联系着生产和销售环节。服务的延伸对物流信息集成功能提出了更高的要求。智能物流可以帮助物流企业做好内部管理工作,为企业内部管理层、一般员工提供实时准确的信息,提高企业内部效率,也可以为企业外部合作伙伴提供及时、有效的信息资源。

15.2.2 智能物流发展的特点

智能物流的发展具有以下几个特点。

(1)在物流作业过程中的大量运筹与决策的智能化。

(2)以物流管理为核心,实现物流过程中运输、存储、包装、装卸等环节的一体化和智能物流系统的层次化。

(3)智能物流的发展会更加突出"以客户为中心"的理念,根据客户需求变化来灵活调节生产工艺。

(4)智能物流的发展将会促进区域经济的发展和世界资源优化配置,实现社会化。

15.2.3 智能物流系统的特点[①]

智能物流系统的特点包括以下几点。

(1)大时空跨度。现代物流常常会跨越很多地域,尤其是国际物流,其跨度更大。智能物流系统采用存储的方式解决产需之间的时间矛盾,其时间跨度也因此会很大。

(2)层次性。智能物流系统一般可以分为智能运输、智能存储、智能装卸、智能包装、智能配送、智能流通加工、智能物流信息七大子系统,这些子系统还可以进一步细分为更小的子系统。从系统层次性的角度来看,无论多大的系统,都可以分解成若干相互联系又为上一级服务的子系统。这些子系统的多少和层次的阶数,是随着人们对智能系统的认识和研究的深入而不断发展和扩充的。

(3)动态性。智能物流系统一般联系多个生产企业和用户,他(它)们的需求、供应、渠道、价格不断变化,因此智能物流系统会受到来自社会生产和需求的广泛制约。所以,智能物流系统必须具有动态适应环境的能力,即当社会环境发生较大的改变时,智能物流系统也做出相应的调整。灵活性、可变性对智能物流系统非常重要。

(4)复杂性。物资资料的品种成千上万,从事物流活动的人员队伍庞大,物流网点遍布各地,涉及金额巨大。另外,智能物流系统中还伴随着大量的复杂的物流信息。

(5)多目标性。智能物流系统的最终目标是实现其经济效益,但是它同时还要实现最短的物流时间、最佳的服务质量和最低的物流成本等目标。

15.2.4 智能物流的技术特点

智能物流的技术特点包括以下几点。

(1)智能化。人们不断地将自动化、信息化、人工智能等大量现代化技术应用于智能物流系统中,使得其对整条供应链中的库存、运输、分拣、配送等重要环节都有了更加高效的解决方案。而在传统物流中,几乎所有的物流环节都是独立的,它们都有各自的操作规范,因而在各个环节一同运作时会出现不必要的损耗。

[①] 周立新,刘琨. 智能物流运输系统[J]. 同济大学学报(自然科学版),2002(7):829-832.

(2) 一体化。智能物流利用现代计算机和网络的强大性能，可以把企业的整条供应链都囊括在内，以统一的标准和共享的信息来集成运输、存储、包装、装卸等环节。

(3) 社会化。随着物流设施、物流技术、物流服务不断向国际化和全面化的方向发展，物流活动会突破一个企业、一个地区或一个国家的局限，从而可以实现货物在世界范围内的流动，促进资源在全球范围内得到更优秀的配置。由此构建起来的社会化智能物流体系所带来的好处也是传统的小范围物流所无法比拟的。

15.3 智能物流的关键技术——RFID

射频识别(Radio Frequency Identification，RFID)是一种现代自动识别技术，它利用读写器对标签进行非接触式识读，实现数据的自采集。由于 RFID 标签内可以存储丰富的物品信息，而且其识别能力强，可以对抗恶劣环境，也可以同时识别多个对象，因此非常适合在智能物流系统中利用 RFID 来获得物品信息。

15.3.1 RFID 系统的基本结构

RFID 系统一般可分为三大部分。

(1) 标签(Transponder，亦可称为 Tag)：装置于要被识别的物体上，标签内部带有感应天线和芯片，芯片中有一定的存储空间用于存储能够对物体进行识别的信息。

(2) 读写器(Reader)：通过天线与标签进行无线通信，可以实现对标签识别码和内存数据的读出或写入操作，典型的读写器包含 RFID 射频模块(发送器和接收器)、控制单元及阅读器。

(3) 服务器(Server)：它往往是一个固定设备，存储所有标签的信息，具有强大的计算能力，读写器大多通过有线的方式和服务器相连。

RFID 系统的结构如图 15-2 所示。

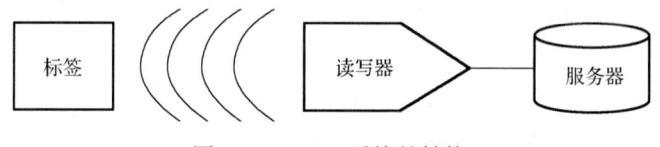

图 15-2 RFID 系统的结构

15.3.2 RFID 标签

RFID 标签一般可以分为被动式、半被动/半主动式、主动式三类。

(1) 被动式。被动式标签没有内部供电电源。其内部集成电路通过接收到的电磁波进行驱动，这些电磁波是由读写器发出的。当标签接收到强度足够的信号时，可以向读写器发出数据。这些数据不仅包括 ID 号，还包括预先存于标签内 EEPROM 中的数据。由于被动式标签具有价格低廉、体积小巧、无须电源的优点，所以市场中的标签主要是被动式的。

(2) 半被动/半主动式。半被动/半主动式标签与被动式标签相似，区别在于半被动/半主动式标签有小型电池，用于驱动标签 IC。这样的好处在于天线可以不用承担接收电磁波的任务，仅作为回传信号之用。比起被动式标签，半被动/半主动式标签有更快的反应速度和更高的效率。

（3）主动式。与被动式标签和半被动/半主动式标签不同的是，主动式标签本身具有内部电源供应器，用于供应内部 IC 所需电源以产生对外的信号。一般来说，主动式标签拥有较长的读取距离和较大的记忆体容量，可以用来存储读写器所传送的一些附加信息。

15.3.3　RFID 技术与智能物流

基于 RFID 技术的智能物流体现了一种现代化生产和经营管理方式，也体现了现代信息技术与物流活动相结合的优势[①]。它充分利用了先进的计算机信息技术，强调实时、快速、准确的信息采集和数据处理，因此可以得到各方面的综合集成，从而实现物流的标准化和高效化，也可以在提供相对较高的客户服务水平的同时实现较低的成本。

由于标签具有读写能力，因此它适合用于数据不断改变的场合，如物流的仓库管理、运输管理、生产管理等。具体来说，它在物流的以下环节发挥着重要作用。

（1）生产制造环节。将 RFID 技术应用在生产制造环节，可以完成生产线的自动化运作，实现整个生产线的识别与跟踪，降低人工识别成本和出错率，提高企业的效率和效益。

（2）仓储环节。RFID 技术在仓储环节主要用于仓库的出入库和库存盘点，能够降低人力成本和出错率，提高效率。

（3）运输环节。在运输环节中，利用 RFID 技术，将标签贴在在途运输的货物和车辆上，将一些定点读写器布置在运输线上，当车辆经过这些定点读写器时，定点读写器就可以扫描车辆及相关货物信息，从而将获取到的信息传递给相应的调度中心，动态跟踪整个运输过程。

（4）配送/分销环节。在配送/分销环节，采用 RFID 技术能大大提高货物配送的速度和分拣的效率与准确率，并能减少或完全替代传统的人工操作。

（5）零售环节。在零售环节，RFID 技术可以帮助企业实现适时补货，并有效跟踪运输与库存，提高效率，减少错误，从而改进零售商的库存管理。标签可以监控商品的保质期，保证商品在保质期内进行销售。通过 RFID 技术，还可以实现商品的自动扫描和计费，从而取代人工收款，降低成本，提高效率。

15.3.4　RFID 技术存在的问题

RFID 技术存在以下几种问题。

（1）RFID 技术的安全问题。智能物流系统中存储着大量信息，其中包括企业供应链、财务、人事等方方面面的信息，甚至有些信息涉及个人隐私和商业机密。因此，如果 RFID 技术的安全性不能得到充分保证，这些重要信息就都有可能被不法分子窃取和利用。针对这个安全问题，设计切实可行的读写器与标签之间的相互认证方案，是实现 RFID 系统安全的重要途径。

（2）RFID 技术的防碰撞问题。在智能物流的应用中，往往会出现一个读写器面对大量标

[①] 岳涛. RFID 关键技术及其在现代物流中的应用研究[D]. 武汉：武汉理工大学，2010.

签集中在一起的情况，如流水线上的产品、货车中的物品等，如果不采取有效的防碰撞机制，大量标签同时回应读写器，势必会降低读写效率和读写正确率。

案例 15-2

    A 公司是一家物流公司，现需进行港口的信息化建设。目前，A 公司有 1 号、2 号两个码头，分别面向散货业务、散货与件杂货业务，两个码头均有生产管理系统，但两套系统存在功能重复且复杂、系统无法支持业务变化、数据不能双向分享且存在数据结构的差异等问题。1 号码头的 1 号生产管理系统是较老的系统，界面加载慢、操作不方便、经常出现问题，同时不支持 2 号码头的 2 号生产管理系统的件杂货业务，但管控系统的数据只传送到 1 号生产管理系统，且这个设定不可更改。所以，项目采取直接舍弃 1 号生产管理系统的操作界面，保留 1 号生产管理系统的数据库，沿用 1 号生产管理系统的作业流程的方式，并且新增业务上需要的件杂货理货功能。具体操作为：将 1 号生产管理系统的船的指令和转货权、开运单、装卸船、出入库理货等功能以填报形式开发，并嵌入 2 号生产管理系统，以实现指令整合（仅需一套系统）、理货整合（实现了理货数据统一）。整合后开发出的各类统计报表，既能够以全局大屏的方式呈现两个码头的整体生产情况，又支持分散在系统各功能处的分析查询。

思考题

1. 如何认识传统物流与智能物流的联系与区别？
2. 讨论智能物流的需求特点，以及这些特点与实际应用的关系。
3. 什么是 RFID？RFID 在智能物流中有什么作用？
4. 研讨题：阅读下列文献，讨论自动识别技术在智能物流中的应用。

"SUN T, ZHOU D. Automatic identification technology——Application of two-dimensional code[C]//IEEE International Conference on Automation & Logistics. IEEE, 2011:164-168."

第16章 智慧医疗

本章提要
1. 了解智慧医疗的起源、概念和作用；
2. 了解智慧医疗的服务模式；
3. 了解智慧医疗当前存在的问题及未来的发展方向。

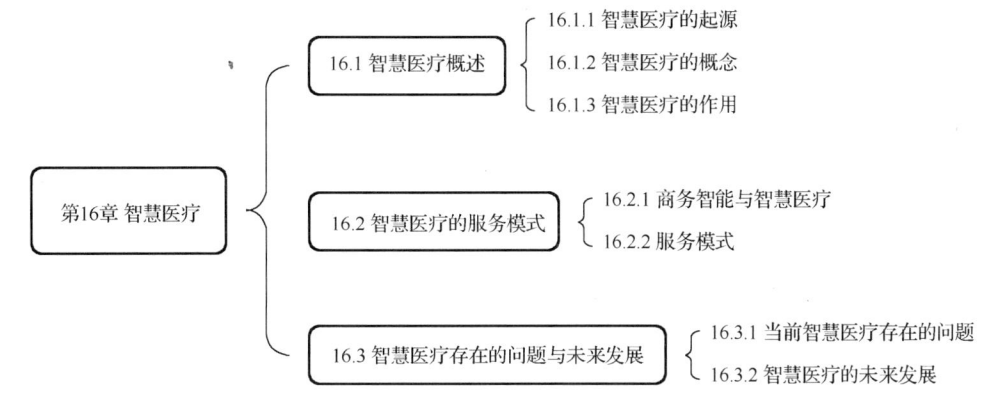

第16章 智慧医疗
- 16.1 智慧医疗概述
  - 16.1.1 智慧医疗的起源
  - 16.1.2 智慧医疗的概念
  - 16.1.3 智慧医疗的作用
- 16.2 智慧医疗的服务模式
  - 16.2.1 商务智能与智慧医疗
  - 16.2.2 服务模式
- 16.3 智慧医疗存在的问题与未来发展
  - 16.3.1 当前智慧医疗存在的问题
  - 16.3.2 智慧医疗的未来发展

16.1 节从起源、概念对智慧医疗做了概述性介绍，并介绍了智慧医疗的作用；16.2 节进一步介绍了智慧医疗的服务模式；16.3 节介绍了当前智慧医疗存在的问题及智慧医疗的未来发展。

16.1 智慧医疗概述

16.1.1 智慧医疗的起源

智慧医疗起源于 2009 年国际商业机器公司(IBM)提出的"智慧地球"(Smart Planet)战略概念。智慧医疗强调以智能的方式主动管理并满足医疗卫生领域的多方需求，并凭借其在系统集成、互联互通、智能处理等方面的优势，保证人们能够适时获得预防性和治疗性的医疗服务，激励个人做出更明智的决策，是医疗卫生领域信息化建设的更高阶段[①]。

16.1.2 智慧医疗的概念

智慧医疗是一门以生命科学和信息技术为基础的交叉学科，是一门新兴学科，领域内尚未形成对智慧医疗的统一定义。例如，曹剑锋认为所谓的智慧医疗就是物联网在卫生领域的

---
① 吴越. 智慧医疗[M]. 北京：清华大学出版社，2011.

具体实现；吴越认为智慧医疗是以医疗云数据为核心，通过物联网、数据传输技术，将电子病历、电子健康档案、医疗物联网相结合，以构建最优管理的医疗体系[1]；杨国良提出，智慧医疗是指运用新一代物联网、云计算等信息技术，通过感知化、物联化、智能化的方式，对与医疗卫生建设相关的物理、信息、社会和商业基础事物进行自我管理、选择和优化，使人们获得日趋个性化的医疗卫生服务[2]。

16.1.3 智慧医疗的作用

智慧医疗的作用主要包括以下三点。

1. 构建医疗信息服务平台

智慧医疗系统可以通过网站、微信、微博和客户端 App 向患者介绍医院的优势领域、科室和医生配置，让患者更好地了解医院的软硬件情况，有针对性地选择相应的科室和医生，减少门诊问询量[3]。在此基础上，智慧医疗系统通过微信平台和网站平台为患者提供在线挂号及支付服务，缓解了各医院挂号难、医务管理人员寻租和号贩子等难以治理的问题，不仅方便了患者看病就医，也降低了医院的管理成本，提升了管理水平。

2. 实现医疗过程信息化

首先，智慧医疗系统中的医疗信息管理系统（电子病历、电子健康档案和卫生信息系统）可以帮助医生和患者更好地撰写和长期保存就诊信息和健康记录[4]。这种电子化、智能化的医疗信息管理系统一方面减少了医生撰写病历耗费的时间和精力，提升了病历撰写的规范程度和准确程度；另一方面也可以帮助医生更好地了解和掌握患者的身体状况和过往病史，避免由于纸质病历或健康档案丢失带来的各种问题。其次，智慧医疗中的高级形态智慧医疗云、智慧医院系统和移动医院系统能够把医院中原有的各种设备、终端通过无线网络连接到医院的综合服务器上，实现医疗设备的数字化，通过网络实现病历和健康档案、医学影像、检测结果、护理监护与给药的全面无纸化运行，实现医疗方式和医院管理的网络化与信息化[5]。这样的管理模式大幅度减少了医院对非专业医务人员的需求和使用，提升了医院管理的专业化水平和精确化程度。

3. 辅助医院的行政管理

智慧医疗系统被用于提升医院行政管理的信息化水平。利用各种智能终端和应用程序可以对专业医务人员的出勤状况、工作业绩、工资奖金发放等方面的内容进行系统化管理[6]。利用物联网技术、卫生信息系统的统计分析和实时监控系统，医院管理者可以更好地监管和规范医生的行为，为协调潜在的医患纠纷提供充分的证据，也为建立合理的医院奖惩制度提供了坚实的保障。

---

[1] 吴越. 智慧医疗[M]. 北京：清华大学出版社，2011.
[2] 杨国良，糜泽花，钱爱兵.智慧医疗发展现状及趋势研究文献综述[J]. 中国全科医学，2019，22(3)：366-370.
[3] 于广军. 医疗大数据[M]. 上海：上海科学技术出版社，2015.
[4] 汪鹏，吴昊，罗阳，等. 医疗大数据应用需求分析与平台建构设想[J]. 中国医院管理，2015，35(6)：40-42.
[5] RELLING M V, EVANS W E. Pharmacogenomics in the the clinic[J]. Nature, 2015, 22(2)：151-158.
[6] 钱其军，吴孟超. 肿瘤精准细胞免疫治疗：梦想照进现实[J]. 中国肿瘤生物治疗杂志，2015，22(2)：151-158.

案例 16-1

广东某医院 2014 年通过微信公众号实现线上全流程服务的改造，开启"互联网+医疗服务"建设，2019 年启动中医互联网医院建设项目，应用 FineReport 对医疗服务生态进行了改善。其应用主要包括以下三个场景。

(1) 病区住院日志大屏。

病区住院日志大屏可以实时从相关业务系统提取数据，自动刷新，滚动显示。外出或记事填报组件可以提供外出或日常记事填报服务，将备忘信息显示在病区住院日志大屏中，显示内容可控，显示时限可控。

在试点病区上线病区住院日志大屏后，实现了自动从各业务系统中抓取当前病区的相关数据，既节省了人力又实时准确地展示了当前病区所关注的信息项，在安全管理、成本效益、工作效率等方面都带来了较大的提升。

(2) 检验视图。

检验视图可以实时抓取业务数据汇总，以图形的形式实时显示当日的财务、标本、报告汇总数据。管理者可以实时监控当前检验业务的运营情况；指标分析可以支持在不同时间维度上进行数据钻取，获取指定时间内的财务、标本、报告三方面的历史情况和发展趋势，通过日、月、年三种不同维度的分析可以进行有针对性的调整等；检验标本闭环管理可以整合 HIS 医嘱信息与 LIS 标本流转节点数据，实现 10 个时间节点的跟踪，明确每个环节的责任人及操作时间，确保安全质量，规范标本管理，使各科室岗位的责任和义务更清晰。

(3) 新业务支撑。

计算机网络中心承载着医院内业务软件系统、打印机、PC 等的运维职责。结合 FR 集成微信企业号的优势，对原有的工单系统进行改造，提供移动端结合桌面端两种形式的工单管理服务，实现工单消息即时通知，以及维护工程师现场处理、现场记录。而原来则需要维护工程师现场处理完成后再通过电脑端补录处理过程及结果，既花费了时间又容易混淆，也可能出现错漏的情况。现在通过移动端工单管理服务，实现工单消息即时通知、现场处理即时记录等，从而提高了响应速度、工作效率，实现了 IT 服务流程化、工作任务量化。

16.2 智慧医疗的服务模式

16.2.1 商务智能与智慧医疗

信息化是传统医疗向智慧医疗转型的重要手段。医院信息化是指利用网络及数字技术有机整合业务信息和管理信息，最大限度地对医院的所有信息进行采集、传输、存储、利用、共享，并且实现内部资源的有效利用和业务流程的优化，形成高度完善的医院信息体系。智慧医疗则通过信息技术的辅助，使病人或健康人随时随地、便捷地获得相应的医疗服务[1]。因此，智慧医疗是建立在信息化的基础之上的，利用商务智能技术，提高医疗服务的可及性与优质性。图 16-1 为智慧医疗技术服务体系。

---

[1] 曹剑峰，范启勇. 漫谈"智慧医疗"[J]. 上海信息化，2011(3): 26-28.

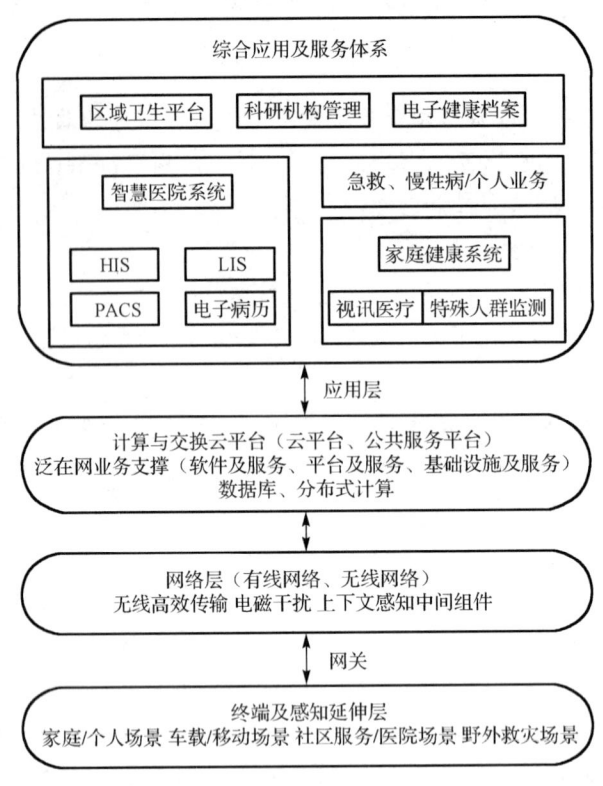

图 16-1　智慧医疗技术服务体系

16.2.2　服务模式

智慧医疗的服务模式在传统医疗 IT 系统的基础上进行了服务创新，传统医疗 IT 系统与智慧医疗 IT 系统分别如图 16-2、图 16-3 所示。

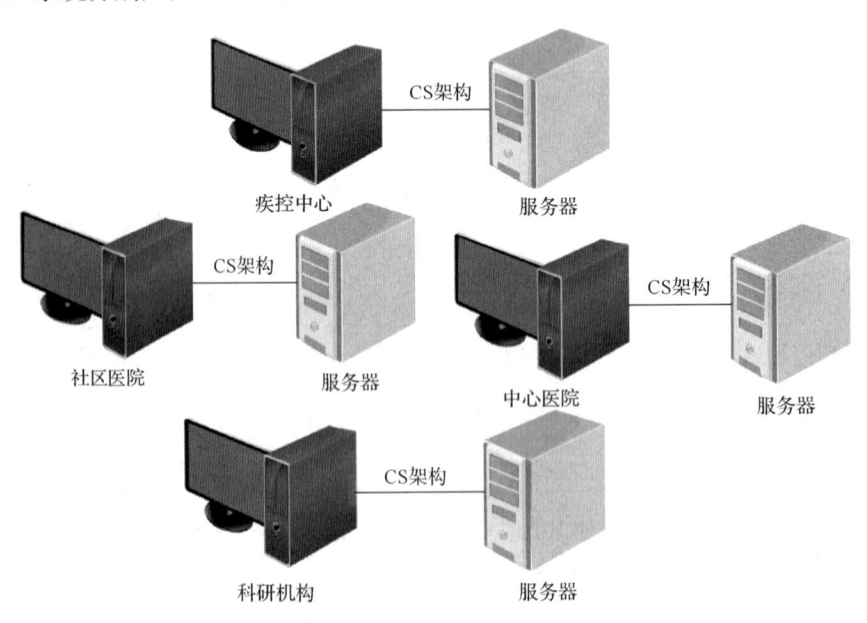

图 16-2　传统医疗 IT 系统

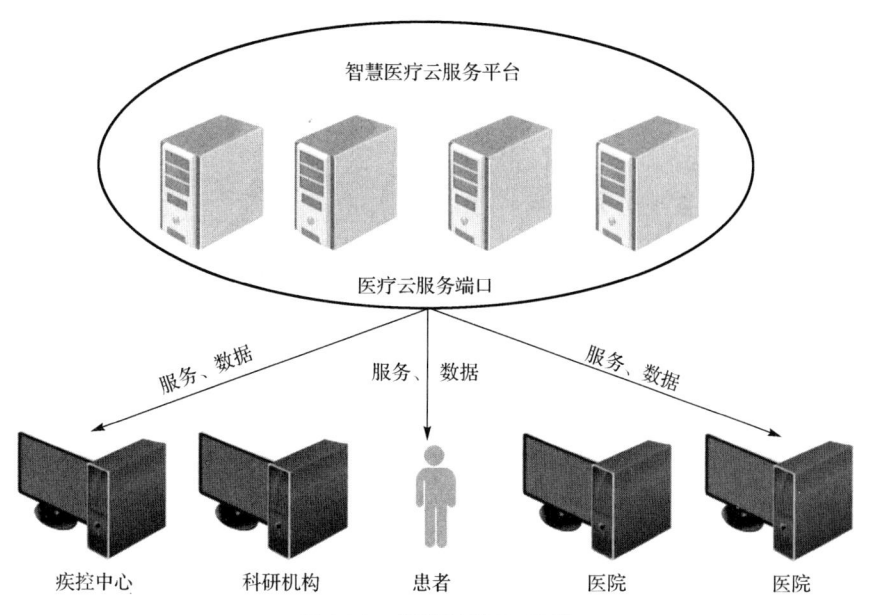

图 16-3 智慧医疗 IT 系统

传统医疗 IT 系统的建设各自为战，各子系统之间相互独立，缺乏统一的数据标准和互操作性，医疗数据不能共享，导致各子系统虽然积累了很多数据，但是无法被有效挖掘利用。智慧医疗云服务平台借助云计算的服务模式，将分散的医疗资源、医疗数据搬上云端，构建医疗服务资源中心、数据中心，使得医疗服务跨区域共享、医疗数据跨系统共享成为可能。医院、科研机构、疾控中心等服务端口(机构)享受智慧医疗云服务平台的服务，而这些机构反过来也可以利用其他机构的数据进行挖掘研究，以提高自身医疗服务能力，最终形成一个不断自我演进、自我丰富的智慧医疗服务生态系统。

案例 16-2

A 大药房是一个直营药房、并购药房、加盟、联盟、中药厂、国医馆等多个业态并存的综合型集团，拥有 5000+门店，经营 30000+SKU 商品，每年服务超 1.2 亿人次。面对如此复杂且庞大的数据量，仅凭人工统计报表的传统方式，难以应对未来规模日益壮大的发展趋势。A 大药房的数字化建设经历了以下三个阶段。

报表自动化阶段：A 大药房建设了自主研发的大数据平台，解决数据孤岛问题，并且基于大数据平台把各业务线统计的日报、周报、月报等周期性报表全部转换为自动更新的 BI 报表。

智能辅助决策阶段：基于精准预测的门店自动请货功能，在保证门店请货满足率稳步提升的情况下，使得门店总体的请货条目数下降了 10%，从而减少了大量不必要的商品备货；基于物流拣货与监控功能，对现场拣货作业人员的工作效率进行实时监控，发现效率欠佳的员工会尽早进行干预，提升物流效率。

数据挖掘社交化阶段：A 大药房对 BI 工具进行进一步融合升级，管理人员均可根据自身需求，快速建立专属的 BI 报表，以进行数据挖掘。从算法专家主导数据分析，到人人都可当数据分析师，实现了数据分析挖掘的"去中心化"。

16.3 智慧医疗存在的问题与未来发展

16.3.1 当前智慧医疗存在的问题

虽然智慧医疗的使用能极大优化医疗资源的配置，促进医疗模式的转变，但是在具体的医院管理实践过程中，智慧医疗的使用仍然存在着众多问题。

1. 应用功能原始单一

虽然当前绝大多数的大中型医院已经开始逐步建立和使用智慧医疗来辅助医院的管理和相关治疗工作，但是大多数医院对于智慧医疗的使用仍然停留在初级阶段。除少数三级甲等医院外，大部分重点医院的智慧医疗仍然停留在网页、微信平台和微博的建设上，相关智慧医疗的主要功能只有医院宣传、科室导航和自助挂号。智慧医疗云和医疗设备信息化等智慧医疗的高级功能仍然处于空白阶段，智慧医疗对医院管理和医疗模式的改变起到的作用仍然十分有限。

2. 过度重视硬件建设，忽视本质内涵

在智慧医疗的建设和发展过程中，一个典型的趋势就是重视硬件的建设而忽视了智慧医疗的本质。大部分医院对于智慧医疗的建设主要体现在建立院内全覆盖的无线网络、购置自助挂号-购卡机、建设完善医院网站和手机客户端等，但是对于建设智慧医疗的意义和目的则在建设的过程中体现得并不明显。建设智慧医疗的目的是促进医疗资源的优化配置，提升医院管理的水平和方法。但是过度重视硬件建设的建设模式改变了建设智慧医疗的初衷，多数硬件的投资建设并未收到应有的成效，大部分医院的管理和医疗模式并没有因为现有智慧医疗的建设而获得显著提升。

3. 未形成统一高效的智慧医疗网络体系

要充分发挥智慧医疗的作用，就需要建立患者、医院和卫生计生管理部门三位一体的全社会智慧医疗网络体系，实现医疗信息和医疗资源的交互与共享。但是在现实中，智慧医疗的建设和发展具有显著的局限性，不仅没有实现全社会多维度的综合覆盖，而且在不同医院之间乃至医院内部各部门之间都尚未形成有效的智慧医疗网络体系。这样就使得各种信息和数据无法进行有效的传递，智慧医疗的信息优势无法体现，各种智慧化功能也大打折扣。

4. 智慧医疗尚未纳入智慧城市网络平台

当前，倡导智慧医疗发展的主体单位仍然是医院和医疗管理部门。智慧医疗并没有与智慧城市的主体网络平台进行有效对接，仍然缺乏与智慧交通、智慧家庭等其他智慧城市发展领域的互动。医疗大数据并没有得到充分合理的利用，也没有产生积极的政治、经济连带效应，其智慧联通的特性仍然受到智慧城市网络平台接入访问与信息互动的限制。

智慧医疗在医院管理应用中存在的问题主要表现在系统建设存在的问题和系统与外部平台沟通互联水平两个方面。其主要原因有两点，一是受到技术发展水平的制约，二是受限于管理者的发展理念与思维。为解决智慧医疗的发展问题，提升智慧医疗的一体化程度，下文将论述智慧医疗的未来发展。

16.3.2 智慧医疗的未来发展

智慧医疗的未来发展可以基于以下三个角度。

1. 医疗用户角度

(1) 自主的个人健康管理。智慧医疗可以借助可穿戴设备等实现个人的健康实时监控与提示，有针对性地给出饮食、作息、运动等健康提示，指导用户自发了解、自主管理个人健康状况，实现保健和疾病预防。医疗资源、人员、设备的有限性，限制了医疗服务的全面、全程供给，而通过自主的个人健康管理，一方面降低了对医疗资源的需求；另一方面实现了疾病预防、保健等功能，这应当是智慧医疗建设的一个着力点。

(2) 自我安全、隐私意识。大数据时代，信息繁复、类型多样，在带给人们方便的同时也带来了安全与隐私问题。数据安全与隐私概念界定模糊且困难，需要制定健全、规范的安全与隐私保护政策，以便有效地维护用户的合法权利。同时用户也要加强安全防范、隐私保护意识，自觉、自主进行自我权益保护。

2. 医疗机构角度

(1) 缓解医护人员压力。智慧医疗是在技术进步背景下新的医疗模式，是医疗体系改革的进一步发展，在多方面促进了医疗质量的提升。从医护人员角度考虑，互联互通的智慧医疗有效提高了诊疗效率，但是病人数量多、接诊任务重仍是医护人员的一大难题。医疗机构服务提供方可以在智慧医疗理念的指导下，尝试通过人工智能、深度学习、机器学习等技术方法，协助疾病诊断与治疗，减轻医护人员的工作压力。

(2) 更方便、统一、安全的数据存取与共享。医疗数据包含患者的很多信息，切实关系到个人的隐私，如何在方便医护人员获取诊疗信息的同时，保证患者信息的安全性、私密性，是智慧医疗建设的过程中所要切实考虑的问题。同时，患者在就诊过程中，常会提到信息不对称的问题，这主要是由医疗行业的高度专业性所决定的。为有效促进智慧医疗的建设与发展，需要做好信息共享工作，使得用户能够方便、快捷地查询个人医疗信息，并获取规范、实用的医疗咨询，降低就医成本，打造高效、透明的就医环境。

(3) 建立、健全家庭医生制度。国内自由择医的医疗制度使得众多患者均涌入资源优、配置高的大医院，造成看病难、看病贵、医疗资源分布严重不均等问题。所以，要合理配置医疗资源，建立家庭医生制度，通过制度支持、政策引导，鼓励居民、家庭与医疗团队建立长期、稳定的医疗服务关系，将基层首诊作为医疗卫生体系的核心，推进患者、医疗资源逐步分流至基层社区。智慧医疗体系的建立，保障了医疗信息的全面、实时获取，有利于建立家庭医生制度，以便更有效、合理利用医疗资源。

3. 决策管理角度

(1) 医疗资源公平性。医疗资源分配不均是长期并一直存在的客观问题，通过制定合理的医疗制度促进医疗资源合理供给是卫生管理部门所要思考的。在智慧医疗的发展过程中，通过互联互通的信息共享,以及物联网、云计算、远程医疗等技术支撑,建设以基层医疗服务为核心的体系,结合分级诊疗制度,并制定相关政策、方案加以引导,逐步实现医疗资源有序下沉及更公平、更合理分布。

(2)规范性法律、法规的建立。智慧医疗是医疗发展的新阶段、新模式,目前全国各地的相关建设均处于探索阶段,尚无完善、成熟的可借鉴模式。这就需要相关决策管理者从顶层设计出发,针对智慧医疗的持续性建设制定出规范性、合理性的法律、法规等规章制度,从法律层面引导智慧医疗的有序建设和发展,给予其良好的政治、社会环境。

(3)深化医疗卫生改革。现阶段的智慧医疗建设包括医疗信息化、预约挂号、电子健康档案、诊间付费等形式,大多数重在探讨"看病难"的问题,而对于"看病贵"问题的探讨比较少。推进智慧医疗建设,着眼解决"看病贵"问题,通过对医保、医药、医疗相结合的模式进行深入探讨,从制度层面深化医疗卫生体制改革。

思考题

1. 讨论智慧医疗的特点,以及智慧医疗与传统医疗的差别。
2. 阐述智慧医疗的服务模式。
3. 讨论如何理解智慧医疗在生活中的应用,并举例说明。

第5篇　商务智能管理变革

本篇主要针对商务智能在企业管理上的影响来展开论述，第17～19章从"使能创新、业务流程重组、组织变革"三个方面来具体解释商务智能对企业的影响，同时第20章介绍商务智能对经济社会的影响及自身发展。

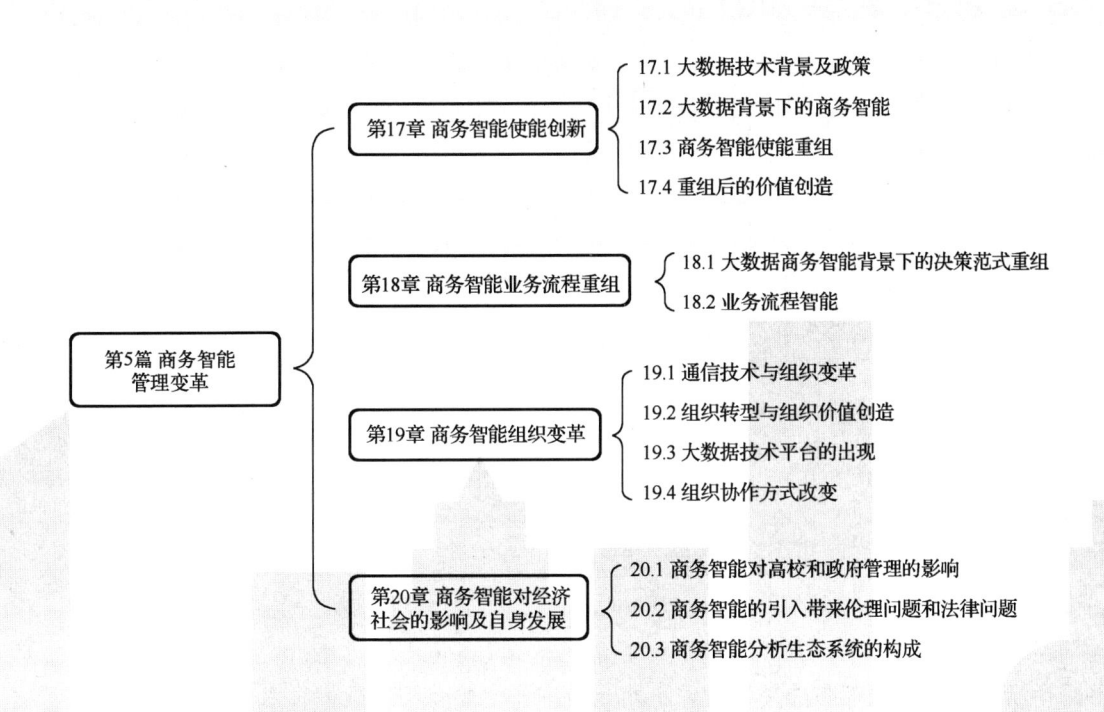

第5篇 商务智能管理变革
- 第17章 商务智能使能创新
  - 17.1 大数据技术背景及政策
  - 17.2 大数据背景下的商务智能
  - 17.3 商务智能使能重组
  - 17.4 重组后的价值创造
- 第18章 商务智能业务流程重组
  - 18.1 大数据商务智能背景下的决策范式重组
  - 18.2 业务流程智能
- 第19章 商务智能组织变革
  - 19.1 通信技术与组织变革
  - 19.2 组织转型与组织价值创造
  - 19.3 大数据技术平台的出现
  - 19.4 组织协作方式改变
- 第20章 商务智能对经济社会的影响及自身发展
  - 20.1 商务智能对高校和政府管理的影响
  - 20.2 商务智能的引入带来伦理问题和法律问题
  - 20.3 商务智能分析生态系统的构成

第 17 章　商务智能使能创新

> **本章提要**
> 1. 了解大数据技术的背景和大数据背景下商务智能的发展；
> 2. 掌握大数据背景下商务智能主要解决的问题和商务智能的使能常见形式。

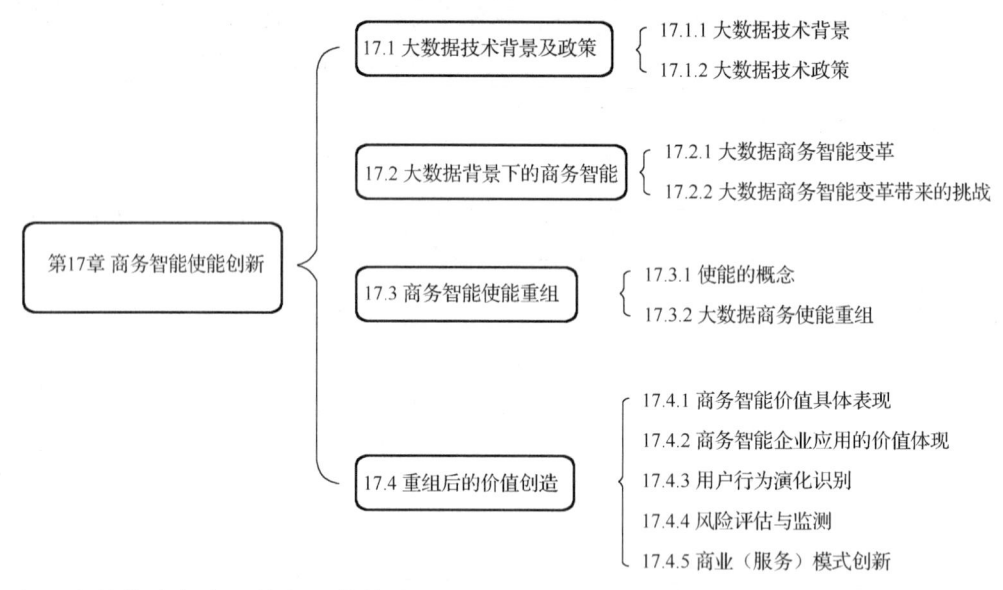

第17章 商务智能使能创新
- 17.1 大数据技术背景及政策
  - 17.1.1 大数据技术背景
  - 17.1.2 大数据技术政策
- 17.2 大数据背景下的商务智能
  - 17.2.1 大数据商务智能变革
  - 17.2.2 大数据商务智能变革带来的挑战
- 17.3 商务智能使能重组
  - 17.3.1 使能的概念
  - 17.3.2 大数据商务使能重组
- 17.4 重组后的价值创造
  - 17.4.1 商务智能价值具体表现
  - 17.4.2 商务智能企业应用的价值体现
  - 17.4.3 用户行为演化识别
  - 17.4.4 风险评估与监测
  - 17.4.5 商业（服务）模式创新

在过去的数十年中，信息通信技术（Information Community Technology，ICT）在社会、经济、生活等各个领域不断渗透和推陈出新。故本章主要介绍大数据技术背景及政策、大数据背景下的商务智能、商务智能使能重组，以及重组后的价值创造四方面，并通过案例和实际统计数据帮助读者理解和掌握。

17.1　大数据技术背景及政策

17.1.1　大数据技术背景

随着移动计算、物联网、云计算、人工智能等一系列新兴技术的推陈出新和不断发展，社交媒体、协同创造、虚拟服务等新型应用模式持续拓展着人类创造和利用信息的范围和形式。全面基于信息和网络的生产与创新模式，正在将人类社会带入"第三次工业革命"时代。新兴信息技术与应用模式的涌现，使得全球数据量呈现出前所未有的爆发式增长态势。

国际数据公司（International Data Corporate，IDC）在 2011 年基于新摩尔定律（全球数据量大约每两年翻一番）预估 2020 年全球被创建和被复制的数据总量将达到 35 ZB。而实际上，国际数据公司于 2020 年所发布的报告显示：2020 年全球被创建和被复制的数据总量超过 64.2 ZB，与此同时数据复杂性也急剧增长，其多样性（多源、异构、多模态、不连贯语法或语义等）、低价值密度（大量不相关信息、知识"提纯"难度高）、实时性（数据需实时生成、存储、处理和分析）等复杂特征日益显著。

近十年来，大数据作为互联网、物联网、移动计算、云计算、人工智能等技术变革汇聚而成的颠覆性力量，在经济、社会、生活等领域不断触发日新月异的变革，同时也在国家、产业、组织、个人等层面重塑管理决策的过程和方式。随着大数据的发展进入渗透融合的新阶段，其逐渐触及产业与经济发展的基础性机制及经济与管理决策的基本形式，这给政府和企业都带来了全新的机遇和挑战。

17.1.2　大数据技术政策

面对大数据所带来的机遇和挑战，各国政府也从国家战略层面推出了新的研究规划和相关政策。

2014 年，欧盟发布了《数字驱动经济战略》，启动数据价值链战略计划，并资助"大数据"和"开放数据"领域的研究和创新活动。

2016 年，美国在 2012 年奥巴马政府提出的《大数据研究与开发计划》的基础上又发布了《联邦大数据研究与开发战略计划》，旨在围绕大数据研发的七个关键领域进行战略指导。

同样，我国也十分重视大数据的发展，做出了一系列前瞻性的洞见和部署。2015 年，党的十八届五中全会提出实施国家大数据战略，国务院印发《促进大数据发展行动纲要》（国发〔2015〕50 号），指出大数据是国家基础性战略资源，加快建设数据强国。

2017 年，党的十九大报告进一步强调要推动互联网、大数据、人工智能和实体经济深度融合。

2017—2019 年，政府工作报告连续三年提及"人工智能"的重要作用，指出我国应实施大数据发展行动，加强新一代人工智能的研发与应用。

2019 年，第十三届全国人民代表大会第二次会议强调，要加强"智能+"和深化大数据、人工智能等领域的研发应用，为制造业转型升级赋能，壮大数字经济。

据我国信息通信研究院《中国数字经济发展与就业白皮书（2019 年）》统计，数字经济占我国 GDP 的比重已经超过了三分之一。

基于此我们可以看出，大数据在社会经济、政府决策、产业政策、教育、商业、运营等各方面发挥了不可或缺的作用，同时也呈现出高频实时化、深度定制化、全周期沉浸式交互化、跨组织数据整合化、多主体协同化等新特性，即大数据的更新换代给商务智能带来了极大的挑战，如何挖掘大数据的动能和价值，成为商务智能的主要目标。

17.2　大数据背景下的商务智能

17.2.1　大数据商务智能变革

对于企业而言，如何抓住大数据带来的机遇，迎接大数据带来的挑战，是当下亟待解决的问题。在大数据时代，数据驱动的商务智能被认为是大数据的重要应用，并且在不同规模、不同行业的企业中，它也发挥着越来越重要的作用。大数据背景下的商务智能数据来源的维度和广度都有了质的飞跃，其数据更加实时、颗粒密度更细、来源于不同传感器的特点，能够帮助企业聚集数据资源并进行分析。此时的商务智能可以基于实时性强、精准匹配的数据进行分析，此时的分析也更加迅速、高效。新兴技术和方法的加入，使得商务智能分析和预测结果的可解释性得到了提高，并完善了企业的知识表达。

商务智能能够帮助企业分析关键业务数据，使企业可以更好地了解自身业务和市场，并及时做出业务决策。商务智能可以将众多数据进行整合，并从中提取有效信息，为企业决策提供支持。

17.2.2 大数据商务智能变革带来的挑战

在大数据时代的发展过程中，管理决策的大数据特征逐渐显现出来，这推动了企业的决策方式由传统的经验型决策向大数据支持型决策转变。数据量的爆发式增长为企业商务智能带来了机遇和挑战，一方面，数据作为企业核心资产受到前所未有的重视，企业坐拥数据金山，数据为王；另一方面，企业对发挥数据的价值力不从心，认为数据无用，信息技术时代的生产率悖论正在演变为数据时代的大数据悖论。

商务智能固然能够给企业带来大量的益处，但同样也需要企业对信息技术等进行必要的投入。商务智能需要一组工具、技术、应用程序和流程，用于收集、存储、访问和分析数据，以生成有用的商业信息，从而帮助用户做出更好的决策。

拓展阅读

据国际数据公司（IDC）预计，全球人工智能（AI）支出将在未来四年内翻一番，从2020年的501亿美元增长到2024年的超过1100亿美元。根据国际数据公司的《全球人工智能支出指南》，在未来几年内，随着各组织部署人工智能作为其数字化转型措施的一部分，并努力在数字经济中保持竞争力，人工智能系统的支出将加速增长。2019—2024年，复合年增长率（Compound Annual Growth Rate，CAGR）将为20.1%。

国际数据公司人工智能计划副总裁Ritu Jyoti说："公司将采用人工智能技术，不仅仅是因为我们可以这样做，而且因为必须这样做。"人工智能是可以帮助企业实现敏捷、创新和规模发展的技术。"人工智能驱动"的公司将具有综合信息（使用人工智能将数据转换为信息，然后转换为知识）、学习（使用人工智能来理解知识之间的关系并将学习应用于业务问题），以及提供大规模见解的能力（使用人工智能来支持决策和自动化）。人工智能采用的两个主要驱动力是提供更好的客户体验和帮助员工更好地完成工作。这在人工智能的用例中得到了体现，用例包括客户服务代理自动化、销售流程推荐和自动化、威胁情报收集和预防自动化，以及IT自动化。这四个用例的支出加起来，将占所有人工智能支出的近三分之一。增长最快的用例包括人力资源自动化、IT自动化，以及药物研究和发现。

在整个预测中，将在人工智能解决方案上支出最多的两个行业是零售业和银行业。零售业主要将其人工智能支出集中在通过聊天机器人和推荐引擎改善客户体验上，而银行业的人工智能支出将集中在欺诈分析和调查、计划顾问、推荐系统等方面。离散制造、过程制造和医疗保健将在2020年的人工智能支出中排名前五位。在2020—2024年的预测中，人工智能支出增长最快的行业是媒体和专业服务。

大数据的产生，给商务智能的使用提出了更高的要求，同样也会带来相应的决策回报。随着人工智能、机器学习等方法融入商务智能技术的使用中，可以进一步揭示数据中的潜藏逻辑，为企业做出决策提供更为有效的帮助。

17.3 商务智能使能重组

17.3.1 使能的概念

使能强调的是使能企业提供的产品和服务增强了被使能企业的竞争优势，让被使能企业能够更好地服务其目标用户，使能企业会把关键资源能力分享给被使能企业，继而成为被使能企业不可或缺的关键角色，最终放大被使能企业的生态系统的价值空间[①]。企业生态结构图如图17-1所示。

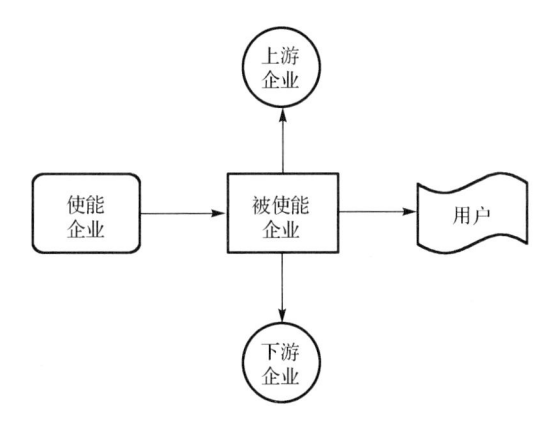

图17-1 企业生态结构图

常见的使能做法有：综合服务使能、金融使能、供应链使能、数据使能、技术使能。

综合服务使能是指使能企业为被使能企业提供基本的综合服务，帮助被使能企业快速成长并提升自身竞争力。

金融使能是指使能企业为被使能企业提供金融工具及金融服务，继而增强被使能企业的生态系统，进而放大被使能企业的生态系统的价值空间。例如，微信和支付宝为中小商户提供收付款服务，这帮助了中小商户满足其用户在线支付的需求。

供应链使能：第三方平台的加入，除可以帮助其商户销售产品外，还可以通过统一采购、"团购"的方式获得更加低廉的服务和产品，继而可以帮助商户更好地服务其用户。

数据使能：使能企业通过数据为被使能企业提供帮助，如提供精准用户画像、实现用户行为的管控等，从而加强对各个流程的管控。例如，腾讯、京东、百度都是易鑫金融的参股

---

① 魏炜，汪鹏，蔡春华. 赋能型 VS 使能型，选择哪种生态圈[J]. 销售与管理，2018(7)：65-67.

股东，通过大数据对易鑫金融的用户进行精准画像，实现了从贷前到贷后的全流程管控。贷前通过决策引擎、信用评分卡、反欺诈模型、用户数据画像、用户身份验证、三方数据核查等方式实现系统决策、多维审核；贷中监控则通过监控模型完成异常预警；贷后管理凭借反欺诈模型、GPS监控跟踪、多维数据核查、失联修复等技术实现对用户全生命周期的管理。

技术使能：技术使能是指使能企业在移动互联网、SaaS（Software-as-a-Service，软件即服务）、云计算、物联网、人工智能、人脸识别、3D打印/3D摄影、VR/AR、区块链等方面使能利益相关者，增强利益相关者的生态系统，更好地服务利益相关者的用户。例如，以亚马逊、微软为代表的云计算企业通过提供云计算基础资源能力和关键技术支持，使能工业互联网领域的利益相关者，成为通用的使能平台。

17.3.2 大数据商务使能重组

商务智能能够促进企业不断优化决策流程，增进企业的资讯整合与资讯分析的能力，汇总企业内、外部的资料，并整合成有效的决策资讯，让企业经理人大幅提高决策效率与改善决策品质。对于使能企业而言，商务智能的使用可以进一步帮助企业协同大量数据和信息，迅速实时地帮助被使能企业做出决策，进而强化使能企业和被使能企业的生态系统，增强使能企业中心集团性，最终实现使能企业集群生态快速发展。

17.4 重组后的价值创造

许多组织雇用了大量的信息技术人员来为用户提供所需要的数据和信息，这样的组织非常适合使用商务智能。商务智能可以为这些企业带来以下好处：①缓和信息处理部门中信息请求大量堆积的窘境；②使企业可以快速且便捷地访问数据和信息；③提供了分析结构化数据的新思路，帮助企业更好地理解数据库；④通过基于事实和数据的决定来改善整个决策过程；⑤通过分享信息营造合作进取的环境，进一步强化企业生态的聚合性。商务智能可以使企业根据自己的需求方便、快捷地查询和获取信息，而不需要了解关系数据库的数据结构。被授权使用商务智能的管理者可以基于事实做出最有利的决策。

17.4.1 商务智能价值具体表现

商务智能价值具体表现在如下几方面。

(1) 制定适合的营销战略。利用商务智能建立一个适合的商业模式，基于大数据的用户行为演化分析和AI技术的行为预测，最终确定适合于企业自身的最佳营销战略。

(2) 提高客户管理的强度，继而提升客户的忠诚度和黏性。客户管理是商务智能在客户关系管理（Customer Relationship Management，CRM）中的应用。现代企业运营思维已经逐渐从把产品作为核心向把客户作为核心转变。

(3) 经营成本与收入分析。使用商务智能分析成本与收入数据，制作相关报表，发现实际成本与预期成本的差异，找出原因并寻求解决方案，最终实现降低成本和提高收入。

(4) 提高风险管理能力。在某些涉及经济与财务的领域，商务智能会通过分析数据给出有欺诈问题的用户的特征。

(5) 提高业务洞察力。商务智能使管理者能够轻松地收集数据和访问信息，加快决策进程。

(6) 提高市场响应能力。同样，基于外部大数据和企业内部数据的集合，管理者可以应用商务智能预测市场变化，从而根据外部环境及时改进企业经营策略[①]。

17.4.2 商务智能企业应用的价值体现

商务智能企业应用的价值体现在如下几方面。

1. 企业想要发生什么

该决定由系统提供，而系统的数据则由操作系统获得。例如，数据是从网页获得的，或者是根据市场条件和用户需求从特价和促销活动中获得的。因此，商务智能可以帮助企业建立明确的决策和业务策略，使事件遵循正确的轨迹朝预定方向发展，以实现期望的目标。

2. 告诉企业发生了什么事

商务智能可以提供预先准备的报告、平衡计分卡或集成管理"仪表板"，通过使用关键绩效指标（KPI）进行集中管理来解决业务运营绩效问题、监视企业发展，并以简单的方式实现复杂的报告。对于集成管理"仪表板"和平衡计分卡，其用户可以扩展到许多部门和客户，但是它们只了解公司过去的工作，而缺少对正在发生的事和未来可能发生的事的理解，基于此后面也提到了如何针对正在发生的事和未来可能发生的事做出应对。

3. 让用户实时查看正在发生的事情

商务智能可以提供实时的信息分析。企业决策层制定当前情况下企业的决策和业务策略。为了该层次的成功，需要获得实时的数据，而查询可以回答实时产生的问题。由此，运营模式和业务流程会发生较大的变化。例如，当客户因某种原因对服务不满，要求终止服务或退回产品时，如果相关客户服务人员发现这个客户是企业的大客户，那么他应该迅速将情况告知该客户的大客户经理，大客户经理要做的是快速查询该客户的消费记录，并马上和客户联系，争取挽留客户，而不是当客户流失后才着急和客户联系。

4. 让企业探讨事情发生的原因

企业探讨事情发生的原因的过程称为异常分析。业务部门可以从固定报告和一些关键 KPI 中获得很多相关信息，但是当发现问题时，业务部门需要了解为什么会发生这些问题。而这时候，就需要进行临时查询和在线分析（如 OLAP），业务分析师经常需要根据问题的情况完成分析和报告。在许多情况下，业务分析师和决策者需要通过一套商务智能工具访问集成数据仓库，以获取所需的信息。

5. 帮助企业预见即将发生的事情

客户发现仅仅了解现在还不够，还要了解将来会发生什么，因此风险预测和评估非常重要。除此之外，还需要通过统计分析来辅助客户细分、预测客户行为、预测客户业务趋势、

[①] TORRES R, SIDOROVA A, JONES M C. Enabling firm performance through business intelligence and analytics: A dynamic capabilities perspective[J]. Information & Management, 2018, 55(7): 822-839.

识别欺诈等。需要此模型的客户群非常大,因为它需要复杂的算法、统计模型和大量数据,所以它需要可以高效处理大量数据的算法,如并行算法和网格计算是非常必要的[①]。

以上为商务智能企业应用的价值体现,接下来将从用户行为演化识别、风险评估与监测、商业(服务)模式创新三个应用方向来进一步解释和分析大数据背景下商务智能对于企业的价值创造。

17.4.3 用户行为演化识别

在企业管理上,一个关键性的管理挑战在于识别不同层次的对象(如消费者、企业等)潜在的、有价值的行为/活动模式,以及不同模式的演化过程。在传统的企业管理中,对行为模式的分析往往依据现有理论或实践经验,而商务智能可以通过对不同领域的大规模、细粒度的数据进行分析,为更科学、及时、精确的行为或活动模式洞察赋能。

应用场景一:在挖掘市场机会方面,搜索引擎由于其应用的广泛性和通用性,是一类非常重要的大数据的来源,对于了解和分析市场用户的意图、动态、潜在模式等都具有重要的意义。可以将搜索日志数据 Cookies 作为深度了解和感测市场用户对品牌和企业的竞争地位及竞争强度的一个重要数据来源,设计相应的竞争者识别的测度,通过商务智能工具和方法,对市场用户行为和其他竞争企业的策略进行管理。

应用场景二:在信息搜索服务场景下,面对迅速发展的互联网电子商务环境,即使有高性能搜索引擎的帮助,对于在线电子商务平台和消费者而言,仍需面对数据过载的现象,如成千上万的有效搜索结果、成百上千的在线评论等。那么对于企业而言,如何从大数据集合中提取出最具价值的组合是企业基于大数据分析的一个重要挑战,而商务智能可以帮助企业筛选出最具价值的集合,并基于该集合指定相应的组合决策,进而帮助企业创造价值。

应用场景三:在移动互联场景下,商务智能工具和方法根据移动应用程序中的数据,分析用户在使用移动应用程序过程中的行为意图和习惯方式,企业自身可以借助这些对用户行为特征的洞察,对移动应用程序的功能体验设计进行有效的持续改进,继而满足不同用户对移动应用程序的需求,最终实现用户的个性化体验。

可以看到,商务智能针对不同的问题和不同的决策情境,通过不同的决策理论和过程来帮助用户解决问题和做出最优决策。

17.4.4 风险评估与监测

风险评估与监测是企业管理决策中的重要方面。传统管理决策中的风险预见主要依托于领域知识,选择既定的风险评估方法并设置相对固定的风险预警阈值。而通过大数据能力构建和使能,可以更加高效、精准地对不同领域中个体、企业及行业存在的风险进行评估、监测和实时预警。

在企业运营和绩效的角度,商务智能有助于减少企业风险。在外部环境剧烈波动的情况下,基于商务智能的配置决策影响是非线性的,即模块配置数量存在一个最优值,而非越多

[①] CHEN H, CHIANG R H L, STOREY V C. Business intelligence and analytics: From big data to big impact[J]. MIS quarterly, 2012: 1165-1188.

越好。此外，商务智能与市场资本环境存在内在因果关系，可以据此进行企业风险评估和监测。再者，通过设计组织内社会化媒体平台的代表性信息提取方法，可以更有效地发现"群体智慧"和监控舆情，以更好地支持决策，从而降低组织内风险。

在企业IT投资风险管理方面，企业在做IT投资决策时，一般默认以行业平均水平为锚定，但这并不一定是经济上最优的决策，而偏离锚定的IT投资需要配备充分的治理动机和能力才能真正形成正向的经济影响。商务智能的实施能够通过减少导致信息不确定性的因素从而降低这种不确定性，包括基本面波动、企业内部信息噪声等。同样，上述问题和决策情景也呈现出不同的决策要素转变特点，体现了从传统决策方式向大数据商务智能支持决策方式的转变。

17.4.5 商业（服务）模式创新

在不同领域，大数据持续驱动传统决策方式、服务模式或商业模式的转变。通过大数据能力构建和使能，新的商业（服务）模式不断涌现。作为新兴互联网商务的一个典型场景，传统的零售模式得到升级重塑，通过综合运用物联网、云计算、人工智能等技术手段，形成线上线下深度融合的零售新模式。在这样的新模式下，迫切需要探索如何在多个决策点融入大数据商务智能应用，实现围绕"产品+服务+社交"的管理决策优化。本小节从商业（服务）模式创新的各个模块和步骤来进一步解释和扩充商务智能在模式创新中的作用。

情景一： 在高维内外大数据的用户辨识及环境要素建模方面，从个性化推荐的角度入手，通过融合更多的用户行为信息提高推荐的准确率，并创新业务推荐模式。同时，考虑用户消费过程中的探索行为，设计基于目标的探索性模型，以发现探索倾向模式及移动应用的特点，设计整合下载和浏览行为的新颖推荐策略；同样考虑产品关系及组合购买动机，设计基于概率图模型的新的捆绑推荐策略。此外，通过分析不同消费者的在线搜索行为，设计预测消费者搜索算法，并在此基础上设计更优的推荐模式[1]。

情景二： 在新兴商务模式下的社会影响机制分析中，通过大数据商务智能进行分析和研究，可以得出结论：商家应该突出展示某选定用户的点评，并注明此点评的营销性质对消费者决策的影响。基于数据分析的结果，这种新型的营销策略有两种互相抵触的效果：一是凸显效应，即页面上更显著的信息往往更能让消费者记住，并对消费者的判断有更大的影响；二是消费者可能生成的怀疑心理带来的负面作用。如何通过商务智能推荐点评，使得点评的正面效应凸显，负面效应的影响降低，是平台及商家所应该考虑的。商务智能可以帮助平台及商家找到效应边界点，实现最佳效果。

情景三： 在广告模式创新的研究中，通过分析电商广告在吸引消费者流量中的竞争作用，发现如果考虑电商广告的抵消作用，参与竞争的电商企业应该选择不同的广告规模，从而削弱价格竞争，增加利润。广告成本降低会导致电商企业增加广告规模，但是未必会导致更激烈的价格竞争，企业利润也未必会增加。通过商务智能可以对边际成本和边际效益进行权衡计算，最终制定最佳广告投放策略[2]。

---

[1] 陈国青，曾大军，卫强，等. 大数据环境下的决策范式转变与使能创新[J]. 管理世界，2020，36（2）：95-105，220.
[2] 陈国青，吴刚，顾远东，等. 管理决策情境下大数据驱动的研究和应用挑战——范式转变与研究方向[J]. 管理科学学报，2018，21（7）：1-10.

类似地，上述情景也反映出管理决策范式转变的不同情境。例如，高维内外大数据的用户辨识及环境要素建模问题突出体现了跨域信息特点。故要求企业个体需要有较强的主体智能意识，增强决策的可信性和实用性。

思考题

1. 阅读《企业间的赋能和使能，到底是什么？》，明确使能和赋能的概念，并解释使能和赋能的区别。

2. 阅读以下材料，进一步了解使能和赋能的作用。

(1) 华为行业使能平台的应用对行业横向的影响。

多年前华为就提出了数字化转型战略，利用先进的数字化技术，改造华为业务流程，致力于实现 ROADS（实时、按需订阅、在线、自助、社交）体验并成为行业的标杆。基于多年的思考与实践，华为认为构建数字化服务能力，是实现数字化转型的关键。其中，连接服务是基础，同时也存在着诸多挑战，如跨网集成困难、集成架构复杂、多云协同能力缺乏等。华为基于全栈式集成工具 ROMA，提供业务连接与协同服务。在华为内部，已打通 600 多个 IT 系统、2 万多个集成点，覆盖全球八大区域和 170 多个国家，引入 100 多个 SaaS 和云服务，实现与全球 100 余家合作伙伴的 IT 系统协同，并集成园区和制造领域的海量物联网数据，实现集成能力服务化。除了连接与协同服务，行业业务服务还联合行业合作伙伴，提供面向行业的视频分析、园区管理、融合指挥、安全管理等通用服务模型，提供统一的服务接口，实现行业通用服务高效调用与共享。

(2) 物联网使能平台对于各行业企业的影响。

物联网平台属于 PaaS 层服务，处于物联网软硬结合的中间位置，一方面，要对底层硬件进行管理，连接硬件设备，处理不同的通信标准或协议，收集、可视化和分析数据；另一方面，要服务于上层应用，根据上层操控指令或自动化策略来调度、控制终端的状态和行为。物联网平台不仅要在"端"一侧实现设备的接入和管理，以及数据的采集、提取和转化，还要在"云"一侧实现数据的存储、计算和分析，在这个过程中还要保证数据的安全可控。简单来说，一个优秀的物联网平台，必须能够提供覆盖设备全生命周期的、一站式的设备管理服务，并能提供安全、高效、智能的数据存储和分析服务，满足各类应用的需求。

3. 以技术的发展和政策的出现为节点，绘制商务智能的演化图。

4. 绘制使能企业商务经营流程图，并细化其对上下游企业的使能与被使能关系，进一步理解商务智能对于企业的使能创新。

5. 研讨题：阅读下列文献，了解并讨论大数据对商务智能发展的巨大影响。

"CHEN H, CHIANG R. STOREY V C. Business Intelligence and Analytics: From Big Data to Big Impact[M]. Society for Information Management and The Management Information Systems Research Center, 2012."

第 18 章 商务智能业务流程重组

本章提要

1. 了解大数据商务智能背景下的决策范式重组的基本知识;
2. 了解业务流程智能的相关内容。

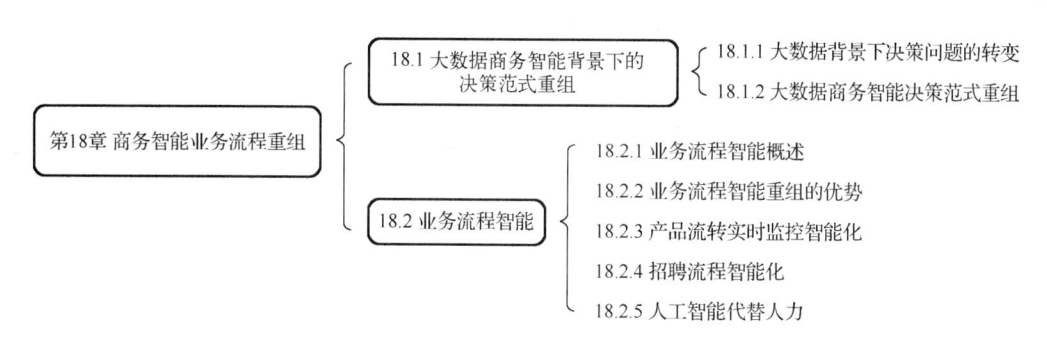

```
第18章 商务智能业务流程重组
├── 18.1 大数据商务智能背景下的决策范式重组
│   ├── 18.1.1 大数据背景下决策问题的转变
│   └── 18.1.2 大数据商务智能决策范式重组
└── 18.2 业务流程智能
    ├── 18.2.1 业务流程智能概述
    ├── 18.2.2 业务流程智能重组的优势
    ├── 18.2.3 产品流转实时监控智能化
    ├── 18.2.4 招聘流程智能化
    └── 18.2.5 人工智能代替人力
```

本章讨论了大数据商务智能对于企业自身决策范式的影响,以及决策范式重组后企业自身业务流程的智能重组,以帮助读者进一步了解商务智能对于企业管理的影响。

18.1 大数据商务智能背景下的决策范式重组

18.1.1 大数据背景下决策问题的转变

第 17 章阐述了大数据商务智能对于企业用户行为洞察、风险预估与监测、商业(服务)模式创新的改变和影响,即大数据商务智能对企业自身决策产生了巨大的影响,不仅对决策流程产生了巨大的影响,还对决策范式产生了十分显著的影响,以往单领域线性的决策范式逐渐扩展为多领域非线性的决策范式。

在大数据环境下,许多管理决策问题从领域内部扩展至跨域环境,不仅要针对企业内部的环境领域,还要考虑公众、决策相关者等变量(如图 18-1 所示)。首先,领域外大数据与领域内传统信息的结合,使决策要素的测量更完善可靠,进而提升了管理决策的准确性;其次,领域外大数据的引入,使得在经典模型中添加新的决策要素成为可能,对于不能完全用领域内传统信息刻画和解释的现实问题,大数据融合分析可以有效地突破领域边界,为管理决策提供大幅拓宽的视野。在管理活动的各个具体领域当中,面向各种实际问题,大数据环境下的决策研究与实践逐渐形成了立足于跨域信息环境的决策范式。支撑管理决策的信息,从单领域延伸至多领域交叉融合。

传统管理决策通常遵循线性的过程展开,按照提出问题、制订方案、选择方案、评估方案等步骤生成解决特定问题的决策结果。在决策理论发展历程中,对决策过程的划分不断细化。例如，在分析消费者行为时，广泛采用"营销漏斗"理论，根据行为数据判断消费者所处购物阶段，进而依次在其各后续阶段实施针对性营销；在实现健康管理时，结合患者入院后的临床记录和面对面交流内容依次对其进行疾病诊断和治疗，再基于诊疗效果提供院外护理建议[①]。

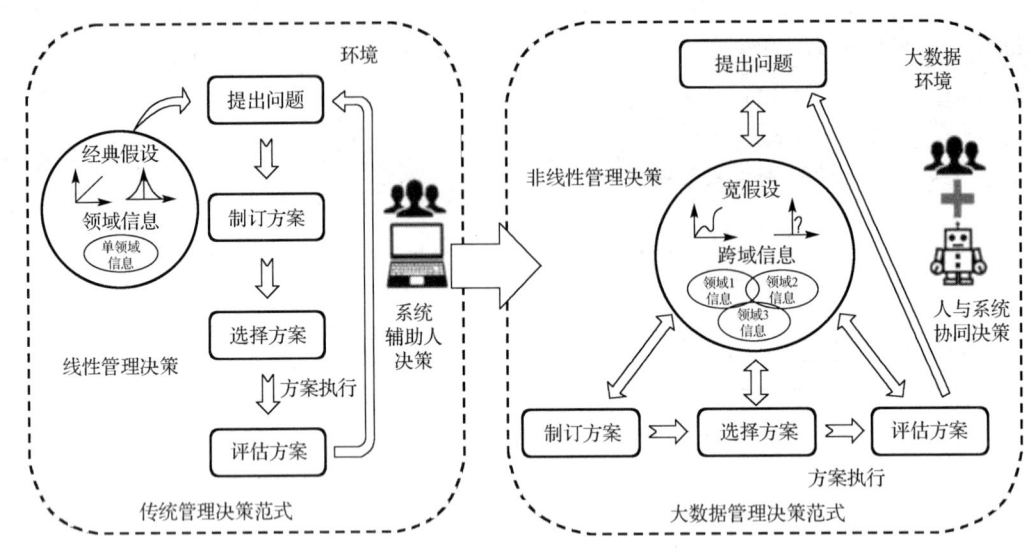

图 18-1 大数据管理决策新环境

18.1.2 大数据商务智能决策范式重组

非线性流程相比线性流程更适用于大数据环境，非线性流程的适用性和有效性有显著提高，具体表现如下。

首先，大数据及商务智能分析方法使全局刻画成为可能。现实情境常具有多维交互、全要素参与的特征，且涉及的问题往往复杂多样，使得能够实现多维整合并针对不同决策环境进行情境映现和评估的非线性流程更为适用。例如，通过整合患者各方面健康信息为其在疾病前、中、后期制订不同的健康管理方案；通过消费者的各种消费特征，为其在品牌管理中制订个性化的消费方案等。

其次，大数据的"流"的特性使其支持对现实场景中各要素间动态交互的刻画，能发现非线性、非单向的状态变化，并对管理决策进行相应的动态调整。因此，信息的实时捕捉和反馈令新型范式更及时、有效，如根据灾害现场的实时信息监测和措施反馈动态生成应急疏散路线。为提升管理决策范式在新情境下的效力，出现了面向连续、实时、全局决策且允许信息反馈的非线性流程转变。

流程转变的一个典型例子体现在营销领域中。传统"营销漏斗"理论的"意识—考虑—购买—忠诚—宣传"模式对应着"吸引—转化—销售—保留—联系"的线性步骤和策略。而在大数据环境中，可以构建以消费者为中心的消费市场大数据体系，通过对其线上购物行为

---

①陈国青，吴刚，顾远东，等. 管理决策情境下大数据驱动的研究和应用挑战——范式转变与研究方向[J]. 管理科学学报，2018，21(7)：1-10.

的全景洞察形成面向消费者全生命周期、非线性的市场响应型营销管理决策新范式。如图18-2所示，这种传统的线性管理决策流程往往导致生成被动、滞后的营销策略，且因缺少对消费者所处购物场景的全景洞察而具有较低的灵活性和准确性。而大数据分析结果表明，消费者在营销漏斗的各个阶段间的转换率和转换方向具有高度随机性，因此通过实时分析技术可以显著缩短信息获取和处理的周期，令数据融合、全景洞察、智能策略、长效评价等各环节迭代执行，对动态信息进行实时判断和实时响应，并通过决策结果与消费者的最新交互反馈回流来修正模型中有关阶段转换率的假设和分布，从而通过新型非线性流程准确分析消费者行为、优化管理决策效果[①]。

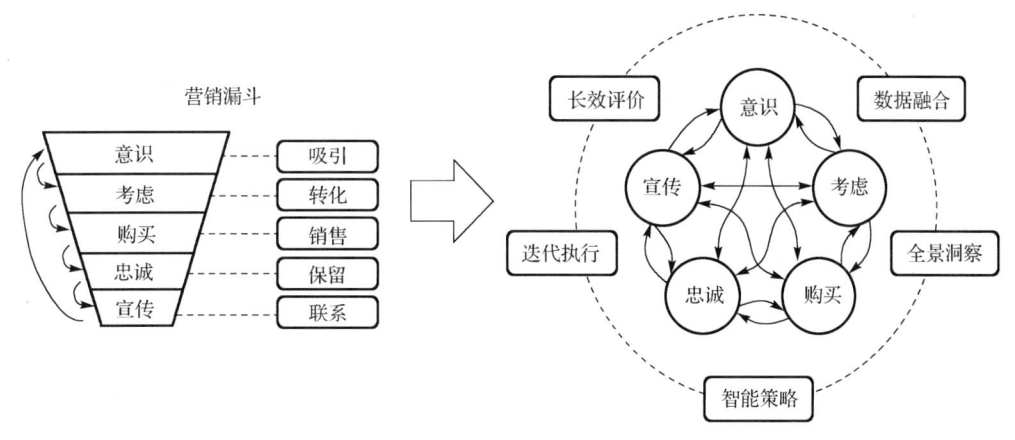

图 18-2 大数据环境下的线性流程

18.2 业务流程智能

18.2.1 业务流程智能概述

业务流程智能（Business Process Intelligence，BPI），以业务流程中的流程数据为基础进行知识模式的挖掘，从而实现业务流程的优化和再造，进而提高企业在当今复杂多变的商业环境中的核心竞争力。基于商务智能的流程评估系统是 BPI 的实际应用，通过搭建流程评估系统，利用数据挖掘中对数据处理的思想和方法，对异常、特例等噪声数据进行清洗、转换，从而更好地分析各个评估指标，以实现企业业务流程的评估、优化和再造。

业务流程的畅通源自流程中信息的交互。在信息交互的过程中，流程的精准性来自数据的准确性和数据分析后的迭代优化。传统的业务流程需要手工工单或人工纸质审批，所有的环节都缺少数据记录，但没有电子化就没有办法进行数据分析，所以流程效率非常低。例如，一名高层管理者出差，所有需要审批的文件都需要他回来之后才能处理；老板出差两个星期，所有的付款/请款都要等待两个星期后才能进行。传统的业务流程已经过时，电子化的审批和工单系统已经非常成熟稳定，完全可以替代人工纸质审批和手工工单。现在，政府正在推动电子化，

[①] 陈国青，曾大军，卫强，等. 大数据环境下的决策范式转变与使能创新[J]. 管理世界，2020, 36(2): 95-105, 220.

包括发票的电子化、证件的电子化、业务流程的电子化，所有在窗口办理的事情基本都可以在网上办理，即使需要本人拍照确认身份，也可以通过视频验证或留存录像的方式进行。

18.2.2 业务流程智能重组的优势

传统的业务流程，因为缺少准确和及时的数据采集，在缺少数据支撑的情况下，流程很难进行分析，更难以进行优化，这是很多企业存在高库存、低流转问题的原因。而数字化转型的企业，需要在企业的各个环节中设定数据采集的点，这个点被称为数据埋点。

本节以一家企业的供应链全流程为例进行说明，企业需要在整个流程中将数据记录下来。例如，门店销售产品，需要记录销售订单，这是销售记录。有了销售记录之后，就可以计算每天的销售量，并预测未来的销售量。同时要有这家门店的库存数据，有了门店的库存数据，就可以判断门店的库存还可以卖多久、需要什么时间进货，确保在门店断货之前有新品供应。要让分拨中心能够看到门店的库存数据、销量数据和销量预测数据，分拨中心就能够规划什么时间为门店供货及需要保有多大规模的库存，并及时向工厂下订单，及时将工厂的货物运送到分拨中心，确保分拨中心的货物不多不少，补货也不早不晚。如果工厂能够知道门店的库存、分拨中心的库存，同时能够知道每天整体的销量，能够预测为分拨中心补货的时间，那么就可以更加科学地安排自己的生产计划，而不至于在有100多种产品的情况下出现某种产品断货，而另外一种产品还有很高的库存的情况。采购部门也需要了解工厂有多少原料库存、还能够满足多久的生产需求，从而预测什么时间原料就会断货，所以要提前做好采购计划，并及时告诉供应商大概什么时间需要下什么订单，供应商也可以做到提前备货，不至于在采购部门下单采购时供应商也没有存货。

多数传统企业目前仍然采用手工记录数据的方式，或者用 Excel 表格对数据进行维护，但是这些表格数据不能及时通过信息系统传递到另外一端。整个流程的上下游各环节也不能共享数据，这就导致数据处理慢、数据不准确、数据提供不及时等问题。如果在制订生产计划时向各个环节索要数据，就会导致效率低下。

例如，在企业服务的客户中，一个生产近百种产品的大型工厂，制订一个月度生产计划，需要五个人连续工作一个星期，才能够将这个生产计划做出。但当这个生产计划做出之后，很多数据又发生了变化，包括原料库存、产品库存、门店需求等。

数据不准确导致计划不准确，计划不准确导致生产不准确，生产不准确导致供应不准确，各方相互埋怨，推脱责任，从而带来了管理方面的困难。要想做到准确、及时、高效，就需要一个强大的信息系统，不仅有门店端的销售时点信息(Point Of Sales，POS)系统，还要有整个分拨中心的仓库管理系统(Warehouse Management System，WMS)、制造执行系统(Manufacture Execute System，MES)和物料需求计划(Material Requirement Planning，MRP)系统，以及用于采购和供应商管理的供应商关系管理(Supplier Relationship Management，SRM)系统。同时，这些系统应该能够相互打通、共享数据，通过一些算法进行串联。例如，门店的销售数据，这些数据被采集并存储在 POS 系统，通过对这些数据进行分析和加工，并根据历史销量建立模型，从而可以对未来的销量进行预测，如精准预测一个星期的销量、一个月的销量，甚至能够预测三个月的销量；分拨中心也能够精准预测未来一个星期、一个月、三个月货物流通的情况，并精准到每个库存量单位；同时，工厂也能够清楚地知道每天、每个星期、每个月，甚至未来三个月的排产计划，而且可以精准到每个 SKU（Stock Keeping Unit）；采购部门也需要根据这些数据形成一个算法，从而精准地预测未来一个星期、一个月和三个月需要采购哪些原料，确保原料到厂"不早不晚，不多不少"[①]。

业务流程的信息化是数字化的基础，没有信息化，相关环节的数据没有被采集下来，数字化就不可能实现。中国传统企业不太重视信息化建设，认为只要把工作做好，就没有必要记录。

因为缺少历史数据记录，所有的环节也都按照固有模式进行，所以无法确定可以提高效率的具体操作位置，不知道在一个生产环节应花费多少时间，也不知道某一个订单具体使用了多少物料，无法实现高效率、高质量生产。

当引入信息系统后，企业应当要求所有的工时和物料都立即记录。随着工时、物料及生产参数在信息系统中有了明确记录，可以清楚地看到每个环节的用工、用料和用时情况，如具体哪些环节存在大量的浪费。通过这些数据，生产主管也可以发现优化改善的空间。虽然记录用工、用料和用时耗费了一些工人的工作时间，但是这种记录为生产流程优化、工艺优化及品质改善带来了大量可用的数据。

信息化不是单纯记录生产过程，或者留存管理的证据，而是通过信息化的手段记录所有环节中的活动，有了数据作为分析的基础，就能够通过数据看板了解哪些环节存在浪费。例如，基于数据，在懂精益生产的新厂长的带领下，企业深度分析、挖掘生产过程中存在的十大浪费，包括原料消耗浪费、工时浪费、动作浪费、移动浪费、闲置浪费、加工浪费、库存浪费、包装浪费、高质量原料使用浪费、能力浪费。其中，高质量原料使用浪费和能力浪费一直隐藏在过去的流程中。工人为了保证产品质量，在生产过程中尽可能优先使用更高质量的原料，导致质量较差的原料没有被有效使用而成为库存，同时使高端产品订单无法按时交付。因为有些客户订单是 C 等级和 D 等级的产品，只要使用 C 等级和 D 等级的原料就可以，但是工人担心产品等级质量问题，优先使用 A 等级和 B 等级的原料，在导致高质量原料浪费的同时，使 C 等级和 D 等级的原料闲置，而 A 等级和 B 等级产品的订单因为缺少原料造成订单交付周期延长，最终引起部分客户的不满。另外，工厂的主管在派工时，让一些工资高、技术熟练的工人做一些体力工人可以做的事情，导致在同样的工时条件下，用工成本更高。随意派工的情况随处可见，而不是优先按照计划进行排班，让合适的人做合适的工作，也有一些将本来需要技术熟练工人完成的工序安排给不熟练的工人的情况，导致质量问题甚至质量事故。

18.2.3　产品流转实时监控智能化

通过建立数据分析模型和算法，结合具体业务场景，可以发现管理中的问题和优化整个生产流程。这就是从信息化到数字化的升级。流程的数字化使流程效率在算法的优化下不断提高，节省了成本，提高了效率，确定了交付期，提高了客户满意度。为了进一步提升流程的过程记录的准确性，企业引入各种智能数据采集的终端设备，在能够通过智能设备自动采

[①] ONCIOIU I, BUNGET O C, TUURKES M C, et al. The impact of big data analytics on company performance in supply chain management[J]. Sustainability, 2019, 11 (18): 4864.

集数据的地方使用智能设备采集，不能用智能设备的地方，则将传统的纸质流转卡电子化，推出电子流转卡。纸质流转卡在某些企业被称为随件单，即记录生产订单中产品的工艺参数和生产状况在各个工艺环节流转的单子。之前采用纸质流转卡，工人做完工作就在纸质流转卡上记录相关信息，然后跟随物料流转到下一个工艺环节。为了及时采集数据，企业将纸质流转卡用二维码替代，工人完成一个工艺环节的工作之后，需要用手机扫描二维码，然后在手机上填写相关信息，再流转到下一个工艺环节。这样做的好处是记录方便，数据能被及时上传至服务器，管理者随时可以查阅现在订单中的产品在哪个工艺环节，销售代表也可以随时看到其客户的订单中的产品到了哪个工艺环节，生产过程中有什么问题可以随时告知客户，也可以告知客户收到货物的时间。

同时，企业在电子流转卡设计上采用了下拉式菜单，一些质量问题和工艺问题可以通过下拉式菜单的方式进行选择（填写），而不是手工填写，提高了填写的效率，数据也更加规范。之前，整理手工记录的纸质流转卡需要耗费大量的时间，而且工人记录的质量问题有成百上千项，根本无法分析。推出电子流转卡之后，通过归类整理，维护了质量问题主数据，将质量问题大致归结为几十个种类，然后工人在这些类别中进行选择，数据质量得到了提升。

为了使产品质量清晰透明，企业通过数学模型建立了质量看板，管理者随时可以看到质量问题出现在哪个环节，为问题追溯和质量问题排查、质量预警等提供了决策支持，大幅度优化了生产流程，提高了物料的流转速度。

后来，企业将智能排产放到系统中，通过算法优化排产。过去都是人工排产，只能制订当天的计划。因为都是人工排产，订单到了哪个工艺环节都需要计划员每天进行统计，然后制订明天的计划，再不断修订，所以经常出现资源"撞车"或闲置的情况。有了充足的数据支持，每个工艺环节所需要的时间都可以得到精确化，系统自动排产、自动优化，并且员工通过电子流转卡报工时，排产计划就能进行自动优化，整个企业的生产效率得到了有效改善，资源闲置和延期交付的问题也得到了有效控制。客户订单交期从原来的平均40多天减少到20多天，在产物料的库存也大幅度减少，企业的现金流得到增加，这就是生产流程管理的智能化。虽然企业仅仅在质量管理、计划排产方面建立了一些模型，但对企业而言，优化效果已经非常明显。过去的传统管理采用人工判断模式，经常出错，现在系统自动进行判断和优化，生产逐步走向智能化。

目前，随着技术的不断发展，流程数字化和智能化的手段已经非常丰富，而且成本在不断下降。通过智能设备采集数据并记录流程，确保数据得到保存，并用于加工和分析，甚至将这些数据模型算法植入信息系统，可以实现信息系统的自动控制。技术已经不是流程数字化和流程智能化的阻力，现在企业实施数字化流程的最大阻力来自管理者的思想意识。很多人认为数字化和智能化都不可能实现，认为没有什么用处。因为排斥，所以就没有办法创新，没有数据应用的创新，企业的经营管理效率就在原地停步不前，竞争力逐渐落后，最终被市场淘汰。

18.2.4　招聘流程智能化

通过信息化和数字化对原有的传统流程进行改造，虽然原有的工作流程没有发生本质变化，但是经过信息化，一些手工传递的信息可以通过信息化系统进行传递，提高了信息的时效性和沟通效率，大幅度缩短了流程时间。使用信息系统记录数据、留存数据，从而对数据进行分析和挖掘，进而发现流程中的问题，对问题进行分析和改善，使整个流程更准确、更及时、更高效。当然，首先要做的就是信息化，即借助信息系统实现流程管理。审批可以通过移动在线 App 进行，无论管理者是在办公室还是在出差的路上，可以随时随地进行审批，确保响应业务需求快速、准确。针对每个环节都可以建立相关指标，从而监控每个环节的工作质量和效率。

下面以一个招聘流程为例了解流程数字化之后的可视化和效果追踪，以及对员工工作的影响。一般企业在招聘新人时，业务部门会提出业务需求，基于业务需求，对招聘的岗位人员的能力和素质提出要求，并撰写岗位说明书(Job Description，JD)。然后，人力资源部根据岗位说明书选择招聘媒体，在招聘媒体上投放广告(可以选择智联招聘网、中华英才网、58同城招聘、BOSS 直聘或猎聘网等)。之后，应聘者看到或搜到媒体投放的广告就会投递简历到企业邮箱。企业人力资源部收到简历之后要做一些筛选，选出比较符合要求的候选人，并通知其前来企业面试。面试后会开展如下工作：首先，使用现有招聘管理系统对简历数据进行收集筛选，并使用相关指标对岗位和候选人进行标准评估、计算岗位匹配度等；其次，评估结果出来之后，人力资源部通知候选人并与候选人洽谈条件，谈好条件之后，择定日期入职；最后，办理入职手续之后，人力资源部为新员工做企业介绍或岗前培训，然后新员工到入职部门报到开始工作。3 个月试用期或 6 个月试用期结束后，人力资源部确定新员工是否通过试用期转为正式员工。同时，企业可以通过图表等方式，实时显示各面试官的招聘效率、各渠道的简历投递率、简历通过率等数值，不断对招聘流程进行优化。

18.2.5　人工智能代替人力

如今，人力成本的不断增加成为很多企业最头疼的问题之一，这也是很多企业极力希望用人工智能替代人力完成生产过程的主要原因。

数字技术的发展为企业提供了大量用人工智能替代人力的机会。生产线上所有需要人进行重复劳动的工作，现在基本上都可以使用智能化或自动化的机械手臂完成，而且比人完成得更加精准和高效。同时，只要有电力驱动，这些设备不需要休息、睡觉、吃饭，可以 24 小时不间断工作，不需要班组长管理，不需要人力资源管理，也没有社保、公积金、员工福利等各种费用投入。

门卫是大多数企业都需要设置的岗位。除了保证厂区安全，门卫的日常工作就是管理进出厂区的人员及车辆，包括访客管理、进出车辆管理及员工上下班进出管理，这些日常管理工作都可以使用数字化的方式进行优化。例如，企业服务的某客户，其工厂有近 6000 名工人，工厂有 4 个厂门，每个厂门定岗 4 个门卫，定员 10 人，有 40 名门卫，再加上门卫的 4 名门长和 1 名队长，共有 45 人。

门卫的平均工资为 4500 元/月，加上社保、员工福利、公积金等费用，还有综合管理费用、宿舍管理费用、餐补费用、服装和安保用品费用等，工厂每年对门卫的费用投入就接近 400 万元。

企业推荐客户在每个厂门都安装了智能化的门禁系统，自动识别进出厂区的车辆号牌。

该系统与 ERP 和访客预约系统连接，访客可以直接远程用微信预约，登记车辆号牌后，就可以进出厂区。员工直接通过指纹、面部识别进出厂区，同时作为出勤记录。无车辆的访客可以直接远程用微信预约，进出厂区时直接扫描二维码即可(访客远程预约后，企业的接待人员认可通过，访客就可以收到一个二维码，进出厂区时直接在闸机上扫描访客手机端的二维码即可，二维码在规定的时间段内有效)。摄像头的监控也能够做到实时识别，出现违禁情况则及时报警。

这套系统安装之后，每个厂门只需要两名门卫 12 小时轮岗，集中监控台只需要一名负责监督预警的门卫，随时与厂门的门卫共同处理应急事件。这样就使得 45 人的门卫团队缩减到 10 人，直接减少了 35 人。这 35 个人经过培训被企业分派到生产线上，同时还解决了生产线劳动力不足的问题。人数减少后，整个门卫的费用投入降低到 100 万元以内，而且为来访的客户带来了新的体验，使客户认为这家企业数字化程度很高，为企业形象增色不少。同时，这套系统沉淀了很多数据，包括每个月来访多少客户或供应商、来访者都是谁、拜访时间是多久、拜访客户或供应商是否有更高的采购量或供货量，以及对应的采购价格或销售价格是否有变化等。这些数据之前都在门卫的登记册上，从来没有人拿出来进行统计。

这套每年节省近 300 万元费用的系统，整体投资不到 100 万元，不到一个季度就可以收回成本。

数字化技术的应用不仅仅体现在采集数据上，还在替代人力方面有了更加先进的手段。例如，工厂生产线生产效率低、各道工序个性化程度低或重复性程度高，这些问题都可以优先选择进行数字化改善。

然而数字化改善需要资金，这是一个难点。对于数字化转型的企业，如果有产业金融参与数字化转型，效果就会更好。前期的投资由产业金融参与融资，在获得效果后，通过效果成果分享机制反哺产业金融。然而，很多传统的产业金融运作不太好，无法深入业务，担心参与这种数字化转型存在较大的风险，所以参与的积极性不高。相信未来产业金融会参与到很多行业的数字化转型过程中，通过融资租赁的方式解决很多传统企业数字化转型升级中的资金需求问题，以更快地推动本产业内的企业实现快速升级。

思考题

1. 除本文中提到的场景外，是否还有其他商务智能对于商业应用场景的影响？
2. 使用商务智能的行业和企业是否都有正面的效应，是否会产生其他的影响？
3. 阅读下列文献，进一步了解决策范式的转变。

"陈国青, 吴刚, 顾远东, 等. 管理决策情境下大数据驱动的研究和应用挑战——范式转变与研究方向[J]. 管理科学学报, 2018, 169(7): 1-10."

第 19 章　商务智能组织变革

本章提要
1. 掌握通信技术发展与组织变革之间的关系，以及通信技术发展对组织变革的影响；
2. 了解大数据技术背景下的组织数字化转型、组织协作方式变革的相关知识。

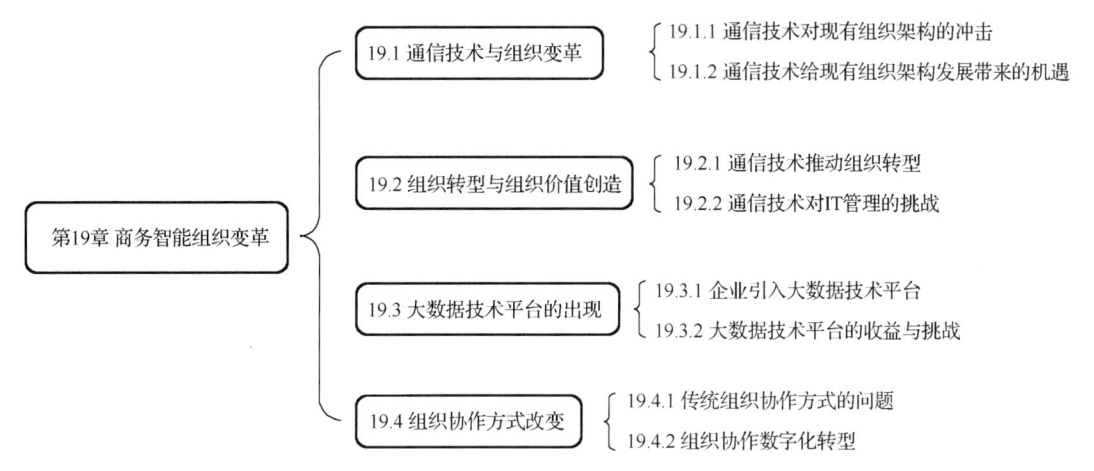

第19章 商务智能组织变革
- 19.1 通信技术与组织变革
  - 19.1.1 通信技术对现有组织架构的冲击
  - 19.1.2 通信技术给现有组织架构发展带来的机遇
- 19.2 组织转型与组织价值创造
  - 19.2.1 通信技术推动组织转型
  - 19.2.2 通信技术对IT管理的挑战
- 19.3 大数据技术平台的出现
  - 19.3.1 企业引入大数据技术平台
  - 19.3.2 大数据技术平台的收益与挑战
- 19.4 组织协作方式改变
  - 19.4.1 传统组织协作方式的问题
  - 19.4.2 组织协作数字化转型

本章基于通信技术的发展和其所带来的便利，讨论其对企业组织变革的影响，包括企业组织架构、企业运营模式及企业组织协作方式三个角度。

19.1　通信技术与组织变革

19.1.1　通信技术对现有组织架构的冲击

通信技术推动的变革的产物包括远程办公和远程访问、面向公民的 Web 界面、从企业到公共部门的自动数据传输、在线政府及知识系统的前端/后台集成。反过来，这些变革的产物有可能挑战公共部门的固有价值观，以及关于时间和空间的基本假设。这里的时间和空间的基本假设是指公共部门对自身工作的时间和空间推进的基本安排。通信技术的出现对其原有工作的时间和空间产生了巨大影响，即通信技术会改变现有的组织方式。因此，新的组织方式可能会在组织外部、组织之间和组织内部出现，影响数据和文件的储存与使用，影响组织内部、组织之间，以及组织与前端合作伙伴(客户、公民、企业、政治家、利益集团等)的互动。

组织信息化、数字化的转型必然与国家政策紧密相连，信息化和数字化会改变组织的运作方式，包括但不限于人员分配、工作内容、客户对象，以及工作的时间、地点、方式等。

许多新的信息系统会改变单个工作的标准流程和程序,因而会令人有些难以适应。与此同时,组织的产出结果、文化、业务流程和战略也会因为组织的数字化和信息化而发生改变,因而组织在进行数字化和信息化组织变革时,总是会遇到许多的阻力和障碍。

19.1.2 通信技术给现有组织架构发展带来的机遇

信息和技术是在组织范围内发展创新和管理变革的两个关键因素。组织不仅可以用信息和技术重新定义产业内的竞争基础、竞争力关系及组织的边界,而且可以重新定义组织的内部,并重新思考信息和技术在组织内部的作用。组织不仅将技术运用于现有的组织设计,而且创造性地应用快速、灵活性强和信息处理能力强的技术来改变原有组织架构。组织不断在信息和技术的促进下产生巨大变革,这不仅展示出数字技术革新对于组织内部重构的巨大挑战,同时也展示出组织内部变革的巨大潜力。

信息和技术被广泛认为是组织提高竞争优势和业务绩效的主要源泉。在过去的几十年中,组织越来越多地投资于通信技术,以提高其效率和效力,从而为其业务提供机会。事实上,通信技术常常被认为是发展组织创新和领导组织变革的一种方式。通信技术设计者旨在满足管理者信息处理需求(组织需求)的动机和行动,而通信技术与人类和组织用户之间的互动(新兴视角)都可能导致组织变革。因此,通信技术既是影响组织架构的外部力量,也是管理者战略选择和社会行动的结果。

19.2 组织转型与组织价值创造

19.2.1 通信技术推动组织转型

在新兴的电子商务时代,通信技术实现的流程往往跨越企业的整个价值链,从供应商到客户企业、经销商和最终消费者。选择实现流程的种类,设计相应的通信技术架构,并根据现有的业务状况不断微调通信技术,以实现和管理这些流程,这些通常只有通过组织内部和组织之间的长期合作及互动才能实现。在这种互动中,IT经理的积极参与和高效管理可能是成功的关键。

技术系统主要是根据指令运行的,技术组件也主要是按照设定好的程序运行的,但人类系统就完全不同。编辑软件组件或替换某个元件相对要简单得多,但是要改变一个组织却不是一件容易的事。

组织是企业所有者(或领导)需求与个人需求之间的一种议定均衡,这种均衡很难获得,更难以改变。在业务内推行一项重要变革,仅仅理论上的转型是无法实现变革的。需要让员工意识到现有组织协作方式的问题所在,使他们产生相应的转型需求,继而企业所有者推动员工向着正确的方向进行改变。IT经理在企业数字化转型的过程中就发挥着这样的作用,他需要指出现有组织协作方式的问题所在,调动员工转型积极性,并不断推动企业数字化转型向着高效、高质量的方向前进。

19.2.2　通信技术对 IT 管理的挑战

越来越多的 IT 外包和云计算现象对 IT 管理的传统角色提出了挑战。无论是在企业内部还是跨企业边界的正式机制（如服务级别协议）和非正式机制（如信任、相互依赖和合作），IT 经理必须证明自己有相应的管理能力。

在高度动态变化的场景中，IT 治理和管理的概念正在发生变化。这些变化既发生在企业内部，也发生在其整个商业网络中。因此，在动荡的商业场景中，IT 经理在提高企业创造战略价值的能力方面的角色开始发生演变。IT 经理与企业其他职能领域的经理，以及其他企业的经理相互协作的结果就是，将那些能够从新兴技术中获得持续竞争优势的企业与那些只能从通信技术中获得竞争平价的企业区分开来。这些技能及它们所建立的关系被称为 IT 管理技能，也是当前角色转变后，IT 经理应当获得并不断增强的技能[1]。

19.3　大数据技术平台的出现

19.3.1　企业引入大数据技术平台

大数据技术的出现，使得许多企业开始采纳并使用大数据技术平台。而如果要使用新兴大数据技术平台，就要对企业自身老旧落伍的平台进行处理和改变。

技术本身无法创造价值，如果技术的效果不好，还会削弱价值。许多企业的遗留平台、杂乱的业务流程、早已过时且错综复杂的 IT 系统是数字化转型过程中导致低效率和高成本的主要因素。

例如，当系统无法为用户呈现统一的视图时，就难以打造一致的用户体验；当数据杂乱或流程分散时，就难以推行基于数据分析的全新的商业模式。

因此，为了成功实现新一轮的数字化创新，企业必须不时地修复旧的技术。这会是一项非常艰巨的任务，通常需要企业推出能够解决数字化问题的新平台，并将新平台与旧平台连接起来。同时还需要企业清理混乱的系统，这些系统会降低转型速度，增加风险。创建一个数据仓库或数据池会是个不错的短期解决方案，但有些时候还需要解决遗留平台本身产生的问题，并更快地将新平台搭建起来快速投入使用。

19.3.2　大数据技术平台的收益与挑战

为保证新兴大数据技术平台能够为企业或组织带来更高价值的同时耗费更短的时间、更低的人力和物力成本，应在原有平台的逻辑基础和搭建基础上，更新大数据技术底层架构，解决遗留问题，这会为企业打造更精益、更快速的业务流程，同时还会在新一轮数字化创新浪潮中为企业提供多种选择和帮助。

大数据技术平台的建立能够使企业防范风险的意识和能力增强。在大数据时代，数据是

---

[1] TRRES R, SIDOROVA A, JONES M C. Enabling firm performance through business intelligence and analytics: A dynamic capabilities perspective[J]. Information & Management, 2018, 55(7): 822-839.

一种特殊的"资产"。在大数据技术平台尚未建立之前，人们更多的是从历史数据中总结规律，复盘企业上一年所进行的工作、犯下的失误及造成的缺陷，进而在接下来的工作中注意以往出现的问题并提升工作能力，不再犯同样的错误。随着大数据技术平台的建立，企业自身可以预测未来，不再基于以往运营经验来进行范式的更新，而是基于当下环境和大数据分析预测，来制定当下应当执行的措施，躲避风险。除此之外，大数据技术平台具有高精密性、高准确度、高容量、多维度等特点。其中，高精密性指收集的数据粒度细，分析过程精密化；高准确度指数据分析的结果精准，且在高精密性的基础上实现高准确度，使得分析结果更为可信；高容量和多维度指数据存储容量大，数据维度多，可以使企业长时间、多角度、多层次对数据进行分析，继而可以帮助企业更新决策范式，并搭建基于大数据技术平台的、符合企业自身特点的组织结构和范式[①]。

19.4　组织协作方式改变

19.4.1　传统组织协作方式的问题

制造业巨头通用电气公司（General Electric Company，GE）在向数字化物联网平台转型的过程中所面临的各种困境都不是技术问题造成的。通用电气公司在物联网和机器学习方面积累了深厚的专业知识，并推出了许多很有吸引力的新想法，如数字孪生（Digital Twins）概念等。然而，通用电气公司没有解决数字化与传统部门之间不同垂直架构的协作问题。这一问题与其他组织方面的挑战不仅阻碍了产品开发，同时还为销售过程带来了极大的挑战。

2017年，随着数字化业务销售增长减缓、传统业务销售滞后，以及数字化方面持续高额投资，通用电气公司CEO伊梅尔特（Immelt）于年底离职。通用电气公司一直努力将利润和增长速度恢复到以前的水平。

在数字化转型过程中面临各种组织结构挑战的并非只有通用电气公司，这些挑战也并非只发生在现在。这些挑战在每个行业内都会发生，而且多年来已经发生过多次，即使是在电商发展的早期阶段。

许多企业传统业务的员工与数字化业务的员工无法相互配合。激励问题使得传统业务的员工将精力更多地放在自己身上，而不是集中在数字化创新或数字化和传统交互的混合体上。虽然强有力的愿景能够创造动力，但组织问题和激励问题会成为转型道路上的阻碍。解决这些组织问题需要经过反复沟通，建立清晰的激励机制，并在某些时候采取明确的措施对朝着错误方向努力的人员进行管教。企业要解决的一个重要内部协作问题就是IT业务与其他业务之间的协作。

19.4.2　组织协作数字化转型

在数字化转型的早期调查中，许多企业领导争辩技术发展得太快了，他们的IT部门难以

---

① FINK L, YOGEV N, EVEN A. Business Intelligence and Organizational Learning: An Empirical Investigation of Value Creation Processes[J]. Information & Management, 2016, 54(1): 38-56.

跟上技术的发展节奏，结果是他们虽然选择追求数字化发展，但是没有 IT 经理的参与。这是一种错误的做法。最优秀的企业已经找到方法让业务主管与 IT 经理紧密协作，共同推动数字化转型。IT 部门的运维管理速度变得更快、更有商业悟性，数字化部门必须找到与 IT 部门协作的方式，而且不是围绕 IT 部门运行。同时，业务主管开始让两个部门参与战略决策的制定。即使企业要建立一个独立的数字化部门，这些优秀的 IT 经理和数字化部门主管也能够相互协作，共同推动数字化转型。

以下是企业领导需要完成的工作：打造一个令人信服的体现数字化未来的愿景；促进交流，让员工能够理解愿景并明白这对他们来说意味着什么；解决妨碍转型的遗留问题，如信息系统、工作规定、激励机制、管理措施或失灵的功能；开始试点，建立势头；创建对话，让企业不同部门通过协作方式开展创新性工作，并以此为基础。

通过以上工作，企业将创造出一种变革能力，而不仅仅是一系列转型项目。一旦企业拥有了变革能力，数字化转型就会永不停歇。它会变成持续的过程，同时在持续的转型过程中，员工和他们的领导会不断明确新的转型方式，从而让企业发展得更好。

思考题

1. 了解现有企业的组织架构，思考企业数字化转型前后组织架构是否产生变化，产生了什么样的变化。

2. 研讨题：阅读文献"肖旭，戚聿东. 产业数字化转型的价值维度与理论逻辑[J]. 改革，2019(8)."，了解产业数字化转型的理论基础和逻辑基础。

3. 了解数字化程度较高的企业，或者数字化转型较为成功的企业（天虹、海尔、西贝）的数字化转型过程及特点，思考是否有共同点。

4. 大数据平台的出现是否给企业扁平化管理带来了影响，带来了什么样的影响？

5. IT 技术的应用所带来的利润是否超过了引入的成本？具体要多久才可以实现收支平衡？

第 20 章　商务智能对经济社会的影响与自身发展

本章提要

1. 了解商务智能对高校信息化和政府管理的影响；
2. 认识商务智能可能引发的数据伦理、道德风险等问题；
3. 掌握商务智能分析生态系统的构成。

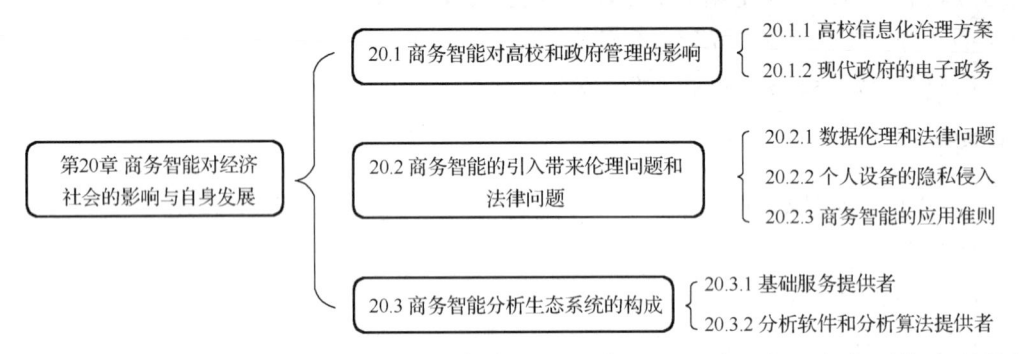

第20章 商务智能对经济社会的影响与自身发展
- 20.1 商务智能对高校和政府管理的影响
  - 20.1.1 高校信息化治理方案
  - 20.1.2 现代政府的电子政务
- 20.2 商务智能的引入带来伦理问题和法律问题
  - 20.2.1 数据伦理和法律问题
  - 20.2.2 个人设备的隐私侵入
  - 20.2.3 商务智能的应用准则
- 20.3 商务智能分析生态系统的构成
  - 20.3.1 基础服务提供者
  - 20.3.2 分析软件和分析算法提供者

本章主要围绕商务智能对于高校和政府管理的影响，以及对现有和未来可能出现的负面问题进行探讨，并在此基础上，讨论基于商务智能的生态系统构建。

20.1　商务智能对高校和政府管理的影响

随着商务智能在企业场景中的广泛应用，商务智能的应用也开始向高校和政府转移，本节将从这两个场景的具体应用展开描述。

20.1.1　高校信息化治理方案

随着高等教育的发展和教育体制深化改革，高校的招生规模和办学规模不断扩张，使得高校在教学、科研、管理、服务、文化等方面均面临着社会对其更高层次的要求。同时，校际竞争日益加剧，国际交流日益频繁，高校面对新的压力和挑战，需要更科学、更迅速的技术和更规范的制度来提高自身办学水平和服务质量。高校近年来普遍将管理信息化作为增强学校软实力的手段，力求通过信息化提升教育质量、科研水平和管理效率。部分高校开始尝试与国际接轨，从西方发达国家汲取先进的教育管理理念和方法，以促进各项教育改革。然而，每所高校在所处地域、师资队伍、培养对象、特色学科、教育经费、校园文化、管理风格、发展目标等方面都存在很大的差异，如何从自身特点出发，总结出适合自身发展的道路是各所高校需要深度思考的问题。伴随着高校信息化的推进，各项真实反映学校运行状态的数据不断积累，通过商务智能技术从这些大量数据中发掘规律、预测趋势、判别主次、预警监控，从而指导管理决策，这是高校自我发展的一种重要的方法。可以预测，商务智能技术的应用将会成为教育行业信息化发展的一个重要分支和必然趋势。

教育治理能力和治理能力的现代化已成为实现我国高等教育现代化的重要组成部分。教育管理信息化逐渐成为民办高等教育的一个全新课题，在带来挑战的同时，也为民办高等教育带来新的发展机遇。2018年4月，在教育部出台的《教育信息化2.0行动计划》（教技〔2018〕6号）八项行动中，"教育治理能力优化行动"占有举足轻重的地位。《教育信息化2.0行动计划》中明确提出："要完善教育管理信息化顶层设计，提高教育管理信息化水平，优化教育业务管理信息系统，全面提高利用大数据支撑保障教育管理、决策和公共服务的能力，构建全方位、全过程、全天候的支撑体系，助力教育教学、管理和服务的改革发展。"

商务智能可以通过数据聚合来整理高校信息化建设过程中由于应用独立、分散建设而产生的大量数据孤岛和数据碎片，将数据按照统一的规则进行清洗和存储，为后续的数据分析提供基础。通过数据质量控制，对整理形成的数据集合进行持续的数据质量管理，在保证数据聚合持续进行的同时，能够及时地控制聚合产生的数据的质量，为后续的数据分析应用提供合格的数据。通过对数据的知识挖掘，将形成的高校全局性的基础数据与高校实际业务结合，挖掘出对高校业务决策、日常师生服务有价值的数据，真正意义上将数据转化为知识。

案例 20-1

阅读以下案例，进一步了解帆软商务智能对中国美术学院的影响。

2013年，中国美术学院启动了"数字化校园项目"建设，建成了统一身份认证、统一信息门户、统一数据中心三大基础平台，实现了认证、VPN、无线等功能的无缝对接。中国美术学院现阶段的数字化校园建设主要解决了业务流程处理的信息化和业务数据采集的数字化，实现了基础数据的共享，各业务系统的数据已经在数据中心沉淀。但数据共享和利用能力较低、数据服务缺乏，甚至不同业务系统重复填报信息，增加了学校行政人员的负担，使得终端用户缺少获得感。

帆软商务智能为中国美术学院提供了一系列服务：①一表通服务，主要完成学院内所有的数据档案管理，实现一表有数、全表通用，解决学校师生重复填表的问题。②数据分析服务，利用报表的可视化方式进行数据展示和决策分析。该服务可分析的数据包括学院、教师、学生、科研、教学、资产、图书馆、一卡通等信息。通过数据分析，院领导和业务部门可以及时了解学院数据状态，实现数据分析展现统一归口，杜绝多头上报数据且数据不统一的问题，为领导决策提供数据支撑。③数据监测服务，将学院网络中心主导的数据中心建设以可视化的方式展现给院领导。④高基报表，利用帆软商务智能的报表整合功能，将个人应用与院情总览报表融合到企业微信中，方便师生在移动端查看数据（详细介绍请见帆软网站）。

20.1.2 现代政府的电子政务

目前，商务智能已经被广泛应用于包括电子商务在内的各行各业，其强大的功能帮助大量企业实现了业务重组和决策制定。商务智能通过释放业务数据的能量，将繁杂的数据转化为高价值的信息，以实现数据与决策者的有效连接[1]。这样的技术或解决方案同样适用于电子政务的建设。商务智能可以促进电子政务的快速发展，主要体现在以下三方面。

(1) 提供实时的有效信息。信息时代下，信息数量大、变化快，信息的实时接收和处理十分重要。政府机构要发挥政府的职能，对行政和社会服务进行有效的管理和控制，与公众建立高效、快速的沟通，并及时掌握准确、有效的信息，就需要一套可以收集、监测和分析大量数据的系统。商务智能提供的终端用户查询和报表工具，恰能满足这种需求，可以为用户提供及时、灵活的数据访问服务，同时以决策者看业务活动的方式来展现信息。

(2) 降低成本。在传统的政务活动中，大量的文件传递和资源重复建设造成了成本的极大浪费。电子政务的建设能够简化流程运作的程序，通过快捷的电子化方式在政府各部门间传递信息，不仅降低了部门办公用品等相关开支，也降低了人工成本，为政务活动带来直接的经济效益。

(3) 帮助分析和决策。政府在实施信息化建设的同时，还面临着信息过量、信息真伪难辨、信息安全难以保证、信息形式不一致等问题。目前，各级部门间存在信息孤岛和资源重复建设的问题，大量有效信息无法共享。部门内部的信息系统在使用中积累了大量的历史数据，使得数据的存储、保护和管理都存在一定难度，并且各系统间的数据格式不一，很难充分发挥整体作用。现有的数据库可以高效地实现数据的录入、查询和部分统计分析，但是无法发现数据中存在的关系和规则。此时，商务智能提供了一整套的工具和方法，从数据源中提炼有效信息并转换为统一的格式存储在数据仓库中，采用联机分析处理和数据挖掘技术来发现数据间的关系，从而帮助各级部门进行分析和决策，展现了其辅助决策的智能化功能。

案例 20-2

阅读以下案例，进一步了解商务智能对政府管理的影响。

龙华街道为深圳龙华区六大街道之一，是深圳市人口最为稠密的区域。随着各行各业有序的复工复产，龙华区作为产业大区，外来务工人员也迎来了返深高峰。为了解决外来务工人员的租房难题，龙华街道在搭建"卡点小程序"把控人员出入的基础上，推出了"易租房"平台进行房源实时展示，为房东和租客搭建"线上+线下"的沟通平台。

该平台的使用过程分为两步：第一步，扫码识别，核验身份。可根据"来访人员二维码"和"检查人员二维码"，按照疫情管理需求分离出各类人群。所有进出人员均通过移动端对"来访人员二维码"进行扫描，系统自动识别来访人员是否为本辖区居住人员、B类人员和外地返深人员。对于不能自行扫码的人员，小区、城中村体温检测点工作人员和网格员通过"检查人员二维码"对其进行核实。第二步，房源公开，在线查询。通过龙华街道推出的"易租房"平台，扫描"登记房源二维码"和"房源查询二维码"，房东可以便捷地完成录入操作，租客也可以在线上筛选出适合自己的房源（详细介绍请见帆软网站）。

---

[1] CHEN H, CHIANG R H L, STOREY V C. Business intelligence and analytics: From big data to big impact[J]. MIS Quarterly, 2012: 1165-1188.

商务智能作为提供决策支持的工具，主要功能在于提高政府决策效率，具体体现在以下几方面。

(1)提取并整合来自政府部门内部各种应用系统的运作数据，并将数据转变成信息，信息又进一步转变成知识。更为有意义的是，各种系统可以来自不同的平台。这样，一方面大大提升了各种应用系统的分析能力，另一方面保障了各种应用系统的前期投入不会过高。

(2)通过关键技术为政府部门提供内部关键问题的解决方案，主要包括业务建模(使用软件模型的方式描述政府的日常服务和管理所涉及的对象和要素，以及它们的属性、行为和关系)、即席查询(政府自身可以根据多种业务需求，灵活选择查询条件，并形成相应的统计表)、多维度分析(政府可以通过多个维度对数据和指标进行划分和分析)、假设性问题分析(政府可以依靠现有的数据，通过多种分析检验模型，对假设问题的真伪性进行检验)等技术。

(3)各种应用系统通过和商务智能的结合，使得业务流程与决策信息最终形成回路。协助完成政务目标成为所有系统最优先的原则，所以政府的运营瓶颈将被及早发现，系统因此更具弹性，政府部门得以更容易、更及时地做出正确的决策。

(4)商务智能与知识管理的协同应用将构建政府信息门户。政府信息门户的出现将使政府管理者和公务员拥有共同的学习平台和工作平台，通过政府信息门户，管理者可以轻松地了解整个政府的运行情况，进而做出决策，而公务员也可以掌握所需要的专业知识。

商务智能在电子政务中的实施需要专业人员的支持。商务智能的实施是分步进行的，在不同步骤需要具有不同专长的人员进行参与，具体包括业务分析人员、数据分析人员和数据管理人员。这些人员分别位于各操作层面，通过共同协作将业务初级数据逐层转化为决策者所需的知识，此时这些人员相当于决策者的智囊团。接下来对商务智能的实施步骤进行展开，具体如下。

(1)建立实时的数据仓库。商务智能将各种数据源的数据截取和载入到数据仓库，形成统一格式的可灵活查询和调用的数据。政府部门作为国家机关，有其独特的政务信息，纷繁复杂。一方面，多年积累下来的业务数据的整理是一项复杂而烦琐的工作；另一方面，各个数据信息系统中存储的职工数据格式有所不同。因此，整理和归并各数据源的数据和建立可靠的数据仓库是电子政务实施商务智能的基础。

(2)联机分析处理和报表查询。在电子政务实施商务智能的过程中，必须保证信息的科学性、准确性和及时性，而政务系统中的业务信息纷繁庞杂，商务智能提供的查询和报表工具能够使用户及时灵活地访问原始数据，并使用户与复杂的数据库结构隔离开来，以决策者查看业务活动的方式来展示信息。政务活动中的信息来源于社会各领域呈现的多维数据。商务智能的联机分析工具，可以用于电子政务系统的用户对业务信息的访问、分析和探察，还可以提取电子政务系统数据源中大量的业务数据，将其转化为多个多维信息立方体，并提供向下钻取、数据切片、旋转，以及交互式的图形分析功能，使得用户可以从任意角度观察和研究数据。

(3)数据挖掘。数据挖掘是一种对大量业务数据进行抽取、转换、分析和模型化处理，从中提取辅助决策的关键性数据的技术。数据挖掘在电子政务中主要用来为政府重大政策的出台提供决策支持。比如，通过对网络中各种经济数据的挖掘，确定未来经济的走势，从而制定出相应的宏观经济调控政策。

(4)展现结果和配置用户权限。大多商务智能产品都提供两种应用结构：客户机-服务器

(Client/Server，C/S)结构和浏览器-服务器(Browser/Server，B/S)结构。电子政务有其独特性，可以将数据展示(即报表和联机分析)放到B/S结构中，而对于数据挖掘则应用C/S结构。这使得普通用户或权限低的用户，只可以看到商务智能的数据展现一级，而对于级别高的用户，则可以在C/S结构下查看数据挖掘的结果。商务智能根据我国政府机构垂直管理的形式制定了一套完整合理的权限分配体系。商务智能产品能够提供安全验证、备份和恢复、监控和调整、操作和调度、审计和计算等功能。

商务智能在我国电子政务中的开展情况参差不齐，海关和民航方面做得比较好，但更多局限在报表阶段。主要障碍除理念外，还来自我们国家的信息源不充分。总而言之，整个政府进行管理和服务的信息保障体系不完善。

商务智能的发展既有用户需求驱动的层面，也有技术推动和支持的层面，要站在行业用户的角度挖掘需求，然后整合技术，实现两者的有机结合。目前，商务智能并未完全深入应用的原因之一在于更多的企事业单位对商务智能的需求不是很迫切，它们有更紧急的问题要解决。所以有理由相信，随着各种各样的问题慢慢得到解决，商务智能会成为信息化的重要方向。在未来电子政务的发展中，商务智能将会得到更多及更有效的应用。

20.2　商务智能的引入带来伦理问题和法律问题

20.2.1　数据伦理和法律问题

商务智能的引入可能会带来一系列与计算机技术相关的法律和数据伦理问题。例如，通过企业商务智能系统分析得出的企业决策，其责任主体是谁、如何归因责任等法律问题。商务智能存在可能会发生意外和可能会出现争议两个问题，除这两个较常发生的问题外，还有可能会发生极其复杂的问题。例如，如果企业因采取商务智能系统的建议而导致企业自身破产，最终责任归咎于谁？在企业商务智能系统分析相关敏感问题时，系统是否经过测试，并能够对敏感问题的结果负责？审计和会计公司在通过商务智能进行操作和决策的制定时，是否能够承担审计或会计不足的责任？商务智能系统的软件开发人员是否会承担其出现错误和纰漏的联合责任[1]？

隐私对不同的人意味着不同的东西。一般来说，不合理的隐私入侵是严格禁止的。长期以来，许多国家的隐私问题一直是法律、道德和社会问题。隐私的定义可以非常广泛，但是在过去的法庭决定中，一直遵循以下两项规则：①隐私权不是绝对的，隐私必须低于社会的需求；②公众的知情权优于个人的隐私权。这两项规则显示了为什么在某些情况下难以确定和执行隐私法规。

在线隐私问题具有特殊的特征和政策。隐私可能受到商务智能侵害的一个领域：商务智能通过收集、分析大量用户的数据来发现隐藏的知识，并进行集成、统一管理，以此为企业

---

[1] MORENO V, CAVAZOTTE F, CARVALHO W. Business intelligence and analytics as a driver of dynamic and operational capabilities in times of intense macroeconomic turbulence[J]. The Journal of High Technology Management Research, 2020, 31(2): 100389.

决策提供支持。收集用户的行为数据可以帮助企业发现用户的兴趣偏好，从而为用户提供个性化特色服务，以此来提高用户满意度，增加用户黏性和忠诚度，最终实现增加企业利润的目的。但是这些数据一旦泄露，就会暴露用户的隐私。

在许多情况下，从众多政府机构及企业手动收集、分类、归档和访问信息的复杂性使得获取和滥用私人信息变得十分困难，这是一种防止滥用私人信息的内置保护措施。这意味着侵犯一个人的隐私需要很昂贵的价格、烦琐的手续和复杂的过程。但如果政府中的数据与互联网上的在线数据库中的数据进行结合，就能够创建一个全新的维度来监控用户的行为，从而可以减少甚至消除欺诈、犯罪、政府管理不善、企业逃税漏税、钻社会福利相关政策的空子、暴露缺乏家庭的支持的特征、非法雇用劳动者及人口贩卖等对于社会不利的行为。但究竟需要暴露多少个人隐私才可以帮助政府减少犯罪、欺诈等行为的发生，这是一个值得探讨的问题。在企业层面，获得关于企业员工的私人信息可以帮助企业做出更好的决策，但员工的隐私会受到很严重的安全威胁。同样地，监控用户的行为会帮助企业做出更为优秀的决策，但这样也会使得用户对企业产生消极态度并影响用户的后续行为。

2006年，美国在线（American On-Line，AOL）发布了一个供学术界研究和使用的搜索日志数据集，其中包含65万名用户的2000万个查询操作的数据，如这65万名用户提交了什么查询、点击了哪些界面和页面等涉及个人隐私的信息。通过分析这些用户的搜索行为和点击记录，可以发现用户搜索的意图，基于此可以针对不同用户的搜索意图，进行搜索的推荐、准确的广告投放和视频的插入等。然而数据集还没有公布多久，就发生了其中一个编号为4417749的用户的真实身份被曝光的事件，该用户在三个月期间提交了许多关于其自身患病的症状及其所养的宠物的相关查询，通过这些搜索记录和查询行为，有人定位出了他的真实居住地，并查出了他的真实身份，继而泄露了他的个人隐私。

所以，在发展商务智能的同时，社会也要求业界的行业规范应对商务智能的使用起到监督作用。不仅如此，随着数据包含越来越多的个人信息，还应通过相应的法律法规的制定来进一步保护用户数据。企业自身也应该研究如何在收集处理数据的同时屏蔽用户的真实信息，并在不泄露用户隐私的基础上合理使用数据。随着用户对自身隐私信息的关注度逐渐升高、推荐算法的出现及不断完善，使得用户处于信息茧房之中，无法脱离自身的圈层获取到外界的信息，因而企业也要把握使用商务智能的尺度，降低用户的隐私泄露危机感。与此同时，有许多用户还对商务智能的支撑技术有所恐惧，即对人工智能的发展及使用产生怀疑，如何减轻用户对于人工智能技术的恐惧和怀疑也是企业需要重视的一点。

不仅如此，许多企业为了能更好地为用户推荐产品和提供服务，不断监视用户的移动设备的个人信息，如通过对信息塔的切换、使用WiFi的位置及GPS位置进行监控，获得用户的实时位置，并加以跟踪，从而提供更好的服务。而用户自身的位置信息是否属于用户的个人隐私、是否应当加以保护等问题也成为制定相关法律的一个挑战。

20.2.2 个人设备的隐私侵入

对个人设备的监控不仅限于定位信息，许多程序还要求获得录音机和照相机的权限，通过实时的语音监控和图像监控，运用实时分析技术，获得用户目前关注的信息和处于的地点，甚至可能暴露周围人员的个人隐私，使得许多其他人员的个人隐私受到损害和威胁。不仅如此，个人设备的隐私侵入还会威胁到国家的国土安全，这是一个十分严重的问题。为应对世界极端恐怖主义分子，美国政府采用了适用于恐怖主义战争的全球规模的分析技术。在 2001年 9 月 11 日之后，超市供应链、商店和其他零售商自愿向联邦执法机构提交了大量的客户记录，完全违反了他们所说的隐私政策。许多人根据法律条文起诉他们，但美国政府表明联邦执法机构有权在 2001 年 9 月 11 日之后通过立法收集企业数据。联邦调查局现已挖掘大量数据，寻求可能表明恐怖主义情节或犯罪的活动。不仅如此，移动设备往往是不允许带入军事重地等地方的，以免暴露国家安全相关的数据，使得国家安全受到威胁。

除此之外，获取信息的传感器往往是导致许多隐私、法律和道德问题的关键，本节提出各种传感器存在的问题并对其进行讨论。

电子监控网络和人脸识别系统已经给城市交通等方面带来了诸多方便。然而，在许多国家，人们对人脸识别系统的抵抗情绪也在不断高涨。研究人员、公民自由倡导者和法律学者都受到人脸识别技术兴起的困扰。他们正在跟踪其使用，揭露其危害，并开展相关的运动来反对其使用，甚至想要彻底禁止该技术的使用。然而，技术发展的潮流浩浩荡荡，更多人认为该技术的存在是"不可避免的"，但是其背后存在的道德伦理问题值得深思。近期，《自然》杂志的一系列报道对人脸识别系统背后的道德伦理问题进行了探讨。一些科学家正在分析人脸识别系统固有的不准确和偏见，对其背后存在的歧视发出警告，并呼吁加强监管、提高技术透明度。《自然》杂志对 480 位从事人脸识别、人工智能和计算机科学领域研究的科研人员的调查显示，人们对人脸识别系统的伦理道德隐患普遍存在担忧，但意见也存在分歧。

问题 1：人脸识别系统使用者未经同意获取数据。为了使人脸识别系统正常工作，必须对大型图像数据集进行训练和测试，必须在不同的光照条件下从不同的角度多次捕获这些图像。过去，科学家面向大众招募志愿者，只为收集各种角度的照片；但现在，大多数人未经许可就被收集人脸图像。在《自然》杂志的 480 位受访者中，当被问及对应用人脸识别系统从外表识别或预测个人特征(如性别、年龄或种族)的研究有何看法时，约三分之二的人表示，此类研究只能在获得被识别者同意的情况下进行，或者在与可能受到影响的群体代表讨论后进行。

大多数人认为，使用人脸识别系统的相关研究应事先获得伦理审查机构(如机构审查委员会)的批准。他们认为，对于在学校、工作场所或由私人企业监视公共场所时使用人脸识别系统进行实时监视感到最不舒服，但是他们通常会支持警察在刑事调查中使用人脸识别系统。

问题 2：存在性别和种族偏见现象。人脸识别系统通常是专有并且保密的。但是专家表示，大多数系统涉及一个多阶段过程，该过程通过深度学习对大量数据进行大规模神经网络训练。美国国家标准技术研究院(NIST)在 2019 年年底发布的报告显示，人脸识别系统的准确率有了显著提高，深度神经网络在识别图像方面效果明显。但 NIST 同时也证实，相对于有色人种或女性，大多数人脸识别系统对于白人男性面孔的识别准确率更高。特别是，在 NIST 的数据库中，被归类为非裔美国人或亚裔的面孔被误认的可能性是那些被归类为白人的面孔的 10~100 倍。与男性相比，女性被误认的可能性更高。领导 NIST 图像小组的电气工程师克雷格·沃森认为，这种不准确很可能反映了每家企业训练的数据库构成的不平衡，一些企业可能已经开始解决这个问题了。

除社会道德和伦理问题外，职业的道德伦理规范也应纳入商务智能所应面对的问题，如企业员工使用涉及企业机密的计算机进行非工作性活动会影响企业内部的数据安全，继而导致泄露。许多企业对这种行为进行了相应的规范，如为加强企业网络的使用管理，防止发生违规和泄密事件，确保办公网络安全畅通，根据国家有关网络信息服务的法律法规制定如下规定。

(1) 连入网络的计算机系统的口令和账号必须由专人保管、使用，不得泄露给无关人员。

(2) 企业邮箱的使用目的是工作交流沟通、传送工作信息及企业文化传播，员工不得使用企业邮箱在工作时间从事私人活动，如聊天、发送与工作无关的邮件等。

(3) 工作时间禁止下载与工作无关的各类软件，禁止在线看电影、打游戏、听音乐等行为。

(4) 爱护企业的计算机设备，保密企业的一切商业数据，严禁企业信息数据人为外泄。

(5) 计算机由企业统一配置，严禁未经许可使用非本职岗位的计算机，严禁让外人使用企业的计算机。

(6) 必须遵守国家的有关法规和行政规章制度，不得制作、复制、查阅和传播宣传反动违法网站，防止带来病毒侵害企业计算机系统。

(7) 禁止使用黑客工具，严禁攻击和破坏网络，禁止恶意向他人传播计算机病毒。

(8) 禁止使用第三方软件工具监控企业网络使用情况或盗用网络资源。

(9) 禁止利用企业的计算机及网络处理个人事务。

20.2.3 商务智能的应用准则

基于可能出现的数据伦理和法律问题，应制定相关的应用准则，来对商务智能的使用进行规范。

(1) 提高数据收集、使用、存储过程的透明度。

毫无疑问，大数据是负载价值的，因此需要组织在使用不同数据的过程中提高其负载价值的透明度，认可并尊重用户的隐私权利，以公告或邮件的形式明确告知用户哪些数据将会被搜集和使用、数据可能被使用的范围、数据用途的价值倾向，以及需要用户承担的风险等，同时保留个人拒绝的权力，至少是要求匿名的权力，并保证在使用数据时语境的完整性，这既符合与道德决策相关的自主原则、知情同意原则，也是将选择权回归个人的体现。提高数据收集、使用、存储过程的透明度有助于在大数据的应用中减少风险推论的冒险性。

(2) 调整个人的隐私观念。

很多无意识的行为都有可能导致个人信息的泄露，如浏览网页时网站可能会记录用户的点击信息。因此在大数据时代，促进社会中的主体增强隐私意识、调整隐私观念成为解决数据伦理问题的必由之路。增强隐私意识既有助于形成适合自身的隐私观，达到隐私行为与观念的统一，降低隐私泄露的风险，也能够帮助用户在使用大数据相关产品的同时注重个人隐私保护，如有选择地使用软件，在分享照片、视频时进行脱敏处理等。

(3) 搭建共同价值平台。

当组织与用户具有共同的价值目标时，能够有效地减少在现实中涉及隐私问题时因利益多样性而产生的矛盾。因此，在大数据产品设计和服务过程中，应当围绕如何将个人价值与组织价值结合、使各方在隐私问题上达成共识而努力，如提高组织中管理者、工程师与用户价值的一致性，在产品设计时考虑到用户的可接受程度，生产出符合共同价值的产品，以减少涉及隐私问题时产生的矛盾；提高组织与组织中成员的价值一致性，减少成员与组织在隐私问题上的矛盾，提高工作效率等。

(4) 寻求合理的伦理决策点。

在大数据产品设计的过程中，伦理决策点将影响对数据使用的深入程度。组织和用户可通过调查与协商寻找利益平衡的伦理决策点，达到观念的一致。由于作为决策主体的组织和用户往往都从自身的利益出发，很难客观地进行决策，因此可以引入第三方机构进行客观调研，共同寻找伦理决策点，可遵照以下流程：①通过问卷及用户同意书等方式展开伦理对话，深入理解彼此的观点；②分析调查结果，进行处理和评估，明确要设计的产品是否与已确定的价值观相符、各方可接受的范围等；③结合双方的需求达到价值可接受；④告知决策结果，以及如何分享和使用这些数据。同时，第三方机构通过进一步发展将可能成为个人数据代理机构，即用户授权第三方机构帮助管理其个人数据，以更高效地帮助用户与组织进行协商谈判。

20.3 商务智能分析生态系统的构成

本节将主要介绍商务智能分析生态系统的构成，帮助读者对商务智能分析生态系统进行进一步了解。商务智能分析生态系统结构图如图 20-1 所示。

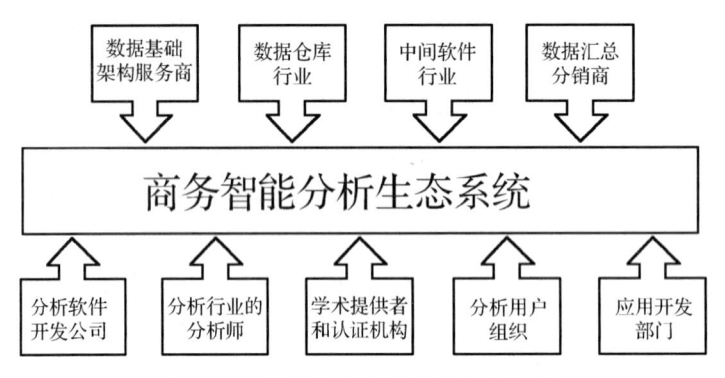

图 20-1 商务智能分析生态系统结构图

20.3.1 基础服务提供者

本小节介绍商务智能分析生态系统的基础架构中支撑整个商务智能分析生态系统不断发展的基础服务提供者。

组成 1：数据基础架构服务商。该组成包括数据硬件和软件行业中的所有主要参与组织。这些组织提供了所有的数据管理解决方案和基础的硬件及软件，其中包括主要的硬件公司，可以为 IBM、Dell、HP、Oracle 等提供基础架构，还包括本领域的 DELL EMC 和 Net App 公司等存储解决方案提供商。许多公司生产和开发自己的硬件和软件平台，如 IBM、Oracle 和 Tera data。许多数据管理解决方案提供商提供硬件独立的数据库管理系统，并且可以在许多平台上运行。

组成 2：数据仓库行业。具有数据仓库功能的公司专注于提供来自多个数据源的集成数据，组织可以从其数据资产中获得价值。此类行业中的许多公司都生产自己的硬件，以提供有效的数据存储、检索和处理服务。

组成 3：中间软件行业。这个行业中的组织能够帮助其客户了解自身数据仓库中收集的所有数据。该行业的一般目标是为报告和分析提供易于使用的工具。这个行业中的组织包括 MicroStrategy、Plum 等，也可以称为 BI 平台提供商。

组成 4：数据汇总分销商。若干公司意识到开发专门的数据收集、聚合和分配机制是十分重要的。这些公司通常专注于特定的行业部门，并建立在行业现有的组织关系之上。例如，Nielsen 在零售购买行业为其客户提供数据来源；Experian 拥有美国每个家庭的数据；Omniture 开发了用于收集 Web 点击的技术并与客户共享这些数据；Google 编译各个网站的数据，并通过 Google Analytics 服务进行摘录。有数百家公司正在开发利基平台和服务，以收集、汇总数据，并在特定的行业领域与客户分享这些数据。

20.3.2 分析软件和分析算法提供者

本小节主要介绍推动商务智能分析生态系统不断发展的商务智能分析软件、分析算法的开发和提供者，他(它)们对商务智能分析不断应用新场景、解决新要求做出了巨大的贡献。

组成 5：分析软件开发公司。此类别的公司开发了分析软件，以便对已经存在于数据仓库中的数据进行分析，或者对之前建立的数据平台(包括大数据)提供的数据进行分析，并根据分析的需求开发新的算法和程序。具体分析算法主要包括以下三种。①报告分析：报告分析的重点是开发各种类型的报告、查询和可视化，包括以统一标准呈现多个性能报告的数据或仪表板的一般可视化。②预测分析：基于已有数据对未来可能发生的结果进行预测，并帮助企业做出正确的决策。许多统计软件公司，如 SAS 和 SPSS 早期发现了预测分析的需求，并开发了采用数据挖掘技术的软件平台，以及用于分析的经典统计技术，并在多个行业进行实践。③规定性分析：此类别中的软件提供商提供用于优化操作的建模工具和算法。许多技术属于规定性分析的类别。各个行业都有自己的技术提供商。例如，仿真软件是行业内部的提供商提供的，如 Rockwell Automation 和 Simio 等。Palisade 提供包含许多软件类别的工具。同样，FrontLine 提供了使用 Excel 电子表格优化的工具及预测分析算法，企业可以通过专家咨询等方式选择工具，以执行多目标设置中的决策分析。还有来自 Exsys、Xpertrule 和其他公司的工具，用于直接根据数据或专家输入生成规定。

组成 6：分析行业的分析师。分析行业的分析师包括三种类型的组织或专业人士：第一类是专业组织，为分析行业的提供商和用户提供建议，具体服务包括营销分析，对特定技术的评估、培训，以及企业白皮书的发展；第二类是社会组织和提供一些相同服务的会员组织；第三类是研究分析的分析大师，他们通过研讨会、书籍及其他出版物来推进商务智能分析生态系统的进步。

组成 7：学术提供者和认证机构。任何知识密集型的行业，如分析行业，其基本力量来自对技术感兴趣并选择该行业作为所从事的职业的学生。大学对推进商务智能发展发挥着关键作用。这一集群代表了制订学术计划的认证机构，包括信息系统、营销和管理科学等商学院的各种组成部分。另一部分人群有助于开发分析方法和规则，他们是在特定软件的认证计划中被授予专业证书的人。几乎每个主要技术提供者（IBM、Microsoft、MicroStrategy、Oracle、SAS、Tera data）都有自己的认证机构和认证计划。这些认证机构和认证计划一方面确保潜在的新员工具有一定程度的工具使用技能，另一方面确保他们具备一定的分析能力。

组成 8：分析用户组织。显然，这是整个分析行业的经济引擎。如果没有用户，就没有分析行业。不同行业、不同规模、不同架构模式和不同地区的企业正在探索和使用其运营中的分析方式。当然，分析用户组织也包含进入管理职位的数据分析人员，如项目经理、高级管理人员、董事、首席信息官或首席执行官。

组成 9：应用开发部门。本组成部分中的组织专注于使用数据基础架构、数据仓库、中间件、数据聚合器和分析软件提供商提供的解决方案为特定行业开发定制解决方案。它们还使用分析专业知识为用户开发特定应用程序。尽管技术/风险投资和安全/隐私问题会给应用开发带来许多技术问题和法律伦理问题，但应用开发部门在此时可能是分析行业中成长最快的。

思考题

1. 商务智能的使用会给我们的社会发展带来相应的正面和负面影响，考虑在商务智能应用后期应如何尽可能降低商务智能带来的负面影响。

2. 尝试针对某个行业的现状，讨论商务智能对其产生的正面及负面影响（如教育、农业等）。

3. 研讨题：阅读下列文献，探讨大数据的出现对商务智能的影响，以及商务智能对社会、经济等各方面产生的巨大影响。

"CHEN H, CHIANG R, STOREY V C. Business Intelligence and Analytics: From Big Data to Big Impact[M]. Society for Information Management and The Management Information Systems Research Center, 2012."

第6篇 商务智能系统构建

本篇通过四个章节介绍商务智能系统构建的相关内容：第21章从宏观的角度出发，思考商务智能数据规划的战略定位，并介绍了具体规划的实施步骤；第22章介绍了架构设计的方法论，并具体列举了前沿架构中的分布式架构设计和大数据架构设计；第23章介绍了商务智能的主流工具；第24章集中讨论了商务智能数据隐私、伦理和道德相关的问题。

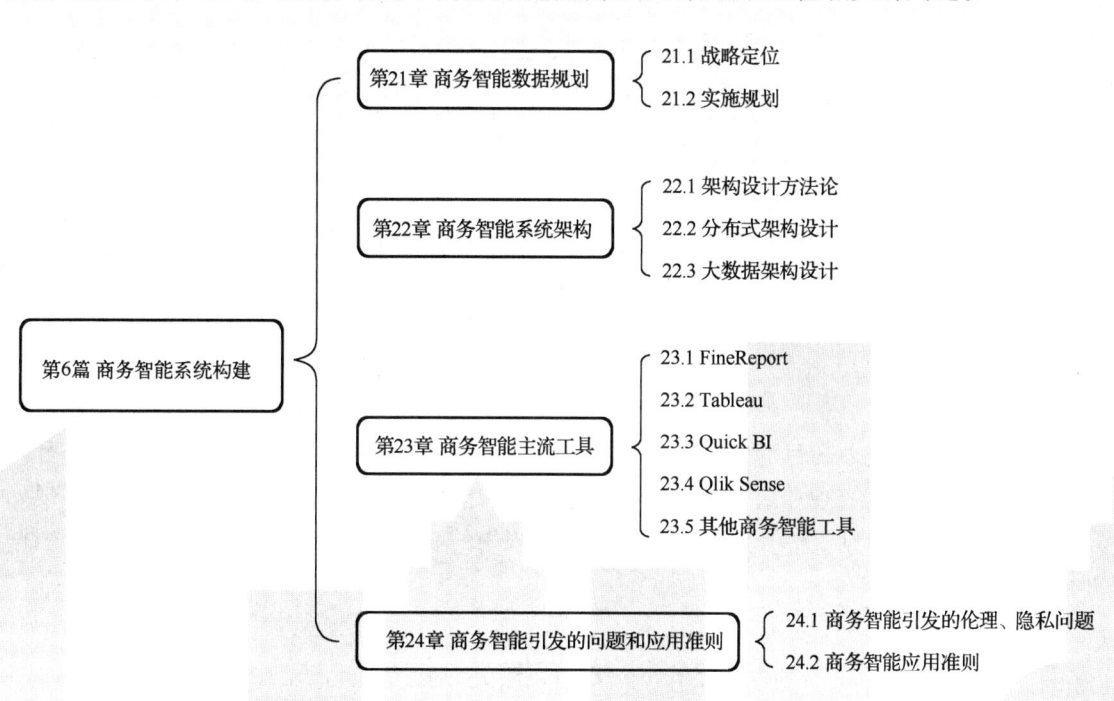

第6篇 商务智能系统构建
- 第21章 商务智能数据规划
  - 21.1 战略定位
  - 21.2 实施规划
- 第22章 商务智能系统架构
  - 22.1 架构设计方法论
  - 22.2 分布式架构设计
  - 22.3 大数据架构设计
- 第23章 商务智能主流工具
  - 23.1 FineReport
  - 23.2 Tableau
  - 23.3 Quick BI
  - 23.4 Qlik Sense
  - 23.5 其他商务智能工具
- 第24章 商务智能引发的问题和应用准则
  - 24.1 商务智能引发的伦理、隐私问题
  - 24.2 商务智能应用准则

第 21 章 商务智能数据规划

本章提要
1. 对商务智能数据规划有宏观的认识；
2. 了解商务智能数据规划的具体实施步骤。

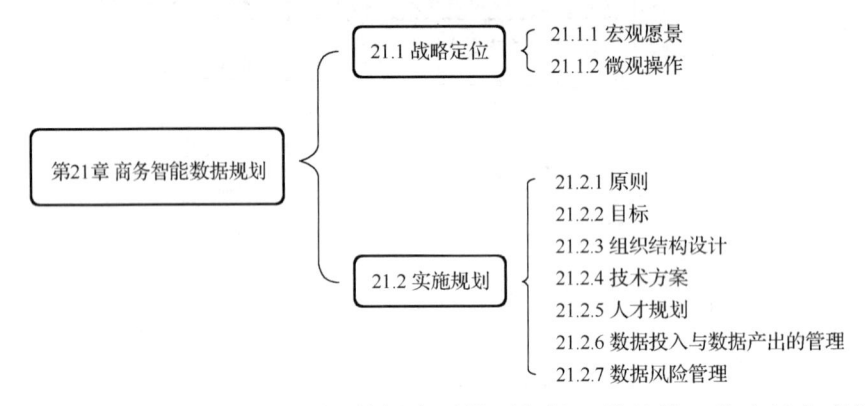

```
                                    ┌ 21.1.1 宏观愿景
                    ┌ 21.1 战略定位 ┤
                    │               └ 21.1.2 微观操作
                    │
                    │               ┌ 21.2.1 原则
第21章 商务智能数据规划 ┤               │ 21.2.2 目标
                    │               │ 21.2.3 组织结构设计
                    │               │ 21.2.4 技术方案
                    └ 21.2 实施规划 ┤ 21.2.5 人才规划
                                    │ 21.2.6 数据投入与数据产出的管理
                                    └ 21.2.7 数据风险管理
```

商务智能数据规划的目的是对企业数据发展的可行性、持续性、稳定性和高效性进行评估与管理。21.1 节从宏观和微观两个层面介绍商务智能的数据规划，方便读者了解数据规划的战略定位；21.2 节则具体介绍了商务智能数据规划的实施步骤，帮助读者对商务智能数据进行系统了解。

21.1 战 略 定 位

21.1.1 宏观愿景

自 2013 年大数据元年开启以来，各行各业都已经将商务智能数据作为推动企业发展、推进行业进步、加快产业升级的核心驱动力。对比传统数据库，商务智能数据更好地整合了信息资源、提升了企业内部效率、优化了供应链，有助于企业的业绩增长、用户体验提升和产业的服务全景化。读者熟知的个性化推荐、关联销售、精准营销等商务智能任务都离不开商务智能数据的支撑。而一个成功的商务智能数据规划是商务智能数据可以被从业人员使用并发挥巨大作用的基础。

商务智能数据规划的第一步便是对其进行战略定位。在对企业的商务智能数据战略进行定位的时候需要宏观考虑以下问题[1]。

---

[1] 王飞. 数据架构与商业智能[M]. 北京：机械工业出版社，2015.

(1) 企业业务应用策略。

企业业务应用策略来自企业各职能部门，同时又需要符合企业整体的商务智能数据战略定位。企业业务应用策略具体分为生产管理策略、营销管理策略、供应链管理策略、销售管理策略、财务管理策略、人力资源策略、产品研发策略等。企业业务应用策略的制定和把控需要决策者对企业总体战略和商务智能数据战略的定位有清晰的理解，这样才能够在遵循企业总体战略的情况下有效地执行各职能部门的应用策略，让商务智能真正为企业带来效益的提升。

(2) 企业数据监控管理体系。

企业数据监控管理体系的部署是为了企业的商务智能数据战略定位可以有效落地，商务智能任务可以顺利完成。企业数据监控管理体系应该从应用需求的角度进行考虑，明确应用需求的监管模式、监管职能和监管流程。包含合理奖惩机制的企业数据监控管理体系可以促进整体战略的推进和保证整体战略执行的有效性、持续性、稳定性和高效性，可以避免技术资源和人力资源的分散导致的整体战略执行效率低下等问题。

(3) 企业 IT 支持体系。

企业 IT 支持体系即企业的商务智能数据需要通过什么技术体系支持，需要通过哪些技术实现。需要的技术支持大致包括大数据技术支持、云计算技术支持、算法专家模型支持等。处理商务智能数据的技术多种多样，主要包括硬件虚拟化技术、数据存储技术、数据检索技术、数据计算技术、数据挖掘技术和分布式协调技术等。

(4) 企业的数据来源。

数据是商务智能的根本，不清楚数据源的情况就无法确定整体的商务智能数据战略定位。数据分为三种类型：第一方数据（即企业自有数据）、第二方数据（即合作伙伴数据）和第三方数据（即互联网数据）。企业在宏观地制定商务智能数据战略定位和规划的时候需要评估自身具备的数据条件，如数据来源的可靠性、数据更新的及时性、数据质量的有效性，以及数据内容的完整性等。

企业在考虑自身商务智能数据战略定位时，可以根据上面提到的问题按照自顶层到底层的顺序来考虑，也可以选择按照自底层到顶层的顺序来考虑，两种方式各有利弊。自底层到顶层的方式通常是更容易落地执行的方式，但同时容易造成整体战略定位模糊从而导致战略定位的失败。而自顶层到底层的方式可以更好地考虑企业的总体战略定位和目标，根据其在市场中所处的地位、竞争对手的情况、宏观经济环境、供应链状态和市场的实际需求等，商务智能数据的战略定位和目标通常更符合企业总体的战略目标，但是如果战略不能持续稳定的贯彻执行就无法落地。通常情况下企业采用以自顶层到底层的方式为主，自底层到顶层的方式为辅的修正方式进行商务智能数据的战略定位。

21.1.2 微观操作

1. 团队组织

商务智能数据项目不是依靠一个人或几个人就可以完成的，而是需要一个相互配合的团队，结合各业务部门、IT 部门的不同长处，考虑企业内部目标需求和内外部环境进行综合协同作战，这样才有可能取得成功。

　　商务智能数据规划也需要对资源进行协调整合。在内部资源的协调整合上，不同企业会遇到不同的问题，有的是数据问题，有的是服务器问题，有的是费用预算问题，但归根结底更多的是人的问题，人在内部资源的协调整合上具有至关重要的核心地位。企业员工的行为可以直接构成或破坏企业的商务智能数据战略，数据行动必须不断地关注数据，也需要不断地通过数据指引业务发展、技术开发等环节，令数据深入企业的各个角落，并且激励员工传递数据价值。

　　对商务智能数据团队的组织管理要注意四个原则，即目标清晰化、管理扁平化、能力可量化、知识透明化。目标清晰化要求企业必须使员工的目标与商务智能数据项目的目标保持一致，针对员工的奖励计划进行相应的调整对这种一致性和减少组织中主要的抵制力量是非常重要的；管理扁平化要求战略管理层建立一个更加宽松、扁平化的组织，尤其是与商务智能数据相关的事物可以直接到达关键决策层；能力可量化要求企业必须发展相关的业务技能，如大数据分析、数据挖掘、团队建设和数据评定等，并尽可能地推动内部资格评定与激励，令每位员工都了解自身的优势和劣势，正确引导员工成长；知识透明化要求企业应用成熟的知识管理工具和技术，以减少大数据分享中的障碍，构建内部协作与创新，知识透明化将会帮助企业商务智能数据快速推进。

2. 数据管理目标定位

　　商务智能数据管理的目标如何定位，是服务于企业员工、管理层、供应商、客户，还是服务于其他机构？数据管理目标定位图如图21-1所示。

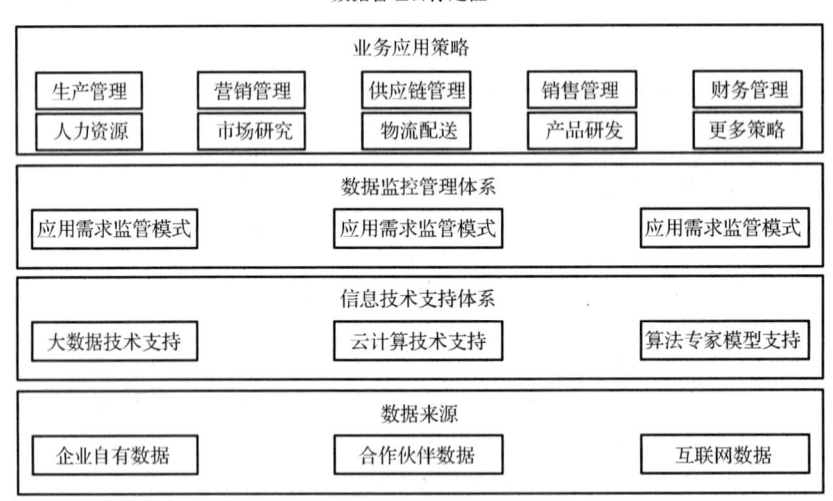

图21-1　数据管理目标定位图

　　商务智能数据的战略定位取决于企业商务智能数据管理的目标，以及期望通过商务智能数据帮助企业实现什么[①]。从外部服务对象的角度看，商务智能数据功能主要服务于互联网、

[①] 李娜. 基于数据仓库的商务智能经营系统设计与实现[J]. 现代电子技术, 2016, 39(15): 140-144.

企业、政府和民生；然而从内部服务对象的角度看，商务智能数据功能主要是服务于客户、企业自身、合作伙伴，甚至企业所在的行业及行业上下游对应的产业链。因此，在实施商务智能数据管理前，企业要考虑商务智能数据对应的短期和长期战略目标，通过战略目标的确定，定位商务智能数据要帮助企业实现哪些需求场景，这样才能有效地助力企业快速发展。

从企业经营的角度出发，商务智能数据的功能定位可以依据客户、运营和产品三条主线来进行规划：客户主线主要包含客户洞察和客户体验两个方面，以客户生命周期管理的思路进行规划，包含客户画像、行为追踪、异常客户、信用评级、售后评价和障碍发掘等，目的在于全面地了解客户、帮助客户，捋顺销售流程，消除消费障碍；运营主线包含成本管理和内部效率提升，从营销、仓储物流、财务和人力资源四个角度出发，规划对应的商务智能数据功能；产品主线主要考虑产品供应链的上下游和业绩增长方面，以渠道商、供应商和销售部门为对象进行信誉评价、信息协同、风险管控和销售预测及提升。

3．外部竞争环境

外部竞争环境包括宏观经济环境、竞争对手和客户。宏观经济环境的发展与战略引导，决定了企业的发展速度，甚至企业的生死存亡，在不利的宏观经济环境下，企业需要更加关注信息安全，如客户隐私、网络安全和内部流程管控等。企业的战略制定同样需要考虑竞争对手的商务智能数据开发和使用程度，利用创新型的应用与竞争对手拉开距离甚至打败对手。客户是数据的来源，也是数据应用的对象，企业在制定商务智能数据管理目标的过程中，也需要洞察客户的规模、客户的行为、客户的意愿及客户的需求，这样才能令商务智能数据的整体规划有效落地。

21.2 实 施 规 划

商务智能数据为各行各业带来了深刻变革，包括个性化定制、供应链优化、财务预测、营销管理、库存优化、客户全生命周期管理、智能客服、电子商务等。那么，当企业决定实施商务智能数据战略时，应该如何着手呢？本节将从原则、目标、组织结构设计、技术方案、人才规划、数据投入与数据产出的管理、数据风险管理等角度介绍商务智能数据规划的实施。

21.2.1 原则

在企业级商务智能数据应用系统的设计和规划过程中，为了保证系统的成功建设和可持续发展，在规划和设计时应遵循一定原则，部分举例如下。

(1) 价值性，完善企业数据规范、提升数据质量，保证商务智能数据应用系统实施后数据价值最大化。

(2) 实时性，考虑如何系统地解决数据实时录入、生成动态实时标签、数据实时提取、投入应用等问题。

(3) 高效性，考虑如何最大限度地保障系统执行效率、数据整合能力、数据模型计算能力、资源分配能力等。

(4) 安全性，包括登录安全、程序流程安全、数据访问安全、资源安全等。

(5)延展性，充分考虑系统今后的硬件扩展、功能扩展、应用扩展等多层面的延伸。

(6)全局性，做好顶层式设计，要建立一套既能满足整体需求，又能适应各个子体的商务智能数据应用系统。

21.2.2 目标

目标决定了商务智能数据最后的成功及价值，目标定位明确可以使整体实施进度提速，有效帮助企业提升最终业绩[①]。从企业角度来看，商务智能数据建设的目标可以归纳为四个服务：服务企业客户、服务企业自身、服务合作伙伴及服务行业。

(1)服务企业客户。

利用商务智能数据满足客户个性化需求。大数据时代下的客户需求变得更加个性化，而个性化也不再局限于商品或服务营销上，还延伸到客服、导购、客户商品或服务的周期性购买、客户画像等领域。

(2)服务企业自身。

商务智能数据助力企业职能实现，包括销售、运营、营销、客服、财务等领域。以销售为例，商务智能数据可以帮助业务人员及时了解客户的需求偏好、库存状况、供应商情况，以及市场整体环境情况等。在市场快速变化的情况下，商务智能数据能够在第一时间告知相关的数据使用者能做什么、要做什么和应该做什么，从而建立快速高效的响应机制。

(3)服务合作伙伴。

企业销售业绩的提升及长远发展离不开合作伙伴的支持。在大数据时代背景下，打通企业产业链的信息流，才能更好地把控上下游的风险和机遇。使用商务智能数据帮助合作伙伴的典型应用包括：商品市场定位细分，帮助合作伙伴细分市场；店铺运营和营销助手，如电商网站为入驻商家提供完善的数据分析和营销工具，助力商家店铺发展等。

(4)服务行业。

企业通过商务智能数据的技术手段，收集客户行为数据、企业自身数据、合作伙伴的数据，再结合竞争对手公开的数据，可以对行业发展趋势进行分析和预测，以期找到行业发展规律、方法和应对策略，引导企业、合作伙伴甚至整个行业健康有序发展。

21.2.3 组织结构设计

企业在商务智能数据项目建立和实施时的组织结构设计是指在人员有限的情况下通过组织结构设计提高组织的执行力和战斗力。组织结构设计需要在商务智能数据实施团队中，对构成组织的各要素进行排列、组合，明确管理层次，分清各部门、各岗位之间的职责和相互协作关系。实际上，商务智能数据工作主要包括四个步骤：源数据存储、数据整合、数据清洗和数据使用。前三个步骤的概念可以参考本书第3章和第4章的内容，数据使用是指将商务智能数据的结果应用到企业生产服务中，包含智慧营销、智能财务、智能物流、智能客服、智能人力资源等方面。鉴于商务智能数据工作的上述四个步骤，企业级商务智能数据组织职能的理想结构如图21-2所示。

[①]王珊, 王会举, 覃雄派, 等. 架构大数据：挑战、现状与展望[J]. 计算机学报, 2011, 34(10): 1741-1752.

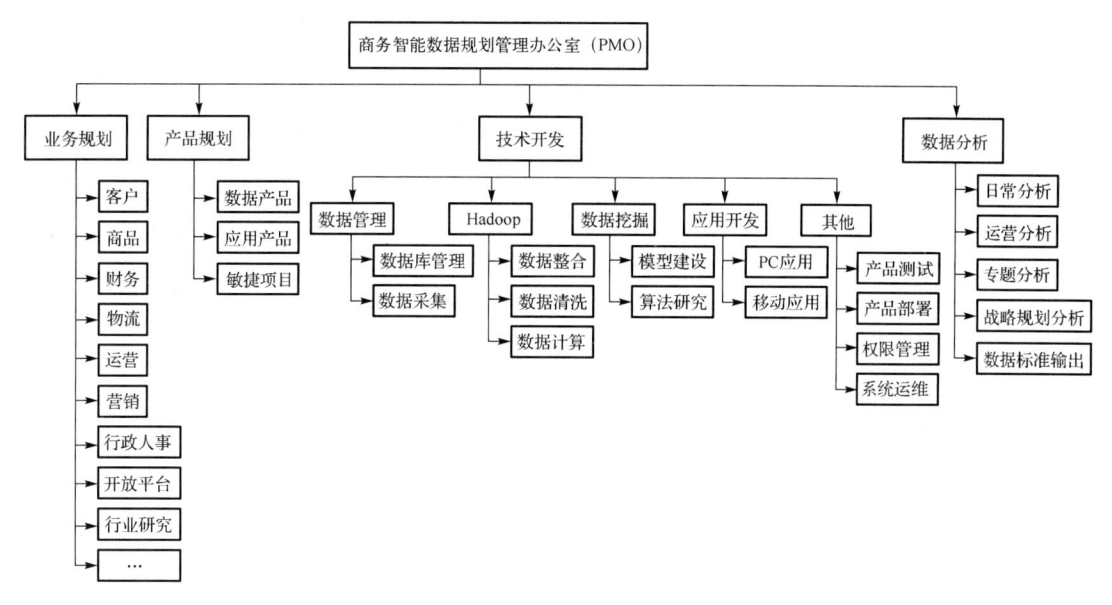

图 21-2　企业级商务智能数据组织职能的理想结构

21.2.4　技术方案

商务智能数据应用系统的实施规划离不开技术方案设计,其基本步骤如下。

(1) 集群硬件优化,如内存配置、硬盘 I/O 效率优化、JVM 调优等。

(2) 软件优化,如预防关联字段、设置合理的 Task 数量、减少 Job 数量等。

(3) 后台系统数据迁移,将原 Hadoop 集群的数据迁移到新的系统中,要做到高效迁移、零数据丢失。

(4) 传统数据仓库的数据抽取导入,要想在迁移的同时又不妨碍系统正常运行,需要进行合理的风险规避。

(5) 业务系统数据的导入,包括可视化系统数据、营销系统数据,以及后续各业务系统的增量数据的导入。每个业务系统的数据导入应该单独进行,互不影响,需要提供每个业务系统抽取导入的全量及增量模块。

(6) 多用户数据服务接口集成,实现在多用户的环境下共用相同的系统或程序组件,并且仍可确保各用户间数据的隔离性。

(7) 数据查询检索接口集成,系统应该提供系统内所有结构化数据的查询 SQL 及 JDBC 接口,并且能够接近 ANSI 的 SQL 标准,使业务系统和查询 SQL 能够有效对接。

(8) 数据共享订阅服务接口集成,为满足外部环境系统或用户因业务需要调用系统的数据而进行的操作。

(9) 提供系统元数据接口集成,支持开发各类元数据管理分析模型,包括血缘分析、影响性分析、元数据检索、元数据浏览和元数据维护等。

21.2.5　人才规划

企业的快速发展离不开人才队伍的建设,在大数据人才稀缺的今天尤为如此。人才规划的核心内容包括人才培养、人才引进、创新孵化、人才激励等。

人才培养可以依托高校，也可以自主培养。依托高校培养人才，需要企业和高校展开相应合作，利用好高校相关课程资源、教育资源和人才资源。除此之外，企业也可通过内部的大数据专业化培训体系或鼓励职工自学成才等方式进行自主培养。

在现有大数据人才稀缺的背景下，直接引进大企业的大数据人才或海外人才已经成为快速建立商务智能数据应用系统的重要方式。人才的来源可以包括国内外大型企业、国家科研机构和著名高校等。为了保证引进的人才能够真正发挥作用，还需要想清楚人才引进可能遇到的问题及解决方案，如薪酬问题等。

21.2.6 数据投入与数据产出的管理

在激烈竞争的经济环境下，成本控制和效益产出是企业普遍关注的焦点问题。如何科学分析企业内部数据主体的成本构成及效益产出并找到最佳投入产出关系是每个数据管理者都在思考的问题。

数据投入是指开展数据工作需要投入的成本，包括固定投入费用、运营维护费用、时间成本、风险成本、机会成本及数据获取成本等。

数据产出指数据最终对企业利润和价值的贡献，主要包括业务价值提升（比如，降低营销成本、提高用户体验和用户订单转化率、增加用户黏性、提高用户重复购买率）及数据现金流贡献（比如，通过数据发现新的广告位，从而带来新的广告售卖利润点；通过对用户行为的精准匹配，在网站内部开发出个性化推荐系统，通过对内部商家开放个性化推荐系统从而获取佣金、返点、服务费等，增加企业收入点）等。和业务价值提升相比，数据现金流直接将数据作为业务主体。

对数据投入与数据产出的优化不仅仅是单纯的压缩成本和费用，而是需要结合企业战略目标、经营方向、经营模式等建立科学合理的成本分析和产出评估体系，主要从项目管理、人员管理和流程管理三方面入手。

21.2.7 数据风险管理

数据风险是指企业在使用数据（采集、存储、挖掘和应用等）的过程中面临的风险，多产生于企业内部数据结构、流程、制度和标准不完善。为此，数据风险管理应运而生。数据风险管理指对企业内部数据使用过程中的风险进行识别、评估、分析和处理，通过一定的措施进行风险管控，以实现数据安全有效应用的管理方法[1]。

数据风险管理可以分为数据信息风险管理和数据应用风险管理。数据信息风险管理是指在工作过程中防止信息泄露、信息丢失、数据损坏等信息危害的管理机制，管理对象是数据本身。数据应用风险管理指企业在应用数据的过程中通过一定流程、机制和标准指导数据应用，确保数据的可理解性、可应用性及有效性，最大化减少数据应用风险的管理机制。

数据风险管理的流程包括目标设定、识别与评估、处理与监督三个阶段。

数据风险目标设定包括业务目标设定和数据目标设定，业务目标基于企业和业务应用主

---

[1] 张引, 陈敏, 廖小飞. 大数据应用的现状与展望[J]. 计算机研究与发展, 2013, 50(S2): 216-233.

体设定，通常将 KPI 设定为业务目标；数据目标针对数据主体，以保证数据最终产出价值。

数据风险识别与评估是指针对数据应用过程中可能产生的潜在风险进行评估和判断，并分析其带来的具体影响，主要包括以下几个方面的内容：数据质量风险评估，判断数据是否存在质量隐患；数据安全风险评估，判断数据是否存在安全隐患；数据应用风险评估，对于业务应用和实施过程中存在的数据误导及其他影响业务主体和数据主体目标实现的重大隐患进行评估。数据风险评估的结果可以是负面影响、无影响或正面影响。

数据风险的处理与监督包括规避、减轻、接受和扭转等处理措施，以及企业内部建立的数据风险监督机制和流程体系。

? 思考题

1. 商务智能数据规划需要考虑的企业内部环境因素包含哪些？
2. 试着思考团队与资源的关系。
3. 叙述制定目标的基本方法和思路。
4. 数据投入与数据产出的基本定义和内涵是什么？

第 22 章　商务智能系统架构

本章提要

1. 宏观了解架构设计的方法论；
2. 初步认识分布式架构设计和大数据架构设计。

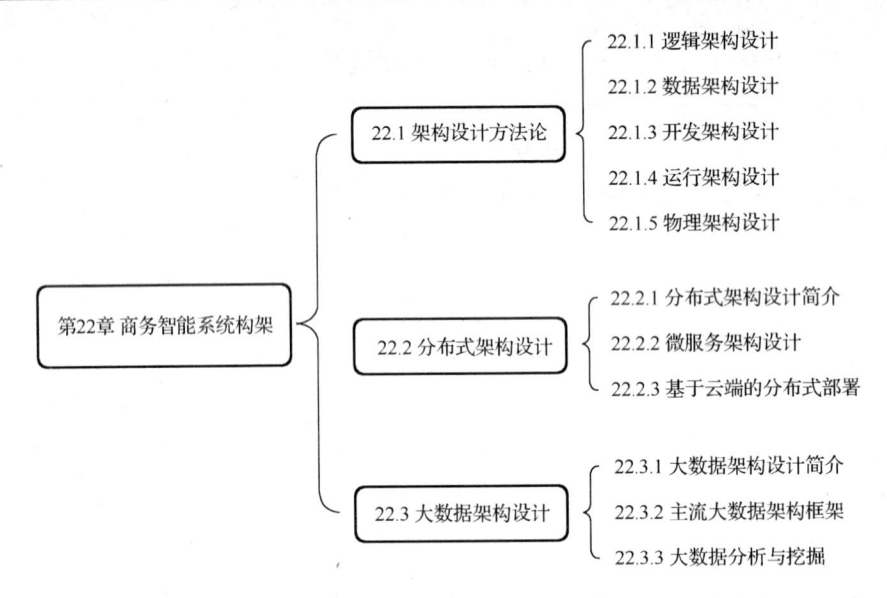

```
第22章 商务智能系统构架
├── 22.1 架构设计方法论
│   ├── 22.1.1 逻辑架构设计
│   ├── 22.1.2 数据架构设计
│   ├── 22.1.3 开发架构设计
│   ├── 22.1.4 运行架构设计
│   └── 22.1.5 物理架构设计
├── 22.2 分布式架构设计
│   ├── 22.2.1 分布式架构设计简介
│   ├── 22.2.2 微服务架构设计
│   └── 22.2.3 基于云端的分布式部署
└── 22.3 大数据架构设计
    ├── 22.3.1 大数据架构设计简介
    ├── 22.3.2 主流大数据架构框架
    └── 22.3.3 大数据分析与挖掘
```

22.1 节首先从逻辑、数据、开发、运行和物理架构五个维度总论架构设计方法，22.2 节和 22.3 节分别列举当前前沿的架构设计研究方向——分布式架构设计和大数据架构设计，帮助读者学习架构设计的相关知识。

22.1　架构设计方法论

22.1.1　逻辑架构设计

架构设计是从需求分析开始的，首先应当找出用户的原始需求，理解它们背后的动机，也就是那些业务痛点；其次思考运用什么样的技术，以什么样的方案去解决问题，确定系统最终为用户提供什么样的功能。这个过程就是"逻辑架构设计"。也就是说，逻辑架构的输入是用户需求，但最终输出的是"系统到底为用户提供什么样的功能"。只有将这些功能确定下来，后续才能顺利地开展架构设计的其他工作。

在逻辑架构的设计过程中，首先通过用例模型，由粗到细地分析这个复杂的系统到底有哪些功能，然后进行领域模型设计①。

用例模型是一套基于 UML 用例图进行需求分析的工具，它将需要被分析的业务系统当成一个黑盒，描述了系统到底为用户提供了哪些功能，以及这些功能到底被哪些用户使用。同时，它以图形化的方式来表达需求，是沟通用户与技术人员的重要桥梁。一般来说，在一个用例模型中通常有三种元素：用例(Use Case)、参与者(Actor)与系统边界(Boundary)。一个简单的 UML 用例图如图 22-1 所示。

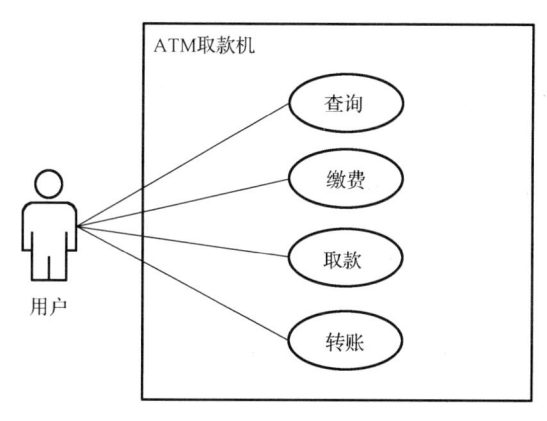

图 22-1 UML 用例图

用例模型描述的是系统为用户提供哪些功能，也就是系统能为用户做什么，通常被绘制成一个椭圆。参与者，就是使用本系统的那些人，他们按照职责被划分成不同的角色。然而，更加广义的参与者是指那些站在系统外部，触发系统执行某个功能的外部事物，它不仅包括角色，还包括时间与外部系统。最后是系统边界，也就是系统要实现的功能范围，通常被绘制成一个实线方框。

领域模型设计的根据是领域驱动设计(Domain-Driven Design，DDD)思想。领域驱动设计思想将真实世界与软件世界对应起来。

(1) 真实世界有什么事物，软件世界就有什么对象。
(2) 真实世界中这些事物都有哪些行为，软件世界中这些对象就有哪些方法。
(3) 真实世界中这些事物间都有哪些关系，软件世界中这些对象间就有哪些关联。

在领域驱动设计思想中，首先需要按照以上三个原则构建领域模型，然后通过这个领域模型指导程序设计；在每次需求变更时，需要先将需求还原到领域模型中，再根据领域模型背后的真实世界进行变更，最后根据领域模型的变更指导软件的变更。

22.1.2 数据架构设计

有了逻辑架构，系统需要实现哪些功能就逐步清晰起来了，这时候进入数据架构设计阶段。数据架构设计阶段要对逻辑架构中确定下来的功能进行进一步细化，对功能性需求进行设计。功能性需求的核心是数据，即业务处理流程的实质就是对数据的处理。因此，数据架构设计就是以数据为核心，来梳理整个业务处理流程。

---

① 范钢，孙玄. 架构真意：企业级应用架构设计方法论与实践[M]. 北京：机械工业出版社，2021.

当开始系统架构设计时，首先进行的是用例模型的设计，分析整个系统要实现哪些功能；接着进行领域模型的设计，分析系统的业务实体。在领域模型设计中，采用类图的形式，每个类都可以通过属性来表述数据结构，又可以通过方法来描述对数据结构的处理。因此，在领域模型设计中，就把表述数据结构与对数据结构的处理这两项工作一次性完成了。

这个设计过程的核心就是领域模型，即以它为核心指导系统的数据库设计与程序设计。这时候，数据库设计就弱化为了领域对象持久化设计的一种实现方式。领域对象的持久化是指在整个系统运行的过程中所有的数据都是以领域对象的形式存在的。比如，插入数据就是创建领域对象，更新数据就是根据key值去修改领域对象，删除数据则是摧毁这个领域对象。假如用户拥有一台超级强大的服务器，那么用户不需要任何数据库，直接操作这些领域对象就可以了。

但现实世界中没有那么强大的服务器，因此在设计实现的过程中，必须将暂时不用的领域对象持久化存储到磁盘中，需要时再从磁盘中恢复这些领域对象。这就是领域对象持久化存储的设计思想，而数据库就是这种持久化存储的一种实现方式。所以，现在讨论的数据库设计，实际上就是将领域对象的设计按照某种对应关系转换成数据库的设计。因此，在数据架构设计这个环节，首先进行领域模型的设计，然后将领域模型的设计转换成数据库设计和程序设计。

22.1.3 开发架构设计

架构设计经历了逻辑架构与数据架构的设计阶段，接下来开始进入开发架构的设计阶段。各阶段的架构设计框架图如图 22-2 所示。

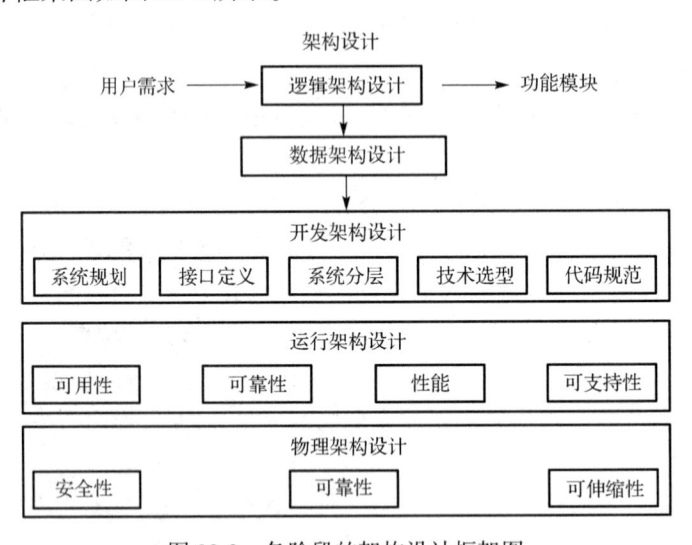

图 22-2 各阶段的架构设计框架图

从逻辑架构设计到数据架构设计，实质上是一个将需求与设计逐步细化的过程。通过这两个设计阶段，读者对软件的业务需求及基于业务需求的设计开发有了一个全面的认识。开发架构设计阶段，实质上就是一个由细到粗、归纳与抽象的过程。首先，通过整理归纳各个模块的技术共性，查看都有哪些共性的需求、共性的设计、共性的技术架构。然后，通过这些整理归纳，从全局角度思考整个系统的顶层架构。在开发架构设计阶段，架构师主要完成以下几项工作。

系统规划：首先站在全局的角度把整个系统规划成几个大的模块或子系统，准确定义它们的功能与范围，把相互之间的边界划分清楚。然后在此基础上，将各个功能落实到这些子系统中。

接口定义：在各团队独立工作之前，还需要分析各子系统之间的联系，落实各子系统之间的接口。

系统分层：以上系统规划将一个庞大的系统划分成了多个相对独立的子系统，并将它们彼此独立地交给各个开发团队，实现"分而治之"。然而，各个子系统应当是一个有机的整体，有机地组织在一起，而不是杂乱无章地堆砌在一起。因此，架构师除要纵向地划分各子系统外，还要为每个团队、每个子系统都制定统一的开发规范。该开发规范包括统一的分层架构规范、技术路线规范、模块划分规范与代码规范，所有团队都需要按照开发规范组织各自的开发。

技术选型：各子系统在进行技术选型并以此作为基础进行设计、编码的时候，都必须采用相同或相似的技术架构与设计。只有这样，才能有效地降低日后变更的维护成本，而不会每个子系统的变更设计都各不一样，或者每个子系统都需要采用不同的技术才能进行维护。

代码规范：除了规范分层结构、规范技术架构，还要规范各个子系统的命名和编码。

22.1.4 运行架构设计

以上三个阶段的工作都是围绕着功能性需求展开的。而运行架构关注的是系统是如何运行的、是同步还是异步的、是并发的还是串行的，关注运行中的各个对象如何交互、状态如何转换，关注那些安全性、可靠性、可伸缩性等质量属性的要求，以及响应时间、吞吐量等性能要求。

可用性是一个非常宽泛的概念，泛指那些能让用户顺利使用该系统的指标，包括易用性（易操作、易理解）、准确性、安全性（系统安全、数据安全、权限体系、访问限制等）、兼容性（服务器、客户端的兼容程度）等。可靠性就是系统可以可靠运行不宕机，包括系统成熟度（数据吞吐量、并发用户量、连续不停机性能等）、数据容错度、系统易恢复性等。性能是非功能性需求分析中非常重要的内容。用户对性能的要求没有止境，但现实非常残酷。性能往往受到诸多方面因素的影响，包括功能性需求、软件设计、数据库设计、系统部署方式等。可支持性就是软件的可维护性、易变更性等。

22.1.5 物理架构设计

所有的软件系统架构设计，最终都要落实到硬件部署与网络拓扑上。在运行架构设计中对许多质量属性的要求，最终也要落实到硬件设备的部署上。所以，只有落实了物理架构设计，才能真正实现运行架构设计中对质量属性的要求，如安全性、可靠性、可伸缩性等。也就是说，物理架构与运行架构联系紧密，往往是运行架构的细化，常常与其结合在一起进行设计。

物理架构设计首先关注物理部署是集中式部署还是分布式部署，系统中的各个组件到底部署到什么位置。集中式部署的优势在于数据一致性，却损失了性能；分布式部署的优势在于性能，却必须要放弃完全一致性。因此，越来越追求性能的业务场景放弃了完全一致性，追求最终一致性，从而与性能达成了一种完美的平衡。

系统架构的可伸缩性也是需要物理架构设计予以保障的。当用户压力超过当前的设计能力时，是不是只要增加物理设备就一定能提升系统性能呢？答案是不一定。在增加物理设备的同时，另外一部分成本也在增加，即路由的成本与节点间数据同步的成本。如果这些成本随着物理设备的增加也呈指数增长，那么当物理设备增加到一定程度时，不仅不能提升性能，反而可能降低性能。因此，系统架构要具备可伸缩性，才能通过增加物理设备提升系统性能。

22.2 分布式架构设计

22.2.1 分布式架构设计简介

本小节将简述分布式架构设计过程中的分布式缓存、内存数据库、分布式事务、分布式队列和分布式数据库五个主要的分布式技术。

所谓分布式缓存，就是从原有的应用集群中单拉出一些服务器，专门完成缓存的功能。由于这些服务器位于应用集群之外，因此这么做既提升了缓存容量，又可以实现缓存数据在各个节点的共享[①]。

数据库的 I/O 瓶颈往往是系统面对高并发时最大的瓶颈，最有效的措施就是采用内存数据库，即直接在内存数据库的内存中进行数据的增、删、改。这样读写速度将大大提升，但在内存数据写入磁盘的过程中，需要防范系统宕机所造成的数据损失，目前主要有三种解决方案：主从同步、多节点复制与异步化写数据，有兴趣的读者可自行学习，这里不做讨论。

分布式事务是分布式系统，特别是微服务，永远绕不过的一个话题。当用户的一个操作涉及两个及两个以上的微服务时，便用到了分布式事务。常见的分布式事务有 XA 分布式事务、TCC 分布式事务、基于消息的分布式事务等，感兴趣的读者可以自行探究。

在面对高并发、大吞吐量时，异步化设计往往能起到根本性作用。异步化需要将高并发的海量消息先放到分布式队列中，因此拥有一个高吞吐量、海量存储并稳定运行的分布式队列，显得尤为重要。在不同的应用场景中，分布式队列主要分为两种模型：生产者-消费者模型与发布者-订阅者模型。多个接收方监听一个队列，就是生产者-消费者模型；每个接收方都监听各自不同的队列，就是发布者-订阅者模型。这两种模型也可以结合在一起使用。

分布式数据库是为了解决磁盘 I/O 瓶颈而诞生的，通常使用较小的计算机系统，每台计算机都可单独放在一个地方，每台计算机中都可能有 DBMS 的一份完整复制副本，或者部分复制副本，并具有自己局部的数据库，位于不同地点的许多计算机通过网络互相连接，共同组成一个完整的、全局的逻辑上集中、物理上分布的大型数据库。

22.2.2 微服务架构设计

前面提到，在面对互联网高并发场景时，需要采用分布式架构。但在设计分布式架构时

[①] 屠要峰, 刘辉, 张国良, 等. 一种分布式缓存系统的关键技术及应用[J]. 计算机科学, 2018, 45(5): 156-162.

有着诸多难题，特别是传统行业进行互联网转型时，既要面对互联网高并发场景，又要面对传统行业的复杂业务场景，使得转型难度进一步提高。微服务架构应运而生，它既可以解决很多分布式架构的设计难题，降低技术门槛，又可以通过微服务拆分降低业务场景的复杂度，从而降低日后变更与运维的成本。为此，越来越多的业务系统开始了微服务架构的转型。图 22-3 是微服务架构的简化模型，通过将原有的大应用拆分成一系列小的服务和单一职责，实现微服务的"小而专"。

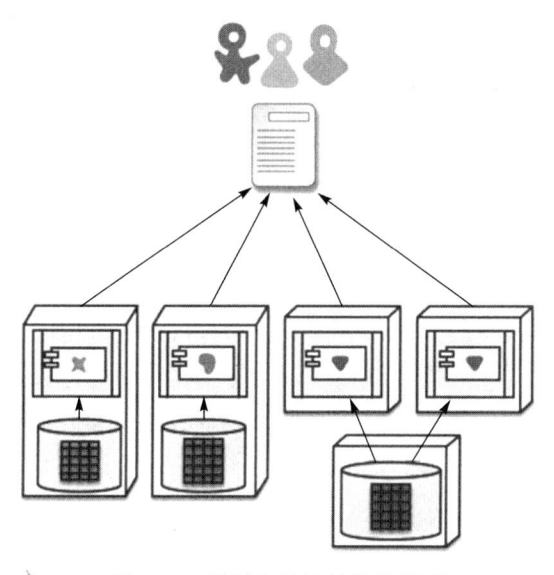

图 22-3 微服务架构的简化模型

读者可以从以下几个方面了解微服务架构：
- 它是一种架构风格与设计模式；
- 提倡将大的应用分割成一系列小的服务；
- 每个服务都专注于各自单一的业务功能；
- 每个服务都运行于独立的进程中，有清晰的服务边界；
- 采用轻量级的通信机制(HTTP/REST)来实现互通、协作。

微服务架构有四个核心组件：服务网关、注册中心、微服务与发布中心。用户需要通过服务网关访问系统，而服务网关则通过注册中心访问各微服务。不仅服务网关，所有微服务都可以通过注册中心实现相互调用。最后，发布中心负责将各微服务发布到云端平台中。其中，注册中心是微服务架构中极其重要的一个组件，它保障了微服务在云端动态部署情况下的相互调用。在对注册中心进行技术选型时，有五个方案可以选择，分别是 Dubbo、Consul、Zookeeper、Etcd 与 Eureka。

通常，微服务技术开发团队在转型过程中往往会经历三个阶段：技术架构、业务落地与云端运维。在最初的技术架构阶段，开发团队的精力往往放在微服务技术上。一般开发团队很快就能顺利通过这个阶段，因为微服务技术并不多。接下来开发团队会进入第二个阶段：业务落地。在这个阶段中，开发团队才真正开始开发工作，将原有的业务系统转移到微服务架构中。对于开发团队来说，这个阶段最大的难题是如何拆分原有的业务，按照怎样的模式进行微服务设计。在微服务设计中，一般有六种设计模式，分别是聚合模式、代理模式、链路模式、分支模式、异步模式与数据共享模式。

聚合模式由前端的一个聚合服务与后端的一系列原子服务组成，用户在该界面上操作时，它会接收这些用户请求，但不会执行，而是交给后端相应的原子服务处理；代理模式几乎和聚合模式一模一样，只是将聚合服务改为代理服务，实际上代理服务与切换器类似，用于判断在什么情况下调用服务 A、什么情况下调用服务 B，又在什么情况下调用服务 C；链路模式就是将比较复杂的业务流程拆分成多个微服务，并串联起来执行；分支模式实际上是聚合模式与代理模式的组合，其中又有"聚合-聚合"模式、"聚合-代理"模式等；异步模式是指当业务，如"交易服务"面临非常大的业务压力，需要通过提升响应速度来提升系统吞吐量时，但"物流服务"业务复杂，执行速度比较慢，会拉低"交易服务"的执行速度，这时则可以将"交易服务"对"物流服务"的调用改为异步化设计，即在它们中间架设一个分布式消息队列，当"交易服务"要调用"物流服务"时，它不用真正去调用，而是将相关的业务打包成一个消息，放入分布式消息队列中，这时"交易服务"的任务就完成了，从而获得一个非常高的吞吐量；数据共享模式即每个微服务都有自己的数据库，都只读写与访问自己的数据库，对其他数据的读写则可以通过接口调用交给其他微服务去执行，但转型初期往往面临数据库的拆分问题，风险较大，因此比较平稳的做法就是先拆分应用，但暂时不拆分数据库，既采用数据共享模式。

22.2.3 基于云端的分布式部署

业务系统转型为微服务后其实还不能应对高并发的应用场景，微服务的设计只是让系统具有了可扩展的能力，还需要将系统部署到分布式云平台中（云端）实现系统的快速弹性扩展，才能真正应对高并发，实现高可用。

在开发流程中，除团队组织、软件开发、平台架构外，还有部署与运维，这也是最后的临门一脚。传统的部署方式是由开发团队负责开发，由运维团队负责部署，但这样会导致交接时耗费大量时间。但在其转型成微服务以后，又存在着运维成本激增的问题。因此，为了更好地适应业务快速迭代的特点，未来的部署和运维也将发生巨大变革，朝着自动化运维与 DevOps 发展。

DevOps 就是将部署与运维相结合，践行"谁构建谁运维"的思想。这种思想认为，开发人员是最了解软件的人，因此应当将软件交给他们部署与运维。解决问题的关键就在于职能的变更：运维人员的职能由安装和部署系统变为运维一套自动化运维平台。简单而言，这个过程既不由开发人员完成，也不由运维人员完成，而是交给自动化交付管道完成。业务负责人明确需求后，将需求以待办事项的形式交给开发团队。开发团队在开发过程中由架构团队的技术中台提供支持，在完成开发以后直接交给自动化交付管道发布。图 22-4 是一种常见的基于云端的分布式部署模型。

在交付的过程中，测试团队的质量保障也不可或缺。因此，一边是开发团队在开发程序，一边是测试团队在编写测试脚本，双方同时开始工作，并同时将成果提交到 Git 代码库，也就是在交付管道的自动化发布过程中，同时进行代码编译和测试。所以说，DevOps 实际是开发、测试、运维三者的集大成者。有了这样一套自动化运维平台，开发人员不再需要编写安装手册，而是自己制作 Dockerfile 脚本，和其他的代码一起上传到各自的 Git 代码库中。接着，通过 Jenkins 进行持续集成、自动化测试、编译打包，最后自动形成 Docker 镜像。

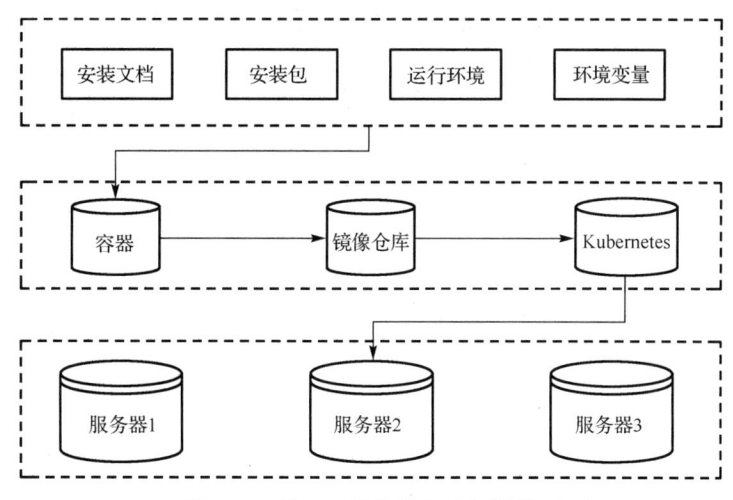

图 22-4　基于云端的分布式部署模型

在将微服务部署到 Docker 容器中，并且制作成 Docker 镜像上传到本地私服实现基于云端的分布式部署后，还需要考虑每个微服务要部署多少个节点，以及部署在哪些节点上的问题，因此还需要一个分布式容器管理工具来予以管理，它就是 Kubernetes。

Kubernetes 是为了应对互联网访问的潮涨潮落而进行弹性可扩展的系统部署而产生的，是 Docker 理想的分布式容器管理工具。Kubernetes 的系统架构由一个 Master 节点与多个 Node 节点组成。Master 节点是 Kubernetes 的控制节点，这里有一个 API Server 用于接收用户请求，以及一个复制控制器（Replication Controller，RC）用于将应用以 Docker 的形式在 Node 节点中进行多节点部署。比如，某个应用需要部署 3 个节点，那么它会保证该应用在整个运行过程中始终有 3 个节点的部署。如果在运行过程中一个节点失效了，那么它就会在另一个地方立即再启动一个节点，以保持 3 个节点的部署，以此来保障整个系统的高可用性。各应用在 Node 节点中是以 Docker 容器的方式进行部署的，然而在 Kubernetes 中的最小单元不是容器，而是 Pod。Pod 是 Kubernetes 中能够创建和部署的最小单元，在一个 Pod 中封装了不止一个容器。然而，那是 Pod 的内部实现，是为了保障 Pod 的高可用性。可以近似地认为，一个 Pod 就是一个容器。

拓展阅读

容器技术就像一个轻量级的虚拟机，只虚拟出了一个简化的操作系统，这个简化的操作系统没有那么多的功能，却可以有效地运行应用。容器技术借鉴了集装箱的设计理念，将各系统各自不同的安装过程封装在了一个个标准的容器中。当要发布一个系统时，首先通过批处理程序将该系统安装在一个轻量级的容器中，然后将该容器制作成一个 Docker 镜像，将镜像上传到镜像仓库从而进行发布。其中，镜像仓库就相当于一个 FTP 服务器，分布式云端的各个节点就是通过镜像仓库下载镜像进行分布式部署的。Docker Hub 是一个全球性的镜像仓库，只要接入互联网就可以使用。用户自己的微服务显然不希望放到全球性镜像仓库中让所有人使用，因此需要在用户端部署一个镜像仓库，只有用户自己可以访问，被称为"私有镜像"，或者简称"私服"。也就是说，用户的系统必须要搭建私服才能进行分布式部署。

22.3 大数据架构设计

22.3.1 大数据架构设计简介

如今 Hadoop 已俨然成为大数据平台的代名词，也正是因为类似 Hadoop 的大数据平台降低了分布式计算的技术门槛，克服了传统数据仓库平台的缺点和问题，才使得千千万万普通的企业也能开展大数据业务，进而促进大数据技术逐渐发展起来[1]。大数据平台相较于传统数据仓库平台具有许多优势[2]。

(1) 通过将数据计算分配到离数据最近的存储节点上，使得并行计算成为可能。

(2) 将大份数据拆解为小份数据并分散存储到不同的存储节点中，提供了分布式计算的前提条件。

(3) 在分区、分库、分表等分布式存储操作之后，记录这些结构信息，并进行高可用管理，使得应用端的查询请求得以分配到合理的数据节点上进行分布式计算。

一般而言，小规模范围的数据仓库执行起来需要使用 5~10 台计算机，物质成本和管理成本也较低，但当使用 100 台以上的计算机集群时，管理难度和成本会急剧增长，也会加大企业的运营压力。

分布式大数据技术之所以具有超强的海量数据的处理能力，关键在于其核心设计理念是移动计算而不是移动数据。传统数据库的设计就是"移动数据"，即数据都存储在存储设备中，需要将海量的数据通过网络传输给计算节点，才能对数据进行处理。数据处理完成以后，还要通过网络将结果数据存储到存储设备中，因此大量的时间都花费在了网络传输上。而分布式大数据技术采用的是"移动计算"，它将海量数据分散存储在各个存储节点中，要处理的数据在哪里，对数据的运算就在哪里执行。这样，数据处理过程都是在本地进行的，网络传输的只是计算命令，从而避免了数据的网络传输。正因为这样的设计理念，使得数据处理的网络成本降低，从而提高了海量数据的处理效率。尽管如此，在数据处理过程中还是难免有节点之间的数据交换。所以，大数据处理最主要的优化措施就是降低节点之间数据的交换量。

22.3.2 主流大数据架构框架

分布式的核心思想，其实就是分而治之，将单台机器无法解决的问题，扩展到一组机器组成的集群当中，大家共同负担这些数据，各自处理一部分，最后再进行数据的整合。基于此，分布式大数据技术架构的建设思路，是将海量数据存储在分布式大数据平台上进行分析、处理、查询，从而利用分布式大数据平台超强的并行计算能力，有效地提高数据处理的效率。

---

[1] 崔杰，李陶深，兰红星. 基于 Hadoop 的海量数据存储平台设计与开发[J]. 计算机研究与发展，2012，49(S1): 12-18.
[2] 张国华，叶苗，王自然，等. 大数据 Hadoop 框架核心技术对比与实现[J]. 实验室研究与探索，2021，40(2): 145-148, 176.

从行业发展的角度来看，主流的分布式大数据技术架构框架，如 Hadoop、Storm、Spark、Flink 等开源分布式计算框架各有优势，也适用于不同的场景。Hadoop 主要解决数据量问题，在处理大数据量的存储和简单计算问题上有优势；Storm 主要解决实时数据处理问题，在数据处理延时方面有优势；Spark 主要解决迭代计算等复杂计算问题，在处理复杂数据和计算问题方面有优势；Flink 引入了有界流和无界流的概念，可以对数据流进行有状态的计算。

当通过各种方式采集到各种丰富的数据以后，首先要将其存储到分布式大数据平台上，之后才能开展后续的数据分析工作。也就是说，大数据采集要执行的任务，就是通过各种方式采集数据，然后将其存储在分布式大数据平台的数据库中。采集数据的方式主要分为以下两种。

(1) 结构化数据采集，即从数据库中采集数据。

(2) 非结构化数据采集，即通过其他日志文件、数据文件等方式采集数据。

同样，大数据采集架构也要求采用分布式架构，这解决了互联网大规模数据采集中数据量大不便于存储分析、采集过程中协议不统一、系统扩展性能低、维护困难等诸多难题。另外，相较于传统的数据采集软件，分布式数据采集软件有着较多的优势。

(1) 庞大数据量的采集，实现数据来源多、数据采集量大、实时性高的采集需求，同时具有较高的可扩展性、提供定制服务等特点。

(2) 云采集由大量的云服务器支撑，7×24 小时不间断运行，可实现定时采集，无须人员值守，灵活契合业务场景，提升采集效率，保障数据时效性。

(3) 分布式的大数据采集系统，具有数据分析、日志分析、商业智能分析、客户营销、大规模索引等业务，采集速度快，操作便捷。

(4) 支持自登录采集，只需配置目标网站的账号和密码，即可使用该模块采集登录后的数据。同时具备采集 Cookie 自定义功能，首次登录以后，可以自动记住 Cookie，免去多次输入密码的烦琐，支持更多网站的自登录采集。

经过一系列数据采集工作，海量、丰富的数据被采集到分布式大数据平台的数据库中，这就是分布式大数据平台的原始数据层，通常不对原始数据进行任何处理。然而，原始数据往往杂乱无章，存在数据质量的问题。如果在这样的数据上直接进行业务分析，往往分析成本高并且不准确。因此，需要通过一个 ETL 过程对数据进行清洗、集成和转换，最终载入数据仓库。这个过程与传统的 ETL 过程没有什么区别，只是底层技术变为了分布式计算，通过这种分布式计算治理方式，可以加快数据清洗的过程，降低数据清洗的重复性，以实现数据后期的高速、有效使用。

22.3.3　大数据分析与挖掘

大数据平台上所有的数据分析与挖掘，都是在大数据平台上进行的。它们从数据库中取出已经清洗好的数据，执行各自的分析任务，将最后的分析结果再写回数据库。如何将数据库中的内容呈现给用户并实现实时查询呢？这就需要将数据库中的数据转移到其他的数据库中以供查询。

在大数据分析中，很多分析需求都具有这样的特点：分析过程中分析的数据量非常大，然而最终返回的分析结果的数据量并不大。如果要查询的这些表的数据量都在百万数据量以下，那么通过导入关系数据库 MySQL，就足够保障数据查询的性能需求。采用关系数据库最大的好处是，开发人员对其比较熟悉，前端通过 SQL 查询就可以展示数据了。

然而，如果在展示数据时用户要查询的表的数据量很多，达到千万数据量以上，采用关系数据库就会产生性能瓶颈。此时，比较好的选择就是大数据索引 Elasticsearch。目前，比较主流的开源数据索引工具包括 Lucene、Solr 与 Elasticsearch。Lucene 是 Apache 软件基金会开发的开源全文检索引擎工具包，是当今最先进、最高效的全功能开源搜索引擎框架。但是 Lucene 只是一个框架，要充分利用它的功能，需要使用 Java 在程序中集成 Lucene，而深入理解其运行原理的学习成本较高。Solr 是基于 Lucene 用 Java 开发的高性能全文搜索服务器，是过去普遍使用的搜索引擎，它成熟、稳定、拥有强大的社区支持。Elasticsearch 是一个用 Java 语言开发的基于Lucene的搜索服务器，基于 RESTful Web 接口，为用户提供了一个分布式多用户能力的全文搜索引擎，并可以作为 Apache 许可条款下的开放源码进行发布，是一种流行的企业级搜索引擎，能够满足实时搜索、简易安装和易于操作等需求。

思考题

1. 阅读 Spark 相关资料，解释弹性分布式数据集(Resilient Distributed Datasets，RDD) 的内涵。

2. 尝试搭建 Pyspark 环境，并提交一个超过一千条数据的图形可视化 demo 结果。

3. Spark 框架与 Hadoop 有哪些区别？

4. Databricks 是一个完全托管的、基于云的大数据分析和机器学习平台，尝试学习使用该平台，并阐述该平台有哪些优点。

第 23 章 商务智能主流工具

本章提要

1. 了解市面上主流的商务智能工具；
2. 掌握 1~2 款商务智能工具的基本使用。

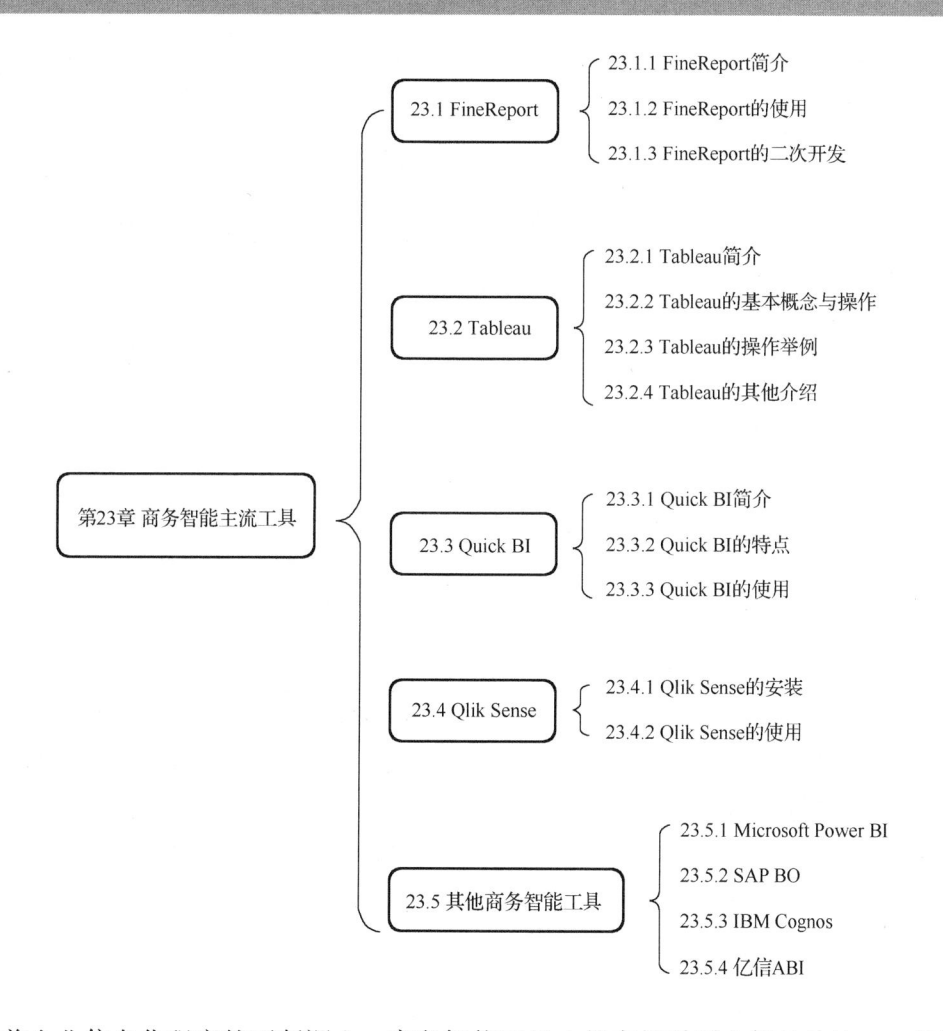

第23章 商务智能主流工具
- 23.1 FineReport
  - 23.1.1 FineReport简介
  - 23.1.2 FineReport的使用
  - 23.1.3 FineReport的二次开发
- 23.2 Tableau
  - 23.2.1 Tableau简介
  - 23.2.2 Tableau的基本概念与操作
  - 23.2.3 Tableau的操作举例
  - 23.2.4 Tableau的其他介绍
- 23.3 Quick BI
  - 23.3.1 Quick BI简介
  - 23.3.2 Quick BI的特点
  - 23.3.3 Quick BI的使用
- 23.4 Qlik Sense
  - 23.4.1 Qlik Sense的安装
  - 23.4.2 Qlik Sense的使用
- 23.5 其他商务智能工具
  - 23.5.1 Microsoft Power BI
  - 23.5.2 SAP BO
  - 23.5.3 IBM Cognos
  - 23.5.4 亿信ABI

随着企业信息化程度的不断深入，商务智能工具也越来越受到人们的关注。一款简洁易用的商务智能工具不仅能有效地整合企业各业务系统中的数据，提升工作人员的工作效率，帮助其做出各种清晰直观的可视化数据分析报告，还能辅助企业及各业务部门根据市场环境的变化快速地做出更优的经营决策。市场上对商务智能工具需求量的急剧提升促进了商务智能工具行业的快速发展，目前市场上已经出现了大量的商务智能工具，功能也五花八门。本章将简要介绍其中常用的几款商务智能工具供读者学习。

23.1 FineReport

23.1.1 FineReport 简介

FineReport 是帆软自主研发的企业级 Web 报表工具，经过多年的打磨，已经成长为我国报表软件领域的最常用的报表工具。帆软秉持零编码的理念，FineReport 具有易学易用、功能强大等特点，通过简单的拖拽操作便可制作复杂的报表，轻松满足报表的多样化展示、交互分析、数据录入、权限管理、定时调度、打印输出、门户管理和移动应用等需求。

FineReport 有三层功能结构，分别为数据层、应用层和展示层。

数据层：设计人员创建报表的数据源。

应用层：设计人员进行报表设计，管理人员配置用户和权限体系。

展示层：普通用户在前端执行报表的查询、分析、打印、导出、填报等操作，支持 PC、平板、移动端、大屏等设备，兼容主流浏览器。

同时，FineReport 是纯 Java 软件，具有良好的跨平台兼容性，支持与各类业务系统进行集成，支持各种操作系统，支持主流 Web 应用服务器。其前台是纯 HTML 展现，无须安装任何插件。

读者可以前往帆软官网进行软件的下载安装并获取激活码。

23.1.2 FineReport 的使用

1. 数据准备

FineReport 有两种常见的数据连接方式，分别为通过设计器建立数据连接和通过平台建立数据连接。前者可通过打开设计器，在服务器→定义数据连接中定义需要连接的数据库，即可建立需要的数据连接；后者可在服务器→报表平台管理中，打开数据决策系统，依次单击"管理系统"按钮、"数据连接"按钮、"数据连接管理"按钮，选择"新建数据连接"选项，即可建立需要的数据连接。图 23-1 展示了通过设计器建立数据连接的方法。

在建立数据连接后，用户可以从数据库中提取可直接用于模板设计的数据集合构建数据集。数据集按使用范围可以分为服务器数据集、模板数据集两种。

服务器数据集是对应于整个报表工程的，更换一个模板或新建一个工作簿，仍然可以用服务器数据集中的数据。

模板数据集是对应于当前模板的，保存在这个模板的 cpt 文件中，不能与其他模板共用，是私有的，如图 23-2 所示。

2. 模板设计

数据准备完成之后，就可以进行模板的设计了。模板设计是 FineReport 学习过程中的重中之重。模板设计分为普通报表设计、决策报表设计和聚合报表设计，其中普通报表设计可分为报表设计、参数设计、图表设计和填报设计四个部分。这四个部分是 FineReport 模板的几大使用方式：报表设计指纯粹的数据展示；参数设计指动态查询数据；图表设计指使用图表来展示数据；填报设计指录入数据，将数据写入数据库中。在实践中，可以根据实际情况确定使用哪一种使用方式，或者联合使用哪几种使用方式。

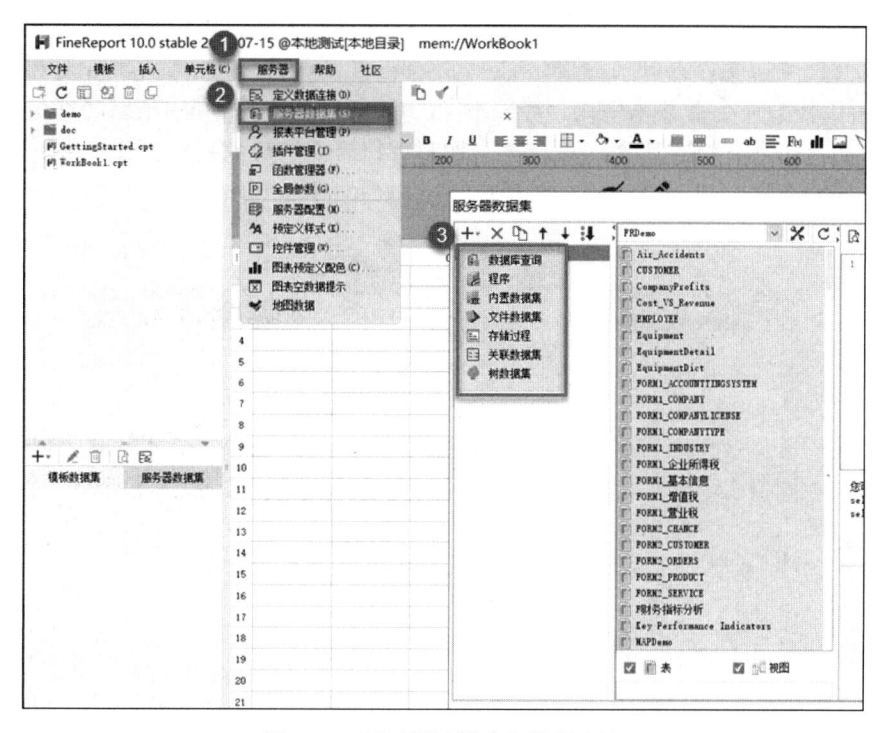

图 23-1　通过设计器建立数据连接

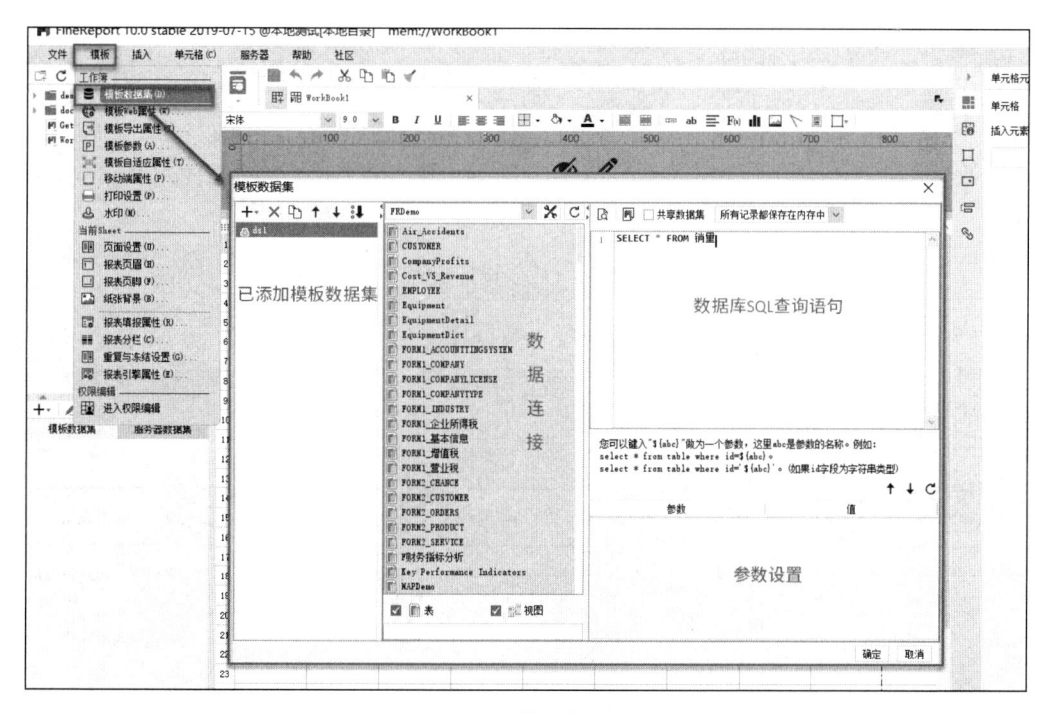

图 23-2　模板数据集

报表设计：用户依据需求选择模板并完成设计之后，可将设计的模板保存至工程目录，即可在 Web 端查看模板效果。

参数设计：为满足不同用户的使用需求，FineReport 设计器中引入了参数的概念。在 FineReport 设计器中使用参数动态地过滤数据，可实现用户与数据的实时交互。参数可以实现查询功能与传递功能，查询功能指获取不同条件下的数据，如查询某地区的销售额，那么"地区"就可以作为一个参数来使用，传入不同的地区，就会有不同的结果展现出来；传递功能主要包含超链传参、报表块之间传参等，如两个报表块的数据联动，若单击上面报表块的站点，下面报表块就显示对应明细。参数设计流程如图 23-3 所示。

图 23-3　参数设计流程

图表设计：FineReport 包含丰富的图表类型，可以灵活地设置图表样式，以满足各类场景展示数据的不同需求，使用 FineReport 进行图表设计的流程如图 23-4 所示。

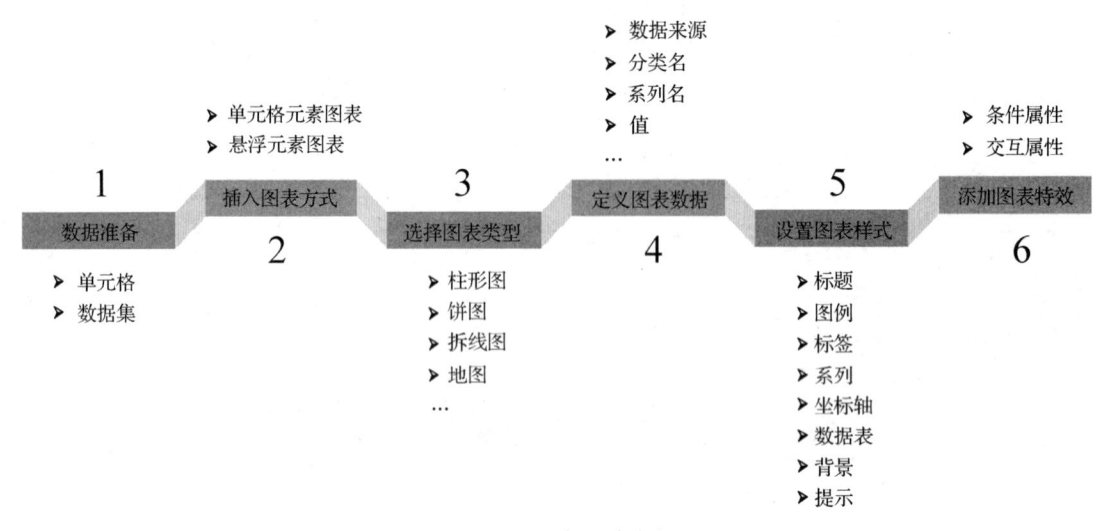

图 23-4　图表设计流程

填报设计：填报设计可以将页面数据写入数据库，包括数据的增加、删除和修改操作；同时也支持对填写数据的自定义校验、Excel 导入数据、根据填写值智能联动等功能。填报设计流程如图 23-5 所示。

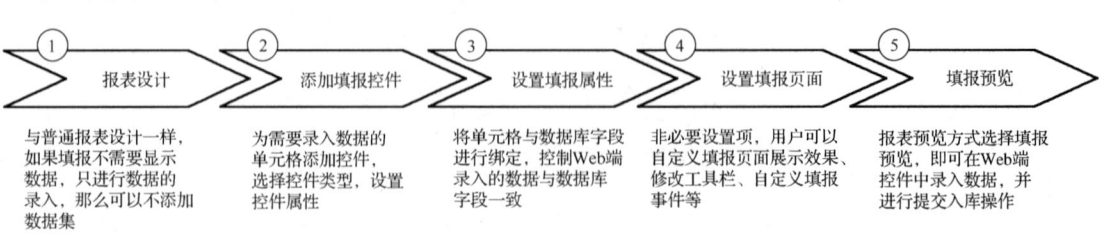

图 23-5　填报设计流程

23.1.3　FineReport 的二次开发

FineReport 提供的设计器和服务器能够满足用户绝大部分的需求，基本实现零编码的软件开发，加快软件开发速度，提高软件稳定性。但为避免某些个性化的功能通过 FineReport 软件可能无法实现的问题，FineReport 支持应用开发人员使用网页脚本、API 接口等对 FineReport 进行深入的开发与控制，以满足其个性化的需求。有一定的 Java 和 JavaScript 基础的用户可根据官方提供的涵盖 JS 脚本控制和引擎 API 的说明文档对 FineReport 进行深入开发。

23.2　Tableau

23.2.1　Tableau 简介

Tableau 是由 Tableau 公司开发的一款将数据运算与美观的图表完美地嫁接在一起的"轻"商务智能工具。Tableau 致力于帮助用户查看并理解数据，提供了非常友好的可视化界面，用户通过轻点鼠标和简单拖放，就可以迅速创建出智能、精美、直观和具有强交互性的报表和仪表板。Tableau 的理念是，界面上的数据越容易操控，公司对自己在业务领域里的所有行动到底是正确还是错误，就能了解得越透彻。

Tableau 的产品包括以下几种。

Tableau Desktop：桌面分析软件，连接数据源后，仅需轻点鼠标和简单拖放即可快速创建交互的视图、仪表板。

Tableau Server：发布和管理 Tableau Desktop 创建的仪表板，提供数据源管理、安全信息管理等服务。

Tableau Online：完全托管在云端的商务智能分析平台，用户可在 Web 上进行交互、编辑和制作。

Tableau Reader：用于打开 Tableau 工作簿的桌面端应用。

Tableau Mobile：移动端 App，可在移动端进行查看。

Tableau 官网（BI 商业版）：https://www.tableau.com/zh-cn；下载地址：https://www.tableau.com/zh-cn/support/releases。

23.2.2　Tableau 的基本概念与操作

Tableau 的工作区是制作视图、设计仪表板、生成故事、发布和共享工作簿的工作环境，下面简要介绍对应的概念。

仪表板（Dashboard）：多个工作表和一些对象的组合，可按一定方式对其进行组织、布局，以便对数据关系和内涵做出相应的解释。

工作表（Work Sheet）：又被称为"视图（Visualization）"，是可视化分析的最基本单元。

故事（Story）：按顺序排列的仪表板/工作表的集合，故事中各个单独的仪表板/工作表被称为"故事点"；生成的故事可用于向用户叙述某些事实，或者揭示各种事实之间的上下文或事件发展的关系。

工作簿（WorkBook）：包含一个/多个工作表，以及一个/多个仪表板和故事，是用户在 Tableau 中工作成果的容器，用户在完成对应的操作后需要对工作簿进行保存。

一般而言，针对 Tableau 的操作可归为以下三类。

(1) 连接数据源：使用适当类型的连接方式来读取数据。

(2) 选择维度和度量：维度表示描述性数据，而度量表示数字数据。将维度与度量放在一起时可以帮助用户实现可视化，如选择类别和区域作为维度，选择销量作为度量，则可以展示每个区域的每个类别的销量。

(3) 可视化技术：在选择维度和度量后，用户可以根据最终的可视化效果判断业务的实际表现。

23.2.3 Tableau 的操作举例

本小节以 GreenPlum 数据库为例，简要介绍 Tableau 的主要操作流程（来源：https://zhuanlan.zhihu.com/p/88022428）。

(1) 连接数据源，输入数据库所在地址及账号和密码（本地数据库地址为 localhost）。连接数据源的页面和连接成功后的页面分别如图 23-6、图 23-7 所示。

图 23-6　连接数据源的页面　　　　　图 23-7　连接成功后的页面

(2) 自定义 SQL 举例，撰写 SQL 语句，对数据仓库进行相应的操作，如图 23-8 所示。

(3) 建立图表，将相应的维度与度量拖拽至相应的位置，进一步建立仪表板与故事，如图 23-9 所示。

23.2.4 Tableau 的其他介绍

Tableau 也提供包含数据提取接口、页面集成接口、高级数据分析接口在内的多种数据接口。

利用数据提取 API（数据提取）接口可在 C/C++/Java/Python 中创建用于访问和处理数据的程序——Tableau 数据提取（.tde）文件；利用 JavaScript API（页面集成）接口可以把由 Tableau

制作的报表和仪表板嵌入已有的企业信息化系统或企业商务智能平台，实现与页面交互的集成；利用数据分析工具 R（高级数据分析）接口可以实现与 R 的脚本集成。

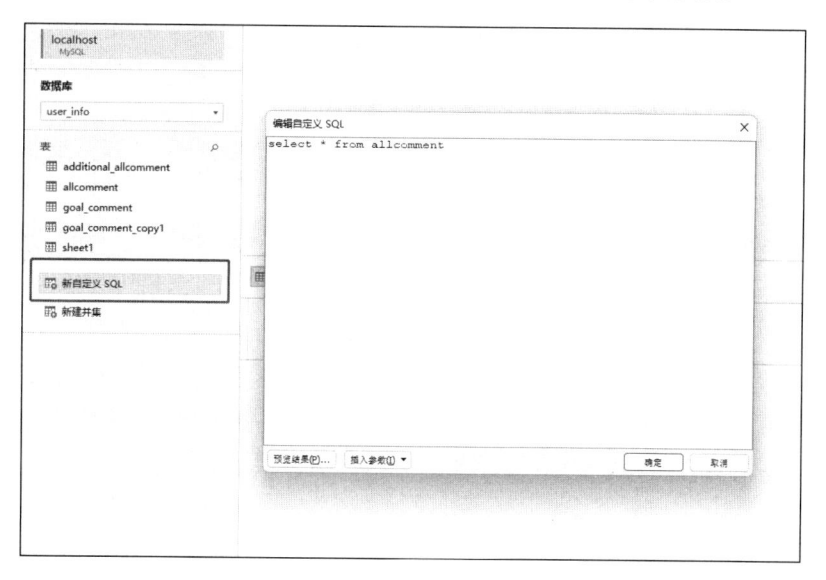

图 23-8　自定义 SQL 语句

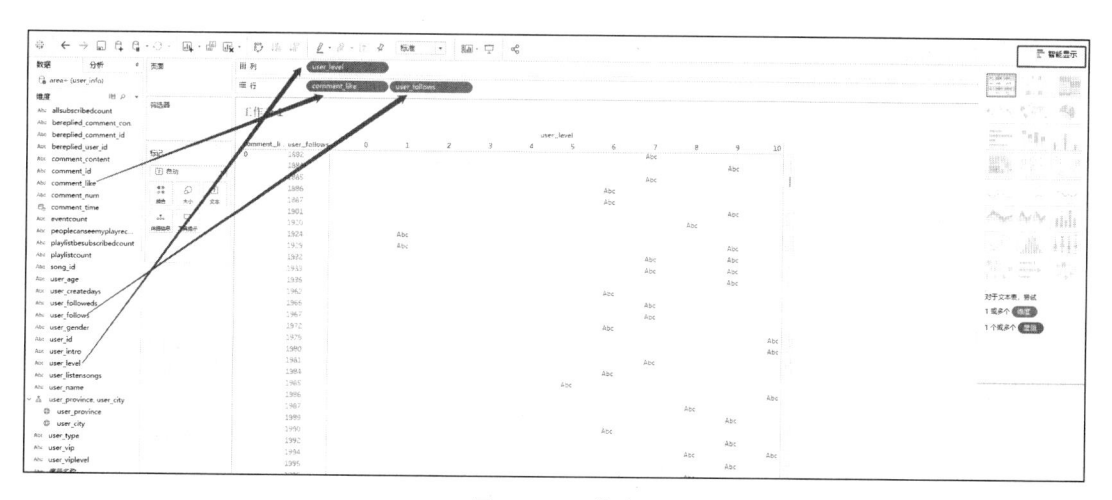

图 23-9　工作表

除此之外，在 Pycharm 中安装 Tabpy-server 服务器可以实现 Tableau 与 Python 的连接，在 RStudio 中安装 Rserve 可以实现 Tableau 与 R 的连接，同时可以将用户创建的工作簿发布到服务器中。以上内容在此不做详细介绍，读者可以根据自己的兴趣与时间自行学习。

23.3　Quick BI

23.3.1　Quick BI 简介

Quick BI 是阿里云旗下的一款集大数据高效分析与展现的在线商务智能平台。Quick BI

在连接数据源并创建数据集后，可以对数据进行即时分析与查询，同时支持电子表格及仪表板功能，用户可以采用拖拽的方式进行数据的可视化呈现。Quick BI 的访问网址为 https://bi.aliyun.com/home。Quick BI 分为个人版、高级版和专业版三种版本，用户可以根据自身需求购买不同的版本。

23.3.2　Quick BI 的特点

Quick BI 具有以下特点。

(1) 强大的数据引擎：内置高速数据云计算引擎，亿级数据可实现秒级计算和响应。

(2) 高速查询引擎：具备用于加速查询的高性能引擎。

(3) 关联数据：支持跨源、异构的数据关联及查询。

(4) 丰富灵活的数据可视化分析组件：内置丰富的图表，支持多维度分析数据。

(5) 丰富的可视化组件：提供交叉表、指标看板、饼图等近 40 种数据可视化组件。

(6) OLAP 灵活智能分析能力：支持自由上卷下钻、联动跳转、智能机器人预警、预测分析。

(7) 在线电子表格：支持行列筛选、过滤、分类汇总、自动求和、条件格式等数据分析功能，并支持导出数据、处理文本和表格等功能。

(8) 企业级的数据权限管控平台：精细化数据权限管控能力。

(9) 企业级数据安全管控：支持面向各级用户群组的数据安全管控。

(10) 数据分享体系：支持公开、嵌入和共享空间，满足不同的数据分享场景的需求。

(11) 无缝对接移动端和大屏终端：在 PC 端配置完成后，可以自动适配移动端和大屏终端。

23.3.3　Quick BI 的使用

本小节将通过准备工作、数据建模、仪表板可视化分析和搭建数据门户四个部分简要介绍 Quick BI 的使用。

准备工作：用户在浏览器中登录 Quick BI 控制台后，首先进入工作空间选择数据源（目前 Quick BI 支持线上、本地、云端等多种环境的数据源接入），连接数据源后，需要进行连接测试，以保证数据源的连通性，如图 23-10 所示。

图 23-10　连接数据源

数据建模：在数据源连接成功后，在"我的数据集"下查找新建的数据集。用户可单击数据集的名称，直接进入数据集的编辑页面，如图 23-11 所示。同时可以在图 23-11 左下角的度量部分添加新的度量指标，用户可以进一步在"度量"页面中完成不同数据集之间的关联，如图 23-12 所示。

图 23-11 我的数据集

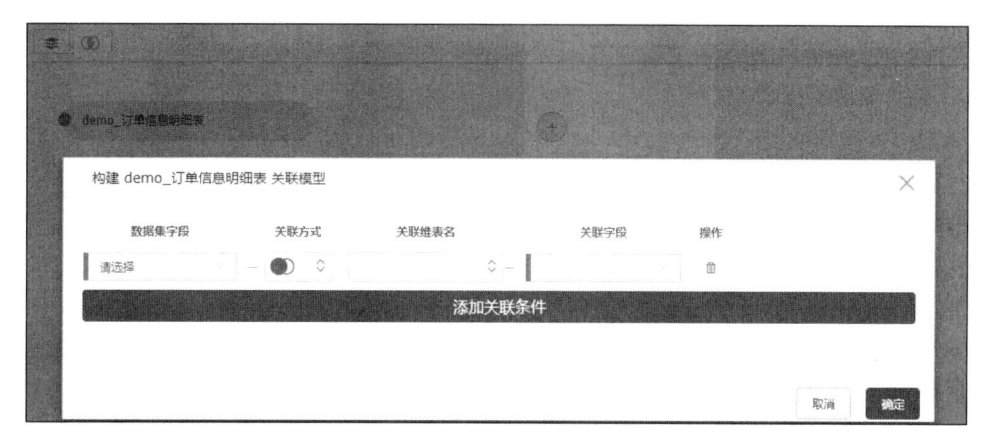

图 23-12 关联数据

仪表板可视化分析：用户可在"个人空间"中的"仪表板"页面单击"+新建仪表板"按钮，对仪表板进行新建和布局，如图 23-13 所示。

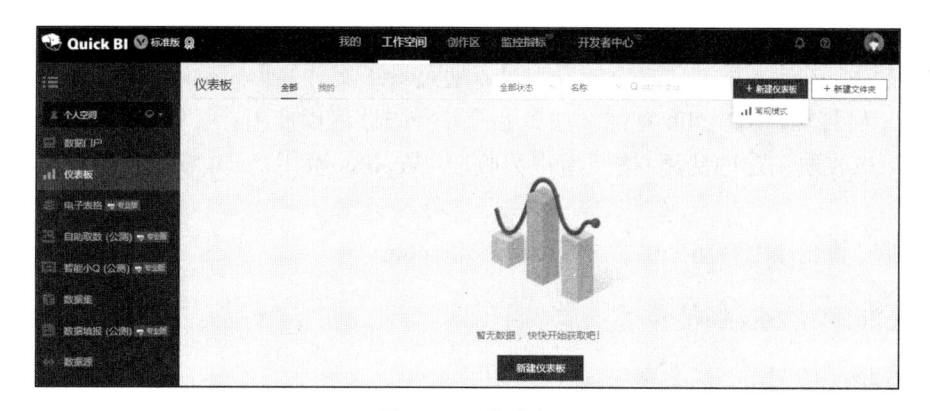

图 23-13 仪表板

搭建数据门户：数据门户也叫数据产品，可以通过菜单形式将仪表板组织成复杂的带导航菜单，常用于专题类分析。用户可以在"个人空间"中的"数据门户"页面新建数据门户。在"数据门户"页面中完成菜单配置及内容设置，如图 23-14 所示。完成数据门户的配置后，在"数据门户"页面顶部单击"保存"按钮，保存数据门户。

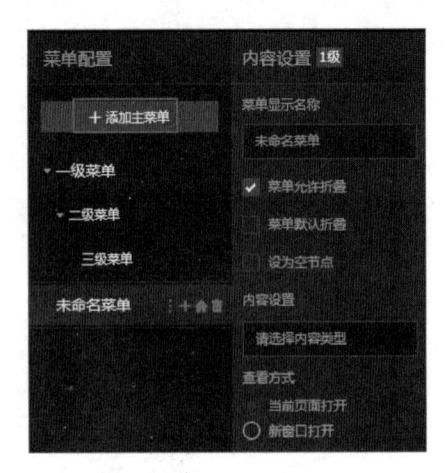

图 23-14　创建数据门户

23.4　Qlik Sense

Qlik Sense 于 2014 年推出，它基于与 Qlik View 相同的内存关联数据索引引擎，但相较于 Qlik View 这种引导式的商务智能工具，Qlik Sense 更加强调人人商务智能的概念，工具也更加简单易用。Qlik Sense 的核心优势在于"数据索引技术专利提供的关联模型让业务用户能够探索数据之间的真正联系"。Qlik Sense 支持自助式可视化、自定义和嵌入式分析、移动分析、指导性分析、应用程序和仪表板、对话分析、报告和数据警报等功能。此外，Qlik Sense 平台还具有开放和标准的 API、强大的数据集成和连接性功能，以及集中管理、治理数据的特点。

23.4.1　Qlik Sense 的安装

Qlik Sense 分为单机版和服务器版两种，二者的报表功能相同。其中，单机版本免费，用户可安装到个人计算机上，生成的报表可以通过 qvf 文件的形式进行分享，但需要强制升级新版本，且目前需要在 Qlik 官网上注册账号并登陆才可以使用；服务器版本需要部署服务器，并向用户收取一定的费用(按照用户数收取 License 费用)。本节简要介绍单机版 Qlik Sense。

单机版安装文件由官网提供，详见 www.qlik.com。

23.4.2　Qlik Sense 的使用

(1)加载数据：Qlik Sense 的可视化应用程序有 App 版本，每个 App 中都包含脚本、报表及数据模型查看器。用户可以通过加载数据(连接数据源→清洗数据→建立数据模型)为报表提供数据基础(注意：每个 App 加载的数据模型都仅供当前的 App 使用)。目前，Qlik Sense 支持的数据源包括：文件数据源(txt、csv、xlsx、html 等)、传统数据库(OLE DB 与 ODBC 方式均支持)及大数据工具(Apache Hive、Cloudera Impala 等)。此外，Qlik Sense 提供脚本与可视化拖拽两种加载数据的方式，官方推荐使用脚本的方式(脚本使用类 SQL 的语言，可以进行分段、按顺序执行等操作，达到更加灵活地处理数据、清楚地展现数据清洗过程的目的）。Qlik Sense 的数据引擎会自动将不同数据表中的相同字段连接起来建立数据模型(数据模型是报表交互、查询等工作的底层数据基础)。

（2）可视化及分析：Qlik Sense 报表可以对任何维度的字段进行筛选，App 中所有的报表将会联动，从而灵活地进行分析(本质上对所有字段的筛选操作都会体现在底层的数据模型上)。如果在计算度量值时需要按条件汇总或需要计算累计增长率等，就要用到集合表达式。这部分是创建可视化应用程序的难点，建议参考 Qlik Sense 的帮助文档进行系统学习。

（3）接口调用：Qlik Sense 支持第三方应用的调用，有原生调用、single 调用及 mushup 调用三种方式，其中 single 调用能够调用部分对象，如 1 个仪表板、某个仪表板中的某个柱状图等，mushup 调用支持 xml 级别的配色调整，适合大屏展示等场景。

读者可阅读官方文档(https://help.qlik.com/zh-CN/sense/April2019/Subsystems/Hub/Content/Sense_Hub/Hub/hub.htm)对 Qlik Sense 的使用进行进一步了解。

> **拓展阅读**
>
> Qlik View 是 Qlik 的成名产品，是一款人人都能自助分析的商务智能工具，支持接入多种数据源，用户通过简单拖放即可创建可视化图表。同时，借助 Qlik View 的内存关联数据索引引擎，用户可以通过轻松组合不同的数据库来生成可视化图表。

23.5 其他商务智能工具

23.5.1 Power BI

借助 Power BI Desktop 应用程序，用户可以分析和可视化来自本地或云端的数据，并将分析报告发布至 Power BI 平台(用户可以用 Office365、SharePoint 及 Teams 来控制对原始数据和已发布报告的访问)。Power BI 有多个版本，其中免费的作者版本适合单独的用户使用，而 Pro 专业版本需要每月支付订阅费用，可以实现协作分析的功能。

23.5.2 SAP BO

Business Objects(BO)是 SAP 公司于 2007 年收购的一个产品，是传统商务智能工具的代表之一，在业内建立了强大、全面的合作伙伴社区，拥有多家合作伙伴。目前，SAP BO 的主要客户是 SAP ERP 用户，也通过 OEM 的方式或与集成商合作的方式对产品进行推广，但 SAP BO 的价格较高，并不适用于中小型企业。

23.5.3 IBM Cognos

Cognos 于 2007 年被 IBM 收购，是传统商务智能工具的代表之一。它是一种基于云的商务智能和分析解决方案，可以轻松地可视化、分析和共享用户的业务见解。IBM Cognos 有着广泛的分析功能，包括假设分析、报告分析、高级分析及趋势分析等。IBM Cognos 的在线联机分析处理功能很强大，操作响应速度快，对旋转、切片、钻取等操作的支持性高，但存在学习门槛较高、初次上手比较困难及 Web 页面访问条件查询报表时操作不便等问题。此外，Cognos Analytics 允许用户与他们的移动设备甚至离线的报表进行交互。

23.5.4 亿信 ABI

亿信 ABI 是亿信华辰深耕商务智能领域十多年，在丰富的数据分析挖掘、报表应用等经验基础上，自主研发的一款融合了 ETL 数据处理、数据建模、数据可视化、数据分析、数据填报、移动应用等核心功能的全能型数据分析平台，是目前国内商务智能工具中的佼佼者。亿信 ABI 从数据源接入，到数据采集、数据处理，再到数据分析和挖掘，打通数据生命周期的各个环节，实现数据填报、处理、分析一体化，为用户提供一站式数据服务。读者可以在亿信 ABI 的官网了解其更多的信息。

思考题

1. 本章介绍的这几种商务智能工具各有何优劣势？
2. 尝试使用本章介绍的任意一种商务智能工具建立数据集，解决自己身边的问题。

第 24 章　商务智能引发的问题和应用准则

> **本章提要**
> 1. 了解商务智能中存在的隐私、伦理问题；
> 2. 了解商务智能的应用准则。

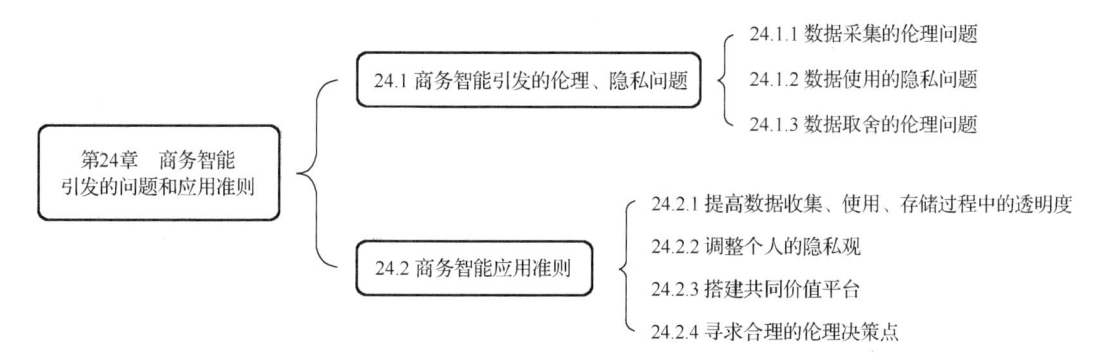

```
                                              ┌─ 24.1.1 数据采集的伦理问题
                        ┌─ 24.1 商务智能引发的伦理、隐私问题 ─┼─ 24.1.2 数据使用的隐私问题
                        │                     └─ 24.1.3 数据取舍的伦理问题
第24章  商务智能 ─┤
引发的问题和应用准则    │                     ┌─ 24.2.1 提高数据收集、使用、存储过程中的透明度
                        │                     │─ 24.2.2 调整个人的隐私观
                        └─ 24.2 商务智能应用准则 ─┼─ 24.2.3 搭建共同价值平台
                                              └─ 24.2.4 寻求合理的伦理决策点
```

随着现代信息技术的快速发展，大数据的应用已经成为企业等组织进行商务决策的重要基础，信息也成为一种越发重要的资源。通过数据挖掘技术虽然能够帮助企业等组织快速应对外部环境的变化，为用户提供更好的服务，但在对数据进行分析挖掘其潜藏价值的过程中往往会将传统隐私问题放大，甚至会颠覆以往的隐私安全问题[①]。本章主要介绍商务智能引发的伦理、隐私问题，并探讨商务智能的应用准则。

24.1　商务智能引发的伦理、隐私问题

24.1.1　数据采集的伦理问题

传统的数据采集工作一般采用人工方式，而数据所属对象，即被采集对象一般都会被告知相应的数据采集情况。但在大数据时代，人工采集的成本越来越高，因此越来越多的数据采集工作都由智能设备自动完成，且被采集对象往往并不知情。例如，用户浏览网页所产生的各种浏览记录、购物时的购物记录、在线聊天时的聊天记录、手机通话与短信记录、用户对于特定网络内容的偏好信息等，都会在用户不知情的情况下被企业记录和储存下来。

24.1.2　数据使用的隐私问题

在大数据技术被广泛应用之前，一方面在数据采集时可以通过隐匿与匿名的手段保护隐私，且获得的数据都有特定的目的性，只能被应用于特定的场合或用途，这可以有效地防止

---

① 冯登国, 张敏, 李昊. 大数据安全与隐私保护[J]. 计算机学报, 2014, 37(1): 246-258.

在数据使用或再使用过程中隐私被泄露的问题；另一方面，数据之间的联系也并不密切，较难发现隐藏在数据之中的秘密。大数据技术出现后，一方面各种维度的数据可以被永久性保存，使得数据可被反反复复永久使用；另一方面，将原来没有联系的小数据联系、汇集在一起形成大数据，利用数据挖掘技术对其中的各种信息片段进行关联、重组、交叉等操作，导致原本模糊和隐匿的信息被重新挖掘出来。所以，对大数据技术来说，传统的模糊化、隐匿化这两种保护隐私的方式基本已经失效。

24.1.3 数据取舍的伦理问题

网络技术和云技术等大数据相关技术的发展，使得信息一旦被上传到网络，则可能被永久性存储。永久性的存储虽然能够在一定程度上防范道德隐患等问题的发生（如现有的征信体系），但也可能给用户带来诸多不便甚至灾难（如骚扰电话等，而这种永久性存储技术也让不少用户失去了很多机会）。此外，用户是否有权要求删除自己的相关信息、大数据取舍的标准又是什么等问题也值得进一步讨论研究。

实际上，大数据技术本身在伦理学上是中性的，无所谓"好"与"坏"之分，但使用大数据技术的个人、组织等则有着不同的动机，也会对个人、组织甚至全社会产生不同程度的消极或积极的影响。同时，大数据技术具有自我强化的特点，会通过分析海量的用户数据，改进产品设计、研发、销售和管理行动（个体化的产品和服务），推动组织更进一步、更深入地进入个人的生活，从而产生更深远的影响，这也是值得引起注意的。

案例 24-1

2012年2月16日，《纽约时报》发表了一篇文章，报道 Target 公司有一个分析项目，利用该项目可以确定顾客是否怀孕。Target 公司将购买与妊娠有关的物品的优惠券送给其中一位少女，该少女的父亲得知后非常恼怒，痛骂该公司的经理。实际上，Target 公司便是通过鉴定购物模式来判断顾客是否怀孕的，而后将优惠券送给顾客，但这种挖掘数据的做法引起了人们的愤怒，因为它泄露了非常私密的信息。

24.2 商务智能应用准则

24.2.1 提高数据收集、使用、存储过程中的透明度

毫无疑问，大数据是负载价值的，因此在使用大数据技术的过程中，需要组织在使用不同数据时提高其负载价值的透明度，认可并尊重用户的隐私权利，以公告或邮件的形式明确告知用户哪些数据将会被搜集和使用、数据可能被使用的范围、数据用途的价值倾向，以及需要用户承担的风险等，同时保留个人拒绝的权力，至少是要求匿名的权力，并保证在使用数据时语境的完整性，这既符合与道德决策相关的自主原则、知情同意原则，也是将选择权回归个人的体现。提高数据收集、使用、存储过程中的透明度有助于在大数据的应用中降低风险推论的冒险性。

24.2.2 调整个人的隐私观

很多无意识的行为都有可能导致个人信息泄露，如浏览网页时网站可能会记录用户的点击信息。因此在大数据时代，促进社会中的主体增强隐私意识、调整隐私观念成为解决数据伦理道德问题的必由之路。增强隐私意识既有助于形成适合自身的隐私观，达到隐私行为与观念的统一，降低隐私泄露风险，也能够帮助用户在使用大数据相关产品的同时注重个人隐私保护，如有选择地使用软件，在分享照片、视频时进行脱敏处理等。

24.2.3 搭建共同价值平台

当组织与用户具有共同的价值目标时，能够有效地减少在现实中涉及隐私问题时因利益多样性而产生的矛盾。因此，在大数据产品的设计和服务过程中，应当围绕如何将个人价值与组织价值结合、为各方在隐私问题上达成共识而努力，如提高组织中管理者、工程师与用户价值的一致性，在产品设计时考虑到用户的可接受程度，生产出符合共同价值的产品，以减少涉及隐私问题时产生的矛盾，提高工作效率等。

24.2.4 寻求合理的伦理决策点

在大数据产品的设计过程中，伦理决策点将影响数据使用的深入程度。组织和用户可以通过调查与协商寻找利益平衡的伦理决策点，达到观念的一致。由于作为决策主体的组织和用户往往都从自身的利益出发，很难客观地进行决策，因此可以引入第三方机构开展客观调研，共同寻找伦理决策点，可遵照以下流程寻找伦理决策点：①通过问卷及用户同意书等方式展开伦理对话，深入理解彼此的观点；②分析调查结果，进行处理和评估，明确要设计的产品是否与已确定的价值观相符、各方可接受的范围等问题；③结合双方的需求，找到双方可接受的伦理决策点；④告知决策结果（如何分享和使用这些数据）。同时，第三方机构通过进一步发展，将可能成为个人数据代理机构，即个人授权第三方机构帮助管理其个人数据以更高效地帮助个人与组织进行协商谈判。

思考题

1. 在商务智能的发展过程中，存在哪些个人隐私泄露的风险？
2. 用户应当采取何种策略应对隐私泄露的问题？

第 7 篇 商务智能未来趋势

本篇通过两个章节介绍商务智能(BI)的未来趋势。第 25 章新兴技术应用讨论了 5G 技术、物联网技术和区块链技术如何助推商务智能的进一步发展。其中，物联网技术为商务智能提供了大量数据，5G 技术提高了数据处理速度，区块链技术提升了数据安全性，它们共同为商务智能的进一步发展保驾护航。在新兴技术的支持下，第 26 章未来发展趋势将讨论商务智能未来可能的发展趋势，包括自助式商务智能、可解释商务智能和基于大数据融合的新型商务智能。

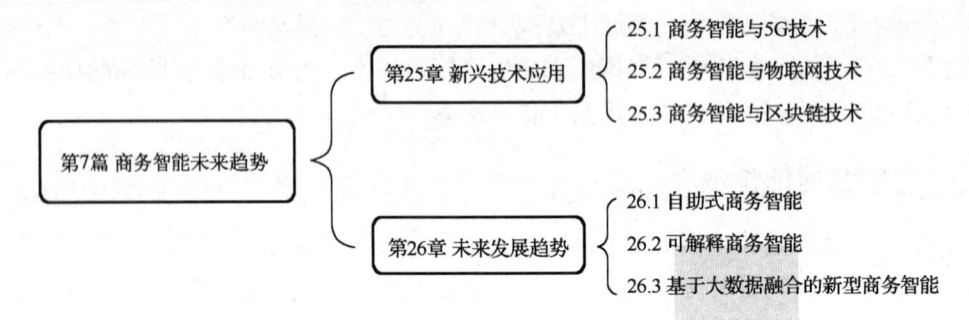

```
                                        ┌ 25.1 商务智能与5G技术
                    ┌ 第25章 新兴技术应用 ┤ 25.2 商务智能与物联网技术
                    │                    └ 25.3 商务智能与区块链技术
第7篇 商务智能未来趋势 ┤
                    │                    ┌ 26.1 自助式商务智能
                    └ 第26章 未来发展趋势 ┤ 26.2 可解释商务智能
                                        └ 26.3 基于大数据融合的新型商务智能
```

第 25 章 新兴技术应用

本章提要

1. 了解 5G、物联网、区块链等技术的基本内容;
2. 掌握新兴技术在商务智能中可能的应用场景。

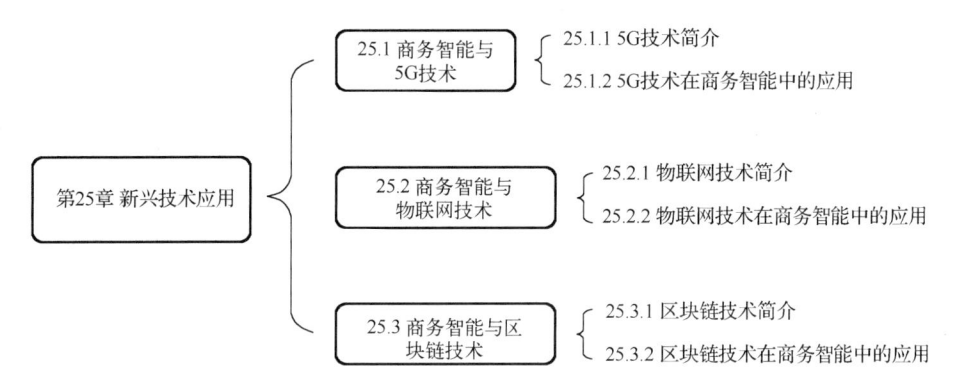

```
第25章 新兴技术应用 ┬─ 25.1 商务智能与 5G 技术 ┬─ 25.1.1 5G 技术简介
                  │                        └─ 25.1.2 5G 技术在商务智能中的应用
                  ├─ 25.2 商务智能与物联网技术 ┬─ 25.2.1 物联网技术简介
                  │                        └─ 25.2.2 物联网技术在商务智能中的应用
                  └─ 25.3 商务智能与区块链技术 ┬─ 25.3.1 区块链技术简介
                                          └─ 25.3.2 区块链技术在商务智能中的应用
```

商务智能创新需要以新兴技术为基础,因此很多企业在自身发展需求的基础上成立了专门的新兴技术研发机构,如百度 Deep Learning 实验室、IBM 研究院、阿里巴巴柒车间和 VR 实验室等。本章主要介绍 5G 技术、物联网技术和区块链技术给商务智能带来的创新和发展。

25.1 商务智能与 5G 技术

25.1.1 5G 技术简介

5G 网络(5G Network)是第五代移动通信网络,其峰值理论传输速度高达 10Gbit/s,比 4G 网络的传输速度快 100 倍以上。从 2G、3G、4G 网络到 5G 网络,技术的发展带来的不仅是网络速率的大幅提升,更使人与人之间的通信扩展到万物互联。概括而言,5G 技术具有以下三大特性。

(1)高速率:5G 技术使用了毫米波频段,频谱带宽较 4G 翻了 10 倍,传输速率更快。
(2)低时延:5G 技术的时延目标降低到 1ms,甚至低于 1ms。
(3)大连接:5G 技术每平方千米的连接数量达到百万级别,可以支持连接周边的每一件物品。

5G 技术最早由欧盟在 2013 年 2 月提出,同时还拨款将近 5000 万欧元,以此加快 5G 技术的发展和研究,并计划到 2020 年的时候,推出相对成熟的技术标准。2013 年 5 月,韩国著名的电子产品公司三星向外界宣布,其已经成功研究与开发出第五代移动通信(5G)的核心技术,并计划最快在2020年把这一核心技术推向商业化应用。2014年5月，日本的电信运营商NTT DoCoMo也宣布与Ericsson、Nokia、三星等著名的电子产品厂商(公司)合作，开始研发新一代移动通信技术，并计划在2015年进行户外测试，2020年开始投入运营。2017年12月，我国发改委发布《关于组织实施2018年新一代信息基础设施建设工程的通知》，该通知计划到2018年的时候，有不少于5个城市和地区可以开展5G规模组网试点，同时要求5G基站的数量不少于50个。随着我国著名企业华为的不断发展，5G技术在我国得到了稳步前进，其发展态势处于快速上升的阶段。2018年，我国工信部正式向外界宣布，为中国电信、中国移动、中国联通三大运营商发放5G系统中低频段试验频率，这一举动进一步推动了我国5G产业链的成熟与发展。2019年6月，我国工信部向中国移动、中国电信、中国联通三大运营商发放相关的5G商用牌照，这进一步促进了我国5G商用落地，随后三大运营商也公布了相应的5G套餐。

在4G时代，移动通信发展最主要的驱动力是用户和业务，面向传统的普通个人用户是其典型特征。在5G时代，移动通信发展最需要的不再是满足用户的个人通信需求，而是面向行业赋能，为垂直行业提供能够更高效地进行创造的环境和工具。4G改变生活，5G改变社会。如果说4G促成了互联网和消费领域的深度融合，将电子商务、移动支付、共享经济带入了人们的日常生活，改变了人们的生活方式；那么5G则面向产业物联网提供创新应用，它正在以前所未有的速度改变社会环境和工业构成，将人们带入了智能化时代。3GPP[①]为5G定义了增强型移动带宽(enhanced Mobile Broad-Band，eMBB)、海量机器类通信(massive Machine Type of Communication，mMTC)、高可靠低时延通信(ultra Reliable Low Latency Communications，uRLLC)三大应用场景，如图25-1所示。

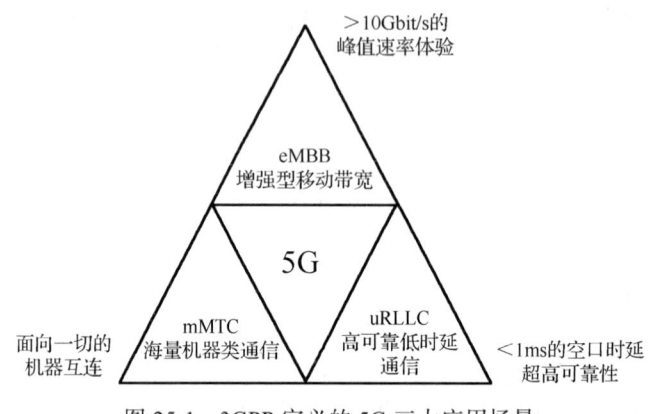

图25-1　3GPP定义的5G三大应用场景

eMBB应用场景主要针对普通用户，能为用户带来更好的移动带宽体验，使用户可以轻松、流畅地观看在线2K、4K及8K视频，畅玩VR、AR等娱乐游戏，从而赋能智能教育、新媒体等行业。这类应用场景对带宽的要求极高，需要满足一些关键性的指标。例如，用户体验速率需要达到100Mbit/s(热点场景可达1Gbit/s)，峰值速率要达到10Gbit/s，流量密度要远大于10Gbit/km^2，移动速率要达到500km/h以上。同时，VR等交互型应用对时延非常敏感，需要10ms级的时延。mMTC应用场景使运营商网络可以承载千亿级别的物联网连接，

[①] 3GPP(3rd Generation Partnership Project)成立于1998年12月，多个电信标准组织伙伴共同签署了《第三代伙伴计划协议》.

大大促进智能家居、智慧农业等产业的发展。这类应用场景对连接密度要求比较高,同时要求具备终端低功耗特性。uRLLC 应用场景,可以面向网联无人机、车联网、远程医疗等行业应用。这类应用场景聚焦对时延极其敏感的业务,对可靠性的要求非常高(99.9999%),甚至要求 100%的可靠性。

5G 技术具有超高性能,它结合云计算、AI、大数据等新兴技术,助力交通、教育、医疗、渔业、电力等行业的数字化转型,将会给各行各业带来一场颠覆性的变革。因此,业界均认为,5G 技术将拉动新一轮的商业蓝海。中国信息通信研究院发布的《5G 经济社会影响白皮书》指出:预计到 2030 年,5G 技术带动的直接总产出将达到 3.6 万亿元,经济增加值达到 2.9 万亿元,就业岗位将增加 800 万个。5G 技术创新行业应用的落地依赖于 5G 提供不同场景的解决方案,而 5G 技术标准的成熟也需要各类行业应用需求的刺激和推动。

25.1.2 5G 技术在商务智能中的应用

正如前文所述,5G 技术可以提高数据传输、分析和反馈的速度、实时性及精确度,和物联网、人工智能等新兴技术结合,可以有效突破技术与应用发展的瓶颈,为商务智能提供更多的基础数据,而大量的基础数据可以带来进一步洞察分析的潜力。

接下来通过四种行业应用介绍 5G 技术如何助力商务智能。

(1)车联网和自动驾驶汽车。

现代汽车有许多传感器,可以用于预测维护需求、预测轨道位置或实现自动驾驶。将数据连接设备嵌入汽车中可以使人们通过若干方式利用传感器数据,实现实时交通监测、更好的车队管理和新的乘车共享业务模型等。而 5G 技术所具备的低时延和大带宽的特点正是其商业应用所需要的。

(2)智能制造。

智能制造可以利用大数据分析来优化生产管理。制造商可以通过无线连接监控环境因素、实现自动化更改、跟踪库存并进行相应调整。5G 技术的出现,使得连接整个供应链成为可能,可以实现从原材料到成品的端到端跟踪和监控。全球范围内的各个研发团队已经开始研究这种潜力,包括美国的智能制造领导联盟。

(3)数字健康。

联网的健身监测器可能是一种时尚工具,但联网的医疗监测设备则可以改善健康状况。通过 5G 技术加强对糖尿病和心脏病等慢性疾病患者的监测,医疗保健提供者可以知道这些患者是否遵守治疗方案并能更早地发现潜在的紧急情况。其他联网设备,如心率监测器或睡眠跟踪器,则可以在一般人群中跟踪和激励更好的健康习惯。

(4)智慧城市。

世界各国政府都在寻求通过物联网解决方案来改善服务和居民的生活质量,并保护自然资源。这些内容包括用于缓解拥堵的交通信号实时协调、跟踪停车计时器的使用,以及监测水和空气质量,并及时发出紧急警报。桥梁、道路和公用事业网络等关键基础设施上的传感器有助于实现预测性维护并避免在恶劣的维护条件下开展维护工作。5G 技术将通过更清晰流畅的音视频数据、更广泛的物联网连接、更可靠的数据安全保障,为公共安全、环保等领域的用户提供专有网络,为城市综合治理保驾护航。

25.2 商务智能与物联网技术

25.2.1 物联网技术简介

物联网(Internet of Things，IoT)的定义：在因特网基础上，借助具有信息传感功能的器备(激光扫描仪、声波感应器、压力感应器、温度感应器、摄像头等)，针对特定的事物，采集声、光、电、热、图像、化学、力学、生物和位置等信息，进行信息通信与处理，从而实现识别、管理与控制功能的一种物与物、物与人相连的网络。

物联网实现了物物相连，是互联网的延伸和扩展，它通过智能感知、识别技术和普适计算等科技手段把网络融合在一起，使用户能够进行物与物之间的信息交换和通信，其中应用了非常关键的三项技术：传感器技术、RFID技术和嵌入式系统技术。

物联网并不是一个新概念，1990年就出现了第一台物联网设备——施乐公司的网络可乐贩售机。1995年，比尔·盖茨在《未来之路》一书中曾提及物联网。1999年，麻省理工学院(MIT)的Kevin Ash-ton教授首次提出物联网的定义。长时间以来，物联网一直被讨论，但是却得不到广泛的应用，究其原因在于技术还没有发展成熟。过去，无论是无线局域网(WLAN)技术，还是Zigbee、蓝牙(Bluetooth)，都具有功耗高、传输距离短的缺点。想象一下，如果希望借助物联网来放牧牲畜，总不能只在50平方米范围内吧？现在，以NB-IoT、LoRa为代表的低功耗广域网(Low-Power Wide-Area Network，LPWAN)物联网技术崛起了。这些技术拥有的广覆盖、低功耗、大连接、低成本等特点为其提供了成熟应用的条件。

物联网的应用范围非常广泛，它对人们的生活产生了非常深远的影响，具体表现列举如下。

(1)物联网与生产环节相结合，能够实现生产管理的智能化。通过物联网还能分析和优化产品供应链，及时进行产品故障诊断和预测，提升企业的经济效益。

(2)物联网可以被应用在智慧医疗、智能家居、车联网等领域，给服务业带来了巨大的变化。

(3)将物联网用在公共事业中，能够实现城市的智能化管理，打造智慧城市。

(4)国内首个手机物联网在广州落地，它将移动终端与电子商务相结合，使消费者与商家可以进行便捷的互动交流，提升了消费者的消费体验。

25.2.2 物联网技术在商务智能中的应用

物联网在近些年一直得到热捧，Intelligence研究报告《BI：2016年25大趋势》指出，有五个趋势都与物联网相关，主要包括车载物联网、物联网信息安全、物联网法规(自动驾驶)、物联网采购链和物联网保险。

在物联网时代，对物联网生成的大数据的获取、分析和利用是绝大多数企业和组织的关键竞争方面。物联网技术不仅可以对物联网产生的大数据进行获取、分析和利用，还可以提供对当前和可能的未来事件的完整认识。因此，企业和组织现在可以通过物联网深入了解影响和可能影响其价值链不同层次业务的情况，从而做出适当的决策。例如，在智能农业中，物联网生成的数据可以提供有关可能影响作物的病虫害、下一次收获的预期产量或当前和未来市场趋势的重要信息[①]。这种基于物联网数据的应用需要健壮的数据分析和决策支持工具，如商务智能系统（比如，报表、数据挖掘、数据仓库等）。实际上，工业4.0要求物联网生成的数据必须在商务智能系统中实现无缝分析。然而，将物联网集成为传统商务智能系统的数据源并不简单。在基于物联网的商务智能系统的设计和实现过程中，至少会出现三个问题。首先，商务智能数据必须经常按需收集，并且分析过程需要快速适应这种收集模式。但是，物联网数据在本质、结构、格式及吞吐量等方面存在较大差异，所以出现了集成聚合方面的特定问题。其次，物联网系统通常使用不同于商务智能系统的流程来设计和实现。最后，基于物联网的商务智能系统的开发需要两类专家（物联网和商务智能）的干预，这两类专家并不共享相同的知识或技能。然而，这些专家必须能够轻松地实现彼此之间及与用户（决策者）之间的对话，以构建有效的应用程序。

物联网数据可视化的过程极大地影响了拥有最新数据资源的商业组织的成功。这主要是因为物联网数据可视化大大提高了业务的生产率和效率。在现代物联网技术的帮助下，商业组织可以通过利用人类的视觉、听觉和触觉因素更深入地访问数据。在商务智能环境中，组织通常从各种来源收集数据，并使用各种商业工具为商业、经济、社会、法律、技术和环境目的存储和处理收集到的数据。物联网数据分析和可视化的过程有助于组织探索对最近未处理数据的深刻见解。这种数据驱动的结果为组织提供了渐进的发展。然而，研究人员指出，在为商业分析过程提供物联网数据可视化方面存在许多挑战，包括物联网数据的大小（体积）、物联网设备的异构性、边缘设备的分析、可扩展和高效存储基础设施的需求、数据安全、数据隐私、市场细分的可靠有效性和财务管理问题。物联网数据可视化在不同学科的研究人员和实业家中越来越受欢迎。当今的企业已经知道，商务智能中的数据可视化是竞争成功不可或缺的一部分。然而，由于缺乏应对信息需求的能力，一些组织正在退步。主要的缺陷在于，大多数组织无法从有效的资源中获取当前的信息趋势。近几十年来，物联网设备的发展使其成为拥有最多实时信息的数据资源的目的地。

物联网等新兴技术为商务智能创新带来了动力，但是随着信息数字化、网络化，信息安全变得十分脆弱，一些敏感信息一旦泄露将会对企业的声誉造成不良影响。很多企业在大数据存储方面构建了公有云或私有云，但是云存储的应用本身就涉及信息安全的问题，因此在构建商务智能系统时要充分考虑商务智能信息监管的问题。

案例 25-1

农业是一个复杂而不稳定的领域。特别是，灌溉活动在很大程度上取决于作物的种类和特定田地或地块的环境条件。在这种情况下，精确的基于传感器的决策支持灌溉系统可以为农民和农学家提供重要帮助。

系统变量需求：每天测量每个小区30cm深度和60cm深度的土壤水分，以规划灌溉活动；日生长度单位用来估计植物的生长情况，是决定灌溉与否的一个影响因素；日生长度单位取决于每天的热量积累；系统应每20min采样一次，每24h汇总一次数据，提取日最

[①] RINCON-PATINO J, LASSO E, CORRALES J. Estimating Avocado Sales Using Machine Learning Algorithms and Weather Data[J]. Sustainability, 2018, 10(10): 3498.

大值和最小值；每小时的降雨量决定是否取消某一特定田地或地块的灌溉活动。

通过使用这些变量，这种基于物联网的商务智能应用系统可以向农民提供一些灌溉措施的建议。系统决策规则如下：当土壤水分高于土壤缺水阈值时，应开始灌溉。需要注意的是，土壤缺水阈值取决于作物的生长情况，需要使用日生长度单位进行评估。

因此，商务智能应用系统必须在不同的空间、时间和主题级别检查上述决策规则。特别是，商务智能应用系统必须提供沿以下三个分析轴(维数)的遥感气候数据的连续监测。

(1) 空间：区内、小块土地及农场，优化农田灌溉设备的使用。
(2) 主题：作物和作物类型，根据作物的具体需要提供适量的水。
(3) 时间：每天和每周，跟踪灌溉活动的时间。

这种基于物联网的商务智能应用系统可以看作一种数据仓库，对来源于传感器(即事实)的数据将根据这三个维度进行连续分析，并以分层的方式组织起来。

因此，在用于灌溉的基于物联网的商务智能应用系统的设计和实现中，应该至少有三种专家参与合作：①农学家和农民(商业用户)，他们了解农业背景，能够从分析中提取价值；②开发和使用数据仓库的数据仓库专家；③配置和实现无线传感器平台(即数据供应子系统)的物联网专家。

25.3 商务智能与区块链技术

25.3.1 区块链技术简介

专家认为，比特币是第一种成功解决电子现金双重消费问题的加密货币。而比特币最重要的支撑就是区块链技术和工作量证明共识机制。前者是一个分布式的数据库，保证数据存储在每个参与的节点，后者则作为一个保护者。系统可以验证新的交易，并且把它们记录在区块链上而不需要中心组织的帮助。比特币的一个伟大创新之处在于它教会了世界如何在没有值得信任的第三方的情况下远距离转移价值。

区块链技术可以脱离比特币等加密货币独立存在。因而可以把区块链看作一个日志，它的记录被批处理为带有时间戳的区块。每个区块都由它的密码哈希标识，并且都引用前一个区块的哈希值，这样就在区块间形成一个链。区块链示意图如图25-2所示。任何可以访问这个区块链的节点都可以读取它，并且计算出在网络上交换的数据的状态是什么样的。

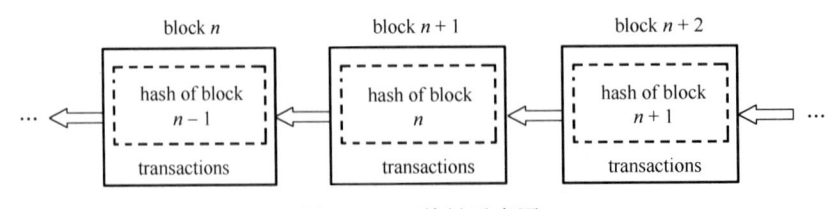

图 25-2 区块链示意图

区块链网络由参与的各个节点(客户端)构成，这些节点通过自己持有的区块链副本对同一个区块链进行操作，这些节点形成一个 P2P 网络。使用者在通过注册成为区块链节点后，会获得一对私钥和公钥。私钥用来对其发起的交易进行签名，公钥是其在网络上的地址。这就保证了网络上信息的可验证性、完整性和不可抵赖性。当用户对自己的交易进行签名后，就将其广播到整个网络。其他节点会对广播的交易进行验证。在一个共识周期内，通过验证的交易先进行排序，然后打包进入一个带有时间戳的区块，打包过程由"矿工"完成。"矿工"完成打包后将区块在整个区块链网络进行广播（其中"矿工"的选择和区块上的内容由工作量证明共识机制决定）。其他节点收到广播的区块后，对区块包含的有效交易和前一个区块的哈希值进行验证，验证通过后将该区块添加到自己的链上，并且依据区块上的交易内容更新自己的世界观。当然，如果验证不通过，该区块就会被丢弃，一次循环结束。当区块链网络中的每个节点都遵循上述步骤，它所操作的共享区块链就成为经过身份验证并加盖时间戳的网络活动的记录。在这个过程中，节点不需要信任任何其他实体，也就是"无信任环境"。信任是通过系统中不同参与者的交互来实现的。实际上，区块链是一个去中心化的数据库，它通过密码学的方法把一串串数据连接起来形成数据块，每个数据块中都是一种点对点的交易，数据块按照时间顺序，以链条的方式组合成特定数据结构，并通过密码学保证该数据结构不被篡改和不可伪造。

人们将区块链的发展分为三个阶段：1.0阶段、2.0阶段、3.0阶段。区块链1.0阶段，主要应用在数字货币上，以比特币为代表。区块链2.0阶段，主要应用在金融领域，以智能合约的开发和应用为代表。智能合约是指在区块链上进行的通用计算。这一含义是由Ethereum推广的，该公司的白皮书名为《下一代智能合同和分散应用平台》。以太坊是一个新的公共区块链，带有一个相关的加密货币以太币，它允许任何人在区块链中创建智能合约。区块链3.0阶段，应用范围已经超出了金融领域，致力于为各行业提供去中心化解决方案，向智能化物联网时代发展。区块链应用的领域将扩展到人们生活的方方面面，如医疗、司法、物流等。区块链可以解决信任问题，人们不再需要依靠第三方来获取或建立信任，大大提高了人们的办事效率。

现在对区块链技术的研究之所以如此火爆，就是因为这种技术所蕴含的思想在实际生活中发挥了重要作用。可以说，区块链技术为人们提供了一种全新的思维模式，让人们能更好地生存和发展。

25.3.2 区块链技术在商务智能中的应用

区块链技术在商务智能中的应用有如下几种。

（1）区块链技术助力商务智能数据存储。

中心化系统最大的缺陷莫过于所有数据都要存储在中央服务器中。如果中央服务器出现故障，那么所有与其连接的设备将都停止一切响应。此外，中央服务器一旦被黑客入侵，那么存储在其内的所有数据都会被破坏。区块链技术扬长避短，在区块链网络中对所有数据进行加密保存，只有参与这个网络的节点才能够访问。而且网络验证的节点必须一致，使得数据无法被篡改。另外，区块链中数据的存储方式采用分布式存储，这样即使服务器滞后，设备也会正常运行。在没有区块链技术之前，这一切几乎都不可能实现。

区块链技术能够保证数据的真实性和精确性。IDC发布相关报告称："区块链技术是验证大数据出处和精确性的核心工具，能够追踪数据的升级，为不同数据领域建立权威数据。"区块链技术为大数据赋予了权威性，不仅说明了数据出处，还明确了数据所有权及最终版本位置。精确性是区块链系统中数据的关键特征，任何对象的数据值记录都是正确的，形式和内容与描述对象一致能够代表正确价值。区块链技术能够跟踪公共和私人信息，包括数据本身的详细信息、数据对应的交易信息，以及拥有数据更新权限的人。IDC Government Insights 研究主管肖恩·麦肯锡表示：目前，政府非常重视 IT 的安全性、信息的安全性和可靠性。区块链技术是 IT 经理人的强大工具，利用区块链技术能够帮助政府减少欺诈，提高数据安全性，实现政府与公民之间数据的共享，建立新的关系。

除此之外，近年来区块链云存储的市场持续升温，很多企业都试图开拓这个市场。当前，大部分数据都托管在一个中心，如阿里云、百度云等。中心化的存储模式让大部分用户数据都掌握在某家企业手中，一旦企业的数据库遭到攻击，数据就会面临丢失的风险。而区块链云存储是去中心化的，能够保证数据的安全，保护用户信息，提高存储效率。作为建立在区块链技术基础上的去中心化存储网络，星际文件传输网络（InterPlanetary File System，IPFS）受到了人们的广泛关注。它致力于通过基础层改变云存储、改变 HTTP 协议服务客户端的信息传输模式，可以用于大文件存储。

（2）区块链技术帮助预测市场。

市场变化基本上都是有规律的，企业可以利用大数据技术，通过对以往数据的分析来预测未来市场的变化。将区块链技术与大数据技术结合起来，能够帮助企业提高市场预测的准确性。区块链技术主要从以下三个方面来引领大数据预测革命：①预测技术民主化；②生成透明数据；③利用预测模型做出有效决策。

（3）区块链技术支持商业模式创新。

随着区块链技术的日益发展，它的应用范围也越来越广。将区块链技术应用于供应链领域能有效解决供应链领域的一些问题，开创供应链行业的新模式；在物流领域应用区块链技术可以起到包括保障货物安全、优化路线、辅助供应链中小型企业融资等多个方面的作用；区块链技术在医疗行业的应用包括区块链电子病历、DNA 钱包、药包防伪和蛋白质折叠等，重塑医疗体验；在教育领域利用区块链技术，可以实现数据存储和分享、证书防伪等，打造教育行业新模式；区块链技术在农业领域的应用可有效解决农产品安全问题，让消费者吃到放心的食物；区块链技术可以实现去中心化的能源系统模式，实现能源交易革命；在慈善领域，区块链技术使得捐款活动可以跳过第三方机构，直接在爱心人士与受助者之间建立信任关系；区块链技术支持去中心化的社交平台，实现点对点的对等社交；将区块链技术运用到物联网中，能有效降低物联网的运营成本，解决物联网的隐私保护问题，建立新的商业模式，让物联网真正连接万物。

案例 25-2

零售业具有信息碎片化、交易节点多样化、交易网络复杂化等特点。对于零售业来说，生产、物流、交易等环节的信息采集与储存整合是供应链管理的核心命题。目前，越来越多的电商企业将自己的零售产业与区块链技术结合起来，开始谋求新的突破与发展。京东成立了京东品质溯源防伪联盟，用区块链技术搭建京东区块链防伪追溯平台，实现线上线下的产品的追溯与防伪，以此来保护品牌与消费者的权益，提高消费者的消费体验。

区块链的数据难以篡改和具有时间戳等特性可以支持产品溯源与防伪，消费者只要打开京东App，打开自己的订单，单击"一键溯源"按钮或扫描产品上的溯源码，就可以获取产品的溯源信息。例如，消费者在京东上购买了肉制品，如果想要了解肉制品的产地，就可以通过肉制品包装上的唯一溯源编码查询肉制品来自哪个养殖场，以及动物品种、喂养饲料、产地检疫证号、加工企业等信息，甚至还能查询到配送信息。通过区块链防伪追溯平台，许多非法交易和欺诈造假都会无处遁形。京东相关负责人表示：京东商城作为B2C电商的领头羊，坚持打造品质购物生态，而区块链技术将成为京东品质购物的重要支撑。

京东集团副总裁马松也表示：区块链技术整合了多个交易主体的共识机制、分布式数据存储、点对点传输和加密算法等多项基础技术，适用于零售供应链端到端的信息管理。京东Y事业部联手京东云已建成集零售碎片化采集、存储和展示等功能于一体的区块链防伪追溯平台，未来将基于京东商城的数据节点继续扩展平台功能，在品牌方、监管机构、第三方认证机构之间逐步部署联盟链节点，打造社会化的区块链防伪追溯网络，为消费者的每一笔购物保驾护航。

京东在区块链防伪追溯平台上将向参与平台的品牌方开放以下四种支持技术。

(1) 数据采集技术。

通过区块链来实现产品各个流程数据的采集。数据采集是基于移动应用和IoT设备技术的，京东和品牌商共同采集产品生产、加工、流通等环节的各种数据。

(2) 数据整合技术。

京东区块链防伪追溯平台通过API接口，实现品牌商和分销商之间的数据对接。如果商品不在京东平台出售，京东将通过建立区块链联盟来保护品牌商的数据安全。利用京东的区块链防伪追溯平台，消费者就可以查询产品信息的真伪。

(3) 数据可信技术。

京东推出的"京东京品码"可以兼容二维码和条码，以此来作为京东区块链防伪追溯平台的品牌标识。"京东京品码"作为区块链网络的唯一备案，可以进行跨主体信息整合。消费者通过一码接入的方式，来查询产品全链条的信息。

(4) 数据展示技术。

京东还将运用现有的、领先的自营电商流量和渠道资源，让品牌商可以把防伪信息分享给消费者；然后收集消费者对产品的反馈意见，帮助品牌商获得更多的产品质量数据和产品流通数据。

截至2019年12月底，智臻链防伪追溯平台上已经有800余家合作品牌商(如惠氏奶粉、京造乳胶枕、鑫玉龙海参等)，7万余种入驻商品，逾650万次售后用户访问查询，有超13亿追溯数据落链，覆盖生鲜农业、母婴、酒类、美妆、二手商品、奢侈品、跨境商品、医药、商超便利店等丰富的业务场景。

京东《2020区块链溯源服务创新及应用报告》对智臻链防伪追溯平台的应用价值进行了定量研究，品牌商在上线区块链防伪追溯平台后，产品的销量和复购率都有了相对提升。

未来，京东还会将区块链防伪追溯平台的使用经验逐渐导入线下零售领域，引领科技零售、可信赖购物的新风尚。

思考题

1. 试着讨论5G技术在商务智能领域的应用和影响。
2. 物联网技术应用于商务智能有哪些需要注意的问题？如何去解决这些问题？
3. 目前有哪些区块链技术支持的商务智能应用？这些应用大规模落地的阻碍因素是什么？
4. 哪些新兴技术可以助力商务智能的进一步发展？这些技术应用于商务智能的主要阻碍因素有哪些？
5. 研讨题：阅读下列文献，讨论区块链技术可以为社交媒体分析带来哪些影响。

"TCHOI M, GUO S, LUO S. When Blockchain Meets Social-Media: Will the Result Benefit Social Media Analytics for Supply Chain Operations Management[J]. Transportation Research Part E Logistics and Transportation Review, 2020: 135."

第26章 未来发展趋势

本章提要

1. 介绍自助式商务智能的概念，分析其优势和缺点，介绍一些主流的自助式商务智能平台；
2. 介绍可解释商务智能的概念及其关键技术——可解释AI；
3. 介绍基于大数据融合的新型商务智能。

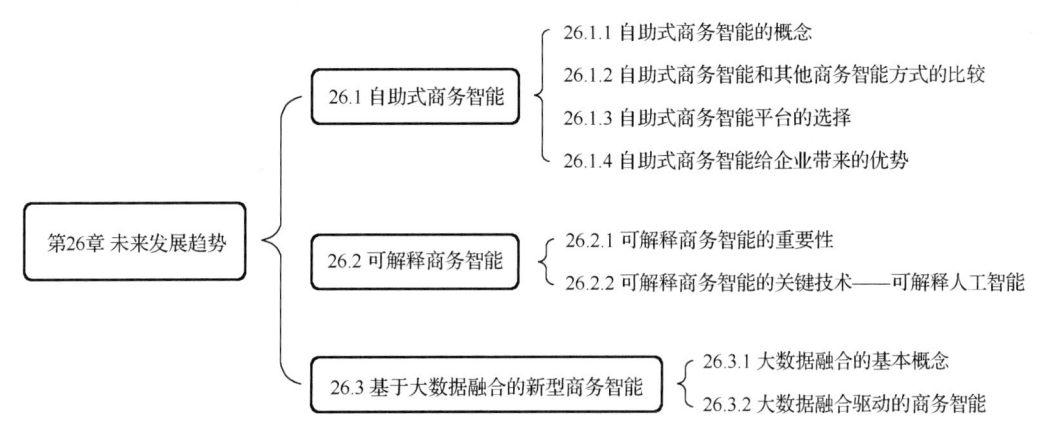

```
                        ┌─ 26.1.1 自助式商务智能的概念
            ┌ 26.1 自助式商务智能 ┤ 26.1.2 自助式商务智能和其他商务智能方式的比较
            │                    │ 26.1.3 自助式商务智能平台的选择
            │                    └ 26.1.4 自助式商务智能给企业带来的优势
第26章 未来发展趋势 ┤
            │ 26.2 可解释商务智能 ┬ 26.2.1 可解释商务智能的重要性
            │                    └ 26.2.2 可解释商务智能的关键技术——可解释人工智能
            │
            └ 26.3 基于大数据融合的新型商务智能 ┬ 26.3.1 大数据融合的基本概念
                                              └ 26.3.2 大数据融合驱动的商务智能
```

本章主要探讨商务智能未来的三个发展方向，分别为自助式商务智能、可解释商务智能和基于大数据融合的新型商务智能，并对其定义、关键技术做简要介绍，帮助读者建立对商务智能未来发展趋势的基本认识。

26.1 自助式商务智能

26.1.1 自助式商务智能的概念

随着现代技术的不断进步，数据分析任务已经从 IT 转移到业务人员、管理人员的自助服务。自助式商务智能应运而生，它是一种新的数据分析方式。自助式商务智能的特点就是人人可用，而且速度更快、效率更高，让企业可以在短时间内做出决策，而不是花费数月时间来做出决策。

实际上，商务智能的有效性就在于可以整合企业不同业务系统中的数据，如企业经营数据（外部业务数据），以及企业内部财务数据、运营数据等，整合多源数据可以更完整地反映出一个企业经营的全貌，通过获取、处理、清洗业务数据，将其转化为有价值的信息以指导商业行动。

在自助式商务智能出现之前，商务智能一般的使用对象都是有 IT 背景的研发人员或数据科学家，主要集中于技术部门，这种商务智能就是传统商务智能。然而，传统商务智能部署周期长，报表灵活性不够，开发新报表、新需求耗时长，IT部门工作量太大、负担太重。在大数据时代，信息的更新迭代速度极快，分析需求的时效性要求越来越高，传统商务智能已经无法应对如此敏捷快速的需求，这时候自助式商务智能应运而生。

自助式商务智能面向的对象，不再是专业的IT人员，而是普通的业务人员。相较于传统商务智能，自助式商务智能的特点就是灵活且操作性强，而且部署周期短，时效性高，能实时更新数据，掌控数据的变化情况，及时地做出相应的决策指导。

自助式商务智能支持可视化展示，可以将数据分析的结果用更直观、更美观、更容易让人接受的图形展示出来。面对瞬息万变的市场、日益膨胀的数据量和数据维度，单独的IT人员已经无力负担，业务人员必须参与其中，共同从海量数据中抽丝剥茧、大浪淘沙，快速获取有价值的洞察。而新趋势自助式商务智能契合了这一主要需求，逐渐被越来越多的企业所接受。什么原因导致了销售额下降、业务何时发生的变化、可能是哪些因素造成的等问题是商务智能探索的核心，解决这些问题需要的不仅仅是提供一个数字，还需要解释背后的商业原因。由于数据库和查询技术的进步，在自助式商务智能的帮助下，业务人员可以凭借自己的业务专业知识，对各种可能的情况进行探索，最终得出结论。如果按照传统商务智能的方式，向IT部门提出数据或分析需求，再由技术人员实现，解决问题的时间可能会延长到数周甚至数月，早就错过了最佳窗口期。

数据可视化分析是自助式商务智能的关键组成部分。借助自助式商务智能，用户可以自由浏览数据并自主选取观察数据的角度。自助式商务智能支持数据可视化或图形描述，以帮助人们查看交互式(可点击)数据，还支持向下钻取以探索细节。自助式商务智能可以识别模式和异常值，并对其进行更改处理，所以它更容易识别新兴趋势。

比如，零售商希望探索不同的数据维度，包括批发成本、零售价格、库存老化、运输成本和产品推广等方面的数据。为此，用户可以构建自定义报告或使用数据探索工具来直观地查找需要的数据，以解决即时查询问题。

26.1.2　自助式商务智能和其他商务智能方式的比较

(1) 自助式商务智能与传统商务智能。

自助式商务智能不会使传统的数据库管理失效。这些由专业人士提供的洞察是复杂的，它们对大多数组织仍然具有很高的价值。业务用户通常不了解数据准备的复杂性和错误所涉及的风险，如果没有统一部门管理的数据治理(Data Governance)，他们可能使用错误的数据，得出错误的结论。事实上，良好的数据治理至关重要。例如，多个业务用户都在创建自己的报告和仪表板，那么数据民主化(Democratization of Data)可能带来分析混乱的风险。

(2) 自助式商务智能和电子表格。

Microsoft Excel和其他电子表格已经存在了几十年，拥有数量庞大的用户群。虽然电子表格易于上手，但当把它作为商务智能工具使用时，在以下场景会受到限制：需要对包含多个工作表或数据库的混合数据源开展分析时；多人同时对一张电子表格进行维护和协作时；数据量达到上限或包含非结构化数据使可视化变得困难时；使用复杂的公式降低了查询性能时；需要进行交互式分析和数据探索时；需要定时刷新时。

虽然电子表格和自助式商务智能工具都使用表格，但它们实际上是在不同的场合中扮演不同的角色。电子表格是一种集存储和显式计算功能于一体的工具。自助式商务智能工具使用各种算法对数据进行压缩，不像 Excel 那样直接使用行和列的编号来定位。虽然电子表格可以创建复杂的数学公式，如 Excel 的分析工具库，但它们的核心是数学公式而不是模型。而自助式商务智能虽然功能更加强大，看起来在很多场景下可以代替电子表格，但却很难真正取而代之。价格因素、安装成本、能否像电子表格一样易用等都是需要考虑的因素，而电子表格拥有的巨大用户量无疑成为一笔财富。

如果基于电子表格直接开发一款自助式商务智能工具，再将两者合二为一，想必是一个完美的解决方案。而且最好是以原生形态进行嵌入，因为以插件形式嵌入还需要额外安装，而且在兼容性、功能上也会受到限制。微软从 Excel 2010 版本开始尝试，在 2016 版本上完成了对 PowerPivot 和 PowerQuery(2013 版本以插件形式出现)的嵌入，这两个自助式商务智能工具从插件转为了内置功能。虽然目前功能没有完全稳定(PowerPivot 目前仍存在 bug)，但可以发挥的能量已经十分惊人，完全颠覆对电子表格功能的传统认识(可以想象成 AK47 装上了榴弹发射器)。而且微软正在以每月一次的频率持续迭代，这对其他自助式商务智能工具是一个相当大的挑战。

(3)自助式商务智能工具和 Python、R。

Python 和 R 通常是具有 IT 背景和编程知识的技术人员所掌握的编程语言，这类编程语言可以独立完成数据分析的整个流程，但是相较于自助式商务智能工具，缺少通过交互式筛选进行可视化探索的能力。相比之下，自助式商务智能工具界面化的操作更容易掌握，而且也能胜任大部分分析任务。值得注意的是，目前微软和 Tableau 的敏捷商务智能产品都支持编程语言层面的二次开发，如 Power BI 支持 R、Tableau 支持 Python 和 R，这两款软件都在尝试将编程语言模块(聚类、决策树等)封装到软件里直接调用，以加强分析和可视化的能力，未来的趋势将很可能是工具和语言的融合。对于业务分析师，在已经掌握了敏捷商务智能产品的基础上，学会一门编程语言可以拓展数据分析能力，但需要衡量为此付出的时间成本；如果是二选一，那么首先掌握一个敏捷商务智能产品是性价比较高的选择。

26.1.3 自助式商务智能平台的选择

在选择自助式商务智能平台时，需要从用户的角度和 IT 基础架构的角度找到最适合企业的平台。

从用户的角度看，首先，自助式商务智能平台需要与使用它的人员的技能相匹配。这时候就要求该自助式商务智能平台具备易用、上手快、学习资料充足的特点，这样才能让员工可以轻松地学习和使用它。其次，自助式商务智能平台应该具备良好的性能和丰富的功能，这样才能确实起到简化工作、提高工作效率的积极影响。否则，一个拖后腿的工具只会给企业带来更大的损失。

从 IT 基础架构的角度看，自助式商务智能平台要能够读取企业所有内部和外部数据源，支持在平台内轻松清理和转换数据，支持显示业务需要的所有图表，还应具有共享设置、权限设置等对于企业十分重要和实用的功能。

接下来将介绍市场上几种热门的自助式商务智能工具：FineBI、Tableau、亿信 WonderBI、Power BI。

(1) FineBI。

FineBI 是一个很"快"的自助式商务智能工具。它的"快"体现在以下三方面。

第一，数据处理的速度很快。在读取数据时，FineBI 采用 FineIndex 方式访问数据，并使用类似于传统多维数据集构造的缓存机制，减少了重复提取原始数据的工作，降低了硬件系统的压力。在更新数据时，FineBI 可以实现实时更新，秒级呈现大数据。通过这种方式，FineBI 可以直接连接基于 SQL 数据库 FineDirect 的引擎，这大大加深了分析的厚度和深度，提高了分析的准确性。在前端分析时，FineBI 呈现数据分析的结果也是很快的。

第二，在 FineBI 的帮助文档中，每种图表都给出了应用场景的提示，如对地域分析要求较高的数据选用 GIS 地图，以此来避免因为选错图表，而导致数据分析错误的情况。

第三，FineBI 能改善企业部门间的沟通协作流程，让分工协作更加快速。IT 人员或数据管理员可以以业务主题和业务包的形式准备数据，并对数据设置操作权限(不同职位的人员可以智能地在权限范围内操作数据)。数据经过整理后，业务人员只需要从数据包中读取数据，然后在前端进行分析，无须重复沟通。而且 FineBI 具有数据实时更新的特点，做好的报表只要推送给领导即可实现实时查收。

(2) Tableau。

Tableau 将其产品描述为提供"按您的想法进行的分析"。在 Tableau 中调整和转换数据很容易，就像在 Excel 中一样。用户可以添加计算字段或过滤数据，而不必返回导入阶段。可视化功能是 Tableau 的王牌功能，用户可以通过单击或拖动感兴趣的维度(通常是离散的类别或特征)和度量值来构建 Tableau 可视化效果，还可以通过在线将仪表板和故事发布到 Tableau 服务器实现与其他人共享。

(3) 亿信 WonderBI。

亿信 WonderBI 也称为豌豆 BI，为了使业务人员能够完成自助式商务智能数据分析，它自动识别索引维度和相关关系，形成数据模型。在进行数据处理时，通过点击操作，可以方便地进行数据裁剪、数据脱敏、类型转换等操作。亿信 WonderBI 学习成本低，支持一键选择统计方法，如最大、最小、排名、比例、年同比、月同比、上一期、去年同期等，以满足各种用户对业务数据的综合分析需求。亿信 WonderBI 支持 HTML5 统计图表，图表类型丰富，并支持联动钻取，即同一看板可以改变角度查看数据。亿信 WonderBI 的所有图表无须任何设置即可联动，也可以选择部分图表参与联动钻取。

(4) Power BI。

Power BI 是微软进入自助式商务智能工具市场的入口，包括用于 Azure 托管服务的 Web 界面和用于 Windows 桌面的 Power BI 桌面应用程序。Power BI 的价格比竞争对手便宜得多，对于注重性价比的企业来说，它是一个不错的选择。一方面，对于某些数据源，Power BI 具有预定义的图表、仪表板和报表，这对用户来说比较方便；另一方面，Power BI 的缺点是数据分析能力或图表控制力不如 FineBI 或 Tableau。

26.1.4 自助式商务智能给企业带来的优势

自助式商务智能让没有统计分析、数据挖掘、数据库 SQL 知识的业务人员，也可以通过丰富的数据交互和探索功能，发现数据背后的原因和价值，从而辅助制定业务决策。自助式商务智能分析功能可以来自独立的商务智能软件，也可以由行业应用软件直接提供。

总的来说，自助式商务智能的优势包括以下几个方面。

(1)更好地利用商务智能和 IT 团队资源。自助式商务智能使 IT 团队节约编写 SQL 查询语句、创建仪表板、创建报表等的工作时间，使商务智能和 IT 团队更专注于技术工作，如为业务部门提供商务智能技能培训、创建数据模型、商务智能平台运维等。

(2)更快地分析数据和制定决策。通过自助式商务智能，业务用户无须依赖 IT 部门，数据洞察流转更快，业务部门不需要花大量时间准备需求再提交给其他团队，可以更快地获得数据见解并做出决策，从而在激烈的商业竞争中保持领先地位。

(3)构建数据驱动型组织。随着业务主管、经理和工作人员不断提高对自助式商务智能工具的使用水平，并使自身的分析能力日趋成熟，自助式商务智能可以在决策管理和业务运营中创建完全由数据驱动的企业管理文化。

(4)应用软件公司的模式转型。通过自助式商务智能分析，在软件项目上线之后，实施人员和最终用户都能快速实现新的数据分析需求，降低数据可视化分析类项目的交付和维护成本。

26.2 可解释商务智能

26.2.1 可解释商务智能的重要性

随着机器学习和人工智能的发展，模型驱动的自动化决策在商务智能中起到越来越重要的作用。Tableau 公司市场情报总监 Josh Parenteau 以另一个视角解释了人工智能和机器学习将如何在商务智能中发挥作用："帮助企业发现那些之前未经发觉的见解。"Gartner Group 公司的研究表明："到 2020 年，85%的首席信息官将通过购买、构建和外包等方式试点人工智能项目。"但是，随着企业越来越依赖机器学习模型，人类如何才能确保这些建议是可信的呢？可解释商务智能的日益崛起回答了这个问题。

许多机器学习应用程序目前还没有以"知其然之后，知其所以然"的方式理解决策和建议背后的算法和逻辑，因此以机器学习和人工智能为基础的新型商务智能项目的试点企业有理由对算法和逻辑的广泛应用感到担忧。正如剑桥大学机器学习领域的高级研究员 Adrian Weller 所述："透明性通常被认为是实现智能系统在现实世界的有效部署(如机器学习)的关键。"这种观点的产生有多种原因——主要是为了确保模型按照设计宗旨运作，或者是为了与用户建立信任，以便他们在根据预测做出决策时有十足的把握。

可解释商务智能需要理解透明的观测结果并将其转换为机器学习模型，从而实现商务智能决策。当某个模型得出一项结论时，决策者希望能够通过进一步的问询来了解它为什么得出此结论、可信度有多高、不同的参考数据会让结论发生什么变化。这其实与决策者在做出关键决策时询问人类专家的情景非常相似。正如 Tableau 公司的人工智能产品经理所说："当人工智能和机器学习提供的答案无法得到解释时，决策者持有怀疑态度是很正常的。机器学习和人工智能应该为人类做决策提供辅助，而不是完全取代。"

在很多组织中，尤其像金融服务和制药公司等关注风险的组织，业务部门的领导会要求数据科学团队使用更易于解释的模型，并提供关于模型如何构建的文档或审计跟踪。由于数据科学家的工作是向业务用户解释这些模型，因此他们日益依靠商务智能平台，以交互式方法来探索和验证结论。

26.2.2 可解释商务智能的关键技术——可解释人工智能

可解释人工智能（Explainable AI，XAI）是指能够为输出或程序提供人类可理解的、可解释的机器学习和人工智能技术[1]。可解释性和透明度是与可解释人工智能相关的两个非常重要的元素[2]。虽然人工智能的可解释性没有统一的定义，但它可以被定义为一种解释算法工作方式的能力，以便理解它如何及为什么会产生特定结果。

实际上，在过去的15年里，人工智能领域取得了巨大的进步，具体的例子包括物体识别（如Facebook的Moments和Intel Security的True Key）、自然语言处理（如DeepL和谷歌Translate）、推荐系统（如Netflix或iTunes的推荐）和数字助手（如Alexa和Siri）。这些应用的核心是用历史数据训练高度复杂、越来越不透明的数学结构网络，从而对世界的不确定状态做出预测。例如，基于大量标记图像，深度卷积神经网络可以对疾病的出现做出高度准确的个体水平的预测，如预测COVID-19阳性患者[3]。虽然高度准确的预测本身对基于事实的决策至关重要，但最先进的机器学习模型的高预测性能通常是以牺牲其输出的透明度和可解释性为代价的。换句话说，大多数高性能机器学习模型的特点就是无法传达人类可理解的信息，即它们如何及为什么会产生具体的预测。因此，这样的机器学习应用程序往往是完整的黑盒，它们的人类用户，甚至是专家设计师，往往缺乏对决策输出背后原因的理解。

从方法论的观点来看，无法提供伴随特定预测的解释导致了三种类型的问题。

首先，不透明性会直接造成问责的缺失，因为它阻碍了对此类系统预测的审计。这一缺陷引发了人们对黑箱社会兴起的担忧。在黑箱社会中，组织和机构中不透明的算法决策过程会带来意想不到的后果，从而使情况变得更糟。

其次，使用人工智能提高经济效率和人类福利的潜力，并不局限于通过预测为具体决策提供信息。揭示隐藏在复杂大数据结构中的新领域知识似乎是另一个极有前途的应用[4]。因此，组织和机构可能利用机器学习应用程序来使人类用户面对自己的错误，并教他们丰富自己的领域知识。想要使用机器学习应用程序来帮助人类拓宽推理和理解的视野，需要它以人类可以理解的方式解释其固有的推理，并解决人类学习过程中的缺陷。

最后，机器学习应用程序的黑箱性质可能阻碍用户接受它们。这可能会阻碍机器学习应用程序与现有流程的集成。如果机器学习模型的不透明性会引发用户的厌恶和抵制，那么这

---

[1] LIAO Q V, SINGH M, ZHANG Y, et al. Introduction to Explainable AI[C]//Extended Abstracts of the 2020 CHI Conference on Human Factors in Computing Systems. Honolulu HI USA: ACM, 2020: 1-4.

[2] SCHOONDERWOERD TAJ, JORRITAMA W, NEERINCX MA, et al. Human-centered XAI: Developing design patterns for explanations of clinical decision support systems[J]. International Journal of Human-Computer Studies, 2021, 154: 102684.

[3] SHI F, WANG J, SHI J, et al. Review of Artificial Intelligence Techniques in Imaging Data Acquisition, Segmentation, and Diagnosis for COVID-19[J]. IEEE Reviews in Biomedical Engineering, 2021, 14: 4-15.

[4] TESO S, HINZ O. Challenges in Interactive Machine Learning: Toward Combining Learning, Teaching, and Understanding[J]. KI - Künstliche Intelligenz, 2020, 34(2): 127-130.

项技术的实际应用就不会发生。特别是在机器学习模型的输出与人类的经验和直觉相矛盾的情况下，提供一个"可解释的"解释对于避免出现人机协作中的紧张关系和阻力至关重要。

可解释性在用户与人工智能建立信任、融洽关系和联系方面至关重要，尤其是在理解故障和不良后果方面。可解释性能让用户确信人工智能系统运行良好，帮助开发者理解系统为何以某种方式运行，并防止产生偏见。

克服机器学习模型的不透明性，创造人类可理解的、可解释的技术，同时保持高预测性能，这不仅是一个方法论上理想的目标，从技术、社会、经济、法律和心理角度来看，也有直接的运营效益。具体来说，模型可解释性构成了一个约束，这个约束能够做到以下方面：①模型的优化与调试；②检测不准确的无偏模式；③对持续学习过程的监控；④目标用户对技术的采用；⑤落实责任制和问责制；⑥用户可以利用模型提高他们的知识和技能。

> **案例 26-1**
>
> 可解释商务智能的一个有趣应用领域是医疗保健，特别是心脏病、癌症和糖尿病等慢性疾病的管理。在欧洲和美国，每年约70%的死亡都是由这些疾病造成的，约75%的医疗支出都是由这些疾病造成的。这类慢性疾病可以通过健康饮食、定期锻炼、避免吸烟和接受预防性服务在很大程度上得到预防。预防可以帮助人们保持健康，避免或延迟疾病的发作，并使患者已经患有的疾病不会恶化；它还将帮助人们过上富有成效的生活，并降低公共卫生成本。
>
> 一个基于逻辑推理的可解释人工智能系统，支持监控用户行为，并说服他们遵循健康的生活方式。这个可解释人工智能系统的关键挑战在于以下两点：①提供关于用户行为的清晰和可理解的信息的能力；②利用信息说服用户采取健康的生活方式的能力。而关于如何使得可解释人工智能系统具有说服力，可以继续阅读相关材料[①]。

26.3 基于大数据融合的新型商务智能

26.3.1 大数据融合的基本概念

大数据融合被定义为一个多学科跨领域的研究问题，它的任务是在碎片化的数据之间建立联系，将分散的数据集中，形成表层知识，即知识资源；进而使隐性知识显性化，使表层知识上升为普适机理；从而在数据资源、知识资源与用户之间建立有效的联系，缓解数据的无限性、知识的零散性与用户需求无法满足之间的矛盾，最大限度地提升大数据的价值[②]。

大数据融合主要包括以下两个难点。①大数据逻辑孤岛的存在。大数据的多源异构特征使得实时数据融合的难度较大。大数据融合的关键技术包括用于解决本体和数据源异构问题

---

① DRAGONI M, DONADELLO I, ECCHER C. Explainable AI meets persuasiveness: Translating reasoning results into behavioral change advice[J]. Artificial Intelligence in Medicine, 2020, 105: 101840.

② 孟小峰，杜治娟. 大数据融合研究：问题与挑战[J]. 计算机研究与发展，2016, 53: 231-246.

的本体和模式对齐技术[1]，作为大数据融合基础的实体识别、记录链接及实体关联[2]，针对模式冲突、标识符冲突和数据冲突的解决方案[3]，自动找到关联数据中的路径模式和关系词汇之间对应关系的关系推演[4]等。②大数据物理孤岛的存在。数据分散的特征使大数据融合过程中数据权属不清，降低了大数据融合的可靠性与稳定性。数据作为一种重要资产，其流通和应用必然涉及数据的权属问题。明晰数据的所有权，是大数据交易的前提和基础，基于区块链技术的大数据确权方法比较可靠并且操作性强。区块链技术有助于构建多方高效协作的数据标准流程、更新机制、安全可靠的数据共享和访问控制机制，实现数据治理协同。

　　大数据融合技术集中在数据和知识层面。目前，对大数据融合的研究随着大数据的深入应用越来越受到重视，但是相关研究还主要集中在数据层面，很多技术只能称为数据整合。目前，商务智能中的数据是来自于企业、用户和市场的多源异构多模大数据，这样的大数据还有着数据权属不清等问题，所以数据层面的融合面临很大挑战。知识层面的大数据融合主要探究对数据的知识表达，以及基于知识图谱发现数据之间的关联性，进行接近认知的大数据融合。但是由于中文优秀知识库的缺乏及知识图谱构建和更新的困难，这类大数据融合面临诸多挑战。同时不同领域的知识库之间的界限明显，它们未能真正融会贯通，也就无法为企业数据驱动决策提供指导。

　　最高级别的大数据融合是在知识层面的，即知识融合，将数据变成可以理解的知识资源，利用知识图谱进行推理归纳，并进行知识发现，从而以最优的方式利用数据。大数据时代背景对知识融合提出了新的目标：①庞大的数据资源总量要求知识发现、融合算法随之改变，以提升计算效率和响应速度；②多源异构的数据种类，要求知识融合系统、算法结构有更高的扩充性和兼容性，以满足不断发展的数据处理需求；③更加精准、及时的知识需求要求知识融合实现实时响应。知识融合的重点还在于知识库的建立与知识表达，大量知识之间复杂关联从而形成强大的知识库，它们可以通过知识图谱等方式进行表达，同时建立开放网络知识扩充方法体系将知识库不断扩充，这将走向知识融合的深层次[5]。当传感器将各领域的物品都以数字化形式加入互联网，并且大数据融合与知识库完善到一定程度时，商务智能的应用将会发生质变。商务智能的应用将可以使用多领域知识融合的知识库，不同领域的知识及其应用之间的界限将被打通，社交媒体数据、食品工业数据、社交网络数据，以及企业战略信息、机器学习算法与车辆轨迹数据等许多看似关系并不明显的数据或领域正逐步交融。

26.3.2　大数据融合驱动的商务智能

　　专业商务智能调研机构 BARC 在 2019 年商务智能趋势报告中指出：数据质量/主数据管理、数据发现/可视化、自助式商务智能、数据治理、建立数据驱动文化是 2019 年五项重要

---

[1] SHVAIKO P, EUZENAT J. Ontology Matching:State of the Art and Future Challenges[J]. IEEE Transactions on Knowledge and Data Engineering, 2013, 25(1): 158-176.

[2] DONG X L, SRIVASTAVA D. Big Data Integration[J]. Synthesis Lectures on Data Management, 2015, 7(1): 1-198.

[3] DONG X L, NAUMANN F. Data Fusion: Resolving Data Conflicts for Integration[J]. Proceedings of the VLDB Endowment, 2009, 2(2): 1654-1655.

[4] NIE B, SUN S. Knowledge Graph Embedding Via Reasoning over Entities, Relations, and Text[J]. Future Generation Computer Systems, 2019, 91: 426-433.

[5] 林海伦, 王元卓, 贾岩涛, 等. 面向网络大数据的知识融合方法综述[J]. 计算机学报, 2017, 40(1): 1-27.

的发展趋势，其中第五项是新上榜的。可见，商务智能的发展正在从侧重技术变革回到侧重商务智能数据。一方面，商务智能最大的难点就是让企业将各种分散的多源异构的数据进行融合，消除数据孤岛，让数据协同增值，因此大数据融合成为主数据管理的重中之重，通过大数据融合能够升华对各种数据的利用。另一方面，国际著名的商务智能公司 Tableau 也在 2019 年的商务智能趋势排名中将"可解释人工智能正在崛起"排在第一位，也就是商务智能应用需要知其然之后，还需知其所以然，业务部门需要更易于解释的模型。这些都说明了商务智能发展更加关注技术和社会两方面的结合，即商务智能不仅要关注技术上的问题，还要关注社会上的问题，如与企业的商务活动和组织文化相匹配。商务智能不仅需要相关分析，而且需要因果解释，这样才能有效发挥作用。

大数据环境下的商务智能也正在向基于大数据融合的数据智能方向发展，这需要数据驱动与模型驱动相结合，需要同时关注因果和相关。大数据融合驱动的商务智能，需要在分析方法上进行外部嵌入和技术增强，在价值创造上进行使能创新。基于大数据融合的新型商务智能与传统商务智能的最大区别在于，基于大数据融合的新型商务智能需要建立数据互联网，即实现商务大数据的"联接""互动""结网"，在复杂社会技术系统视角下思考商务智能系统的构建：①在数据层与分析层的协同中实现数据"联接"，即实现大数据"联接"，以增强商务智能用户分析；②在分析层与应用层的协同中实现数据"互动"，即实现大数据相关主体"互动"，从而促使商务智能新业务模式涌现；③在技术子系统与社会子系统的协同中实现数据"结网"，即实现大数据的技术和社会方面诸多元素的"结网"，从而推动大数据使能创新，最终实现商务智能与企业管理浑然一体的新型商务智能系统。

面对大数据技术的快速发展和大数据时代管理的复杂性，基于大数据融合的商务智能的研究，需要紧密围绕大数据融合的特点。针对商务大数据的多样性(Variety)特点，目前在研究中依然存在诸多问题，如图 26-1 所示，其中以下三方面的科学问题亟待解决。

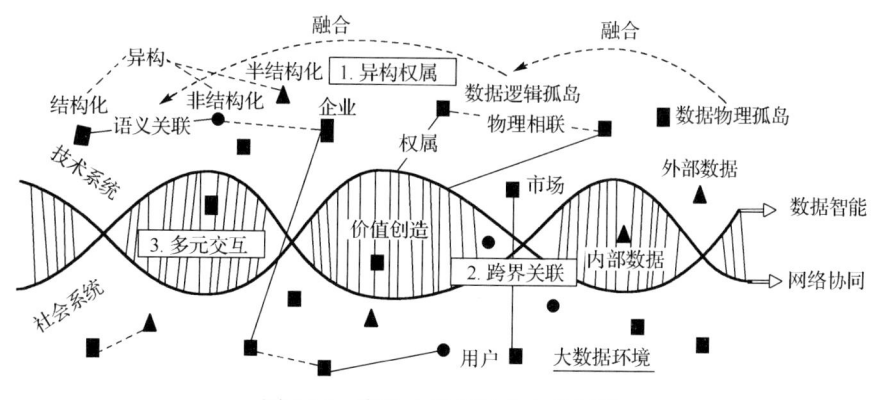

图 26-1 商务大数据融合中的问题

（1）大数据异构权属问题。在商务大数据融合中，数据权属不清的问题导致数据难以交换和流通，在物理层面形成数据物理孤岛；数据所有者缺乏信任基础，使数据难以实现可信高效的流通交换和流畅高效的价值创造；并且数据存在异构问题，结构化、非结构化和半结构化的异构数据不能产生关联，数据在语义上形成逻辑孤岛，无法进行深层次的关联分析，也就无法真正发挥数据的价值。

(2) 大数据跨界关联问题。商务大数据融合使得大数据产生了"联接",将企业内外部各种类型的用户、市场异构大数据进行跨应用领域界限的关联,以"用户"为中心,运用跨界关联思路为商务智能的分析方法带来外部嵌入和技术增强;并且,商务智能如何将大数据与管理决策特点相结合,在广度上跨越原有管理决策边界,提升商务智能用户分析能力,也显得非常关键。

(3) 大数据多元交互问题。商务大数据融合使得大数据产生了"联接",商务智能分析能力也因数据关联得以提升,大数据相关主体多元交互方式也会发生改变。这会带来企业流程和组织的变化,商务智能的业务模式也会随之发生变化。在更加有效的多元交互中,商务智能业务模式中的信息流、资金流和实物流的流动潜力将得到释放,业务的去中心化程度将得到提高。最终,交互方式将从节点通过连边互动转变为网络协同互动,从而促进大数据使能创新。

思考题

1. 自助式商务智能和传统商务智能的区别体现在哪些方面?自助式商务智能可以完全取代传统商务智能吗?请说明原因。

2. 实现商务智能的可解释性应该从哪些方面突破?

3. 基于大数据融合的新型商务智能有哪些急需解决的问题?试着探讨一些你对这些问题的解决思路。

4. 商务智能在未来还可能有哪些发展趋势?

5. 研讨题:阅读下列文献,讨论在医疗保健领域,有哪些已存在的可解释人工智能方法,如何评估可解释性,如何在不同的可解释人工智能方法中做出合适的选择。

"MARKUS A F, KORS J A, RIJNBEEK P R. The role of explainability in creating trustworthy artificial intelligence for health care: A comprehensive survey of the terminology, design choices, and evaluation strategies[J]. Journal of Biomedical Informatics, 2021: 113."